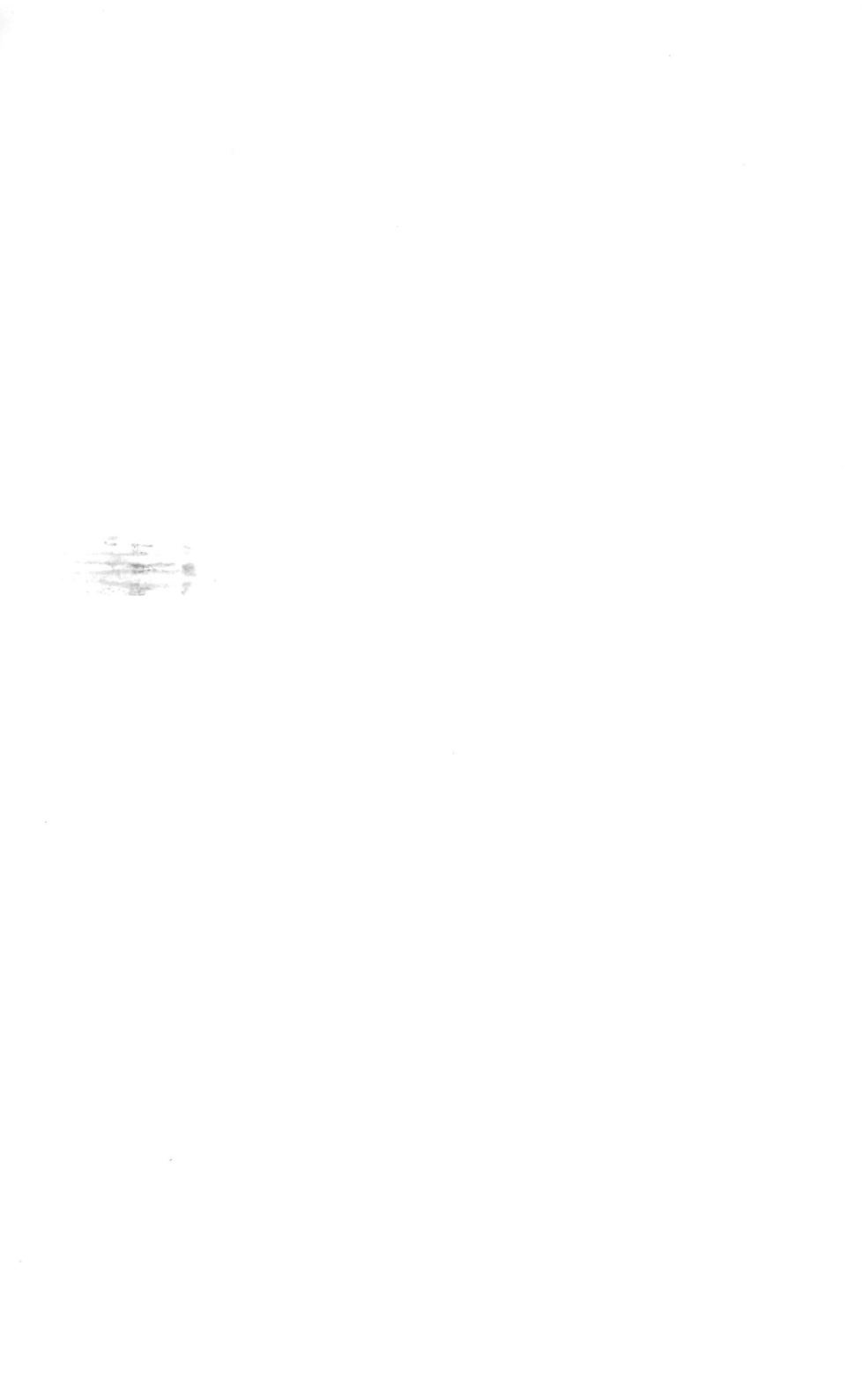

第一等人

一个江南家族的兴衰浮沉

后浪出版公司

四川文艺出版社

宋华丽 著

图书在版编目（CIP）数据

第一等人：一个江南家族的兴衰浮沉 / 宋华丽著
. -- 成都：四川文艺出版社，2018.12
ISBN 978-7-5411-5030-2

Ⅰ.①第… Ⅱ.①宋… Ⅲ.①家族－史料－嘉定区
Ⅳ.① K820.9

中国版本图书馆 CIP 数据核字 (2018) 第 275957 号

DI YI DENG REN YIGE JIANGNAN JIAZU DE XINGSHUAI FUCHEN

第一等人：一个江南家族的兴衰浮沉

宋华丽　著

选题策划	后浪出版公司
出版统筹	吴兴元
编辑统筹	朱岳　梅天明
责任编辑	曹凌艳
特约编辑	刘苗苗
责任校对	汪平
装帧制造	墨白空间·张萌
营销推广	ONEBOOK

出版发行	四川文艺出版社（成都市槐树街 2 号）
网　址	www.scwys.com
电　话	028-86259287（发行部）028-86259303（编辑部）
传　真	028-86259306

邮购地址	成都市槐树街 2 号四川文艺出版社邮购部 610031
印　刷	北京天宇万达印刷有限公司
成品尺寸	143mm×210mm　1/32
印　张	13.5　　字　数　280 千字
版　次	2018 年 12 月第一版　印　次　2018 年 12 月第一次印刷
书　号	ISBN 978-7-5411-5030-2
定　价	58.00 元

目 录

写在前面

赵世瑜

　　本书作者宋华丽是我的学生，她读了硕士之后没有选择继续深造，而是去了出版社工作，一直至今。但是，她没有放弃曾经学过的专业，在翻译出版了美国学者邓尔麟的《嘉定忠臣》一书后，又在业余撰写了这部关于明清之际嘉定侯氏家族的书。尽管这部20多万字的书更适合于大众阅读，但想到我认识的另一些年轻人，读了博士，甚至也在高校从事教学科研工作，但就是写不出东西来，10年也见不到出书，感慨是很多的。

　　我曾经对自己的学生和一些比较熟悉的年轻人直言不讳地说过："不是每个人都适合读博士，也不是每个读了博士的人都适合做研究。"有些人非常聪明，甚至长袖善舞，在政府部门或者公司里面一定会有远大前程，但做学者就未必能够成功。看起来做个成功的文科学者除了文字功夫外，需要有创新的意识和能力，但在我看来，创新的意识和能力来源于批判精神，而批判精神则来自做人的风骨。

　　所以我鼓励我的学生去做编辑，去做中学教师，去公司或者新媒体，总之做适合他们的工作，他们的长处也许就会发挥得淋漓尽致，也许就会很快实现他们的梦想。相反，如果他们选择了做学者，我就会用学者的标准要求他们，比如，在给他们的著作写序时，主要是挑毛病，而不是写好话。

之所以说本书适合于大众阅读，并不是说本书没有学术性，因为作者毕竟受过专业训练，利用了大量文献，比如地方志、侯峒曾的文集，等等，而是说本书的叙事方式，不是在书中征引大量原始材料，讨论那些在专业上最为前沿的问题。此外，又根据这些原始材料，进行合理的想象和发挥。这种叙事风格很类似朱东润先生的传记文学，读过《张居正大传》和《陈子龙及其时代》的读者一定熟悉这种传统。这种作品与历史文学作品不同，因为后者允许大量虚构的人物和故事情节存在，尽管不同作者虚构的程度可以有很大的不同，从姚雪垠的《李自成》、高阳的清宫历史作品，到二月河关于康熙、雍正的作品和熊召政关于张居正的作品，尺度的把握是很不同的。

尽管这些作者的作品受到广泛欢迎和高度评价，他们也尽可能地利用相关史料，甚至金庸在撰写武侠作品之余也会写一点史事考辨，但受没受过专业训练的人在利用史料、发挥想象和体现史观等方面的分寸感上，还是会有一些分别的。最最重要的一点，无论这些历史文学作品是围绕一个人物还是围绕一个事件，撇开那些虚构的部分不说，大体上超越不了现有的历史学界看法的限制，或者说是受到了固有的历史结论的制约。所以不管这些作品多有可读性，张居正还是我们已经知道的那个张居正，康熙也是我们已经熟悉的康熙。倒是在史实上最不靠谱的金庸武侠——说它不靠谱是因为没人将其定位为历史小说——从《碧血剑》和"射雕三部曲"到《鹿鼎记》，作者的历史观发生了巨大变化，不知武侠的读者诸公有无同感。

但是，由受历史学专业训练的作者撰写的大众读物，虽然亦复不少，但却没有上述历史文学作品那么大的影响力，即使是脍炙人口的史景迁的作品，译成中文出版后也没有掀起太大的波澜。我自己年轻时也写过几本通俗的历史读物，有的还印过好几版，印数累计数万，但我知道，那些书写得也不能算好。如果要休闲解闷，还是去看文学作品。有的历史小说写得好的，真让我拍案叫绝，有时还能把我感动得泪水稀里哗啦。至于里面的历史，只要看得出作者下了功夫，真是读了些书，分寸尺度拿捏得较准，也就不会吹毛求疵了。而历史学者写的大众读物，再怎么放下身架，还是有个架子端在那里，比如作者想借书中人物之口骂骂当世，发泄一下胸中戾气，但没有史料证据，就不敢瞎编；但小说家揆诸情理，一段话编就编了，直教读者感到酣畅淋漓。

作为一个喜读小说又常与大众传媒打交道的职业历史学者，不得不常常思考这个问题：历史文学作品毕竟以虚构为主，写得再感人，也不能满足那些希望了解历史真实的读者；通俗历史作品虽然于史有征，但一不小心就写得面目可憎，让人不堪卒读。过去常常感叹缺少文学和史学水平都高的作者，但回顾历史好像从未出现过这样的人，因此答案应该不在这里。

一部作品的好坏，取决于是否感人。但文学作品和历史作品感人的方式不同。文学作品由于可以虚构，作者希望传达的理想追求、真情实感，都可以通过故事中的人物和情节表达出来，即使是描写、刻画人性之恶，也是为了传递善和美的信息。许多时候，读者明知作者所写在现实生活中难以寻觅，甚至有"意淫"之嫌，比如美国好莱坞电影或中国武侠小说中的快意恩仇、邪不胜正或大圆满结局，即如近日上映的墨西哥动画片《寻梦环游记》，虽观众、读者明知虚幻，但还是会血脉偾张或者动情洒泪。所以好的文学作品必须是"好人"写出来的，哪怕写出来的都是阴暗面，也因为这种好的追求而得到理解同情。

但历史作品的感人不同。我们有时会半开玩笑地说，一个好的历史学家往往是个"坏人"，"好人"往往是坏的历史学家。这听起来有点耸人听闻，但并非没有道理。因为历史学是把求真放在第一位的，求善和求美要退居次席。人太"好"或太善良，往往容易相信，但好的历史学家的重要品质，恰恰在于怀疑。历史上留下来浩如烟海的文献，特别是官修正史和文人士大夫的作品，在真实的外面，不知包了多少层外衣，就像打官司的双方，申辩中如果都是真话，就不会打官司了，尤其就不需要法官。如果再加上双方的律师和证人，迷雾又不知增加了凡几。许多历史学家，看到史料往往是拿来就用的，特别是习惯于将有利的材料大用特用，而将于己不利的材料弃若敝屣。另一些历史学家，依据小心求证的求真原则，往往直言不讳，即如鲁迅文章中所说，在庆贺小孩出生的场合说这孩子将来是要死的，被在场的亲友贺客视为寇仇。我们经常不小心指出人家的祖先在历史上的显赫地位或光荣历史是后人编造出来的，结果人家脸色肯定就不会好看，至少不会像之前那般热情。

所以，历史学家或专业人士为大众读者写的历史作品，如果要想感人或者引起读者的心理共鸣，不能盲目地效法文学那条路，靠美文啊，想象啊，等等，或许效果比读学术著作好一点，但绝不会成功，因为有那条"言必有据"的职业规训框在那里。我们要走的，是那种"拨开迷雾见青天"的路数。故事的结局，也许未必讨喜，但却是沙里淘金找出的真实。就像是考古，在挖祖坟这一点上，和盗墓也差不多，按照过去的说法，这大概也有损阴德，但区别在于，后者只是贪图钱财，而前者披星戴月，剥茧抽丝，寻找的是以前谁也不曾知晓的真相，这也正是现在那些号称"国宝档案"的"揭秘"类节目收视率很高的缘由所在。写这种书，当然要有较高的专业水平，祖师爷赏的这碗饭也才不算白吃。所以夸张点说，好的历史作品必须是"坏人"写出来的。

要做到这一点并不容易。一般来说，对于书中的主人公，作者往往会带有正面的态度，往高了说不乏溢美之词，往低了说也会一表同情，我自己年轻时的类似作品，也犯有同样的毛病，其主要原因，是我们所依据的材料，大多是本人和其家人、门生、故旧留下来的，好话自然居多，我们又缺乏对材料的批判精神，故而往往有欠客观。更多的时候，是我们的史观有局限，甚至落后和偏狭，导致我们的描述跳不出旧套路的窠臼。

明清之际的史事是人们津津乐道的题材，其人物之形形色色，命运多舛，其事件之千头万绪，波澜壮阔，早已令人扼腕叹息。但也正因此，当时留下的材料也极其多样和复杂，甚至真伪难辨。又由于满汉关系经过清初抗清斗争和辛亥革命时期的"排满"浪潮变得十分扭曲，如何看待明末的东林党、复社等"清流"及其人物，如何评价清兵入关及下江南后的种种行为，如何看待忠节和遗民，等等多端，在学术界和社会各界都有不同认识，狭隘民族主义情绪也依然严重，甚至许多基本事实都没搞清楚。何况书中还涉及晚明的一些制度变革（如折漕），即便在明清经济史学界，也是需要讨论的大问题，哪里是可以随意置喙的呢？

"江南好，风景旧曾谙"。

日前，才给几位朋友写苏州吴江的书写了一篇序言，既让我想起在太湖岸边奔波考察的情景，也让我在这个"江南三月，正是草长莺飞的时节"，起了再游江南的念头。

本书中有一段描写侯氏父子游杭州城外九溪十八涧的文字：

> 黄昏时分，他们骑马到山下，在向导的引领下，沿着崎岖的山路徒步前行。远处群峰高耸，薄雾笼罩，近处枫林染霜，翠竹摇曳。淡紫色的晚霞消散了，天色渐暗，周围的一切变得模糊起来。他们循着溪边的小径蜿蜒而上，耳边的水流声越来越大。他们行至山涧深处，眼前赫然冒出一片瀑布群。暮色中，瀑布飞流直下，如一条条银色的蛟龙从天而降。他们的耳边，只剩下瀑布的呼啸；他们的眼前，只剩下狂舞的银龙。一瞬间，整个天地似乎只为他们存在。

读至此，让我忆起11岁那年，第一次来到杭州。那时不知发了什么疯，突然起意要去江西余江县的五七干校探望父母，于是一只草篮、一只人造革旅行袋，里面装着省下来的芝麻酱、炒好的榨菜肉末等瓶瓶罐罐，中间用一条旧帆布皮带一系，挎在肩上，就这样上了火车。在刘家站干校和锦江镇疯玩了两三个月后，父亲请了假送我回京，不知怎的就去了杭州，去了九溪十八涧。

1970年的杭州，不要说郊外的山岭，就是城里，也没有多少人迹。我们住在湖滨路上一家叫湖滨饭店的地方，院子里都是平房，接热水要走到院子里。街上是两排法国梧桐，风一起，树叶飒飒地响。拉客的三轮车响起车铃，是"格里格里"的哑哑的声音，在清晨寂静的街上，显得格外地清晰和奇异。

那次去九溪十八涧，已记不得是如何去的，好像是坐的公共汽车，然后到了某个地方下车后一路步行，当然既没有马骑，也没有向导。一路蜿蜒向上，两旁颇有林木。天色阴沉，四下静寂，唯有虫鸟鸣唱。走了许久，甚至可以望到远处的龙井，却始终没有见到溪和涧在哪里。父亲终于忍不住，问一位在路边的乡人九溪十八涧在哪里，那位乡人回答，你们一路走过的，不就是九溪十八涧了？我们四下望去，路旁确有淙淙水声，在山林丛草掩没之下，涓涓细流，不禁哑然，只好悻悻打道回府。

后知明人张岱亦曾访九溪十八涧，但"问及九溪十八涧，皆茫然不能置对"。清代大文人俞樾亦欲往游此处，问了车夫则不知，"问山农，乃知之"，去了以后见"清流一线，曲折下注，虢虢作琴筑声。四山环抱，苍翠万状，愈转愈深，亦愈幽秀"。可见它并非什么知名的大景点，也没有看到什么轰然作响的瀑布群。

书中文字引起读者共鸣或联想，当然就是成功。而我的联想和感慨，主要并不是那次少年时代的西湖印象，而是它让我再次想起我的父亲。当今之世，或红尘滚滚，或黑云蔽日，早已仙去的父亲、母亲，常常被忘到九霄云外。此时书中的片言只语，令我想起当时51岁的父亲，在楼外楼里点了半条西湖醋鱼和两杯红酒，与我同饮共食的情景，于我功莫大焉，更是当头棒喝。

再多一点题外话，就是不仅读书需要行路，写书更需要行路。我们这些做田野的历史学者，跑的地方越多，对文献理解得就越准确，越深刻。写一本关于江南、关于江南的人与事的书，不去江南走走，哪怕是坐在小镇上的茶馆里品茗，或是在酒肆里温一壶老酒，听着周围老人们的家长里短，用心去体会那些在风里雨里流淌着的历史余韵，又怎能写出一部好书来呢？

写到此处，似乎很少涉及本书的内容，因为内容如何，还是应该交给读者去评判。但是，我以上的体会，又处处与本书或同类的书相关。其实，我自己也从未能做到过我理想的那种程度，主要是道理明白得太晚，只能把一些模糊的感觉摆在这里，供后来者在居上的过程中参酌。

2018年3月30日

《第一等人》序

陶继明

　　我一口气读完了宋华丽女士《第一等人：一个江南家族的兴衰浮沉》的书稿，掩卷沉思，心潮久久不能平静。侯峒曾、黄淳耀——人们尊称为"侯黄先生"，是嘉定人耳熟能详的名字，两人亦师亦友，关系密切，讲到侯氏家族，自然会联想到黄淳耀。我长期从事地方史研究，曾编辑整理过《嘉定抗清史料汇编》一书，最近又在整理点校黄淳耀的《陶庵全集》，侯氏家族中的许多人物对我而言，并不生疏，甚至十分熟识。

　　侯氏家族是嘉定明代中叶至明末的名门望族，更是忠烈之门。侯氏起始于一户普通的耕读人家，以读书科举起家，终达"一门三进士"的辉煌。侯家从侯尧封开始科举登第，他在隆庆五年（1571）中进士，官至福建参政，不仅是一位廉吏，也是一位良吏，在位政绩颇多，受到百姓爱戴，从政之余，又不忘著述，写了不少著作；其孙侯震旸为万历进士，官至吏科给事中，为官清正鲠直，敢于抨击宦官头子魏忠贤，冒犯天威，最终被罢官还乡，他在当官之余，也不忘著述；其曾孙侯峒曾，天启进士，官至顺天府丞，为官正直干

1

练，关心民生，爱国爱乡，他也有较高的文学天赋，勤于著述。至明末，侯氏家族转型为文化世家，整个家族浸润于浓淳的文化氛围中，出了“江南三凤”（侯峒曾、侯岷曾、侯岐曾）、“上谷六龙”（侯玄演、侯玄洁、侯玄瀞、侯玄汸、侯玄洵、侯玄泓），就是侯氏的女眷，也出了不少能诗善文者，如侯怀风、侯蓁宜、孙俪箫、夏淑吉、章有渭、宁若生、盛韫贞、姚妫俞等，英才迭出，代不乏人，美名远扬。可以想见，如果没有明亡清兴、“嘉定三屠”的历史大变动，这个正在走向辉煌的家族将成为著名的江南大族。

这是一个悲凄的年代，风雨如晦，鸡鸣不已。侯峒曾想当一个好官，侯岐曾想做一个好文人，如在太平盛世，这并不是奢望，然而，他们却身处那个天崩地解的忧患时期，个体是何等渺小无助，命运和前途犹如大海中的一叶扁舟，受到巨浪的播弄，由不得自己选择。明亡后，清朝入主中原，革故定鼎，大局已定，侯峒曾和黄淳耀作为了解天下大势的智者，都不是天然的抵抗者。南明弘光小朝廷建立后，曾授予他们官职，但他们都未接受任命，隐居在乡，读书著述。当弘光小朝廷陷落，清廷任命的嘉定知县到任后，侯峒曾以一名“避辱”的前朝遗民自居，黄淳耀则“终身称前进士”。然而，清顺治二年（1645）闰六月，嘉定民众在清廷错误野蛮的剃发易服令下达后，自发起来反抗，十万乡兵集结上城，气壮山河的抗清斗争像火山一样爆发，当嘉定民众公推他们为“嘉定恢剿义师”的领袖时，他们没有任何迟疑和推却，勇敢地担当起这个没有任何胜算的使命。他们的命运和嘉定城紧密相连，人在城在，城亡人亡。侯峒曾不仅自己参加守城，还让自己的儿子侯玄演、侯玄洁一起参加守城。嘉定城破后，侯氏父子三人都惨死于清军的屠刀之下，黄淳耀与弟弟黄渊耀也双双悬梁殉节。"万物之生，皆禀元气"，明知不可为而为之，宁可玉碎，不求瓦全。侯峒曾、黄淳耀身上反映出的传统士人的凛凛正气，是十分可贵的。侯氏家族在"嘉定三屠"中基本毁灭。之后，悲剧还在继续，抗清志士、诗人陈子龙请求到已经家破人亡的侯家避难时，侯岐曾不畏杀头之险，毅然藏匿了陈子龙，事泄后，再遭破家，侯岐曾也惨遭杀害。在这场历史大悲剧中，侯氏一族惊天地，泣鬼神，虽九死其犹无悔。

此书的书名"第一等人"，是侯氏家族中的首位进士侯尧封的人生追求和宏大理想，后来成为侯氏的家训。与侯氏家族关系密切的抗清志士黄淳耀也有类似的观念，他中了进士后，在写给弟弟黄渊耀的信中立志要做"数千年之一人"。侯黄走到一起，正是他们书生报国的理念所致。近四百年来，侯黄先生的精神感召和激励着后人，成为嘉定的楷模。

全书尽管写了侯氏家族的兴衰，涉及侯氏家族中许多人物的荣辱浮沉，但落笔以侯峒曾、侯岐曾兄弟为轴心，主从分明，不蔓不枝；此书的语言和文风有欧化的印痕，明显受到海外汉学家史景迁的影响，将严谨与通俗相结合，辅以合理的推理和想象，注重文学性、故事性，注意打捞历史深处那些令人忽视的细节；作品巧妙地模糊了历史与文学的边界，将两者结合得恰到好处，使严肃而沉重的题材鲜活起来，读之觉得生动、细腻，有很强的可读性，不妨称之为非虚构性文学，或文学性的历史读物。

本书作者宋华丽早在学生时代就知道了"扬州十日、嘉定三屠"，抗清斗争的那段悲壮历史在她的心灵深处引起强烈的震撼。然而，真正触发她写作此书的缘由是她在 2012 年翻译出版了美国汉学家邓尔麟教授的《嘉定忠臣》一书。《嘉定忠臣》让她知道了嘉定抗清斗争的领袖侯峒曾。从此，侯峒曾成为她最感兴趣、最充满感情的历史人物，一发而不可收。几年来，她牢牢地抓住这个题材，几乎花费了全部的业余时间，搜集了大量史料，爬梳剔抉，参考古今资料二百余种，附以六百余条脚注，以严谨而充满激情的态度写作此书，做到了章章有交代，事事有出处。

　　为了写好这本书，宋华丽多次来嘉定搜集材料，感受嘉定的风土人情，与本土的文史工作者交流，与嘉定结下了不解之缘，也与我成了忘年交。在书稿付梓之际，宋华丽求序于我，我乐意为之，写下了这些文字，算是不成样子的序言。

　　　　　　　　陶继明二○一八年仲春于古嘹菖蒲书屋

第一章
江 南

怜余九九浑忘老，
却尔三三共上城。
偶为江楼来一览，
喜从杯酒接群英。
登临尽日芳春兴，
倡和联篇大雅声。
自愧无能追作者，
漫歌击壤荷升平。

——侯尧封[①]

1 龙江村

展开一张公元 1600 年左右的江南地图，如同从空中俯瞰大地，映入眼帘的是不计其数的河流湖泊，蜿蜒曲折，纵横交错，仿佛不是河流把陆地分割开，而是一片片陆地漂浮在

---

① 侯尧封：《登南城钟楼》，收于康熙《嘉定县志》，卷十九，诗。

1

漫无边际的水面上。南直隶、苏州府、松江府、太仓州、昆山县、上海县、嘉定县……每一片陆地的形状各不相同，轮廓圆润，仿佛被流水打磨了棱角。

《尚书·禹贡》写道："三江既入，震泽底定。"扬子江、吴淞江、钱塘江三条大江，以及数不清的支流，共同孕育了物产丰富的江南。[①]

在吴淞江、泖湖、浏河形成的巨大水面上，漂浮着嘉定县的土地。在嘉定县境内，大大小小的河流有一千两百多条，将土地划成无数支离破碎的小块，包括五个乡、二十四个都，涵盖三个市、十七个镇，以及更多的小村庄。[②]从地名里的浦、湾、泾、浜、塘、渡、沥等字可以看出，所有的村镇、田地都与水为邻。

河流把陆地分开，桥又把分开的陆地连接起来。从县城到周边的村镇，嘉定县至少有一百七十多座桥。[③]一座座桥横跨灰绿色的河道，隐没在一片片低矮的灰黑色房屋中。有的桥身精雕细琢，石柱上刻着精致的楹联，彰显着修桥者的威望，有的桥面朴素实用，只是一块石板，却凝聚了几个村子的苦心。经过一代又一代人的维护，一座桥能供来往的百姓用上几百年。

缓缓流动的水面上，不时有船划过。在江南，几乎没有哪个村镇不通舟楫，家家户户都有船只。也有生意人以经营客船为生，客船有不同的班次，按航程计费，无论白天夜

---

① 康熙《嘉定县志》，卷五，水利，吴淞江；《尚书·虞夏书·禹贡》。
② 嘉靖《嘉定县志》，卷四，枝河；万历《嘉定县志》，卷一，疆域。
③ 康熙《嘉定县志》，卷一，津梁。

晚，随时可以买舟出行。一声锣响，缆绳解开，轻棹划动，水上的旅程便开始了。顺风顺水时，一日一夜，水路可行二百五十多里地，速度远超在陆地上骑马坐轿。[①]

水、桥、船，将本地与外面的世界连接起来，把人们带入更广阔的空间。

蟠龙江是嘉定众多河流中的一条。当地人说，蟠龙江是吴淞江的故道。它源自太湖，出苏州后向东流，途中汇集多条小河，在嘉定境内水势渐大，如游龙般蜿蜒，时而向东北，时而向东南，汇入吴淞江后一路向东，注入四十里外的大海。

在嘉定城南五十里外的蟠龙江北岸，坐落着一个小村子，叫龙江村。[②]村子建于元代，面积不大，东西沿江约一里，南北长仅半里。龙江村临水而建，风景宜人，近处绿柳拂水，池鹭踱步，远处舟楫穿梭，白鹤飞舞，依稀可以听到渔家的歌唱。[③]

> 村墟摇落后，诘曲一溪中。
>
> 竹树余衰绿，烟云冒晚红。
>
> 鸦栖浑似叶，芦静不交风。

---

① 参考冯贤亮《太湖平原的环境刻画与城乡变迁》，第四章。

② 龙江村在明代称为诸获巷村，又有诸翟、蟠龙塘、白鹤村之称。清朝乾隆年间改名紫隄村。今属上海市闵行区华漕镇。龙江村位于嘉定、青浦、上海三县交界处，严格地说，侯家故宅属于上海县，但据《明清进士题名碑录索引》，侯尧封、侯震旸、侯峒曾三人参加科考的户籍皆为"直隶嘉定"，乡贯为"直隶上海"。

③ 王子昭：《盘龙江篇》，收于《紫隄村志》，卷二，第16页。

早稻新收得，江阡说岁丰。①

这是侯峒曾笔下龙江村的夏日风光。

侯峒曾和他的双胞胎弟弟侯岷曾、小四岁的弟弟侯岐曾就住在龙江村。比同龄人幸运的是，侯氏兄弟出生在村里最富有的家族。

沿着蟠龙江北岸，双鹤浦以东，小泾以西，山池以南，绝大部分是侯家的房屋和田地，面积约占龙江村的三分之二。② 侯家主宅内，最显眼的位置陈列着朝廷对侯家先祖的封赠；家宅后的水岸边是太初园，园内有假山，有凉亭，种植着梅竹桂柏；村东有侯家出资建造的关帝庙，以其科举灵验，受到村民的膜拜；不远处有观音堂，是侯家的香火院，在重要的日子里，住持道人会为侯家诵经祈福；侯家在蟠龙江一带拥有近千亩田地，雇佣佃户耕种，定期坐收地租；家中的聚会总是高朋满座，其中不乏大名鼎鼎的朋友，有文徵明、王世贞、归有光、陈继儒、徐学谟……③

在侯家兴起之前，龙江村也出现过几个大家族，有聘请元代书画家赵孟頫为塾师的沈家，有北宋文学家秦观的秦家后人，当时的侯家只是以耕田为生的平民。为了家族的兴盛，

---

① 侯峒曾：《舟行虬江》，收于康熙《嘉定县志》，卷十九，诗。
② 据《紫隄村示意图》《诸翟乡图》，分别收于《紫隄村志》和《馆藏嘉定地图汇编》。
③ 如归有光《偕老堂记》（第1198页），徐学谟《诰封太宜人侯母朱氏墓志铭》（第1717页），王世贞《处士乐耕侯翁暨配丘孺人墓表》（第1765页），皆收于《嘉定碑刻集》下册；文徵明《祝侯白村七十双寿诗》，收于《紫隄村志》，卷五，第121页。

侯家已经努力了几代人。

真正改变侯家地位的，是侯峒曾的曾祖父侯尧封。他是龙江村侯氏家族的第一位进士、第一位官员。

侯尧封虽出身寒门，但幼年受到良好的教育，这得益于他的父亲。侯家的祖上是过继到侯家的，四代单传，才有了侯尧封。侯尧封的父亲深知家族贫弱的滋味，终日勤劳耕种，赚钱为儿子聘请塾师，并拿出毕生的积蓄修建关帝庙，树立了侯家在村里的威望。侯尧封牢记父亲的苦心，皓首穷经，终于在五十七岁考中进士，踏上仕途，从此改变了侯家的命运。

侯尧封一辈子娶妻一人，妾两人，三人分别为侯家生下八个孩子，加起来一共二十四个①，顺利长大成人的不到二十个。侯家自此以诗书继世，侯峒曾的父辈、祖父辈都是读书人，交游广泛，常在自家的芙蓉池畔举办诗会，月下赏花，对酒吃蟹。酒饮光了的时候，家仆只需折一枝芙蓉池的荷花交给酒肆，酒肆便欣然赊酒。②在族人中，峒曾的父亲侯震旸尤为好学，年纪轻轻已经考中举人，远近瞩目，前途无量。

峒曾的母亲龚氏十八岁嫁到侯家，她来自嘉定县最有名望的龚氏家族。龚家自宋元以来就是仕宦人家，明朝中期更加声名显赫。龚氏的父亲龚锡爵曾任广西布政使，为正三品高官。龚氏家族的家业之大，从私家园林可见一斑。龚家在嘉定至少有两处园子。一个是城内的龚氏园，园内山光潭影，

① 侯峒曾：《曾祖考亚中大夫福建布政使司右参政复吾府君行状（代父）》，收于《侯忠节公全集》，卷十三，第 10 页。

② 侯良旸：《招友诗》，收于《紫隄村志》，卷三，第 69 页。

镂窗飞檐，以精致玲珑闻名江南；另一处是郊外的石冈园，凝聚了龚锡爵晚年的巨大精力，成为龚家与社会名流的聚会场所。①

在富足的家境中，侯峒曾和他的兄弟们无忧无虑地成长。不过，让孩子们印象最深刻的，不是家族的显赫地位，而是曾祖父侯尧封常说的一句话。

每逢清明或中元，侯尧封率领族人在家庙举行祭礼时，总会对满堂儿孙做出训诫。他在外为官二十多年，最常说的一句话却是："不愿汝辈它日为第一等官，但愿为第一等人。"②

年幼的孩子们并不清楚"第一等官"和"第一等人"是什么意思，他们只能从长辈口中了解曾祖父的官场浮沉：

侯尧封担任监察御史时，发现福建建宁县令的受贿行为，不顾此人与权相张居正有私交，毅然发起弹劾，由此得罪权贵，受到降职处分；他在江西为官时，重修鹅湖书院、白鹿洞书院，为明初建文朝的殉难大臣修建节义祠；守卫湖北襄阳时，力排众议，为汉水岸边的百姓修桥，惠民无数；担任福建参政时，拒绝属下暗示的中饱私囊之法，留下了清廉正直的官名。③他年近八十岁时告老还乡，成为备受尊重的乡绅。

当孩子们围绕在侯尧封的膝旁，侯尧封常回忆起自己年少时在母亲的纺车旁借光读书的情形，勉励儿孙勤学上进。④

---

① 《嶂城龚氏族谱》（一），第59页；程嘉燧：《石冈园》（五首），收于康熙《嘉定县志》，卷十九，诗。

② 侯峒曾：《曾祖考亚中大夫福建布政使司右参政复吾府君行状（代父）》，收于《侯忠节公全集》，卷十三，第9页。

③ 《紫隄村志》，卷五，第123—124页，侯尧封。

④ 王圻：《铁庵遗稿序》，收于《紫隄村志》，卷五，第124页。

侯尧封还创建了侯氏家塾，每年出资邀请优秀的塾师，教导家族子弟读书。[1]孩子们可以明白，侯家的一切荣耀都源自读书。正是几代祖辈埋头苦读，考场打拼，走上仕途，才带领侯家过上了雅致的生活，赢得了旁人的尊重。

峒曾和兄弟们知道，要保持家族的长盛不衰，他们依然要在科举道路上奋力前行。

峒曾和他的兄弟从出生的一刻起，就浸润在绵长浓厚的华夏文化中，这从长辈花费心思为他们取的名字可以看出。

峒曾和弟弟岷曾是双胞胎，岐曾比两位兄长小四岁。峒曾、岷曾出生时，七十六岁的曾祖父侯尧封非常欢喜，为两个小婴儿分别取了乳名大忠、大孝，希望他们能光宗耀祖。[2]峒曾长大后不再用"大忠"这个乳名，但如同预言一般，这个乳名伴随了他一辈子。

孩子们开始识字后，长辈为三个男孩取了正式的名：峒曾、岷曾、岐曾。三人的名来自中国西北部的三座大山：崆峒山、岷山、岐山。崆峒山是人文初祖黄帝、伏羲的故乡，号称"道家第一山"。古代典籍《庄子》一书中记录了黄帝向崆峒山的仙人广成子问道的故事，按照名、字、号相关的取名法，峒曾把"广成"作为自己的号；岷山绵延千里，是传说中玉皇大帝与众神栖居的天庭所在地，是嫘祖、大禹的故里，也是道教发源地；岐山是另一位人文初祖炎帝的生息之

---

① 《紫隄小志》，卷上，第24页，侯氏家塾。
② 侯玄泓：《月蝉笔露》，卷下，第11页；《侯忠节公全集》，卷一，年谱上，第4页。

地，是周朝文化的发祥地，也是儒家经典《周易》的诞生地。

与高山之名呼应的是，兄弟三人后来取的字：豫瞻、梁瞻、雍瞻，分别来自华夏九州中的三个：豫州、梁州、雍州。瞻，当然是高瞻远瞩的意思。

驻足山巅，俯瞰九州。侯氏三兄弟的名字带有一种天然的气势。

峒曾兄弟年幼时，和族人一起在龙江村侯氏家塾读书，接受启蒙教育。[①] 孩子们描红识字，熟背"天对地，雨对风，大陆对长空"，练习声律和对偶。[②] 对偶是作诗和写文章的语言基础，来源于大自然最常见的对称现象，代表了中国人自古以来的审美趣味。任何能看到、想到的事物都可以寻求对偶，比如当别人说"弯弓月"时，如果能对出"大人星"，便是足以让人称赞的了。[③]

远近的村民都知道侯家有三个有出息的儿子，年少聪明。村里流传着不少侯家兄弟年少读书的故事。

三人在家塾读书时非常勤奋，放学回家后，知书达理的母亲龚氏也常教导他们。家塾老师是来自松江府的林老先生，尤其疼爱他们。据说，林老先生告别嘉定时，对学生们说了一句"师生话别情难舍"，没想到侯峒曾应声对出了下句。儿童的文思敏捷让林老先生非常惊奇，成为众人传诵

---

① 《紫隄村志》，卷三，第 71 页，上谷家塾。

② 这些经典的声律启蒙语句出自明末清初文学家李渔编写的《笠翁对韵》，可以推测明末便有这类对偶启蒙。

③ 侯家的亲友龚用圆。出自《孝廉智渊公遗事》，《嘤城龚氏族谱》（一），第 63 页。

的故事，以至于侯峒曾具体对的是哪句话，流传出不少版本，有人记得是"道义论交迹转疏"，也有人说对的是"朋友相孚谊共敦"。[①]

侯家父辈交往的朋友，也给峒曾兄弟带来很大的影响。侯家经常高朋满座，宾客无一不是饱学之士，有苏州人文震孟、姚希孟，常熟人钱谦益，昆山人王志坚，也有本县的唐时升、娄坚、李流芳，他们是侯震旸的朋友，与侯家的亲家也相熟。

不过，在巨大的家族朋友圈子里，年幼的峒曾最佩服的却是一名秀才。他的名字叫徐允禄，是侯震旸的好友。徐允禄说话口吃，却博学多识，擅长研究《周易》《尚书》和《春秋》，在史学方面也有著述，对古往今来的军国大事了如指掌，且能与人辩论；他参加乡试时受到朝廷公卿和主考官的赞赏，却不说一句请对方关照的客套话；他家境贫寒，只能贩卖字画替父母还债，却坚决不为罪犯写诉状，哪怕对方带着上千两银子求他。他虽没有举人、进士等高级功名，没有官员的身份，却赢得了官绅和读书人的尊重，成为嘉定的知名学者。峒曾佩服他的学识，更佩服他的品行，经常和两个兄弟去他的家中拜会，与他交流读书心得。[②]

峒曾十五岁时，和岷曾、岐曾一起参加童试。他们连续

---

① 《侯忠节公全集》，卷一，年谱上，第4页；《紫隄村志》，卷三，第71页。

② 徐允禄，字汝廉。侯峒曾：《祭徐汝廉先生文》，收于《侯忠节公全集》，卷十五，第7—8页；乾隆《嘉定县志》，卷十，人物志，文学；光绪《嘉定县志》，卷十九，人物志四，文学。

通过县试、府试和在省城南京举行的院试，在同一年考中了秀才。峒曾进入嘉定县学读书，岷曾和岐曾进入苏州府学。据说，府试过后，苏州府的主考官林文熊让峒曾和岷曾坐在他左右两侧，让年纪最小的岐曾坐在他膝盖上，和他们一起谈文章。[①]

嘉定县每年录取的秀才约六十人，峒曾三兄弟考中秀才的时间比几位叔父还要早。[②]秀才也称生员，在嘉定，百姓称秀才为相公，以示尊敬。[③]有了秀才的身份，不用交赋税，不用服劳役，犯法后不用受刑罚，见到县官不用下跪，可以免费领取粮食，在科举之路上踏出了第一步，只是还谈不上做官。

侯家的三名少年才俊引起了官府的注意，南直隶督学亲自为侯家三兄弟题字"江南三凤"。[④]"江南三凤"匾额高悬在侯家的正堂上，每个去侯家的客人都能看到。峒曾兄弟三人用才学换来了无上的荣耀。

2 游 学

儒家先师孔子提出"礼、乐、射、御、书、数"六艺兼备，在读书之外，也注重培养音乐、体育、数学等修养和技

---

① 《侯忠节公全集》，卷一，年谱上，第5页。
② 《嘉定明清诸生录》，收于《嘉定历史文献丛书》第二辑。
③ 《紫隄小志》，卷上，第31页，风俗。
④ 经查，此时在任的南直隶督学为万历十四年进士杨宏科。

能。不过，在明朝初年，随着科举竞争日渐激烈，学校的功课转向以科举应试为主，只强调读书和作文。

地处江南的南直隶是全国文风最盛的地方，进士、举人的录取率遥遥领先于其他省。在这种环境下，科举考试的竞争异常激烈。正式的科举考试（乡试、会试、殿试）三年一考，嘉定全县每次只能考中三四名举人、一两名进士。

想成为一名优秀的学子，只在家塾和学校读书远远不够。"两耳不闻窗外事，一心只读圣贤书"可以使他们取得一定的成绩，但无法走太远。他们还要研究当下的文学潮流，琢磨优秀考生的应试文章，分享近几年的考题动向，用各种方式提升自己的水准。简单来说，他们还要走出去。

嘉定人深知自己的弱势，承认嘉定只是个海边小县城，位置偏僻，民风淳朴。同时，嘉定又是个淳朴到一心崇尚学问的地方，"缙绅之徒与布衣齿，苟匹夫怀文，揖公卿而平视"①，只有读书才能打破不同阶层的界限。

有实力的家族不断创造机会，带领子孙见识更大的世界。游学是峒曾兄弟的必修课。在十八岁之前，峒曾至少去过两次苏州，一次杭州，一次南京。

峒曾第一次去苏州是十一岁。当年，他的祖父侯孔诏以明经科受到举荐，要去北京参加策试。峒曾随父亲侯震旸一起送他，并在苏州虎丘留宿几日，在铁花庵读书。父亲侯震旸自从考中举人后，一直在为考取更高一级的进士发愤读书。

这是峒曾第一次离开偏僻的嘉定县，来到苏州府的府治

---

① 苏渊：《嘤城赋》（康熙丙午著），收于康熙《嘉定县志》，卷二十，赋。

所在地——苏州城。嘉定县隶属于苏州府，但位置比吴江、昆山、吴县等苏州大县偏远，距离苏州城有一百四十多里。

行政上，苏州府的上一级是南直隶。南直隶的级别高于一般的省，它因明朝的留都南京获得特殊的地位，与京师北京所在的北直隶遥相呼应。

如果说南京和北京是明朝一南一北的政治中心，苏州则是全国的经济中心、文化中心，是全国人口最密集的地区。"苏湖熟，天下足""上有天堂，下有苏杭"，这是自宋代以来老百姓耳熟能详的俗语。苏州地处长江下游，濒临太湖，是京杭大运河的重要港口，云集了大江南北的文人商客，自唐宋以来一直闻名天下。文化上，无论生活时尚，还是文学潮流，苏州都领天下之先。在外地人看来，苏州人"浮游逐末"，苏州是个出"奇技淫巧"的地方，这也从侧面说明了苏州作为大都市的繁华和包容。[①]

峒曾十七岁时，又一次来到苏州。他最感兴趣的是苏州浓厚的文化气氛。

苏州是全国著名的书籍产地，汇集了几十家专做书籍刻印的私人治书坊。同时代的全国大部分城市，连一所治书坊都没有。木版印刷效率高，速度快，加上原材料便宜、物流发达，普及率和印刷质量远高于活字印刷。发达的印刷术促进了知识和思想的传播，当其他地方的读书人还在埋头抄书的时候，江南的读书人可以流连于书肆，以公道的价格直接购买典籍，也可以出版自己的作品。

---

① 万历《嘉定县志》，卷二，风俗。

在苏州城内，沿街的书肆不仅出售"四书五经"、古典文学、优秀科举文章的选集，还有《三国志演义》《水浒传》《金瓶梅》等时下流行的插图本小说，《西厢记》《窦娥冤》等前朝人写的戏剧，署名唐伯虎的真假难辨的画作，名为《几何原本》的西洋教材汉语译本，以及医药占卜、旅行地图、名媛诗集、市井笑话，包罗万象，价格适中，能满足不同人群的口味。除了读书人，市民百姓也买书读。苏州府是全国识字率最高的地方，乡下孩子熟背《神童诗》《千字文》，闺中妇女吟诗作对，这些其他地方难得一见的景象在苏州都不是稀奇事儿。

峒曾的父亲侯震旸每次去苏州，必去城郊的虎丘。虎丘号称"吴中第一名胜"，宋代文学家苏轼写道："到苏州不游虎丘，乃憾事也。"一日四时，一年四季，虎丘游人不断。赶上元宵节、中秋节，虎丘更会成为天下盛会。苏州百姓倾城而出，装扮一新，涌至虎丘。山间水边，松下石上，有唱戏的，有卖货的，有玩杂耍的，有烧香拜佛的，有聚会饮酒的，煞是热闹。[①]

尤其吸引读书人的是，虎丘不仅风景绝佳，热闹繁华，还汇集了江南最有才华的一群人，成为他们交流才学的开放空间。上千年来，历代文人墨客在虎丘流连忘返，品味清香的白云茶，聆听禅寺中的袅袅佛音，与远道而来的同仁谈古论今，在彩灯高悬的游船上吟诗唱和。

另一次，岷曾、岐曾也与父亲同游苏州，与他们一起的

---

① 袁宏道：《虎丘》，收于《袁宏道集笺校》，第157—158页；张岱：《虎丘中秋夜》，收于《陶庵梦忆》，卷五。

是嘉定友人李流芳。李流芳来自南翔大族，刚刚考中举人，习得一手浑然天成的诗文，书画并重，爱好富有嘉定特色的竹刻艺术。侯家与李流芳交往已久，此时峒曾已经与李流芳的侄孙女定亲。他们登上苏州的灵岩山，漫步"秋山黄叶"，欣赏奇石林立，去山顶的灵岩寺参禅。①

与父亲游学之余，峒曾不断结交苏州的文人，如饥似渴地吸收全国最先进的文学思想。他把兄弟三人在苏州写的诗编成一册《铧铧编》，刊刻印行。《诗经》有言，"常棣之华，鄂不铧铧"②，赞颂的是兄弟友爱。他和岷曾、岐曾的感情，正如一簇簇淡红色的常棣花，在明亮的阳光下盛放。

《铧铧编》一出，侯门子弟的才气吸引了不少人。峒曾三兄弟在苏州结交的朋友中，有苏州本地文人冯梦龙。冯梦龙时年三十六七岁，比侯震旸小五岁，算是峒曾的父辈。他当时只是一名生员，与侯震旸颇有来往，他和号称"江南三凤"的侯家子弟亦师亦友，常常和他们一起切磋文学，准备科举考试。③冯梦龙擅长研究《春秋》，此时的他，还没写出流传后世的通俗小说"三言"，也没完成几百首苏州民歌的编选评注。

结社也是结交天下名士的重要方式。"以文会友，以友辅仁"，结社是读书人圈子里的流行事。做文章有文社，写诗有诗社，鉴赏书画有鉴赏社，还有茶社、酒社、花社、弈社等，任何一种爱好都能集结起一批同道中人。各类社团中，以文

---

① 李流芳：《灵岩》，收于《檀园集》，卷十一。

② 《诗经·小雅·常棣》。

③ 参考大木康：《明王朝忠烈遗孤侯涵生平考述》，收于《嘉定文派与明代诗文研究论集》，第401—402页。

学社团最为繁盛。从西北的山陕，到北方的齐鲁，到中部的江浙楚，再到南部的闽粤，几乎每个省都有文学社团。

加入文学社团的好处很多，可以切磋学问，出版作品，广交朋友，提高自身的文学素养，获得第一手科举考试资讯，甚至将自己的交际圈扩大到官场——毕竟，未来的官员会从这些读书人中产生。

峒曾、岐曾兄弟第一次去南京，正是去参加文社集会。当时，在众多文社中，公安派在全国的影响力越来越大，主导人物为袁氏三兄弟——袁宗道、袁宏道、袁中道。公安派本是湖北荆州的小型文社，后来影响力扩及全国，在多座城市巡游结社，吸引了大批读书人。袁氏三兄弟的文章风格清新，酣畅明快，一反当时文坛的复古雕饰风气，受到江南读书人的推崇。

峒曾对"独抒性灵，不拘格套"的公安派文学情有独钟，他想参加公安派的南京集会，无奈当时身在苏州。当他听说文学精英张宾王在南京发榜，倡导冶城大社，吸引了不少读书人，便和岐曾不失时机地奔赴南京，递交作品。能把自己的作品和优秀读书人的作品并列在同一本文集中，作诗酬和，是一种荣耀，也是一种资历。江南人才济济，年轻的侯氏兄弟未必是最优秀的，重要的是，自由结社开阔了他们的眼界。

在更大的空间中结交天下名士，在更高的平台上攀登知识的高峰，正是侯家父子四处游学的原因，这是在嘉定小城无法获得的资源。

十八岁之前，峒曾还和父亲去过杭州——一座与苏州齐名的繁华都市。

如同虎丘之于苏州，去杭州不能错过西湖。"欲把西湖比西子，淡妆浓抹总相宜"，西湖是文人墨客笔下的绝代美人，人人都想一睹其容颜。一座西湖，也涵盖了上千年来杭州的文化精华。保俶塔、西泠桥、灵隐寺、苏公堤、苏小小墓……每一个到西湖的游客，都希望寻觅前辈先贤的足迹。

一年四季，西湖的游人络绎不绝。在独具慧眼的文人雅士看来，西湖最美的是冬天。大雪过后，万籁俱寂，天、云、地、水融为一色，叫上一二好友，手捧暖炉，对饮舟中，看玉树琼枝，群山皑皑，大概是天地间最怡然的事了。[①]

峒曾和父亲来杭州时，冬天尚未来到，不过深秋的西湖足够他们陶醉了。游览过西湖后，更让峒曾父子向往的是杭州城外的"九溪十八涧"和五云山。

黄昏时分，他们骑马到山下，在向导的引领下，沿着崎岖的山路徒步前行。远处群峰高耸，薄雾笼罩，近处枫林染霜，翠竹摇曳。淡紫色的晚霞消散了，天色渐暗，周围的一切变得模糊起来。他们循着溪边的小径蜿蜒而上，耳边的水流声越来越大。他们行至山涧深处，眼前赫然冒出一片瀑布群。暮色中，瀑布飞流直下，如一条条银色的蛟龙从天而降。他们的耳边，只剩下瀑布的呼啸；他们的眼前，只剩下狂舞的银龙。一瞬间，整个天地似乎只为他们存在。

望着眼前的秀美风光，峒曾想起五百多年前苏轼的杭州

---

① 张岱：《湖心亭看雪》，收于《陶庵梦忆》，卷三；李流芳：《云栖春雪图跋》《题雪山图》，收于《西湖梦寻》卷五，《云栖》。

之游。他禁不住诗意大发，用文字向自己的文学偶像致敬：

> 解鞍一散步，群峰乱将夕。
>
> 浮岚暮遥青，乔柯拂深碧。
>
> 须臾落霞散，银紫纷狼藉。
>
> 寻蹊得绝涧，惊潄互喷射。
>
> 有如翠蛟舞，飞下三千尺。
>
> 一步一回顾，已觉耳目易。
>
> 此景宜急追，一失难再获。[①]

仁者乐山，智者乐水。山水与身心的交融，给他们带来惬意的感觉。

他们不只为游山玩水而来，历经一番跋涉，终于到达目的地——五云山云栖寺。云栖寺是杭州郊外著名的宝刹，已有五百多年的历史，传说五云山顶的彩云常栖止于此，由此得名。站在山顶，向南便能看到钱塘江。不似其他宏伟壮观的名刹，云栖寺的外观简朴粗陋。山寺在几十年前被山洪冲塌，莲池法师远道而来，重建禅院，招纳弟子。四十多年来，在质朴静谧的环境中，莲池法师潜心修炼净土宗佛法，以高深的学识成为远近闻名的高僧，吸引了众多名儒、官员前来受教。

峒曾一行人要拜访的，正是莲池大师。

[①]　侯峒曾：《行余杭山中二首》其一，收于《侯忠节公全集》，卷四，第 1 页；亦收于《明诗综》，卷七十六。

清晨，熏香袅袅，绿竹环绕，侯氏父子毕恭毕敬地聆听莲池大师论道。大师端坐堂内的莲花垫上，他年逾七十，耳聪目明，声如洪钟。莲池大师为峒曾父子宣讲的是《佛说优婆塞五戒相经》。[①] 这部经书讲的是在家修佛的居士应该遵从的"五戒"——杀戒、盗戒、淫戒、妄语戒、酒戒。"五戒"的内容并不复杂，不杀生、不盗窃、不淫乱、不妄语、不饮酒，对应的恰恰是儒家思想中的仁、义、礼、信、智。平民百姓能够接受行善去恶的朴素道理，读书人也很容易将它纳入自己的儒学价值观中。

随后，莲池大师从"五戒"说开，谈论出世入世、禅净一心的道理。[②] 说到尘世的忙碌纷扰，莲池大师的观点是："人生闲忙，亦有分定。必待极闲而后办道，终无日矣。忙里取闲，得一时空，便收拾散乱之心，摄归正念，久之自然有得。"[③] 人生在世，没有彻底闲下来的时候，只能忙里偷闲，在行走中参禅，在尘世中悟道，在纷纷扰扰中保留一份自然之心。

多年来，无数官僚、富豪、读书人远道而来，向莲池大师吐露自己在出世与入世之间的矛盾心理。他们身在人情世事的包围圈，心中却向往超然的田园生活，既想出世以求清净，又舍不得世间的功名利禄。对此，莲池大师将现世的需求与佛家思想融合，形成了自己的观点。他认为，身在尘世的文人士大夫，可以一边追求仕途，一边参禅悟道，但要做到心中

---

① 《侯忠节公全集》，卷三，年谱下，第18页。
② 《侯忠节公全集》，卷一，年谱上，第6页。
③ 莲池大师：《与严天池》，收于《尺牍新钞》卷十，第267页。

有济世之心，不要因为富贵功名而迷失了自己的本心。[①]

佛家的人生道理看似简单，实则需要长期的参悟。修身养性、恪守道德、自律自制，这些佛学思想与峒曾从小接触的儒学相辅相成，共同塑造了他的人格。在儒、佛、道三教合流的时代，他们在佛门外修行，称为居士。他们不是真正的佛教徒，但吸收佛教与儒家的相通之处，在出世与入世间自由游走。

侯震旸听了莲池大师的一席教诲，心中的苦闷烟消云散。他考中举人已有十四年，始终没有接到朝廷的任命。他决心继续苦读，为考取更高一级的进士而努力。峒曾在听讲之后，返璞归真的想法也充溢心间，成为莲池大师的俗家弟子，法号广雅居士。[②]

莲池大师的著作《竹窗随笔》，峒曾请走了两本，一本留给自己，一本带给弟弟岐曾，这本书也成为岐曾一辈子的枕边读物。一如莲池大师深入浅出的现场讲解，他的《竹窗随笔》也平易近人，让峒曾感到熟悉而又陌生。熟悉的是书中除了佛教故事，还出现了庄子、苏轼、五行等他经常接触的主题；陌生的是莲池大师从佛法的角度论述和感悟这些主题，是峒曾之前没有想过的。

从云栖寺听完莲池大师的讲道，峒曾又回到了世俗社会。高僧的教诲如春风化雨，其中的为人处世道理，年轻的峒曾要用一生去消化。和当时一些虔诚的读书人一样，取个佛家

---

① 有关莲池大师的出世、入世思想，参考陈宝良《明代士大夫的精神世界》，第105页。

② 《侯忠节公全集》，卷一，年谱上，第6页。

的法号，过居士的生活，时常进庙参禅，并不妨碍他们的俗家生活。他们可以继续过文人的生活，继续喝酒吃肉，继续争名逐利。小酌是人际往来的必备项目，居士五戒中，峒曾受了杀戒、盗戒、淫戒、妄语戒等四戒，唯独没有受酒戒——虽然他酒量不大。[①]

读书，交游，旅行，习佛，几乎是每一位读书人的必修课，也是他们习以为常的生活方式。对年轻的学子来说，这几项是融在一起的，既要参禅以修身养性，又要广泛交际以拓展人脉；既要旅行以开阔眼界，又要专意于读书科考。

这个时代也有专门以旅行为业的人，比如徐霞客，他与侯峒曾同是江南人士，年龄相差无几。十八岁的峒曾在苏州游学的时候，二十二岁的徐霞客几经科举挫折，发出"大丈夫当朝游碧海而暮宿苍梧"的豪言壮语，取得母亲的支持后，踏上遍访名山的旅程。像徐霞客这种年纪轻轻就抛弃学业、无意仕进的人是极少数，大多数年轻人和峒曾一样，靠读书改变命运才是他们的目标。即便是以经商起家、不愁吃穿的富豪家族，也会要求族人读书科考，追求仕进，获得政治上的地位，从而保证财富的持久。

读万卷书，行万里路，最终指向的现实目标是用知识改变命运。

---

① 《侯忠节公全集》，卷三，年谱下，第18—19页。

3　科举之梯

转眼，峒曾到了二十弱冠的年纪。前后几年间，侯家至少有三件喜事。这三件喜事托举着峒曾在科举道路上继续攀升。

第一件事是父亲侯震旸在中举十六年后，终于蟾宫折桂，获得进士的殊荣。

侯震旸考中进士后，授职行人，正八品，专掌"捧节、奉使之事"，也就是作为皇帝的使者，负责颁诏、册封、抚谕、征聘等事务。这份职务需要长年在外行走，从闽越到荆楚，再到比广东更远的海岛，单车匹马，旅途奔波。侯震旸的用心之处在于，每到一处，他都将沿途的山川、形胜、战场、营垒等一一记录，以备为朝廷建议之用。[1] 行人的职位虽然不高，声望却不低，好处是可以很快得到升迁。

峒曾也继续跟从父亲增长见识。在苏州虎丘，峒曾和弟弟岐曾跟随书画家陈元素学习书法和绘画。早在一百多年前，苏州就聚集了擅长诗、书、画多项才能的"吴中四才子"唐伯虎、文徵明、祝枝山、徐祯卿。在他们之后，诗文和书画并重的风气更加浓厚，书法和绘画成为读书人在文学之外的又一必修课。

第二件喜事伴随侯震旸考中进士而来，那就是侯家酝酿已久的迁居县城计划终于实现。

住在城里能更轻松地赚得收入，进入更广的交际圈，获

---

[1]　康熙《嘉定县志》，卷十六，人物二，侯震旸。

得更让人放心的治安环境，享受更丰富的物质和文化生活。只要实力能达到，任何一个江南富户都会选择由乡村移居城内。

迁居嘉定县城，是峒曾的曾祖父侯尧封考中进士后的打算。侯尧封去世十几年后，他的心愿终于达成。侯震旸考中了进士，在城内偏西的地方买了一所杨姓官员的旧宅，修缮一新，带着妻儿老小离开城南的龙江村老家，搬到城里的宽宅大院。

与"轿从门前进，船自家中过"①的仕宦人家的豪宅相比，侯家的新宅并不算大。与平民百姓的茅屋相比，自然是光鲜夺目的府邸。院落分为前中后三进，主房面阔五间，左右带有耳房，为两层小楼。第一进为正堂，沿袭之前的名称荣寿堂，东房供奉祖先的牌位，西房为侯震旸的房间，兼供宾客休息。再往西的三间侧房，是峒曾兄弟读书的场所。荣寿堂后面有两进房屋，第一进为侯震旸的儿子和儿媳们的房间，第二进也有五间，峒曾的祖母和侯震旸夫妇分别住在两侧，中间是饭厅。楼上有书房、卧房、闺房、梳妆室。整座房子的后面是厚厚的土墙，墙外是鸡鸭场。土墙两侧，建有更多的平房，供家仆居住。主房东北侧，还有单独的三间平房作为未来的家塾。②

作为城里的官宦人家，私家园林必不可少，一来愉悦家人，二来招待宾客。侯震旸在城东的晏海门内买了一块地，

---

① 此语指苏州府昆山县的徐氏家族，位置在今周庄镇张厅，建于明朝正统年间。

② 侯玄泓：《月蝉笔露》，卷下，第16页。

营建了一座园林，人称侯氏东园。园内有古木流水，有仙鹤游鱼，融自然盛景于眼前。[1]侯氏东园内，"堂开金谷酒，楼贮石渠书"，往来宾客皆为名流。[2]以文学著称的"嘉定四先生"程嘉燧、唐时升、娄坚、李流芳，松江大画家董其昌，无一不是侯家的座上客。[3]

第三件喜事，是侯家的儿女们到了谈婚论嫁的年纪。侯震旸从任上告假回家，为孩子们张罗婚事。

侯家为峒曾选中的是南翔李家的女儿李氏。李氏是进士李先芳的孙女、"嘉定四先生"之一李流芳的侄孙女。

侯家与南翔李家素有往来。南翔是嘉定最富庶的镇，南翔李家的功名与商业闻名远近，是南翔第一大族。李氏的祖父李先芳曾在户部、刑部任职，几次为嘉定公共事业发声，是备受尊重的乡贤。李氏的父亲李绳之虽生于富家大族，却衣食简朴，言行正直，是一名虔诚的居士。本地人皆知的一个故事是，李绳之的父亲李先芳死后，牌位崇祀在乡贤祠，当李绳之发现有个品行不端者的牌位也立在乡贤祠后，便将父亲的牌位抱回家，不屑地说，我父亲怎么能与你这种人为伍。[4]

峒曾与李氏的婚姻是父母之命、媒妁之言，和同时代绝

①　娄坚：《上谷东园诗》，收于《紫隄村志》，卷四，第95页。
②　侯洵：《园居初复》，收于光绪《嘉定县志》，卷三十，名迹志。
③　李流芳：《集侯广成东园》，收于康熙《嘉定县志》，卷十九，诗；《紫隄村志》，卷四，第95页。
④　康熙《嘉定县志》，卷十六，人物二，李绳之；乾隆《嘉定县志》，卷十，人物志，孝友，李绳之。

大多数的婚姻一样。二人婚后相敬如宾，受到族人的赞誉。①

峒曾的双胞胎弟弟岷曾虽然体弱多病，侯家依然为他安排了与大户人家俞家的婚事。

很快，比峒曾小四岁的岐曾也到了娶妻生子的年纪。在长辈的安排下，岐曾娶本县进士张恒的孙女张氏为妻。张恒是侯震旸的朋友，他担任江西布政使司右参政时，曾经不顾上级的压力处理冤案，替平民夺回被富户抢走的田地，以"不徇请托，不畏强御"知名，是江西声誉第一的官员。②

峒曾的四个姐妹，也相继嫁入门当户对的家族。其中一个姐姐嫁到了广福镇第一大族须家，一个妹妹嫁入功名卓著的金家。③

显而易见，侯震旸考中进士后，与侯家联姻的无一例外全是本县的进士之家，也都是官宦门第，并且口碑良好。

如果说与大族联姻得益于侯震旸考中了进士，那么，为这一切奠定基础的是峒曾的曾祖父侯尧封。在侯尧封考中进士的前后三十三年间，朝廷共举行过十一场会试和殿试，嘉定共有十三个家族成为进士家族。④ 这一成绩在当时的嘉定县令看来可谓"寥寥"。即便如此，侯家仍从"寥寥"的进士家族中，为子女安排了龚家、李家、张家、须家、金家、俞家等多个名门望族联姻。

---

① 《侯忠节公全集》，卷一，年谱上，第6页。

② 康熙《嘉定县志》，卷十六，人物二，张恒。

③ 侯峒曾：《先考吏科给事中恤赠太常寺少卿吴观府君行状》，收于《侯忠节公全集》，卷十四，第9页。有关金家，可参考陶继明《金氏家族的三通碑刻》，收于《嘤城故事》（上），第107—112页。

④ 万历《嘉定县志》，卷十，选举。

生活的一帆风顺只是表面现象。即便是衣食无忧的上流家族，也有难以抵抗的人世悲哀。

自万历朝以来，全国各地气候恶化，旱灾席卷大江南北，蝗虫吞噬了田里的庄稼，旱灾、蝗灾又引发了疟疾、天花、鼠疫等流行病。峒曾出生前，素有水乡之称的江南发生了百年一遇的重大旱灾，农业大幅度减产，贫苦人家吃不饱肚子，随之而来的流行病加剧了人口的消亡。峒曾出生后，大旱刚刚过去，但流行病没有消失，不时向体质孱弱的人发动袭击。

各地的自然环境不同，流行病也不尽相同，有的是天花，有的是鼠疫，有的是霍乱。在江南，最常见的是疟疾。一个人患上疟疾时，身体会遭受极热和极寒的交替折磨，一天交替几次，整个人很快瘫软下去。疟疾本身不足以致命，但会让人丧失活力。强壮的人能勉强抗争，体虚的人则可能丧命。在流行病蔓延的年代，能长大成人已是一种幸运。

从小埋头苦读的孩子们，在流行病不时暴发的时候，尤其显得赢弱。峒曾婚后第二年，他的孪生弟弟岷曾被疟疾击倒，卧病在床。之前，峒曾也遭受过疟疾反复发作的痛苦，身体虚弱，几乎危及性命。他们喝了多种汤药，都没有立竿见影的效果。也许是上山祷告起了作用，峒曾的病情稍有好转。岷曾则没那么幸运，病情不断加重，这一年还没过完便离开了人世。

"江南三凤"少了一个，峒曾悲痛欲绝。岷曾和他相貌相似，身材同样清瘦。两人是心有灵犀的伙伴，经常是一个病了另一个也不舒服，一个被父母责骂时另一个在旁边哭。两人的性格又不太一样，岷曾才高气盛，性格急躁，时常遗憾没有知音，而峒曾自小看淡得失，处事不温不火。[①]

岷曾的病亡，成长的挫折，让峒曾对唯一的弟弟岐曾增添了几分爱护，也让他积极交游名士的热情减了不少。

除了弟弟的病逝，妻子的身体也让峒曾担忧。峒曾结婚后不久，妻子李氏就身患重病，一度卧床不起。他在家愁眉不展，出门见朋友时强颜欢笑。到他结婚四年时，依然没能有一儿半女。此时，弟弟岐曾的妻子张氏已经病亡，岐曾续娶，为侯家生了第一个孙子，取名玄汸。

弟弟已经有了儿子，年长四岁的哥哥还没有孩子。朋友劝峒曾纳妾以延续香火。当妻子无法生育时，男人为了传宗接代，纳妾是再普通不过的事，尤其在富贵人家，几乎每个成年男子都蓄姬养妾。峒曾以弟弟已经生子，侯家后继有人作为推辞，拒绝了纳妾。

他把没有子嗣的失落感转化成科考路上的动力。在接下来的南直隶院试中，他考取了第二名，获得参加乡试的资格。科举路漫漫，他还要通过乡试考取举人，通过会试和殿试成为进士。到那时，他才是国家的精英。

当然，这并不容易。在接下来的两届南京乡试中，峒曾都出师不利，与举人的功名擦肩而过。

1617年，结婚七年的峒曾终于有了第一个孩子。新生儿的啼哭声传来，家仆告诉他是个女儿，他的心情似乎有些复杂。他想起唐代的一句民谣，"生男勿喜女勿悲，生女也可壮

---

① 《侯忠节公全集》，卷一，年谱上，第6页。

门楣"，唐朝平民女子杨玉环入宫为贵妃，一时社会上"不重生男重生女"。接着，他又想到江南贫民溺杀女婴的风气，越贫穷的地方此风越盛，原因是养女儿等于白养了劳动力，还要搭上嫁妆钱。想到这里，仿佛自问自答，他感慨了一句："谁说门楣生女好，自多偃蹇抱儿迟。"[①] 嘴上说女儿也能光耀门楣，抱着怀里的男孩却掩饰不住优越感，这种情景谁没见过呢。他无法干涉穷人的溺女习俗，只能保证自己的女儿受到良好的抚养。

随着孩子的出生，妻子李氏的身体慢慢好转了，意味着他们以后还会有更多的儿女。这年，岐曾的第二个儿子玄洵也出生了。之前回乡养病的父亲侯震旸也康复了，奉命出使遥远的广东琼州。生活重归稳定，峒曾和岐曾在侯氏东园读书，继续准备科举考试。

以科举考试来选拔官员的制度，始于隋朝，畅行于唐、宋、元、明。科举考试有一套完善的体系，相比地方官员推荐、参考门第高低等传统选官办法，它的门槛更低，百姓不分贫富，只要身家清白，几乎都可以报名。全国或各省统一考试，匿名选拔，择优录取。简而言之，科举让所有读书人有公平竞争的机会。

想在科场上写出优秀的命题作文，并不是一件容易事。

科举考试的题目主要出自"四书五经"。"四书"指《论语》《孟子》《大学》《中庸》，"五经"指《诗经》《尚书》

---

① 侯峒曾：《坐东楼闻举雌》，收于《侯忠节公全集》，卷四，第4页。

《礼记》《周易》《春秋》。"四书五经"形成于春秋战国时期，经过上千年的解读与强化，成为一套历久弥新的价值观。无数流传后世的思想都来自这些著作，比如"己所不欲，勿施于人"的道德准则，"博学之，审问之，慎思之，明辨之，笃行之"的治学方法，"穷则变，变则通，通则久"的宇宙观。

当"四书五经"变为考试题，就不那么可爱了。一道考题看似区区几句话，却是考官翻遍古籍、绞尽脑汁策划出来的，极尽刁钻。一篇优秀的应试文章，要具备多个要素：格式上，要有对仗工整的骈句，也有不拘于此的散句；结构上，先要破题、承题，再起讲、入题，然后分起股、中股、后股、束股四段论述，每段各有两股排比对偶句，加起来即"八股"；风格上，既不能空讲道理，也不能放任抒情；思想上，一如八股文也叫"时文"，要求考生结合政治、战事、民生等现实问题，论证自己的观点。

苛刻至极的规定，似乎让考生没了发挥的余地。事实上，一篇优秀的应试文章，往往既有语言上的美感，又符合结构上的要求，既有广博的知识，又有清晰的逻辑，还不乏对国计民生的见解。

能考取举人、进士等高级功名的考生，必定是耐着性子熟背"四书五经"，研读数十种考试用书和考场范文，苦练单调的格式，经历过月考、季考、岁考、童子试、院试等数不清的考试。科举之路有丰厚的回报，只是过程漫长而痛苦。金榜题名当然好，科举落第也不新鲜，屡败屡战，像爬梯子一样，不同的高度会带来不同的收获。

了解过这些，侯峒曾兄弟就能明白，父亲和曾祖父的举人、进士头衔来之不易，摆在自己面前的路任重而道远。

好在除了单调的八股文，诗、赋、经、史也都纳入了考试范围。在"五经"中，《诗经》和《周易》是热门科目。江南考生大多选择《周易》，原因是本地的《周易》研究水平高于其他地区。峒曾和他的家人、朋友也都选择研习《周易》。峒曾、岐曾兄弟从小跟从外祖父的族人龚钦仕学习，龚钦仕是嘉定本地研究《周易》的名家。①

1618 年，又是乡试的一年，侯峒曾又一次奔赴南京，踏入应天府贡院。之前的两次，他都榜上无名。乡试三年一考，他已经为眼前的乡试准备了至少九年。糟糕的是，他的身体很差，疟疾不时骚扰。在疟疾肆虐的几年里，无数人由于疟疾影响了生活，其中侯家的亲友龚用广参加乡试时就赶上疟疾发作，结果名落孙山。②炎热的夏天，疟疾格外猖狂，峒曾的心情惴惴不安。

应天府贡院是一套巨大的考场，用于考试的房间有七千多间，称为号房。每间号房占地约两平方米，考生一人占据一间，白天考试，夜间住宿。号房内有两张宽大的木板，一高一低摆放时可作桌椅，两张平放时就是床位。五六十间号房组成一排，房前是长长的巷子，巷子一头有水缸、号灯，另一头有便桶。贡院的中心矗立着几米高的明远楼，专供监考官瞭望号房、巡查考生。乡试主考官一般是进士出身的朝廷高官，监考官则为本省巡抚。

---

① 侯岐曾：《孝廉智渊公诗传赞》，收于《嫏城龚氏族谱》（二），第4页。
② 《文学俭化公传》，收于《嫏城龚氏族谱》（一），第81页。

在乡试中，峒曾一共要考三场。每场考一天，每隔两天考一场。第一场是最重要的一场，考"时文"，也就是八股文，考题出自"四书五经"；第二场考论、诏、诰、表、判，都是官场常用的文体；第三场考五道时务问答题。

考试前两天，峒曾和其他考生在墙上贴的榜文里查到自己的号房编号。考试当天，天刚蒙蒙亮，考生们抱着棉被，提着饭篓，捏着纸笔，排着长长的队伍，依次从监考官手中领三支蜡烛，搜身后没有问题，就可以对号入座。

考场里，峒曾的疟疾再次发作，身体忽冷忽热，时而如身处燃烧的火炉，大汗淋漓，时而如落入酷寒的冰窖，不停颤抖，他的精力几乎无法集中。他努力克制自己，尽量发挥出最高的水平。几天后，他走出考场，感觉又要落榜了。

八月底，桂花飘香时，成绩揭晓。整个南直隶参加乡试的考生有五千多人，只录取一百三十五人，峒曾考了第三名。就这样，二十八岁的侯峒曾成了举人。中了举人，就有做官的资格了。

峒曾中举后，回到嘉定，受到家乡读书人的瞩目。嘉定县这次只考中了两位举人，他是当之无愧的第一名。[1] 能忍受疟疾的折磨坚持考试，更赢得众人的赞赏。

"南直隶举人第三名"的身份，使他名震江南。远近的读书人慕名而来，递交文章，请求指教。之前峒曾不在家时，岐曾不得已接收了一些士子的文章，现在峒曾回来，兄弟二人更被海量的文章包围，他们要细细阅读，一一点评。一些

---

① 康熙《嘉定县志》，卷十一，选举。

书商、书贩也闻讯赶来，上门寻求合作，请峒曾编选畅销文集，被他不客气地谢绝。[①]

中举后受追捧的场景，峒曾经历的不算夸张。据亲历者描述，报录人去中举的人家宣布好消息时，常随手带着木棍，身后簇拥着一群人。他一进门就挥舞木棍，把厅堂的窗户统统打碎，口中大喊一声"改换门庭！"，跟在他身后的工匠立刻快步上前，卷起袖子，掏出工具，将门窗修缮一新。从此，新中举人家的修缮事宜就包给这名工匠了。几天内，拜师的、提亲的、通家谱的、送轿子的、出资赞助会试的，几乎要踏破门槛。[②]

拥有了举人身份的峒曾，一下子结识了很多朋友：

顾咸正，昆山人，来自赫赫有名的昆山顾氏家族。他的祖父顾鼎臣是早年间的状元，官至内阁大学士。他的身上毫无纨绔子弟的习气，给侯家兄弟留下了良好的印象。

马世奇，无锡人，他也向侯家兄弟请求指教。在峒曾、岐曾看来，他和顾咸正的文章是登门求教的士子中写得最优秀的。

夏允彝，松江人，和峒曾在同一届乡试中考中举人，互称"同年"。同年关系将是他们人际网络中重要的一环。

张溥，太仓人。他的祖父曾任杭州知府，他自己对政治有浓厚的兴趣。他正筹备文学社团，希望有一天实现自己的政治抱负。

———————

① 侯峒曾：《壬戌房书文景序》，收于《侯忠节公全集》，卷十，第7—8页。

② 顾公燮的描述。转引自杭侃《娄东寻古》，收于《南宗正脉：画坛地理学》，第265页。

杨廷枢，苏州人。他和岷曾是表兄弟，他的母亲是岷曾的姑姑。他和张溥一样，热衷于结社，正准备组建文社。

黄淳耀，一个年轻的新面孔，刚刚十八岁，比岷曾小十四岁。他刚在嘉定县的岁试中考取第一名，成为廪生，可以定期领取稻米和赏银。廪生的身份来之不易，一座县学有上百名学生，仅有二十个廪生名额。这不是他第一次考第一名，在苏州府和嘉定县的各类考试中，他至少有二十四次名列第一。①

黄淳耀的祖父做过小官，但他的家境并不宽裕。黄家多次搬家，最近一次是住在县城西侧的方泰镇。他的父亲每天勤诵《白衣经》，希望儿子有朝一日平步青云，改善家庭条件。黄淳耀年少聪慧，三岁跟父亲学《千字文》，五岁跟老师念"四书"，十一岁读《资治通鉴》，十五岁向本县的文学名流归子顾拜师。他酷爱阅读，家中没有藏书，他就借书来抄。他还喜欢临摹王羲之的小楷、颜真卿的行书，喜欢画山水和人物。

侯氏兄弟和马世奇第一次看到黄淳耀的文章时，啧啧称赞。黄淳耀以侯氏兄弟为兄长，有了更大的朋友圈子。夏允彝、杨廷枢、张溥也愿意结交黄淳耀，拉他入自己的文学社，只是黄淳耀没那么活跃，没有参与他们的社团。②

几个青年才俊年龄相仿，一辈子的交情由此开始。其中侯氏兄弟年纪最长，被大家奉为前辈。加上对本地文学名家"嘉定四先生"的传承，嘉定一时间人才辈出，形成浓厚的文

---

① 侯玄泓：《行状》，收于《陶庵集》，卷首。
② 侯玄泓：《行状》，收于《陶庵集》，卷首。

学风气。

来年春天，北京还有更高一级的会试在等着侯峒曾。通过会试，就能成为身价倍增的进士。

4　朝　廷

峒曾二十九岁这年，平生第一次离开江南，跟着父亲侯震旸来到全国的首善之地——北京。父亲要去北京赴任，他陪父亲北上，准备春天的会试。在这之前，他的足迹仅限于江南，最远只是到南京参加乡试。

对峒曾来说，跟父亲一路旅行可以增长见识，一如侯震旸年轻时也跟随去湖北任官的祖父侯尧封游历长江两岸。有眼光的父辈乐意带着孩子看世界，熟悉官场，结交名流。毕竟，学有所成的孩子将来都要走向官场。

当时，山海关外的女真人在辽东兴兵，明朝三路军马受到重创，震动了北京城。峒曾在侯震旸的官邸中侍奉，旁听到一些东北边境的战事和朝廷的举措得失，这些都是他之前没有过的经历。

东北境外的女真族，三年前就在首领努尔哈赤的率领下建立了金国，也称后金。女真族是独立于明朝的部族，同时接受明朝的封赏，与明朝进行贸易往来。他们的头顶梳着草原民族特有的小辫子，生性剽悍，喜好骑马打猎，过游牧生活；有时候，他们会抓捕周边的汉人、朝鲜人作为俘虏，帮自己耕种。

五百年前，女真族的祖先在中国北方建立了金国，先灭了辽朝，后灭了北宋，可谓烜赫一时。女真族的国力衰落后，几百年来扎根东北，对明朝俯首称臣。不变的是，他们的血脉中继承了祖先好战的基因。

明朝朝廷深知女真人可能造成威胁，不时打压他们。明朝初期，从明太祖朱元璋，到迁都北京的明成祖朱棣，一直对女真人采取强硬政策。明朝对东北上百个小部落"分而治之"，前前后后在东北设立了一百八十四座卫所，严防女真人与蒙古联合。到了侯峒曾生活的年代，明朝皇帝疏于朝政，内外战事频发，国内有西南地区的族群混战、西北地区的饥民起义，在国外还参与了朝鲜与日本的战争，大大分散了朝廷的财力和精力。在警惕之外，明朝官员对女真人一直持居高临下的蔑视态度，这从他们将女真人称为"奴"、将努尔哈赤写成"奴儿哈赤"可以看出。[1]

当东北边事引起朝廷担忧的时候，女真人的力量已经无法遏制了。尤其近几年，勇猛的努尔哈赤统一了周边的小部族，占据了辽东半岛以东的大部分地区，对明朝形成巨大威胁。努尔哈赤本是明朝敕封的龙虎将军，从小通晓汉语，当他的父亲、祖父与明朝发生冲突被杀害后，他发誓要摆脱明朝的控制。后金的扩张速度很快，已经攻克了明朝的抚顺、铁岭，抢夺牲畜、粮食、铁器、棉布、钱财，掳走当地汉族百姓充当奴仆，为他们服侍生活、开荒耕田、上阵打仗。在他们的骚扰下，辽东百姓的生活鸡犬不宁。

---

[1] 姚希孟：《奴事》，收于《沆瀣集》，卷五。

抚顺是明朝控制女真人的前哨，也是女真人进出辽东的门户。抚顺一失，明朝在辽东局势上陷入被动，于是朝廷紧急调兵，扩张军备。由于国库储备不足，朝廷向全国百姓征集"辽饷"，也就是由百姓出钱出粮，支援国家解决边患。两年内，朝廷三次加派"辽饷"，直接导致粮食价格暴涨，各地民怨沸腾。

全国上下都在助战，征得的军饷却没能缓解边患。原因之一，是大量的"辽饷"并没有用于前线，而是被巡查的官员、军队的将领一点点克扣，最终所剩无几。士兵拿不到饷银，激愤难抑，不时发生哗变。朝廷不停撤换经略辽东的官员，却无力改变局面。官军节节败退，整个辽东逐渐被纳入后金的版图。

没有资料显示年轻的峒曾对此有何看法。不在其位，不谋其政。峒曾不时听说边患，但他未入仕途，无法为朝廷出力。专心准备会试，才是眼前最重要的事。

当时，全国的才子名士云集京城。不同的籍贯，迥异的乡音，使京城的读书人形成不同的圈子。来自嘉定的侯震旸父子，自然与江南同乡来往最多。

与侯震旸志同道合的朋友是苏州府同乡文震孟和姚希孟。文震孟是江南大书画家文徵明的曾孙，博通经史，只是久困科场，三十多年来，他至少参加过十次会试了。姚希孟是文震孟的外甥，自幼丧父，跟随文震孟读书，他的写作风格受到公安派的影响，与峒曾的文学观完全一致。

春天，会试很快来到，侯峒曾和文震孟、姚希孟一起走进会试的考场。金榜题名不是件容易事，三人都名落孙山。

虽未考中进士，参加会试的举人们倒是有一项优待，就是准许进入紫禁城参观。峒曾在西华门附近观赏了瑰丽气派的皇家宫殿，又花了几天游览西山。三个月后，侯震旸的官职迟迟定不下来，峒曾便辞别父亲，回到家乡。

闲居在家的日子里，峒曾经历了一些悲喜。对于个人，悲的是两岁的长子玄淙因病夭折，喜的是另一个儿子玄演出生了；对于国家，悲的是万历皇帝在位四十八年后驾崩，喜的是新皇帝继位后重振朝纲，增补了不少官员，包括他的父亲侯震旸。

侯震旸官升一级，为吏科给事中，从七品，这一职位他已经等了大半年。给事中属于监察部门，品级不高，话语权很大，可以参与官员的选拔，监督官员的品行，甚至可以封还皇帝的敕书，驳回不合理的皇帝旨意。

1620 年，又一个秋天来到前，峒曾、岐曾和父亲侯震旸一起北上。峒曾陪父亲到北京赴任，岐曾去南京参加乡试。

峒曾和父亲刚到京城，就听说了一个让人震惊的消息。新继位的泰昌皇帝才登基一个月，忽然莫名其妙地死掉了。他驾崩后，十六岁的皇长子朱由校继位，改次年年号为天启。

明朝皇帝一般在世时就选址建陵，位置在京郊昌平的天寿山脚下。泰昌皇帝驾崩得太突然，事先没有准备陵墓。时间紧急，财力有限，天启皇帝便下令将泰昌皇帝安葬在闲置的庆陵。

侯震旸奉命为泰昌皇帝的葬礼监礼，护送梓宫去天寿山的皇陵。峒曾身穿素服，与父亲同行。从紫禁城到风景优美的天寿山，有一百多里。天寿山是明朝"龙脉"所在地，散布着十座明皇陵，安葬了十位皇帝和他们的皇后，见证了明朝两百多年的历史。

正值霜降时节，百草枯败，万木带霜，远处层层叠叠的红叶越发鲜艳，整个天空笼罩着悲戚的钟声。沿途经幡招展，哀恸声不绝于耳。当肃穆的文武百官簇拥着梓宫缓缓前进时，送葬队伍的最后面，却是悠然地乘坐豪华大轿的"奉圣夫人"客氏。[1] 父亲和同僚们不悦的脸色表明了这是多么无礼的举动。

朝中臣子，无人不知客氏的名声。她是天启皇帝从小依恋的乳母。天启皇帝即位后，对她和她的家人大加恩宠，待遇远超一般的帝王乳母。天启皇帝还嘉奖了贴身太监魏忠贤，将他升任司礼监秉笔太监。

朝廷官员一片震惊。他们认为万历和泰昌两位皇帝刚刚去世，大肆封赏内廷不合时宜。他们更担心，客氏与魏忠贤私下相好，客氏受到恩宠，魏忠贤必定成为皇帝身边的红人，会将手伸向朝政。

皇帝与朝廷官员的关系，类似行政机构中的上下级，可以共事，难以为友。皇帝与太监的关系则不同。皇帝如果宠信某个太监，二人能从生活上的主仆关系，发展成无话不谈的私人朋友。从上千年前的汉朝，到唐朝，再到明朝，太监得志的现象数不胜数。

---

[1] 侯震旸：《纠客氏再入疏》，收于《嘉定侯氏三先生集·侯太常集》。

明朝初年，开国皇帝朱元璋为了避免宦官干政，下令禁止太监读书识字。可是没出一百年，太监的地位逐步上升，可以读书识字，可以担任官职。尤其是原本只负责皇家礼仪的司礼监秉笔太监，成为炙手可热的权势人物，甚至可以代替皇帝批阅奏章。

在天启皇帝之前，正德、嘉靖、隆庆、万历几代，一百多年里，皇帝不理政事成为常态。天启皇帝即位后也沿袭了这种风气，他疲于朝政纷争，隐匿在后宫，将朝政大事交给魏忠贤，自己沉浸于木工活儿。

朝廷官员经常几个月见不到皇帝，由忧转怒。他们上书的奏章本应由皇帝亲自批阅，现在改由司礼监秉笔太监代办。他们没法接受一群生理不健全、身份本卑微的太监处理朝政大事。何况，魏忠贤作为位高权重的司礼监秉笔太监，根本不识字。

在明朝，弹劾宦官的声音随着宦官势力的增长而产生，到天启朝已经有一百多年的历史了。负责弹劾的官员称为言官，也叫谏官，涵盖六部（吏、户、礼、工、刑、兵）的给事中、都察院的都御史、大理寺卿等职位。朝廷鼓励言官给皇帝和朝臣"挑刺儿"，并且有"不杀言官"的规矩。从万历朝以来，言官"挑刺儿"的风气越来越盛，好处是有效监督朝廷的运转，坏处是导致皇帝不堪指责，更加不理朝政。

侯震旸担任的史科给事中就属于言官。他生性耿直，年轻时就在书房里悬挂了一幅"虚公正直"的卷轴。他担任行人时，地方上超规格接待相府公子，唯独他不参与，反而揭发公子的货船偷税漏税。① 不过，奸佞当道，要秉公谏言，他需要勇气。

与魏忠贤和客氏对抗，侯震旸要冒极大的风险，他可能会触怒龙颜，受杖午门。在朝的官员中，几乎无人不知午门廷杖的场面。在太监、大臣、锦衣卫的众目睽睽下，受罚的官员趴在布满尘土的地面上，身上套着麻布兜，手脚被绑住，露出屁股和大腿，随着一声号令，棍棒如雨点般落下，顿时皮开肉绽，求生不能，求死不得，场面惨不忍睹。② 除了廷杖，还有可能丢官、流放。大部分言官在表态前，不得不摸摸自己的乌纱帽，三思而后行。

出于正直的个性和言官的职责，侯震旸打算弹劾客氏和魏忠贤，使皇帝看清内廷干政的危险。

他需要写一篇优秀的疏文，有条有理地劝谏皇帝。他趁机考验儿子的写作能力，让峒曾按他的意思，先拟一篇草稿。峒曾冥思苦想，花费了一番功夫，写完交给父亲。侯震旸看了，点头说还不错，只是措辞上书生气太重。③ 之后，他研墨挥毫，用端端正正的楷书，重新写下一纸弹劾客氏的疏文。峒曾捧来仔细阅读，叹服父亲的威严正气：

> 《礼》有"慈母，君命所使教子也"。鲁昭公慈母死，欲为之练冠，有司执论，乃止。夫古之慈母职兼教养，犹恩以义绝。何况今之幺嬷里妇，其可数昵至尊哉？

---

① 侯玄汸：《月蝉笔露》，卷下，第 1、12 页。
② 魏禧：《姜贞毅先生传》，收于《虞初新志》，第 3 页。
③ 《紫隄村志》，卷五，第 129 页，侯震旸；卷八，第 219 页。

女德无极，高明不祥，陛下即为客氏富贵计，亦当蚤加裁抑，曲示保全，不宜格外隆恩以宠，而益之毒。且陛下始而徘徊眷注，稍迟其出，可也；出而再入，不可；时出时入，尤不可。

宫闱禁地，奸珰群小率睥睨其侧，内外钩连，则借丛炀灶，有不忍言者。昔王圣宠而煽江京、李闰之奸，赵娆宠而构曹节、王甫之变，祸贻宗社，良可寒心，此陛下之殷鉴也。①

侯震旸弹劾客氏和魏忠贤的奏章一出，他的同僚有人担心，有人沉默，志同道合的朋友则拍手称快。

一天，侯震旸与文震孟、姚希孟、周顺昌三位同乡在官舍饮酒小聚，峒曾出入侍奉。北方的冬天气候寒冷，屋里烧着温暖的炉火，几杯酒下肚，四人的情绪高涨起来。

年近五十岁的文震孟，历经十次会试的涤荡，终于一举夺得状元头衔，入职翰林院；姚希孟也已经考中进士，成为翰林检讨；周顺昌在吏部任职。

四人探讨朝廷政事，时怒时笑，赞赏侯震旸的果决上疏，其中一人还转身对一旁侍奉的侯峒曾说，可惜你不是朝官啊！四人谈笑中，不知不觉吸入了过量的煤气，文震孟、姚希孟、侯震旸三人先后体力不支，趴倒在桌上。周顺昌哈哈大笑，边喝酒边嘲笑他们，夸耀自己身体好，没过一会儿，

---

① 汪琬：《侯震旸传》，收于《钝翁续稿》卷四十九；嘉庆《嘉定县志》，卷十四，人物考三，列传，侯震旸。

他也趴倒了。好在草木结构的房屋通风效果好，煤气消散后，几个人陆续醒过来，大笑一番。[①]

在峒曾的印象中，这是父亲和朋友们最后一次欢笑畅谈。后面的政局变化，让父辈们再也笑不出来了。

侯震旸弹劾客氏和魏忠贤的奏折上交后，收到的皇帝回应是：沽名钓誉。他本应被押到午门受廷杖，皇帝考虑到他是言官，弹劾是分内事，才没有深究。[②]

他不为所动，继续履行言官的职责，指陈朝政弊病，提出解决方案。八个月内，他连上几十道奏折，有的是继续弹劾客氏和魏忠贤，有的是揭发魏忠贤的党羽雇凶杀人，还有的是请求制定惩罚辽东逃臣的法令。

辽东战事日益急迫，辽东的两位最高长官——经略熊廷弼和巡抚王化贞却矛盾重重。两人不和的背后原因是党争。熊廷弼受到东林党的支持，王化贞则是魏忠贤阉党的亲信。东林党希望举一朝之力坚决对抗后金，阉党则想放弃关外，只保住山海关内的国土。截然不同的立场让两人处处抵牾，大大影响了辽东战局。大臣纷纷上奏皇帝，侯震旸也上疏朝廷，希望朝廷专任一人统领。峒曾读了父亲的奏章，心生敬佩。当时，讨论辽东战事的官员，不是袒护熊廷弼，就是袒护王化贞，必定倾向其中一方。侯震旸没有因为自己是东林党人就偏袒熊廷弼，他从国家安危出发，超越派系纷争，

---

① 《侯忠节公全集》，卷一，年谱上，第 9 页。
② 侯震旸：《纠客氏再入疏》，收于《嘉定侯氏三先生集·侯太常集》；《紫隄村志》，卷八，第 219 页。

"随方设法，因情定罪"，表明了不偏不倚的态度。①

朝中官员还在争论不休的时候，山海关外传来了广宁失陷的消息。广宁卫是明朝辽东总兵府所在地，是明朝在东北的最高军事机构。广宁一失，北京岌岌可危。最终，熊廷弼和王化贞都逃回北京，王化贞受到魏忠贤的袒护，打着"戴罪立功"的旗号无罪开释，熊廷弼却因谗言被撤职，之后被判死刑，传首九边，弃尸荒野。

官军溃败，"鞑虏"逼近北京，朝中人心惶惶。六部九卿终日开会，评论战役得失，讨论应对策略，争吵如何奖惩当事人。他们看起来忧国忧民，但没有人能提出一套切实有效的制敌方略，并顺利地付诸实施。在姚希孟看来，他们开会时如同"悠悠坐谈"，讨论的策略"同于画饼"。②

讨论的最终结果，是继续换人经略辽东。熊廷弼死后，孙承宗任兵部尚书，袁崇焕任守备。孙承宗、袁崇焕就任后，开始在渤海岸边的宁远修建城堡，向东北方向经过连山、塔山、松山，构筑一道防线，延续到锦州。此刻朝廷已经不求平定后金，只要能阻止他们前进就可以了。

侯震旸的上疏批评，带动了更多言官对朝政的指摘。他们暂时没有受到廷杖，但也没有收到皇帝的积极回应。皇帝对不中意的奏折经常"留中不发"，装作没看到，不采纳，不反驳，不回应，任凭上疏的官员焦心地等候。况且，皇帝许

---

① 侯震旸：《核罪宜明疏》，收于《嘉定侯氏三先生集·侯太常集》。
② 姚希孟：《虏氛甚炽疏》，收于《公槐集》，卷一。

久不理政事，言官们的奏折通常还没到皇帝手中，就被魏忠贤扣下，上了黑名单。这是更可怕的。

魏忠贤身为司礼监秉笔太监，提督东厂，统管锦衣卫，网罗了众多党羽。他的耳目遍布每个角落，官员私下畅谈时事的机会再也没有了。

侯震旸和他的同僚文震孟、姚希孟、周顺昌等人，在朝廷中有一个共同的名字：东林党。东林党并不是他们自封的，而是被魏忠贤一方这么叫的。东林一词源自无锡东林书院提出的思想，他们不满社会道德沦丧，反对宦官干政，主张开放言路，改良政治，建立廉洁的官僚机制。

东林党针锋相对，称魏忠贤一方为阉党。阉党也是一个庞大的群体，不仅包括宫廷太监，还包括大批结交宦官、谋取私利的外朝官员。两党之争愈演愈烈，矛盾无法调和。更多地域性的党派也参与进来，包括浙江官员组成的浙党、湖北官员组成的楚党、山东官员组成的齐党等，朝政更加复杂了。

侯震旸弹劾阉党的时候，阉党的势力尚不算大。随着魏忠贤的权力走上巅峰，阉党的势力如日中天，对东林党的反击越来越强，从中央到地方，不断清洗异己。用当时人的话来说："逻卒伺息于门庭，缇骑欢嚣于道路。一人扣户，百口魂飞。"[①]锦衣卫的便衣遍布各个角落，人人都有因言获罪的可能。这一刻妄谈朝政，下一刻就能听到门外的镣铐响声。

身为东林党人的父辈们，再也没有欢聚过，甚至可能没

---

① 许士柔为姚希孟的《公槐集》撰写的序言，崇祯十年。

再见过面。侯震旸为自己的直言极谏付出了代价。他受到严厉的斥责，被调往京外，最终被贬官回乡。他的吏科给事中生涯只持续了八个月就结束了。

更可怕的是，越来越多的人为"九千九百岁"的魏忠贤歌功颂德，无数官员跟风为他修建生祠，无数读书人想拜他为干爹。一时间，朝廷内外出现"只知有忠贤，而不知有皇上"的局面。

峒曾陪遭遇贬官的父亲回到江南后，继续准备会试。

1625年，乙丑科会试开始。来自全国各地的五六千名举人和国子监生云集北京，角逐三百个进士名额。

侯峒曾，这个来自苏州府嘉定县的学子，在金灿灿的榜文上看到了自己的名字。顺利通过会试，意味着进士的身份已经胜券在握。与二十多岁考中进士的青年才俊相比，峒曾三十四岁考中进士不算年轻，若按照"三十老明经，五十少进士"的科场俗语，峒曾可谓正当年。

接下来，他只需要通过最后一关——殿试。

所有通过会试的考生，都能成为进士，只是没有排名次。殿试的作用就是为三百名通过会试的考生授予进士的身份，并确定名次。经过层层选拔的考生，其学识、文笔已经无须质疑。殿试通常只考一道时务题，也就是结合社会现状，提出治国安邦的见解。一番论述下来，通常不下三千字，篇幅长的有七八千字甚至上万字。

殿试名次的高低，直接关系到考生未来的职位高低，名次高的能在中央朝廷任职，名次低的只能担任地方县令。影响名次的因素有很多，既有文章本身的水平、评阅官的主观喜好，也有考生的幕后利益、考官的暗箱操作。

殿试开始前，即将步入官场的精英们受到不同党派的拉拢。祖籍昆山的内阁首辅顾秉谦派人找到侯峒曾，声称首辅大人与侯家是苏州府同乡，侯峒曾的文才闻名江南，如果峒曾从此为顾秉谦效力，就可以名列一甲，状元、榜眼、探花前三名任选。[①]一甲意味着可以直接进入翰林院，有机会成为未来的内阁大学士，作为皇帝的顾问，靠近权力的中心。

峒曾当然知道，顾秉谦是魏忠贤的心腹，是东林党的死对头。顾秉谦年届七十岁时，带着儿子拜会魏忠贤，不顾自己比魏忠贤年长十八岁，让儿子称魏忠贤为爷爷，他自己也就成为魏忠贤的白发干儿子。拜干爹的好处显而易见，顾秉谦的仕途青云直上，在七十四岁高龄成为炙手可热的内阁首辅。加入阉党意味着荣华富贵，是很多人求之不得的，何况对方上门邀请。

峒曾拒绝了。

最后，殿试选出的三百名进士包括一甲三人，二甲五十七人，三甲二百四十人。峒曾名列二甲第二十四名。

他不知道的是，阉党当道，科场的每一步都在别人的操纵之下。他的第二十四名也非常侥幸。当殿试试卷呈送给首辅时，顾秉谦看到峒曾的名字，拿起他的试卷，吹毛求疵挑了个失误，说如果名次定太高，会让人误以为事先通了关节，要将他定在二十名外。苏州府官员与他争辩，最后给峒曾定

---

① 侯玄泛：《月蝉笔露》，卷下，第 11 页。

了第二十四名。①

所有新科进士的姓名、籍贯和名次，都会镌刻在石碑上，称为进士题名碑。刻有侯峒曾名字的石碑，将与本朝的六七十通进士题名碑一起树立在京城的孔庙中，沐浴圣贤的光芒。如果仔细寻找，其他题名碑上还有更多侯峒曾熟悉的名字：父亲侯震旸、曾祖父侯尧封、状元文震孟……每一块御制的进士题名碑，都是一份崭新的国家精英名单，也是对无数读书人的激励。未来，亲友们的名字，侯岐曾、黄淳耀、夏允彝、杨廷枢……会不会也出现在精英名单上？

金榜题名后，最重要的事是做官。在阉党一手遮天的年代，峒曾身上流着东林党人的血脉，又"不识时务"地拒绝投靠阉党，自然失去了授官的机会。

其实，他暗自庆幸自己没有授官。东北的战事让他心情沉重，疟疾的反复发作使他身体虚弱，朝政的混乱已经令人惊悚。他只想回到家乡。

阉党的锋芒日渐炽烈，一浪又一浪地兴起大狱，试图将朝廷内外的东林党人消灭殆尽。任何对魏忠贤不利的言行都会受到惩罚，以文字影射魏忠贤的官员被革职，以东林书院为首的天下书院全部被毁。一些书院毁掉后，直接改成了魏忠贤的生祠。当嘉定知县谢三宾接到拆毁书院的旨意时，他不知所措，便依照同年友人侯峒曾的建议，表面上上报毁掉，实则将书院改名"劝农公署"，由此保留了嘉定县著名

---

① 侯玄洏：《月蝉笔露》，卷下，第 11 页。

的明德书院。[1]

早在峒曾考中进士前，东林党人杨涟揭露魏忠贤二十四条罪状，掀起了反对魏忠贤专权的高潮。两个月内，呈送皇帝的奏章达上百道，但绝大部分到了魏忠贤手中。皇帝看到弹劾魏忠贤的奏章，表示难以置信。魏忠贤则假借皇帝的圣旨，将杨涟革职为民，抓捕入狱。

侯震旸卧病在家，不断听闻友人的悲惨消息：杨涟、左光斗等"东林前六君子"在狱中被折磨致死，无一幸免；好友文震孟遭受八十大棍廷杖，受尽羞辱；姚希孟遭到了削籍的惩罚，削籍意味着永远失去做官的资格；侯家的亲家须之彦，在升任尚宝司少卿后被魏忠贤下令削籍；侯震旸的同僚周顺昌，在苏州上万士民的目送下被押赴京城处死；带头反抗阉党的五名苏州读书人被处死；为周顺昌请命的杨廷枢遭遇科场除名；号称"东林后七君子"的七名东林党领袖，除了周顺昌，其他六人也无一人逃过魏忠贤的魔爪，或投水自杀，或死于牢狱。

几次清洗后，东林党人完全失去了生路。侯震旸看到昔日的同僚陆续被害，明白自己也难逃厄运。他担心死后被阉党开棺戮尸，嘱咐家人不要给他置办棺材。他离世前没有受到迫害，算得上幸运。他可能不知道，魏忠贤确实向属下官员问过他的下落，巧的是，那名官员早年受过侯震旸的恩惠，便对魏忠贤撒谎说侯震旸早已老死，魏忠贤才不再追究。[2]

---

① 侯玄泜：《月蝉笔露》，卷下，第7页。

② 侯玄泜：《月蝉笔露》，卷下，第12页；《紫隄村志》，卷八，杂识，第219页。

除了东林党人的悲剧，阉党在东北战事上的掣肘也让侯震旸父子痛心。

后金已经打败了北部的蒙古科尔沁部，进一步扩大了版图。努尔哈赤迁都沈阳，改名盛京，对明朝虎视眈眈。

明朝辽东官兵在孙承宗和袁崇焕的率领下，筑起了以宁远为中心的宁锦防线，绵延两百里长，形成一道坚固的屏障，暂时阻挡了女真人的入侵。

可惜不久，阉党掌握了东北战事的话语权，解除了孙承宗的兵权，替换成拥护阉党的高第。高第上任后，全面收缩战线，撤回关外的戍兵，放弃关外的城堡，只将兵力集中在山海关。山海关外，只剩袁崇焕独自镇守宁远城。

努尔哈赤瞅准孙承宗罢官，高第撤兵，宁远变成孤城的机会，发兵进攻宁远。袁崇焕顶着高第的压力，率领一万余名官兵誓死反击。借助西洋红衣大炮的威力，袁崇焕成功地击退了女真人。这场"宁远大捷"是明朝第一次打败女真人。

"宁远大捷"的功臣之一是红衣大炮。红衣大炮始造于天启初年，又称"红毛夷大炮"，是朝廷从澳门引进的西洋先进火炮，是当时几十种火炮中威力最大的一种。

提到红衣大炮，有位侯家的朋友不得不提——孙元化。孙元化是祖籍嘉定的上海人，与侯震旸有同乡之谊。侯震旸担任吏科给事中时，看到孙元化的军事才干，有意提携他，推荐他到辽东任军职。孙元化曾跟从天主教大臣徐光启学习西方的数学知识和火炮制造技术，撰写了一部详尽实用的火炮著作《西法神机》，是明朝优秀的火炮专家。他在辽东任职时，成为袁崇焕的得力助手，在宁远城修筑炮台，布置十余门火炮，力保宁远城坚不可摧。

在 1626 年的"宁远大捷"中，明朝军队凭借红衣大炮，共歼灭了一万七千多名女真士兵。女真人的首领、年近七十岁的努尔哈赤也身负重伤，命悬一线。努尔哈赤病死后，他的儿子皇太极即位。

皇太极即位后，迅猛反扑，再次攻打宁锦防线，被已经升任辽东巡抚的袁崇焕用红衣大炮再次击退。女真人尝到了红衣大炮的威力，也开始想方设法研制红衣大炮。

不久，袁崇焕受到阉党的诬陷，被削去官职，只能无奈地离开辽东。宁锦防线无人维护，不攻自破。

侯震旸听着远方的消息，黯然神伤。

他在病榻上给友人写信。他的字没有因为病痛而失去平日的端庄，每一个字都露出深深的忧虑：

> 国势渐已不支，比者根本之地，宫府灶炀，庙堂龙战，日甚一日。此之为患，又在兵食之先。而吴中巨浸稽天，类戊申岁。将来山栖野客，不得高其枕歌咏太平矣。[①]

他还记得，十几年前的戊申年，江南发生大涝，粮食短缺，物价飞涨，百姓无人能吃饱肚子。社会动荡加上仕途不顺，他带着儿子峒曾远赴杭州拜见莲池大师，佛家的谆谆教诲伴他度过了焦虑的时光。

但这一次，更大的危机笼罩了明朝，内忧外患，国力不

---

① 侯震旸的信。收于《上海图书馆藏明代尺牍》，第六册，第 91—96 页。

支。如果朝政清明，也许战事还有挽回的余地，一旦朝政陷入无尽的黑暗，等于自寻绝路。芸芸众生，已经到了无处安身的地步。

1627 年的明朝，在侯震旸眼里恍如末世。

他的病再也没有好转，最终含恨离世。临死之前，他给子孙留下了遗言：明哲保身。[①]

转过年后，明朝换了新皇帝。二十三岁的天启皇帝因服用"仙药"暴毙，他没有子嗣，按照"兄终弟及"的继承制度，十七岁的弟弟朱由检登上皇位，改年号为崇祯。

崇祯皇帝即位后的第一件事，就是重拳铲除阉党。他争取朝臣的支持，在多名有良知的太监的帮助下，突然发起对魏忠贤的攻击，逐条宣布罪状，将他驱逐出北京，迫使他在去凤阳守皇陵的途中自缢身亡。

两百多名阉党党羽被清除一空，或处死，或戍边，或禁锢。他下诏重新起用被罢黜、被流放的东林党人，恢复已故东林党人杨涟、周顺昌等人的名誉。

在解决边患方面，皇帝召回劳苦功高的袁崇焕，任命他为新一任兵部尚书，督师京津和辽东。

侯震旸也在重新起用的东林党人名单中，可惜他已经离世。皇恩浩荡，侯峒曾不失时机地为父亲侯震旸上疏陈情。很快，侯震旸受到朝廷的追封，受赠太常寺少卿，牌位崇祀在嘉定县的乡贤祠中，终于可以含笑九泉。侯震旸的妻子龚

---

① 《侯忠节公全集》，卷一，年谱上，第 15 页。

氏受封恭人，侯家受到朝廷的抚恤。

崇祯皇帝励精图治，希望扭转混乱的局面，但朝廷已经危机四伏了。

北京城的政治乌云暂时散去，西北上空的乌云却久等不来。在陕西，大旱已经持续了两年，烈日炙烤着龟裂的土地。农民望眼欲穿，不见半点雨星儿。大地荒芜，草木焦枯，粮食颗粒无收。百姓困于饥荒，成群结队与催缴赋税的官府对抗。一个叫高迎祥的人被推举为首领，他的外甥李自成赶去投奔。李自成本是银川驿站的一名驿卒，负责骑马运送邮件。不久前，朝廷承受不住东北战场的巨额耗费，大规模裁减驿站，节省开支用作军饷。李自成正是在邮递系统大裁员中失去了工作，生活无以为继，杀向了另一条路。

崇祯皇帝即位的第二年，来自陕西延安府的官员向皇帝上疏，详细讲述了家乡的大饥荒：饥饿的百姓为了填饱肚子，争相采山里的蓬草吃。几个月后，蓬草吃尽，百姓又剥树皮吃。年底，树皮也吃光了，只剩山里的石头。饥民把石头磨成粉吃，但石粉无法消化，不几天就会腹胀而死。一些不想饿死的饥民开始结伴偷抢，稍有存粮的民户都被抢掠无遗。城外每天都有弃婴，活不过一日；年幼孩子的失踪案也频频发生，他们都是被饿红眼的无赖掠到城外煮肉吃了。城外的几个大土坑堆满了尸体，空气中弥漫着一股恶臭。地方官府迫于上级的命令，依旧严刑催科。饥民四处逃亡，从延安逃到安塞，从安塞逃到庆阳，逃着逃着都变成了盗贼。①

---

① 马懋才：《马懋才备陈大饥》，收于《明季北略》，卷五。

崇祯皇帝关心民生疾苦，痛恨官吏蛀虫，然而，他有心无力。

从他即位起，国库就是空的。一个原因是自嘉靖、万历朝以来，宫廷生活日渐奢靡，消耗巨大，加上明朝在全国广泛分封藩王，造成财政长期入不敷出。另一个原因是战争损耗。早在万历年间，明朝为了援助藩国朝鲜，几次与日本开战，虽遏制了日本的扩张，却耗尽了国库的储备。后来，朝廷多方征税弥补，但国库再也没有充盈起来。

国库空虚极大影响了东北战场的形势。从1616年努尔哈赤建立后金起，明朝的东北边疆如同生出一个顽疾，时刻威胁着明朝的安全。东北战场急需支援，国库却空无一物，朝廷只能向全国百姓加派粮饷。百姓无法承受沉重的负担，或举家逃亡，或揭竿反抗，带来了地方骚乱。而边疆的士兵得不到充足的军饷，无心作战，使边事更不乐观。由此，形成了难以解决的恶性循环。

"东事日溃一日，无屋栖兵，无粮饱众，恐所忧在我师，而不在倭耳。"当时的战况，连隐居在乡的病弱文人都看得很明白。①

西北的骚乱、东北的边患让崇祯皇帝头疼不已。当他看到党争还在延续，最后一丝励精图治的信念也垮掉了，转而对朝政极为敏感，变得疑神疑鬼。崇祯三年，他听信谣言，以谋叛罪处死袁崇焕。袁崇焕死后，明朝失去了最擅长作战、最善于使用大炮的将领，防御后金的希望一步步化为泡影。

---

① 陈继儒与友人的信，收于《明·名贤书信手迹》，第12—13页。

5　侯氏家塾

"杏花春雨"的江南水乡，还没有切身感受到山海关外的"铁马秋风"。

侯峒曾闲居在家，看着他的朋友们奋勇向前，一路高歌。他的苏州朋友张溥、杨廷枢分别考中进士和举人，率领复社同仁涉足政治，向阉党宣战；他的松江朋友夏允彝、陈子龙组建了著名的文学社团几社，在文坛上占据一方。

峒曾没有参加朋友们的社团。一来父亲生前告诫他远离政治，二来他已经考中进士，无须参加社团。他祝贺杨廷枢科场得志，也表达了自己对功名利禄的淡泊——"时危渐觉科名薄，道在还知礼乐尊"。[1]

在接下来的几年里，峒曾除了忙一些应酬，比如应邀写序、写碑记、出资修桥[2]，做的最大一件事是续修族谱。

国有国史，县有县志，族有族谱。从某种角度来说，拥有族谱，是一个家族家大业大的象征。编修族谱、修建家庙、修缮祖坟，都可以彰显家族的实力，强化家族的凝聚力。

侯家的族谱始修于峒曾的曾祖父侯尧封。侯家的祖上本姓杨，是没有子嗣的侯家从亲戚杨家过继过来的。侯尧封出身寒门，他走上仕途后，将自己的家族渊源追溯到古代巨

---

[1]　侯峒曾：《送表弟杨维斗解元上公车》，收于《侯忠节公全集》，卷四，第7页。

[2]　侯峒曾：《重建闻思禅院记碑》，收于《上海佛教碑刻文献集》，明代；《重建纪王庙记碑》，收于《上海道教碑刻资料集》，明代；《安仁桥记》，收于《嘉定碑刻集》上册，第623页；《唐先生〈三易集〉序》，收于《侯忠节公全集》，卷十，第5页；《紫隄村志》卷二，第35页。

族。他写过一副对联贴在家庙："一代文明承上谷，百年清白自弘农。"[1] 弘农杨氏是汉唐时代西北的望郡巨族，上谷侯氏是古代北方的另一大族，侯家的杨姓先祖未必与弘农杨氏有关联，嘉定侯家也未必源自上谷侯氏，但侯尧封对此津津乐道。

侯尧封的儿子们也看重自己身上的杨姓血脉。其中一个儿子侯孔龄（峒曾的叔祖）认为，杨姓先祖本是侯家的表亲，虽过继到侯家、改姓侯，但按照礼制，他的子孙后代不应姓侯，应改回杨姓。据说，侯尧封在世时，也几次想恢复杨姓，只是没有实现。[2]

到侯尧封的孙辈，也就是峒曾的父辈，侯家继续在清明、中元举行全族祭祀，但在祭祀杨姓先祖方面，意见似乎发生了分歧。峒曾的父亲侯震旸迁居县城后，把龙江村家庙的祖先牌位迁到了城内的家庙，龙江村的家庙随之衰落。侯震旸身为长房长支，倡议其他支系聚集到他这里祭祖，不过，随着亲戚关系逐渐疏远，一些支系来城内祭拜的次数和人员越来越少。[3]

现在，1632 年，在侯尧封修谱六十年后，峒曾再次修谱，不过他的想法有了一些变化。他重新整理侯家的祖先世系，没有改回杨姓的打算，反而弱化了杨姓先祖的地位，把杨姓先祖的儿子作为自己这一支的始祖。他认为，明朝品官的家庙仿照宋朝，但礼法并不严格，所以才会出现侯尧封当年设

---

[1] 《紫隄村志》，卷三，第 72 页，侯氏宗祠。

[2] 《紫隄村志》，卷五，第 131—132 页，《复姓议》。

[3] 侯峒曾：《续修家谱序》，收于《侯忠节公全集》，卷十，第 2 页。

立家庙时并排祭祀侯姓、杨姓两个始祖的现象。从侯尧封开始，侯家变得人丁兴旺，侯尧封一共有六个儿子，十二个孙子，十一个曾孙，六个玄孙。在庞大分散的族谱中，峒曾只续修了自己这一支的世系，换句话说，他修的不再是"族谱"，而是范围更小的"家谱"。①

在家庙祭礼上，峒曾也有类似举动。续修家谱前，他在城内的家庙举行祭礼，保留高祖父的牌位，不再摆放杨姓先祖及其儿子的牌位，新设立曾祖父侯尧封、祖父侯孔诏、父亲侯震旸及其妻室的牌位。参与祭祀的成员都是侯尧封的后人，除了峒曾、岐曾兄弟，还有他们的叔祖、叔父、堂弟，以及六个年少的子侄玄汸、玄洵、玄演、玄泓、玄洁、玄瀞。在圆沙海滨的家族墓地中，峒曾修葺了父亲侯震旸以上五代人（不包括杨姓先祖及其儿子）的墓，在碑上镌刻了逝者的生卒年月、墓穴位置、子孙的名字和婚姻情况。②

峒曾在祭礼和修谱上的改变，或许有这么几个原因。侯峒曾所在的一支是侯尧封的长房，也是功名卓著的一支，在侯家的支系中拥有绝对的话语权。侯尧封在世时，侯家家族薄弱，难免附会古代著姓，辅助本族立足；到了侯峒曾成年后，侯家家业壮大，地位不可撼动，不需要再攀附古人，只需要强化清晰的世系。

家族不断繁衍，枝干变得分散。侯家没有再恢复杨姓，但延续了侯尧封的精神，自称"上谷侯氏"。峒曾无暇顾及整

———————————

① 侯峒曾：《续修家谱序》，收于《侯忠节公全集》，卷十，第2页。

② 侯峒曾：《续修家谱序》，收于《侯忠节公全集》，卷十，第2页。

个家族，只能专注于自己这一支。侯家六子初长成，他和岐曾更加重视对六个孩子的培养。

峒曾赋闲期间，侯家的孩子们渐渐长大。峒曾有三个儿子：玄演、玄洁、玄瀞。岐曾也有三个儿子：玄汸、玄洵、玄泓。六个孩子的年龄最大相差不到十岁，按照长幼排列，数岐曾的长子玄汸年龄最大，即将举行二十岁弱冠之礼，已经考中秀才，在县学读书；玄洵也已经考中秀才，玄演、玄泓、玄洁都是十多岁，开始知晓一些国家大事，学习写诗、做文章；年纪最小的是玄瀞，不到十岁，正在学习声律和对偶。

要把六名少年培养好，不能只依赖学校，还必须重视家塾。十年来，峒曾的朋友徐时勉、马世奇都在侯氏家塾教过书，后来陆续考中进士去了外地做官。侯家又请过两位老师，他们的教学平淡无奇，没有给孩子们留下太深的印象。

峒曾、岐曾开始在朋友中物色优秀的塾师。在1633年的南京乡试中，岐曾又一次名落孙山，值得庆幸的是他重逢了老朋友黄淳耀，不算空手而归。黄淳耀也没有考中，他接受了岐曾的热情邀请，到侯氏家塾教习，这样既能拿到薪水，又能和友人一起准备科举考试。

在过去十年里，黄淳耀在嘉定多个大家族担任塾师，其中四年受聘去松江教书。在教书之余，他四处拜师求学，直接受教于大文学家归有光的高徒——嘉定文学家娄坚。

黄淳耀喜欢读《史记》，将读书时的思考和疑问写成一本《〈史记〉质疑》。他还喜欢探究内心，将自己的思考写成了

《知过录》《自监录》《吾师录》等一系列作品。

他对文学有独到的见解。在他看来，好文章要像浙江菜，柔甘清齐，五味协调，喜欢哪种口味都可以从中获得满足；如果做成了四川菜，用浓汤厚酱覆盖了食物原有的味道，就失去了食物本身的韵味。[①]

写科举文章时，黄淳耀从老师娄坚那里学到的思想是"不如放纵"。文章精致固然好，如果能打开思路，让肺腑之言自然流淌，文章就能如行云流水，酣畅淋漓。[②]

这种师承让黄淳耀写得一手好文章，只是未必完全适合科举。他虽然喜欢文学，也喜欢钻研科举文章（称为"制艺"），但他从心里抵触科举考试。他写过三篇长文《科举论》，详细陈述科举制度发展到明朝的积弊，并提出自己的建议，倡导实用之学。[③]他认为，科举最大的弊端，是使读书人华而不实，士气卑弱。[④]黄淳耀的师长们，从归有光到"嘉定四先生"程嘉燧、娄坚等人，都算不上场场得意，但他们依然是出色的文学家。

一方面努力钻研科举文章，一方面批判科举制度的弊端，黄淳耀将看似矛盾的两方面集于一身。峒曾和岐曾选他为塾

---

① 黄淳耀：《王周臣学古偶刻题辞》，收于《陶庵集》，卷二。有关黄淳耀的文学思想解读，参考孙小力《论明末嘉定文人黄淳耀》，收于《归有光与嘉定四先生研究》，第 166—185 页。

② 黄淳耀：《自监录》之三，收于《陶庵集》，卷十一。

③ 黄淳耀：《科举论》三篇，收于《陶庵集》，卷一。可参考刘蕾《黄淳耀〈科举论〉探析》，收于《明代文学与科举文化国际学术研讨会论文集》，第 617—626 页。

④ 黄淳耀：《陶庵集》，卷二，《徐定侯文稿序》。

师，足见他们对黄淳耀的赏识。

黄淳耀与归有光的文学品味一脉相承，他最推崇的文学家是东晋诗人陶渊明。[1]前朝学者这样评论陶渊明的诗："一语天然万古新，豪华落尽见真淳。"[2]黄淳耀年少时本名金耀，读书后改名淳耀。天然淳朴，率真纯粹，黄淳耀将陶诗的真谛标记在自己的名字中。

黄淳耀和峒曾、岐曾兄弟都喜欢写和陶诗。和陶诗不是他们的首创，而是他们推崇的宋朝文学家苏轼开创的。苏轼曾说过："吾前后和诗凡一百有九，至其得意，自谓不甚愧渊明。"黄淳耀也喜欢写和陶诗，至少写过一百零三首。无论是与友人饮酒，还是随手翻阅《山海经》，他都会追随陶渊明的题目和韵脚，另外唱和一首。[3]他给自己取了个号，叫陶庵。

黄淳耀来侯家后，很快主导了侯氏家塾。孩子们对这位新来的塾师也表现出前所未有的好感。

在黄淳耀来之前，家塾的两位先生讲"四书"时只是照本宣科，将坊间的传本鼓吹演说一通，要求孩子们熟练背诵就算了事。孩子们深感无聊，峒曾和岐曾也认为老师的讲解毫无启发可言。

黄淳耀主掌侯氏家塾后，将一贯使用的"四书"撤去两种，抛弃坊间流传的版本，自己撰写讲义。当玄泞把作业

---

① 归有光：《陶庵记》，收于《震川先生集》，第 426 页。

② 元好问：《论诗绝句》组诗，第四首。有关陶渊明的解读，参考《叶嘉莹说陶渊明饮酒及拟古诗》一书。

③ 黄淳耀：《陶庵集》，卷十六，和陶诗。

交给黄淳耀时，黄淳耀对孩子们说，你们都被书上讲的东西禁锢了，我教你们时，你们可以尽情表达自己的想法。当他讲解书中的章句时，孩子们看到他的神情斩钉截铁，一是一，二是二，三言两语就能把令人迷惑的语句讲解清楚，启发式的教育方式使孩子们看到陌生字句时也能触类旁通。[①]

在他的教导下，孩子们明白了，"四书五经"是博学多识的前朝学者撰写的，是为了将知识和思想传递给下一辈人，为后人指点迷津，不是为了让人将原书奉为完美之物，求全责备于后人。[②]

为了增强家塾的学风，黄淳耀还推荐自己的朋友夏云蛟、陈俶来侯氏家塾讲学。岐曾欣然接受，全部邀请过来。有时候，黄淳耀还带来比自己小二十岁的弟弟黄渊耀，和年龄相仿的侯家子弟一起学习。孩子们按时将写作的诗文交给黄淳耀，由他点评。

在教习与交流中，黄淳耀逐渐掌握了侯家子弟不同的风格。

玄汸年龄最长，刚满二十岁，才高气清，"为文缓急丰约，动中精要，章止句绝，余思满衍"。他的祖父侯震旸在世时，他尚年幼，却很关心朝政大事。当他听到祖父与长辈谈论宫廷里的"红丸案"时，毫不客气地提出了疑问，直问得长辈哑口无言。不过，他长大考中秀才后，兴趣发生了变化，更

---

① 侯玄汸：《月蝉笔露》，卷上，第6页。
② 有关黄淳耀在侯氏家塾的教学，见侯玄汸《月蝉笔露》，卷上，第6—8页。

喜欢实用性强的经世之学，比如钱粮、水利等。[1]

玄洵比玄汸小三岁，形体虚胖，体弱多病，有时无法跟兄弟们一起学习。他性格倔强，不甘心因为疾病落于人后，经常鞭策自己写作。有一次，他的舅舅和父亲岐曾在船里饮酒，舅舅给他出了两道题，他完成后交给童子，由童子交给舅舅。急于知道结果的他，趁着夜色趴在河边树底下，悄悄聆听舅舅在船里朗诵他的诗句。[2] 在侯家友人陈子龙看来，他的诗文"风仪整秀，规简贞令"。[3]

玄演的文章"如园林雨过雕蔪刷芒，又如上帝阴兵截然而下"，可谓奇、法并存。他喜欢思考哲学问题，喜欢研究程朱理学。[4]

玄洁文笔飘逸，爱好书法，喜欢临摹前代名家的作品，"沉思独往，不阡不陌，汗澜卓诡，诘曲幽异"。[5]

玄泓是黄淳耀最赞赏的侯门子弟，他的文笔清新俊逸，写情景诗时雅致淡泊，如"秋水芙蓉依风独笑"，写应用文则充满气势，如"千金骏马注坡蓦涧"。[6] 玄泓的阅读兴趣广泛，经史典籍、天文地理、医药占卜、佛道宗教无不涉猎。他口

① 黄淳耀：《上谷五子新撰评词》，收于《陶庵集》，卷六；汪琬：《侯记原墓志铭》，收于《钝翁续稿》，卷二十六；侯玄汸：《月蝉笔露》，卷下，第7—8页。
② 侯玄汸：《月蝉笔露》，卷下，第15页。
③ 黄淳耀：《上谷五子新撰评词》，收于《陶庵集》，卷六；陈子龙：《挽侯文中》（小注），收于《陈子龙全集》，第431页。
④ 黄淳耀：《上谷五子新撰评词》，收于《陶庵集》，卷六。
⑤ 黄淳耀：《上谷五子新撰评词》，收于《陶庵集》，卷六。
⑥ 黄淳耀：《上谷五子新撰评词》，收于《陶庵集》，卷六；康熙《嘉定县志》，卷十六，人物二，侯涵。

才好，擅长辩论，喜欢和别人讨论天下大事。他的写作习惯也很有趣，有时文思泉涌，一天能写几篇，有时灵感匮乏，几个月都写不出一篇。①

玄瀞年龄最小，却不甘示弱。他是黄淳耀眼中的"圣童"，他的诗文"渊然有奇气"。②

不到两年，黄淳耀的教习就有了显著成果。继玄沨和玄洵考中秀才后，玄演、玄洁也考中了秀才，其中玄演以全县第一名的成绩成为廪生。③仿佛是上一代"江南三凤"的荣耀重现，新一代侯家少年再次引起人们的瞩目，获得"江左六龙"的赞誉。

看到孩子们积极上进，峒曾非常欣慰，对他们的教育也更加上心。他时常考察孩子们的作品，加以指点。

什么是峒曾眼中的好诗文？他拿唐代文学家韩愈写给儿子的长诗《符读书城南》举例子：

　　……人之能为人，由腹有诗书。诗书勤乃有，不勤腹空虚。欲知学之力，贤愚同一初。由其不能学，所入遂异闾。……

韩愈的这首教子诗以父母的口吻，告诫孩子人与人的差

<hr />

① 汪琬：《贞宪先生墓志铭》，收于《钝翁续稿》，卷二十六。
② 黄淳耀：《上谷五子新撰评词》，收于《陶庵集》，卷六。
③ 见《嘉定明清诸生录》，收于《嘉定历史文献丛书》第二辑，崇祯八年、崇祯九年。

距在于后天努力，要珍惜时光，勤学上进，不要过分倚赖物质条件。整首诗的风格平易近人，朗朗上口。不过，前朝学者崇尚典雅的文风，用一个"俗"字评价韩愈这首诗，否定了它的文学价值。

但这是峒曾眼中的好诗。他向孩子们传达了他和岐曾的文学观——"夺华践实，文艺其末事也"。[①]一篇好诗文，要有实实在在的内容，要有发自内心的情感。至于华美的辞藻和别致的写作技巧，很多人趋之若鹜，其实不是最重要的。

他鼓励孩子们写作。孩子们年幼时学习对偶、排比、八股文，写好后放在一起品评；年少时练习宫体诗，做联句游戏，推选优秀者为考官。峒曾、岐曾看到孩子们舞文弄墨的情形，笑骂他们浪费纸笔，但不多加干涉。[②]有时候，峒曾找来府试、院试等不同阶段的试题，让孩子们按照题目写文章。他一一点评，心中暗暗满意黄淳耀的教习。

当亲朋好友索要孩子们的试卷时，峒曾把几年间儿子、侄子的优秀考卷搜罗出来，加上评语，交给刻书坊印装成册，分发给亲友。

对刻书坊、书肆来说，优秀的应试作品集永远是市面上的畅销品。峒曾为孩子们能出版自己的文集而高兴，一如他多年前在苏州游学时出版了《轹轹编》。在科考竞争激烈的年代，年轻时能在文坛上占得一席之地，不算坏事。陶渊明为自己的孩子不喜欢读书而烦恼，感慨"虽有五男儿，总不好

---

① 侯峒曾：《上谷六子试卷序》，收于《侯忠节公全集》，卷十一，第3—4页。

② 侯玄汸：《月蝉笔露》，卷上，第28页。

纸笔",相较而言,侯家"六龙"声名远播,让峒曾兄弟和黄淳耀倍感欣慰。[1]

同时,峒曾也有一些担忧。他感慨时代风气的变化,告诫孩子们说,前人只有功成名就后才敢出版作品,现在的年轻人追求虚名,急于刻印作品,徒费木版和纸张。他告诫他们,一定要有真才实学,不要做外强中干的轻浮之徒,以免给人留笑柄。当孩子们把峒曾的话告诉黄淳耀时,黄淳耀深表赞同。[2]

侯氏家塾的文学交流并不局限在高墙内,还融入日常生活中。文学,是他们生活中必不可缺的一味调料。

无论名山大川,还是花鸟鱼虫,无论翻阅典籍,还是游览古迹,无论落寞独坐,还是群聚宴饮,他们吟咏世间万物,随时随地抒发情绪,穿越时空与古人对话。他们赋诗、和诗、联句、彼此赠诗、以诗代信。他们的才艺,在点点滴滴的文学修炼中不断进步。

当他们举行家庭聚会时,文学给他们带来了不一样的气氛。聚会时,酒桌上必不可少的是行酒令。行酒令,是他们的文字游戏。在有限的时间内,按规定的题目和韵脚作诗,按水平高低排出名次,本来就是一件紧张而刺激的事,再加上掷骰子、角色扮演等元素,更让人兴奋。

状元令是时下新兴的骰子玩法,是在县学读书的族人侯孔

①　侯峒曾:《上谷六子试卷序》,收于《侯忠节公全集》,卷十一。
②　侯峒曾:《上谷六子试卷序》,收于《侯忠节公全集》,卷十一。

释带来的。一圈人围坐桌前，摆上纸笔和酒杯，从掷骰子开始游戏。骰子点数最大的为主司（主考官）。主司出题，其他人按题目作诗，在规定的时间内写完交给主司，由主司一一评定高下。诗作优秀者为举人，最优秀者为状元，书法优秀者为誊录，其余人充当巡察，最后一个写完的要被罚酒。另一种类似的玩法是报子及第，骰子点数最大的为报子（成绩报录人），报子充当主司，其他人交上考卷，由报子评定成绩，第一名为状元。之后，每个人按自己的名次给报子敬酒，报子再一一回敬。下一轮开始时，由上一轮的状元担任主司，继续出题。

把严肃的考试变成娱乐，在虚拟世界中扮演不同的角色，状元令受到大江南北读书人的欢迎。侯家每次亲友聚会，都要玩上几轮，玄演、玄汸、玄洵都得过状元。[①]

一次，轮到岐曾当主司时，年仅十三岁的玄瀞伸手向叔父要纸。岐曾一乐，递给他几张。岐曾出的题目是《弓》，要求大家以弓为主题作五言绝句。众人或皱眉沉思，或仰头望天。黄淳耀写道："拟处秋毫准，弯时二石强。木心元正直，持汝献文皇。"[②]他在诗中引用了一个典故，非常得意，觉得自己一定能得状元。所有人的诗作上交，成绩揭晓，获胜的居然是玄瀞。"干姿揉劲木，弯引尚新弦。猿臂何时得，能令半月圆？"玄瀞的诗句一出，众人称奇。他的力气还不够将弯弓拉满，却想到了"猿臂善射"的汉代将军李广。儿童的志向让众人耳目一新，岐曾毫不犹豫地把第一名给了他。[③]

---

① 侯玄汸：《月蝉笔露》，卷上，第 28 页。

② 黄淳耀：《座上咏弓》，收于《陶庵集》，卷二十二。

③ 侯玄汸：《月蝉笔露》，卷上，第 28 页。

"猿臂何时得，能令半月圆？"玄瀚的佳句一时传遍远近。十里八乡的读书人慕名而来，请求侯门师长的指教。黄淳耀应时而动，亮出了新举措——每月在侯家举行公开会课，开展诗文竞赛。无论富家公子，还是寒门子弟，来者不拒。他负责出题和点评，在规定的时间内，谁写的诗文最优秀，谁就胜出。赛场设在侯家的正堂仍贻堂内，堂中的陈列架上摆着文房四宝、小件古董作为奖品，上面用纸条标着第一名、第二名、第三名。黄淳耀、侯岐曾依序为弟子发放奖品，勉励他们再接再厉。①

　　在登门求教的弟子中，最令人欣赏的是陆元辅和苏渊。

　　陆元辅是嘉定马陆镇的年轻人，酷爱读书。据说，酷暑时节，他与同学一起读《十三经注疏》时，胳膊上的汗水打湿了稿纸，蚊虫环绕着他嗡嗡响个不停，他毫不在意。②他富有才气，自尊心强，当黄淳耀鞭策他的学业时，他常常羞愧得落泪。他继承了黄淳耀的气质，给自己取了"默庵"和"菊隐"两个号。③

　　苏渊是从侯家的公开会课中脱颖而出的。他住在嘉定城南，相貌清瘦，性格木讷。他自幼爱好写作，擅长写八股文，但毫无名气。在侯氏家塾的一次竞赛中，岐曾偶然看到他的文章，啧啧称奇，在他的卷面上写下一句评语："如此文一字

---

① 嘉庆《嘉定县志》，卷十六，人物考五，忠节传，侯岐曾；《紫隄村志》，卷八，第220页。

② 张云章：《菊隐陆先生墓志铭》，收于《朴村文集》，卷十四，第1—5页。

③ 乾隆《嘉定县志》，卷十，人物志，文学。

十缣，犹云薄赠"。[1]众人叹服，从此对苏渊另眼相看。苏渊则与侯家子弟成为朋友，一起读书旅行。

此后，每月一到会课日，侯家门庭若市，越来越多的年轻人登门求教，希望拜黄淳耀和侯岐曾为师。岐曾虽没有考中举人或进士，文学名声丝毫不逊于峒曾。他笔耕不辍，喜欢奖掖后学，后辈公认他"为江左文章名教之宗者三十年"。[2]他不参与文社间的门户之争，致力于促进江南文学圈子的和谐。[3]

自由交流和兼容并包的心态，使侯氏家塾不再是封闭的私塾，更像是读书人切磋学问、扩展人脉的开放式空间。在普遍重浮名、轻实学的大环境下，侯氏家塾"搜罗实学，不事浮名"的精神声名远扬，成为"吴下教子第一家法"。[4]

侯峒曾欣然看着这一切。下一代人的教育走上正轨后，他也该继续筹划他的人生了。

---

[1] 康熙《嘉定县续志》，卷二，人物，苏渊。

[2] 康熙《嘉定县志》，卷十六，人物二，侯岐曾。

[3] 康熙《嘉定县志》，卷十六，人物二，侯岐曾。

[4] 杜登春：《社事始末》，第5页。

第二章

末 世

何事孤村暮杵哀，
雁行中断梦飞回。
心随燕蓟云山动，
也僻江湖风雨来。
一叶才分归路杳，
三杯薄醉客愁催。
家庭乐事真堪忆，
不羡黄金高筑台。
——侯峒曾[①]

1　初入官场

1635 年，崇祯皇帝即位七年，侯峒曾考中进士已经整整
十年。

---

① 侯峒曾：《别雍瞻弟新丰道中》，收于《侯忠节公全集》，卷四，第
10 页。

十年间，他一直赋闲在家。头三年，天启皇帝在位，阉党当权，他没有机会进入仕途；后七年，崇祯皇帝继位，朝政好转，但峒曾的父亲侯震旸和祖母先后去世，按照丁忧三年、其间不得为官的规矩，他虽收到朝廷任命，但只能在家连续守孝六年。

峒曾服完丧后，母亲龚老夫人开始催他入朝为官。母亲说他早已考中进士，却没穿过一天官服，现在党祸解除，侯震旸的名誉也得到恢复，峒曾应该回到官场，为国尽职。

峒曾四十四岁了，早已意识到肩上的责任。自父亲去世后，家里最有力的经济来源断绝；孩子们渐渐长大，家里要延请塾师，要物色亲家；弟弟岐曾尚未考中举人，不能承担养家的责任。这些事情都沉甸甸地压在峒曾的肩上。好在孩子们有黄淳耀和侯岐曾教习，不需要他继续操心。

他想起父亲临终前的遗训：侯家世代享受国恩，有责任报效国家，但时局混乱，入官场难免同流合污，不如明哲保身，保持清白。[①]

他几度徘徊，终于下定决心，收拾行李，奔赴京城。

按规定，他要在北京履行公职，不过，考虑到北京离家远，奉养母亲不便，他一心想调到南京。其实，他不想在北京做官，主要原因是北京的官场远比南京复杂。与他交好的同僚多在南京，在北京的官员大多属于东林党的反对派。父亲侯震旸的官场浮沉让他深知北京官场的难以作为。与侯震旸同时代的官员这样描述北京："燕云只有四种人多：阉竖多

---

① 《侯忠节公全集》，卷一，年谱上，第15页。

于缙绅，妇女多于男子，娼妓多于良家，乞丐多于商贾。"[1] 这句话说的是十多年前的景象，不过，峒曾很难指望当下的情况能有好转。

侯峒曾的北京之行，与其说是报到，不如说是访友，向旧友寻求帮助调往南京。父亲的朋友文震孟、姚希孟已经受到起用，分别在北京和南京任官。

峒曾从家乡一路北上，先到达南京，看望了病中的姚希孟。

他从姚希孟那里听说了不少北京的消息。姚希孟用"世事纷纭，进退维谷"形容政治局势和自己的处境。[2]

北京的情况一点儿都不乐观。在刚过去的三年里，明朝的东北边防日渐削弱。在大凌河，祖大寿的军队被皇太极围困四个月，将士们苦苦支撑，军粮耗尽，没等来明朝的后援，只得答应投降后金；之后，明朝将领孔有德和耿仲明出兵进攻皇太极，久久等不来军饷，于是率众渡过渤海，投降后金。多名明朝武将的投降，无论从军队规模上，还是火器和兵法上，都大大加强了后金的力量。这些降将本是谙熟大炮制造技术、擅长使用大炮的明朝精英，他们投降皇太极后，受到厚待，开始协助后金制造红衣大炮、佛郎机大炮等西式先进武器，将炮口转而对准了明朝。

就在不久前，皇太极绕过明朝在山海关外布置的锦州—松山防线，再次借道蒙古，袭击了宣府和大同。宣府和大同

---

① 谢肇淛：《五杂组》，卷三。
② 姚希孟给儿子的家书，收于《文远集》，卷二十七。

位于北京西北部，是明朝在长城沿线设置的军事重镇，是大名鼎鼎的"九边重镇"中的两个，可谓北京的边防命脉。宣府、大同遭袭，表明明朝的北部防线再也难以倚靠。

面对后金的猛烈攻势，官军只能勉强招架，每一次进攻过后，都不敢想象下一次。真假难辨的"鞑子兵"在北京城外抢劫财产，掳掠女子，搞得城内人心惶惶，流言四起。后金四处散布奸细，窥探明朝的虚实，强拉汉族百姓补充兵源，招募熟悉地形的百姓当向导。

而明朝朝廷上，"要兵则曰无兵，要饷则曰无饷"。武将以兵力不足、粮饷不足为借口，不愿以卵击石，以免做无谓的牺牲。文臣也一筹莫展，只能摊摊手，敷衍几句"小寇抢掠耳""穷寇速死耳"。[1]崇祯皇帝手足无措，一腔怒火无处发泄，只能贩卖皇宫里的特藏补充军饷。当他私下派人把万历年间的特级辽参拿到市场上售卖时，发现买家居然多是在朝官员，有阉党，也有复社名士。[2]

文武百官中，像姚希孟这样积极想办法的官员只是少数，而这种积极也很有限。他刚写完一篇疏文，劝说皇帝在四川、浙江等骁勇善战的省募兵，由朝廷委任一名统帅，再安排几名武将练兵。之前，皇帝担心在地方募兵会导致兵权旁落，迟迟不允许各省直接募兵。姚希孟认为这是万般无奈之下的"急救之第一方"，但出于某种顾虑，他写完后并没有呈给皇

---

[1]　姚希孟：《虏氛甚炽疏》《虏骑薄城同衙门公疏》，收于《公槐集》卷一。

[2]　复社名士是指吴昌时，见《三垣笔记》卷上。

帝。或许他能猜到，即便呈上去，也无法顺利实施。①

北京官场有多混乱，从姚希孟贬官的经历可以略知一二。之前，姚希孟在北京担任詹事府詹事（正三品），以非凡的才学和名望为太子讲学。有一次，他主持顺天府乡试时，两名考生冒用学籍考中了举人，而他毫不知情。案件揭发后，涉事官员不约而同地将责任推到他头上。憎恶东林党的当权者抓住姚希孟的把柄，将他贬到南京，降职为少詹事（正四品），改掌南京翰林院，其实只是虚职。姚希孟到南京后，又急又气，一直卧病在床。

"国事如一漏舟，摇荡于洪涛巨浪中，竟无一把舵者。"②姚希孟眼中的国家形势，没有一丝希望可言。

峒曾带着沉重的心情，告别了姚希孟，继续北上。一个月后，他终于看到了北京的城门。随后他去礼部报到，受任北仪曹，也就是礼部员外郎，负责宫廷大典的礼仪。他显然对这个职位没有兴趣，抽空拜会了文震孟。

文震孟正在皇宫中担任太子詹事，主要职责是为太子讲课，和姚希孟之前的角色差不多。他擅长讲解，尤其擅长解读《春秋》中的微言大义。他为皇室讲学时不苟言笑，并适时规劝皇帝，在同僚中得了个"真讲官"的外号。

峒曾告诉文震孟自己想去南京任职，无奈上级不批准，希望文震孟帮忙。文震孟听后，向他讲明在北京做官的好处，希望他留在北京。

---

① 姚希孟：《虏氛甚炽疏》《虏骑薄城同衙门公疏》，收于《公槐集》卷一。
② 姚希孟：《己巳自京寄家》，收于《文远集》，卷二十七。

在北京做官，升迁的机会远远大于南京。南京和北京同为明朝的都城，官僚制度的设置相差无几，不过，随着早期明成祖朱棣迁都北京，南京的重要性渐渐不如北京。南京朝廷保留了北京朝廷所有的政治机构，只是北京的官职可以直接称呼，南京的官职则要在前面冠以南京二字。比如，北京的吏部直接称"吏部"，南京的吏部则要称"南京吏部"，其实还是低了一等。

在京的其他同乡官员听说后，也劝峒曾接受北京的职务，壮大江南籍人士在北京的势力。兵部尚书张凤翼还向他保证，奏请皇帝擢升他为兵部职方郎。兵部职方郎是军事类职务，掌管边镇堡寨守卫、边疆族群内附的事务，职位比原来的礼部员外郎高一级，权力更大，油水也更多。

面对好友们的挽留，峒曾固执地一一拒绝，只想在距离家乡更近的南京任职。

明朝后期，官职的调配有很大的随机性，在大方向确定后，具体的职位经常由抽签决定，称为"枚卜"。抽签的结果显然可以受多种因素决定。吏部的朋友见峒曾如此坚持，只能和主事者打个招呼。于是，峒曾顺利得到了南京的职位，任南京吏部文选司主事，正六品，任期三年。

离开北京前，峒曾通过文震孟的介绍，结交了另一个即将出现在南京的人物——史可法。他们二人都是文震孟的朋友，二人的交集也始于文震孟。据说，史可法问文震孟江南有哪些靠谱的人才，文震孟说出了侯峒曾的名字；而侯峒曾也问文震孟北京的官员属谁正派，文震孟答曰史可法。[1] 史

---

① 《侯忠节公全集》，卷一，年谱上，第 16 页。

可法是北方人，家在河南开封，祖籍北京大兴。他也是进士，之前在户部任职，刚受命镇守南直隶。侯峒曾和史可法几次互相拜访都错过了，后来偶然在路上见面，颇有一见如故的感觉。两人在北京简单见了一面，期待日后重逢。

峒曾在北京的行程结束后，坐船沿大运河一路南下，直奔南京。当时，郑三俊是南京吏部尚书，看到好友侯峒曾来南京赴任，自己多了左膀右臂，非常高兴；徐石麒也欢迎峒曾，他是南京吏部清吏司的考功郎，与峒曾是同年举人，也是志同道合的朋友。

南京作为留都，远离皇帝的耳目，束缚较少，活动自如。南京六部的管辖范围主要是江南一带，比北京六部清闲不少。在北京官场上不得志的官员，也就是东林党的成员，大多隐退到南京。峒曾的加入壮大了南京东林党的声势，虽然他并不以东林党标榜自己。

南京吏部的公务不多，峒曾闲暇时喜欢写字和下棋。时常有人带着纸笔登门造访，请他写一幅卷轴，或题一幅扇面。他来者不拒，也不收润笔费，只是要求和来人下一盘棋。[①] 人们以收藏他的书法作品为荣。多年以后，仍有人称赞他的书法"行笔高古"，不逊于娄坚、归昌世等当时著名的书法家。[②]

此时的南京官场和其他地方一样，徇私、矫饰、谄媚、推诿、钻营、贪贿等官场病成为常态。[③] 清正的官员不愿同流

---

① 《侯忠节公全集》，卷三，年谱下，第 19 页。

② 《皇清书史》，卷末附录。

③ 参考陈宝良《明代中后期的官场生态与官场病的形成》，收于《社会科学辑刊》，2015 年第 5 期。

合污，但也无力改变现状，大多自成小团体，把酒聚会，登山闲游。峒曾加入南京吏部后，郑三俊打算重振南京官场的风气。当地方官到南京述职、接受五年期满考核的时候，徐石麒在郑三俊的授意下，与峒曾联手，对五年来欺上瞒下、民怨深厚的官员进行了一番降职或淘汰。南京官场清正了一些，侯峒曾也与徐石麒、南京户部主事陈洪谧一起得了个"南都三清"的称号。

峒曾在南京任职不到一年，再次收到文震孟从北京发来的邀请。当时，敌视东林党的内阁首辅温体仁主政，宫里宫外耳目密布。文震孟已经升任礼部左侍郎兼东阁大学士，入内阁主持大统。明朝没有设置宰相的职位，入阁辅政相当于宰相。这一年是崇祯皇帝在位的第八年，文震孟却已经是崇祯皇帝任命的第二十五位阁臣了。[1] 他在皇帝耳边推崇"清议"，提倡公开点评官员，制造官场舆论。温体仁对此不满，散布耳目在文震孟身边，窥测他的把柄。文震孟自认清正，但也感到了温的威胁，急迫地想壮大自己的力量，希望侯峒曾北上赴职。

这时恰逢主持江南铨选的北京官员即将卸任，文震孟希望峒曾取而代之，便托同乡私下劝说他。郑三俊和徐石麒收到文震孟的信，也劝说峒曾去北京高升一步。峒曾不为所动，回信反复诉说自己身体羸弱，无心要职。文震孟见他如此固执，只好作罢。

侯峒曾一定庆幸自己的决定。不久后，与文震孟交好的

---

① 谢国桢：《明清之际党社运动考》，第76—77页，崇祯五十宰相表。

74

同僚遭到诬陷，温体仁以此生事，趁机将文震孟罢免出阁。文震孟和大多数崇祯朝内阁大臣的命运一样，在职仅仅几个月就被罢免。六十二岁的文震孟回到苏州家乡，郁郁寡欢，加上他的外甥姚希孟刚刚病亡，半年后，他也在悲愤中离世。

瞬息万变的朝政，清正友人的逝去，让峒曾更想远离政治了。

郑三俊、徐石麒等好友了解峒曾的脾气，私下约定为他上奏朝廷，悄悄地帮他升官，以免他知道后拒绝。他无意中听说后，果然坚决拒绝，闭着眼不停摆手的样子让朋友们印象深刻。旁人听说他一本正经地拒绝升官，在背后叫他"怪物"，连他的轿夫也窃窃私语，觉得这位老爷不通人情。[1]

他把自己的官场得失告诉了弟弟岐曾，让他只把确定的消息告诉家人和徐汧、张溥、夏允彝、陈子龙几个好友就可以了。让他遗憾的是，有时候连他的好友也不理解他。夏允彝、陈子龙在京城听说他要升官，欢欣鼓舞地要助他一臂之力，结果峒曾说"感恩有之，知己则未也"。他感谢朋友们的帮助，遗憾他们不理解自己真正的想法。[2]

他对家人说过，选拔贤能者、淘汰无能者是官场的理想状态，但不是某一个部门能独立做到的。有的人初入官场，立志保持清白，但一朝身不由己，就会深陷泥潭，不得不同流合污。这种人对朝政没有任何贡献，反倒成了大部分官员

---

① 侯峒曾：《南中与雍瞻弟书》（崇祯乙亥），收于《侯忠节公全集》，卷六，第6—8页；《侯忠节公全集》，卷一，年谱上，第17页。

② 侯峒曾：《与陈卧子进士书》（崇祯丁丑），收于《侯忠节公全集》，卷七，第13—14页。

那样唯利是图的人，何况利益网一旦破裂，还有从天而降的灾祸。①

从父亲侯震旸，到东林党的朋友们，他见惯了混乱官场带来的太多悲剧。他从心底不想做官。

南京的生活远离东北与西北的兵乱，表面看来很安定。但峒曾在南京为官期间，发生了一件事，让所有的江南人发现，原来西北的"流寇"离自己这么近。

在西北，高迎祥和李自成的起义军不断壮大，散布在广阔的陕西、山西一带。在黄河封冻期，他们越过黄河，进入河南，号称三十六营，部众二十余万。

早先，紧张的西北局势并未引起江南人的重视。由于地域遥远，关心朝政的读书人只能零星听说一些传闻，平民百姓了解的消息更少。不仅南方人不关注，连坐镇北京的官员都觉得西北饥民起义只是地方性骚乱。据说，当起义军抵达淮河时，北京的一名官员担心家乡桐城遭难，时任兵部尚书的山西人张凤翼戏谑他道，你是南方人，何必怕流寇，流寇是西北人，不爱吃大米，流寇的马也吃不惯江南的草。同僚们听了，拊掌大笑。②

当起义军真的打到桐城时，明朝官兵完全无力招架。打到桐城的起义军并不是李自成的起义军，而是张献忠率领的另一支起义军。他们也源自西北，从长江中游顺流直下，直

---

① 《侯忠节公全集》，卷一，年谱上，第17页。
② 《明史》，卷二五七，张凤翼。

逼江南。江南十府巡抚张国维听说桐城全军覆没，一夜之间头发胡子全白了。他和副将率兵救援，但官兵已经难挡起义军的脚步。张献忠率军进入南直隶，先后攻克安庆府的潜山、太湖、宿松三县，杀死三县的县令。张国维顶住朝廷的责难，火速请史可法主持江南防卫，同时从民间招募壮丁。[①]

张献忠的起义军攻下安庆后，没有沿江而下去南京，反而直线北上。安庆向北五百里是中都凤阳，是明皇陵所在地，安葬着明太祖朱元璋的父母。兵部尚书张凤翼感到大事不妙，上疏朝廷从江北调兵守卫凤阳，却遭到温体仁内阁的拒绝。

当凤阳传来急报时，包括张凤翼在内的官员火速发兵，但已经晚了。张献忠的起义军一把火烧了凤阳的皇陵和龙兴寺，还焚毁了凤阳两万多间住宅，杀死四十多名凤阳官员和上万名凤阳的官兵百姓，抢掠财宝无数。[②]

明朝的祖坟被掘了，这是天大的耻辱。崇祯皇帝赶紧下"罪己诏"，在太庙痛哭流涕，称自己愧对列祖列宗。这不是他第一次下"罪己诏"了。除却感人的场面，下"罪己诏"无法带来任何实际意义。此外他能做的，只是下令处死失职的多名江北官员、凤阳守陵官员。

形势危急，南京兵部尚书范景文火速召集各部官员。峒曾虽在吏部任职，也受邀商议守备事宜。守御南京需要巨大的财力，由于库存不足，峒曾倡议捐款，受到同僚的赞成，他还提议县城"积谷平卖"，以缓解其他城镇的困境。他给张

---

① 《明史》，卷二七六，张国维。
② 《明史》，卷二六○，方孔炤。

国维和范景文写信，提出对时局的建议，比如如何加强沿江防御，如何分派士兵以壮大阵仗，如何设防才能同时防范张献忠和李自成。[①]

还有个积极建议的人是峒曾的年轻朋友陈子龙。陈子龙已经中举，尚未考中进士，正在松江老家发愤读书。读书之余，他一直关注时事。凤阳事发后，他给张国维写了长篇呈文，逐一阐述他的观点，比如在江北而非江南屯守重兵，招抚淮北流民以防他们沦为盗寇，操练水军以加强水战策略。他虽年轻，且没有为官经历，但在论述中条分缕析，思维缜密，从实际出发而非空谈，表现出不凡的见地。[②]

张献忠的起义军出没在长江沿岸，给江南百姓带来恐慌。当上游又一次传来警报时，百姓不知如何是好，焦急地等待官府的行动。官府下令全城的富家大族招募家丁，以防不测。峒曾听说后不以为然，他认为民间已经有保甲和乡兵，不该再让百姓置办武器、组织家丁。家丁各为其主，能分不能合，只是权宜之计。况且，手里有兵器后，人会变得胆大鲁莽，容易滋生祸患。他和几位同僚联名给官府上书，官府也觉得扰民，取消了之前的决议。所幸警报过后，起义军没有继续侵扰。

江南受到的威胁暂时解除了，但从全国来看，高迎祥、李自成和张献忠率领的一北一南两支起义军，呈燎原之势。

---

① 侯峒曾：《答张玉笥中丞书》《上范质公大司马书》，收于《侯忠节公全集》，卷六，第9—12页。
② 陈子龙：《上张中丞论御贼事宜书》，收于《陈子龙全集》，第1377—1381页。

当他们合兵时，将成为难以遏制的力量。

对明朝官军来说，起义军并不容易对付。起义军流动在广袤的大地上，人多势众，易合易躲，而官兵只能根据对方的出没，被动地四处应对；起义军行至各处，随时能弄到粮食吃饱饭，而官兵长途跋涉，扎营做饭费时费力；起义军马兵多，行军快，而官兵步兵多，速度慢。鉴于种种优劣对比，兵部尚书张凤翼上疏建议，选两名得力干将，分区统兵，联手对付起义军。

朝廷可用的军事良才很少。除了畏缩不前的大多数，其他将领多在对抗后金的过程中因兵败、渎职受到惩罚，或廷杖，或下狱，或充军。有能力在西北剿杀起义军的官员仅剩两人，一个是洪承畴，一个是卢象升。洪承畴任陕西三边总督多年，对起义军非常强硬，以全力剿杀为主。卢象升曾在河北三府整饬兵备，操练了一支勇猛严明的"天雄军"，一度打退了逼近北京的后金军队，是难得的有勇有谋的官员。

朝廷采纳了张凤翼的建议。洪承畴、卢象升二人以陕西潼关为中心，分工协作，从东西两面夹击起义军。当起义军进入潼关时，洪承畴在陕西剿杀；当起义军出关时，卢象升在河南堵截；当起义军东进中原时，洪、卢二人联合将他们围在黄河、长江、京杭大运河形成的天然防线内，再逐步缩小包围圈。[1]

在朝廷的重拳打击下，剿杀行动有了起色。起义军的盟主高迎祥被俘虏，李自成接替他成为领袖，起义军暂时消沉了。

---

[1] 《明史》，卷二五七，张凤翼。

朝廷把主要兵力用于西北战场后，对东北的战局随之放松。后金趁势而起，将漠南蒙古收入囊中，进一步扩大了地盘。1636年，皇太极改女真族名为满洲，后金的国号改为"大清"，定都沈阳。他称帝后，立刻挥师向北京进发，攻破了北京城外的昌平、顺义、宝坻等十几座城池。

京畿告急，明朝朝廷紧急应对，将卢象升调离西北，命他防卫京畿，只留洪承畴独自打击起义军。朝廷在西北的兵力减弱，使李自成的队伍立刻获得了壮大的机会。

卢象升进驻京师后，接替张凤翼成为兵部尚书。张凤翼在凤阳皇陵被起义军焚毁后一直戴罪，这次又因无力防御清兵而受到弹劾，在获罪前服药自尽。卢象升带领重兵镇守北京，不负众望，连战告捷，成为朝廷的救命稻草。可惜不久，他遭到主和派太监的陷害，被免去兵部尚书的职务。留守东北的武将陆续叛降，清人的脚步逐步逼近。

东北与西北，外患与内忧，如两边起火，已经无法兼顾。崇祯皇帝深陷泥潭，无法判断应该先抗击外患还是先平定内乱。朝廷要到很晚才能意识到，东北边患和西北起义军是两种不同的威胁，需要不同的应对方式。

在东北，清军的队伍规模小，人数少，但勇猛剽悍，训练有素，能置明朝大军和火炮于无用之地。要对付清军，明朝必须具备机动灵活的精锐部队，并配合民兵的有效自卫，而如此精锐的部队并不存在。

在西北，起义军（即朝廷眼中的"流寇"）多为百姓，应以招抚为主。可是，朝廷不安抚，不开恩，只是一味"剿匪"，结果"匪"越剿越多。要对付起义军，明朝需要有能力、懂军事的官员重建地方秩序，安顿流移人口。

对东北异族，明朝的政策从"分而治之"，到派大军远征，再到全面防御，几次调整都没有见效；对西北，朝廷的政策更加简单粗暴，一直不放弃武力镇压。显然，朝廷对两方面的政策都不合适，隐患自然无法解决。[①]

让侯峒曾等很多官员烦扰的，不是西北和东北的威胁，而是永不停歇的政治纷争。朝政像一个巨大的泥潭，把所有官员裹挟其中。无论是内部纷争，还是西北、东北的战略，无不笼罩了党争的阴影。

他远离了北京的浊流，把自己稳定在南京，努力不让自己同流合污。清正的结果是，他越来越孤单了。在郑三俊退休后，徐石麒也离开了南京，南京官场上与他聊得来的同仁只有巡抚张国维、督学倪元珙、户部主事陈洪谧、松江知府方岳贡等寥寥几人。

他的朋友大多闲居在野。有时候，在野的朋友很需要他在官场上的影响力，比如张溥。

十年来，张溥领导的复社声势越来越大。全国范围内，奉张溥为领袖、自称复社弟子的读书人多达两万。加入复社，能获得一手考试资讯、丰厚有力的人脉，以及畅通无阻的官场通道。峒曾没有加入复社，但他的弟弟岐曾、塾师黄淳耀、表弟杨廷枢、朋友马世奇和徐沥都是复社成员。

峒曾不喜欢的一点，是复社的政治色彩越来越浓厚。复

---

① 参考邓尔麟《嘉定忠臣》，第41页。

社本来是个以文会友的社团，以独立的思想对政治发表意见，结果却发展成争权夺利的官场团体。经过十年的扩张，复社变得鱼龙混杂，有人品行端正，也有人一意钻营。[1] 他们想在政治中夺得主动权，结果遭到温体仁内阁的敌视。

很快，一起"陆文声事件"引发了轩然大波，给温体仁内阁带来报复复社的最佳借口。

太仓读书人陆文声想加入复社，却被复社拒之门外。他由此生恨，反咬复社一口，向朝廷告发张溥、张采组织复社是"结党倡乱"。崇祯皇帝一直痛恨党争，命令内阁严查复社。

峒曾虽不是复社成员，也不参与复社的活动，但与张溥是私交不错的朋友。况且复社与父辈的东林精神一脉相承，当复社陷入危机时，于公于私，他都要出手相助。

奉命查案的侍御亓玮与峒曾是同年进士。峒曾借助这一关系，向亓玮讲述复社的主旨，告知复社对朝政并无威胁，得到亓玮的认同，保证了复社可以继续在东南活动。他还写信给刚从老家被召回北京的郑三俊，请求郑三俊为复社说情。郑三俊已任刑部尚书，加任太子少保，他毫不犹豫地答应了峒曾的请求。

朝中的其他人也开始为复社说话。督学倪元珙向内阁进言，说复社的"二张"（张溥、张采）只不过是和亲朋好友聚在一起写写字、聊聊诗罢了。温体仁碍于倪元珙的面子，暂时搁置此事。

不久之后，复社又一次受到审查，陷入危机。进士阮大

---

① 杜登春：《社事始末》。

铖想向江南读书人示好，上门拜访峒曾，称可以帮助复社解围。峒曾知道阮大铖一度依附阉党，名声不佳，但考虑到他能解救复社，于是变通一番，接受了阮大铖的帮助。

在几方努力下，复社没有迅速落难。

温体仁内阁的怒意更加旺盛，打算将江南读书人一网打尽，制定了一个"吴中十虎"的名单，在民间散布。侯峒曾的名字也在名单中。夏允彝在北京看到榜文，急忙把消息传达给峒曾。峒曾回信称，自己很荣幸上了虎头榜，事已至此，他应韬光养晦，如果还是贸然为自己求进，或为朋友求进，都会给自己带来祸端。

眼前的朝政很微妙。峒曾写信给弟弟岐曾说，虽然他的头顶上有恶鸟盘旋，但他不足以当那支射鸟的箭，何况这箭后面还牵着根细绳儿。他只能审时度势，明哲保身。[1] 或许是受峒曾的影响，他的亲友岐曾、黄淳耀、杨廷枢虽为复社成员，也跟越来越激进的复社骨干保持了一定距离。

又一次升官的机会到了。朝廷从南京和北京六部官员中选拔台谏官员，也就是言官。言官的选拔标准有三个：一是曾在六部任职，二是从未受过处罚，三是至少有三年仕宦经历。在南京的几十名官员中，符合这一标准的只有侯峒曾一人。

峒曾知道朋友郑三俊在幕后推动此事，写信婉言谢绝。他深知言官不好当，父亲侯震旸当年的遭遇历历在目。他向主事者坦言，自己在吏部任职才两年，不符合条件。之后，他继续在吏部任职，改任司勋郎中，正五品。

---

① 《侯忠节公全集》，年谱上，卷一，第20页。

2 为家乡代言

混乱的政治局势下，能做些实事难能可贵。在南京官场上的侯峒曾，不忘六百里外的家乡百姓。

北宋政治家范仲淹说过一句名言："居庙堂之高则忧其民，处江湖之远则忧其君。"几百年来，有责任感的仁人志士这样想，也这样做。

峒曾在南京为官期间，至少做了两件对嘉定意义非凡的事。

第一件事关乎嘉定的每一位读书人。

崇祯皇帝继位后，采取的政策之一是慎重选拔人才，缩减科举取士的名额。各府要按照朝廷的新政令，依据文风高下、钱粮人口多寡的标准，把所辖的县划分为上、中、下三等，不同层次的县学有不同的童生录取名额。童生是指所有未考中秀才（生员）的读书人，所有童生要先通过县里的考试，才能进一步考取秀才，然后才有资格参加院试，进一步获取参加乡试的资格。可以说，每个县童生的录取率，直接关系到每一名读书人的未来。

苏州府经济发达，下辖太仓州和长洲（苏州）、吴县、吴江、昆山、常熟、嘉定和崇明七个县，大多富庶。[①] 南直隶督学倪元珙为保证均衡，保留长洲、吴县、吴江、昆山、常熟等大县，把嘉定划为中等县。中等县每次只能录取不到三十名童生，比大县少二十余人。嘉定的读书人愤愤不平，打算

---

① 《明史》，卷四〇，地理志。

联名上书，但迟迟未有行动。

侯峒曾从家人口中听说了家乡士子的苦恼。当时他初涉官场，资历尚浅，但出于责任，仍然给倪元珙写了一封信。

在信中，他按惯例先说了很多客套话。首先感谢督学倪元珙录取自己的儿子玄演、玄洁为秀才，对他没有录取侄子玄泓表示理解，称他和弟弟岐曾都反对官场好友为玄泓说情。[①] 然后，他介绍了自己的家族风气，回顾了曾祖父侯尧封和父亲侯震旸不近名利的处事风格，如今祖先受到乡民的尊重，奉祀在乡贤祠，也给子孙带来无声的教海。

终于谈及嘉定录取名额一事时，他变得从容不迫。他认为，这件事不仅是一个县的事，更是天下大事。他根据舆情，拿出了三条理由，论证嘉定被划为中等县的不合理之处：一是上中下三等的划分方式本身不合理，中等县与上等县的水平相差不多，而录取名额相差二十人，无法服众，如果划分四等或五等依次递减，更能调节平衡；二是在云南、贵州等边疆的省，五六个大县的实力合起来也比不上江南一个县，而嘉定只能划为中等县，录取名额远少于边疆的大县，太不合理；三是在苏州府，嘉定县缴纳的赋税少于长洲，但多于吴县，结果吴县为上等县，嘉定却为中等县，这于理不合，也可以推知全国各地不止一个需要厘正的案例。[②]

在他的申请和劝说下，倪元珙重新权衡，将嘉定划为大

①　侯峒曾给倪元珙写信是在 1635 年。玄演、玄洁考中秀才在 1635 年，玄泓、玄瀞考中秀才在 1636 年。

②　侯峒曾：《与倪三兰督学书》（崇祯乙亥），收于《侯忠节公全集》，卷七，第 3—4 页。

县，每次考试能录取五十余名童生。

第二件事关系到嘉定的每一名百姓。

江南是财赋重地，为国家的运转提供了一大半财力。从明朝开国以来，江南就扛起了沉重的赋税。明朝后期，更有"江南赋役百倍他省""苏松财赋半天下""一县可敌江北一大郡"的说法。[①]

嘉定只是江南的偏僻县，每年却要向朝廷缴纳几十种赋税。赋税名目繁多，主要是十余万石稻米，包括熟糯米、糙粳米、熟粳米、白粳米等类型，通过水路运输，称为"漕粮"。除了稻米，还要交小麦、绿豆、绢纱、棉布、料银等。此外，本县每年还要向朝廷输送鸬鹚、香獐、鸡、鹅、猪、茴香、核桃、莲心、木耳等几十种贡品，加起来有上万斤。所有赋税的去向包括北京、南京的皇族和官府，以及分散在山东、河南的四座藩王府，还要就近供应太仓、吴淞、宝山的军队。

赋税全部来自百姓，百姓的负担可想而知。几十年前，在任的嘉定县令慨叹："东南民力竭矣……天无雨金，地无涌粟，安得不困敝乎？"[②]朝廷只盯住江南的富庶，却不顾百姓的辛苦。

赋税沉重还在其次，让每一名嘉定百姓头疼的是，本地明明不产稻米，每年却要上缴大量稻米。

江南是全国的稻米主产区，但不代表各地都种水稻，嘉

---

① 参考冯贤亮《太湖平原的环境刻画与城乡变迁》，第4—5页。

② 嘉定县令韩浚的话。参考万历《嘉定县志》，卷五，田赋；卷六，徭役、贡课。

定就是个例外。嘉定建县仅四百余年，本是海水冲积而成的沙地，松软的地层下埋藏着远古时代的贝壳和龟壳。[①] 沙质土壤盐碱化严重，不适合种水稻。乡下农民大多因地制宜，广泛种植棉花，或者将棉花和水稻轮种，相沿成俗。每天夜幕降临时，家家户户的妇女忙于织布，随处可听到纺车的札札机杼声。柔软实用的棉布、麻布、纱布、斜纹布、药斑布、棋花布，成为嘉定的特色产品，畅销全国。自宋朝以来，嘉定和邻近的昆山、松江一直是全国的棉纺织中心。

可是，嘉定引以为豪的棉纺织业，每次赶上朝廷征收稻米时，就会出现尴尬的一幕：农民先去镇上卖掉棉布，换成银子，再拿着银子购买稻米，然后运到县里，上交国家。

嘉定的镇上聚集着大批商贩和来自“牙行”的中间人，他们从本地人手中收购棉布，再从别处贩来稻米，卖给本地人。他们垄断了市场，不准农民私下交易。收购棉布时，他们联手压低棉布的收购价；贩卖稻米时，他们又一致抬高稻米的售价，中间夹杂着强买强卖、私下扣税、索要折扣、偷用成色不足的银钱等伎俩。农民心知有诈，却无可奈何。辗转运输的结果是，农民每上缴一石稻米，相当于花了两石稻米的钱。官府在城隍庙前立碑发布告示，禁止商贩和中间人的投机活动，但没有太大成效。[②]

嘉定百姓大多受过商贩和中间人的欺凌，叫苦不迭，一直希望能“岁漕改折”，也就是把每年要缴纳的稻米折合成相

---

① 见嘉定博物馆的相关馆藏文物。

② 《嘉定县为严禁牙行兑低挜派指税除折告示碑》（崇祯九年），收于《上海碑刻资料选辑》，第 82—84 页。

应的银两缴纳。

百姓无力发声，只能求助于有身份有文化的士绅。土生土长的读书人，怀着对一方水土的感情，自从考中功名、出人头地的那天起，就背上了"为民请命"的义务。

侯峒曾的祖先正是这样的士绅，见证并参与了嘉定每一次折漕历程。

万历八年（1580年），在百姓的请求下，嘉定各镇的粮长联名上书，请求县令向朝廷申请"漕粮永折"，得到了朝廷"准速行"的答复。[①] 然而折漕四年后才实行，且只实行了一年。县令继续申请，每一次都有赖于乡绅相助，寻求苏州府、巡按御史、兵粮道、户部的层层批复。[②]

万历二十四年（1596年），鉴于嘉定官民多次申请，户部经过勘查，答应嘉定"漕粮永折"，每石粮食按市场价折合七钱银子，成为定制。[③] 嘉定官民获得了胜利。峒曾的曾祖父侯尧封参与了整件事。[④] 当时的峒曾还年幼，对长辈们的努力一知半解。

到了天启四年（1624年），东北战事吃紧，户部下令嘉定重新缴纳稻米。正值大旱，米价飞涨，征收稻米的消息震动了全县。峒曾的父亲侯震旸刚到吏部任职，他聚集长者商议，集体凑钱，请县令上疏朝廷。最终，朝廷中止了嘉定县的赋

---

① 《嘉定粮里为槽粮永折呈请立石碑》，收于《上海碑刻资料选辑》，第137—138页。

② 万历《嘉定县志》，卷七，田赋考下，漕折缘由；侯震旸：《嘉定县改折漕粮本末记碑》，收于《上海碑刻资料选辑》，第139—140页。

③ 万历《嘉定县志》，卷七，田赋考下，漕折缘由。

④ 侯尧封：《岁漕永改编序》，收于《紫隄村志》，第8—9页。

税变动。① 侯震旸去世后，嘉定百姓建祠立碑，纪念他的功德。当时，峒曾正埋头准备会试。父亲为民请愿的举动，让他敬佩。

现在，崇祯十年（1637年），又一次"漕粮折银"的困境摆在嘉定百姓面前。辽东的战事空前急迫，军饷出现巨大空缺，朝廷向富庶的江南加派粮饷。按新规定，嘉定要上缴的稻米数额没有变化，但稻米兑换银两的比率上涨了。每石稻米折合的银子由七钱涨至一两，意味着全县每年要多交三万两银子。

百姓哗然一片，涌向县衙。县令好言安抚百姓，提议暂且答应一年，等第二年再向朝廷上疏请求。善良的百姓相信了县令的话，陆续散去。峒曾听说后，明白县令只是在敷衍，拖下去只会不了了之，他决定立刻反对。

他写信给掌管漕粮的南京户部侍郎程国祥，希望他为嘉定百姓请命。程国祥是徽州人，刚升任北京户部尚书。峒曾与他相熟，嘱托他上疏北京朝廷，收回成命。他先后给程国祥写了两封信，讲述嘉定地瘠民贫，农民大多种植棉花，上缴稻米实在困难云云。② 他自己则凑集资金，带领部分嘉定士绅去南京户部请命。最终，嘉定每石稻米的折银价格降低了一钱。降低一钱，意味着为全县百姓节省了一万两银子。

峒曾知道，这不会是最后一次。嘉定的"漕粮折银"不会一劳永逸。

---

① 侯震旸：《折漕报功祠记》，收于《紫隄村志》，第9—10页。
② 侯峒曾：《与程我旋大司农书》（崇祯丁丑），收于《侯忠节公全集》，卷七，第6—8页。

3　江西提学官

1638 年，侯峒曾在南京吏部的三年期满，升任江西提学官。这一年，他四十八岁。

提学官隶属于礼部，正四品，虽不是中央高官，却是一省要员。提学官一职是明朝正统年间设置的，已经延续了两百多年。提学官的正式名称为提学参议，职责为"提督学政"，俗称督学，统管一省的教育。它的选拔标准是有声望的文官，既要有学问，也要有德行。提学官履行职责时，不受总督、巡抚、巡按等官员的干涉。提学官任期四年，每月的禄米为二十四石，不算高，好在还有布帛、养廉银等补助和其他途径的收入。

江西是一个文教大省。几百年来，江西人才辈出，是欧阳修、王安石、曾巩、杨万里等宋代文坛名家的故乡。进入明朝，江西的科举水平在全国首屈一指，涌现过几十位内阁大学士、六部尚书、状元、会元，等等，有"翰林多吉水，朝士半江西"的说法。由来已久的风俗教化使江西人崇尚读书，无论寒门还是富户，都希望以科举兴家。

不过，明朝后期的江西已经没有了昔日的繁盛，农民起义频发，科举也陷入无序。明末的官场上，流行着"命运低，得三西"的谚语，官员普遍痛恨去贫穷落后、民风剽悍的江西、山西、陕西三省任官。① 前几年里，江西上饶的平民张普

---

① 收于《五杂组》，卷四。参考陈宝良《明代中后期的官场生态与官场病的形成》，载《社会科学辑刊》，2015 年第 5 期。

薇与同乡组织了"密密教",发展了不少信徒,一度发动起义,建立政权,公然向官府挑战。峒曾对江西没有太多排斥心理,反倒有某种亲切感,原因之一是他的曾祖父、侯家的第一位官员侯尧封曾经在江西为官。

峒曾带着朋友们的问候,起程前往南昌。[①] "密密教"起义已经被官府遏制住,沿途没有受到太大阻碍。陪他赴任的是小儿子玄瀞夫妇。玄瀞刚满十五岁,和新婚妻子张氏侍奉峒曾的起居,顺便学习公务。峒曾还带上了最信任的家仆李宾。李宾在侯家为仆二十多年,是峒曾的可靠管家。[②] 峒曾的母亲龚老夫人、妻子李氏留在嘉定县城的家中,维持整个家族的生活。

峒曾到达南昌官邸后,换上绯红色的官袍,走马上任。

和所有新上任的官员相似,峒曾上任的第一件事是申明规章制度。他按照惯例,将《学政申约》分发至江西十三府,宣扬朝廷的教化宗旨。

他想起自己在校读书时,学校也常发布各种条文。他会认真阅读,而很多同学看都不看就塞到桌底的罐子里,一辈子也不知道那些条文在讲什么。他认为这是提学官的责任。

峒曾不希望自己发布的文件沦为空谈,打算做一些改变。《学政申约》的内容一般是固定的,主要是皇帝钦定的敕令、礼部颁布的条文。他拿出崇祯皇帝新近下发的敕令和礼部条

---

① 钱谦益:《寄侯豫瞻督学江西》,收于《牧斋初学集》上册,第435页。
② 《侯忠节公父子为僮宾作书》,收于《鸥陂渔话》,侯岐曾语。僮宾姓李,推测依据来自侯峒曾的《与洁、瀞二子书》,收于《侯忠节公全集》,卷九。

文进行解读，与同僚讨论确证，再用明晰的文字重新解释一遍，编辑成一本册子，定名《江西学政》。册子的内容包括十八章皇帝敕谕、三十五章礼部钦定条例，以及他自己逐章逐条做出的注释。

原本单调生硬的条文，在峒曾的解说下，变成切实可行的教育指南。他在注释中表达了自己的观点：当下考生的应试文章结构破碎，很多人的文体意识混乱，用古文体写八股文，让人一头雾水。他认为文体如同人体的四肢五官，固定不可移动。优秀的先辈文学家也有创新的才华，但在做文章时，写古文就是古文的样子，写八股文就用八股文的格式。针对文章越写越长，甚至长达几千字的风气，他提倡言之有物，规定文章篇幅参照朝廷的规定，不超过五百字。[①]

头几个月里，他的日子过得很轻松。到了秋高气爽的时节，他邀请亲朋好友来江西旅行。他的儿子们、朋友黄淳耀陆续去官邸看望他，母亲龚老夫人和弟弟岐曾也到南昌小住。[②]朋友和家人的到来让他心情愉悦。

渐渐地，繁杂的公务如海浪般向他涌来，面前的教育界如同一片汪洋，渺茫无边，深不可测。

身为提学官，他的职责之一是主持省内的院试，并审阅

---

① 《侯忠节公全集》，卷十七，《江西学政申约》《申明敕谕条款》《申明钦定教条》等。

② 《陶庵集》，卷首，年谱，崇祯十一年；周肇：《同苏眉声、侯云俱江上坐月》，收于《紫隄村志》，卷五，第 143 页；《侯忠节公全集》，卷二，年谱中，第 14 页。

试卷，选拔考生。院试是考生在参加正式的科举考试（乡试、会试、殿试）之前，必须通过的考试。所有参加院试的考生，事先已通过县试和府试，获得童生的身份。

院试分两种，一种是岁试，分别在江西十三府举行，一般一年考一次或三年考两次，由提学官与各府官员一起监考。童生通过岁试，才能成为生员（秀才）。

另一种是科试，在省城南昌举行，三年考一次，考生是全省所有的生员。生员通过科试后，才有资格参加南直隶或北直隶的乡试。

所有考生都明白院试的重要性，无不在考试中竭尽全力。

峒曾审阅过不计其数的考卷。阅卷是一件郑重的事情。阅卷前，他要焚香、告天、上奏章。阅卷时，他深思熟虑，唯恐有失公平。有时候，成百上千份卷子已批完，唯独一两份颇费思量，他便搁置几天，理清思路后再行定夺。评定为优秀的卷子，要找出能服众的理由。评阅完毕后，要拿出前五名和最末五名的考卷上交吏部，以作查验。

透过一张张考卷，层出不穷的作弊行为一一呈现出来。明朝对作弊监管很严，量刑也很重，情节严重者要斩首示众，但依然挡不住作弊者的投机心理。无数考生冒着戴枷锁的风险，绞尽脑汁想办法作弊。在明朝的科举考试中，作弊行为花样百出，曾经有考生将两篇文章藏在肛门中，居然也被搜查出来。[1]

侯峒曾感到了头疼，他知道自己接下来要忙什么了。

_____

[1] 《文嘉致钱榖札》，现藏于上海博物馆。

他对考卷进行整理，发现主要的作弊行为有两种：一种是"雇倩"，即花钱找别人替考；另一种是"传递"，即考场外的人给场内考生传递答案。

他批阅一大摞南昌府的考卷时，偶然发现一名考生的笔迹与其他府的某份考卷极为相似，语言表达也是同一种风格，如同出自一人之手，论成绩可以名列前茅。峒曾猜测这一定是"雇倩"，此人自己参加考试，又为其他府的考生替考。

也有的考卷文采风流，可偏偏夹杂着一些奇怪的错别字。他拿出这张考卷的草稿一看，通篇整洁清爽，没有任何错别字和改动痕迹，显然，这属于"传递"。该考生不通文墨，靠着偷偷传入的考卷飞速抄写，慌乱中抄错了一些字。

如果这些情况只是个案，有可能是巧合，可是，峒曾阅卷完毕数了数，有几十份考卷都涉及这两种情况。

他决定整治到底。

他怕打草惊蛇，不动声色地将可疑的考生全部录取。几天后，到了复试的日子，峒曾在考生面前按常规宣读了官方训诫。众考生神清气定，作弊者心知没有隐患，放松不少。按惯例，复试的第二天，全体考生要整理衣冠，集体去孔庙参拜，并拜会本省提学官侯峒曾。当所有考生聚集到孔庙时，峒曾站在孔庙大殿前的台阶上，面向台下的人群，大声念出一些考生的姓名，发给他们纸笔，现场出题测试。其中几人面面相觑，测试结果一塌糊涂，只能认罪。没被查到的考生暗自庆幸，纷纷猜测峒曾在考生中布下了耳目。

峒曾认为，几种作弊行为中，"雇倩"干涉考纪，混淆黑白，尤其恶劣。他没有专门的技术手段查出替考行为，只能依靠自己非凡的记忆力。他监考时，虽一天之内接触几百名考生，却能将绝大部分考生的姓名和相貌对上号。

一次，他在南昌监考时，无意间留意过一个名叫徐昌期的考生。十几天后，他主持补考时，看到一个名叫徐鋆的考生长得眼熟，心里产生了疑问。他仔细回忆，终于想起此人很像十几天前参加考试的徐昌期。他派人找出之前徐昌期的考卷，放在宽大的袖子中，径直来到徐鋆的号房前。他拿过徐鋆的考卷查看，字迹果然跟袖中徐昌期的考卷字迹很像，心里确定了十之八九。

峒曾不动声色，将战战兢兢的徐鋆带到大堂继续答卷。之后，他把两份试卷放在一起对比，不仅笔迹一模一样，连语气、文风也一致，便确定无疑。徐鋆面如死灰，跪在峒曾面前，坦白自己的真名是徐昌期。

替考人已确定，但不抓到真正的徐鋆，难以立案。事不宜迟，峒曾命令下属立刻抓捕徐鋆。下属抓耳挠腮，称不知去哪里抓。

峒曾想了想，命人打开贡院大门，放出第一拨考试结束的士子。门口立刻聚拢了一拨人。峒曾安排下属站到门口，留意门外有没有仓皇向里张望的人。不一会儿，下属发现了在人群中探头探脑的可疑人员，确定此人正是徐鋆，将他绑到了大堂。众人心服口服，听峒曾讲述原由。峒曾说，雇人替考后哪有安心待在家里的，都等在贡院门外，等替考人一出来就着急问情况。

深入查案后，更让峒曾震撼的是，案子背后的主谋和联络人竟是南昌县学的一名冯姓差役。峒曾建议刑部除了惩罚徐鋆、徐昌期，还要对冯某从重发落，按理应发配边疆，只是考虑到冯某并未收受贿赂，建议改以杖刑。

"一群鬼蜮，白日为昏"。峒曾很感慨，本应公正的教育界变成了乌烟瘴气之地。①

在侯峒曾看来，考场的弊端不仅来自学生的作弊行为，更源自科举体系中自上而下不遵守规则的顽疾。他整理自己的经验和思考，提出了至少十七条解决方案，如断绝"续案"、严管补考、禁止改姓改学，涵盖考试原则和执行策略，希望革除考场上的弊政。

峒曾提出断绝"续案"，是针对窜改考生名次的不良现象。通常，考官阅卷评定后，考试名次的高低也随之确定，称为"草案"，正式张榜公布的名次叫作"红案"。按说"草案"和"红案"应该一致，但是钻空子的行为屡见不鲜。考官确定"草案"后，受到各方影响，有时私下修改名次，导致落榜生重新上榜，成绩差的一跃领先。揭榜日"红案"一发布，大家看到的不再是之前的"草案"。这种擅自改动名次的风气已成"旧例"，受到历任提学官的默许。

峒曾初来乍到，听说这种风气后，痛心至极，希望革除"红案"阶段的变化。他规定，"草案"发出后，除了武艺和品德成绩可以变动外，其他成绩一律不许更改。命令一下，很快有人暗示他遵循"旧例"，被他严词拒绝。②

---

① 侯峒曾：《亲发大奸徐昌期等申详》，收于《侯忠节公全集》，卷十八，第13—14页；《侯忠节公全集》，卷二，年谱中，第16—17页。
② 《侯忠节公全集》，卷二，年谱中，第6—7页。

解决"续案"的问题后，峒曾在补考管理上也加大了力度。提学官在任四年间，要举行两次岁试，考生为省内各府、州、县所有童生，以全面检验他们的学业。没有通过岁试的考生，未来就没有资格参加乡试。

　　按朝廷规定，在岁试开始前，生病或在外游学的考生可以申请延期，三个月内参加补考。到期不参加补考的，直接免去童生身份。岁试的成绩分六等，考取一、二等的童生可以领赏，三等不赏不罚，四等要受责备，五等的身份要降低一等，六等的考生直接黜落。这是朝廷上百年来颁布的条例，但是峒曾看到了一种奇怪的现象。

　　在江西，快到岁试日期时，平均每县都会有数十人甚至上百人请病假，却不参加补考。两年后再次举行岁试时，又有相当数量的人请病假。其中的漏洞在于，请过一次假后，不再参加补考，相当于免试通过，下次就不用再参加岁试了。岁试变成了摆设。这种做法并不符合朝廷的条例，但一直私下通行，前几任提学官不管不顾。

　　峒曾发现漏洞后，下令按考生的学籍彻查一遍，凡是几年内请病假却不参加补考的考生，一律降格或免去身份，统一安排补考。结果，需要补考的人达到两千多人，遍及江西十三府。读书人哗然一片，一些官绅的门生子弟联合反对，峒曾不为所动，严令执行。补考过后，少数优秀考生获得了奖赏，被免去身份的考生不下两千，其中将近一半是贵族子弟。

　　事情传到了峒曾的朋友马世奇的耳朵里。马世奇正在北京詹事府为官，奉命巡视各省的教育，一到江西就听说了侯峒曾的铁腕政策，大为震骇。出于避嫌等原因，两个好朋友虽近在咫尺，但没有见面。峒曾托人把自己编写的《江西学政》带给马世奇，向他诉说严格执法的苦心。马世奇对他说，一场考试黜落两千人，等于断了很多寒门子弟的仕途，甚至断了他们的活路。峒曾听了，深感不安，问马世奇怎么挽回。马世奇替他想了个"招覆拔等"的办法，用八股文以外的诗、赋、书、论等文体重新考试，挽回大部分被黜落的考生。[①]

又一次岁试到来时，通过请病假等手段逃避考试的人大大减少了。

峒曾提出的科举弊端解决方案中，还有一条是禁止擅自更改姓名和学籍。江西的大族子弟从参加童子试开始，改名、改学已成风气。他们临时改名换姓，招揽有才学的士子替考。文章录取后，把替考者的信息转卖给其他富家子弟，还能再赚一笔。有的人假冒姓名，有的人假冒学籍，等别人习以为常后，再悄悄地申请转学，恢复原来的姓名和学籍。

峒曾收到了一摞要改姓名或学籍的申请书，他一概置之不理。碰上同时要改学籍和姓名的，他把申请书转交下级审查，查出不少人，全部处以警告。

他还提出了更多方案，并且身体力行。他听说很多地方的提学官私下优先录用官绅家族的子弟，又怕别人发觉，于是让考生另外誊写一张试卷。朝廷对此明令禁止，但地方上

---

① 《侯忠节公全集》，卷二，年谱中，第 7 页；《紫隄村志》，卷八，杂识，第 220 页；侯峒曾：《与马素修书》（崇祯戊寅），收于《侯忠节公全集》，卷七，第 16 页。马素修即马世奇。不同出处的数字略有差别，此处以侯峒曾给马世奇的信为准。

沿袭成风。峒曾对这种欺瞒朝廷的风气深恶痛绝，坚持要求上交原试卷。

侯峒曾上任后的"三把火"，给江西教育界带来不小的波动。一年里，他马不停蹄，奔波于全省十三府，从九江到南康，再到南昌，过后又从瑞州到饶州，从赣州到南安。他在各府主持岁试，追查荒废的政务，颁布严明的条例。他冷若冰霜的神情，让每个府的官员都非常紧张。有人笑脸相迎求他办事，有人对他望而生畏，也有人暗中诽谤他。

赶上荒年，峒曾说，辖区内有吃不上饭的读书人是提学官的耻辱。他把没收的作弊者私下贿赂他的银子全部捐出，总计有上千两。他召集属下，统计各府的贫寒学生，根据贫穷程度划分等级，买米散发给他们。①

当一名叫耿始然的给事中到江西监督赋税时，与他平级的地方官员为了掩盖过失，以超常的规格接待他，媚态百出。当他抵达峒曾的官邸，让他惊讶的是，峒曾待他以平等之礼，不卑不亢，丝毫没有讨好之意。②

在袁州，参加童子科考试的考生水平较低，童生的录取名额为五十人，通过考试的才五个人。峒曾没有因此降低录取标准，将其余四十五人一律降格。

在赣州，童生杨履焴是明初名臣杨士奇的后代，年仅十岁，擅长骑射，峒曾测试了他的文学才能后，破格让他进入

---

① 《侯忠节公全集》，卷二，年谱中，第17—18页。
② 雍正《江西通志》，卷五十八，第42页。

县学，成为秀才。

东林党门生李邦华是峒曾的朋友，他在吉安创办书院，资助寒门学子。尴尬的是，在峒曾主持的考试中，李邦华的三名弟子全部落榜。考试是糊名制，李邦华对峒曾的秉公处理表示理解，峒曾也没有做任何"弥补"。[①]

耿直不会一直受到别人的理解，峒曾的耿直终于遭到权贵的挑战。

将近两年内，峒曾顺利主持了江西省十二府的岁试，只剩最后一个建昌府。他早料到会在建昌府遇上难题，所以把离南昌不远的建昌府安排在最后。

一个原因，是建昌府和相邻的抚州府是江西省作弊风气最盛的地方。在建昌，提学官的官邸和贡院两旁是官吏的屋舍，不远处租住着一些投机分子，他们借助地理位置之便，与提学官的随从私下往来，以最快的速度获取最新消息，拿去卖给有需要的人。峒曾深知此风难禁，只能将建昌的考试安排在最后，延迟投机分子传播消息的速度。

更主要的原因是，建昌府有个很难对付的藩王——益王朱慈焰。

江西省共有三支明朝藩王宗室，分别是南昌的宁王、饶州的淮王，以及建昌的益王。众人皆知益王飞扬跋扈，本地官员提到他时，要么唯唯诺诺，要么退避三舍。

藩王府的族人和宗生也要参加科举考试。按照通行几十年的法令，皇族宗藩出身的考生，如果在"红案"揭榜后未

---

① 《侯忠节公全集》，卷二，年谱中，第11页。

通过，身份一律降为平民。

巧的是，在侯峒曾主持考试时，益王府有两名宗生没有通过岁试，意味着他们将失去贵族的身份。两名宗生找益王告状，益王记在了心里。益王自从世袭父亲的藩王身份四年来，第一次遇到这种情况。他藩内的宗生非富即贵，即便不参加科举考试，依然有皇族身份，怎么能被提学官一掌拍为平民呢？他给峒曾写了封信，希望他酌情处理。

峒曾回复了一封长信。他在信中说，自古以来，皇族子弟参与学校的学习、考试，已经比平民多了不少优势。即便是将军、校尉，也不能凌驾于平民之上，否则难以服众。既然在校读书，就应该遵守学校的规则。况且，朝廷延续至此，皇室宗亲数量庞大，得罪皇帝的藩王会被削籍为民，不是没有先例。最后，他客套一番，奉劝益王多教诲藩内的子弟努力上进。[1]

峒曾之所以理直气壮，与明朝藩王地位的变化有关。明朝前期，开国皇帝朱元璋大规模分封族人为藩王，经过两百多年的"子又生孙，孙又生子"，到了明朝后期，全国的藩王宗亲达到六十多万人。藩王府如同蛀虫一般，每年坐吃国家的巨额财赋，挥霍无度，兼并农田，早已受到群臣的指摘。自从嘉靖朝以来，朝廷出台了一系列措施，加强对藩王的监管，比如严禁藩王干预地方行政，严禁宗亲随意进出藩王府，要求藩王府也要承担赋税，等等。

益王看到峒曾的回信后，颇为不爽。他想恢复两名宗亲

---

[1] 《侯忠节公全集》，卷二，年谱中，第 11—12 页。

的皇族身份，但无法绕开提学官侯峒曾。他身为藩王，享尽荣华富贵，却不能干涉地方官执政。他又想了一个办法，侧面通过江西省其他部门的官员找到峒曾，为两名皇族生员求情。谁知和先前一样，峒曾以朝廷法令为由，坚决拒绝。益王大为光火，打算和峒曾见面时再出招。

按照规矩，地方官员到了藩王的地盘上，必须登门拜会，以示尊敬。

峒曾在儿子玄瀞的陪同下，来到益王府。在王府大门外，好心的同僚私下告诉他，益王怒气未消，劝他先引咎自责，让益王消消气，气氛或许会有好转。峒曾没应声儿，缓步迈进大门，拾级而上；益王已在殿中等他。

峒曾坐定后，看到益王正襟危坐，脸色铁青，他只能先开口打破僵局。他回忆了益王的父亲朱由木当年受封藩王时，自己的父亲侯震旸支持过老益王，两人有过友好往来。益王听了，面无表情地应声。

之后，两人谈及天下大事。峒曾眉头一皱，说了一句，德王殿下在济南好好的，怎么落到这步田地？

原来，在刚过去的冬天，山海关外的清兵再次打到关内，一路南下，攻陷了山东济南，将占藩济南的德王府一把火焚烧殆尽，抢走了大批财物。德王本人被抓走，王府的族人要么被杀，要么被掳，场面惨不忍睹。世人皆知德王为人刻薄，粗暴蛮横，所以他的遭遇并未引起太多人的同情。

益王想到同为藩王的德王惨遭不幸，变得很不自在，许久才缓缓地说，您手下误把本王府的两名宗生罢黜为民，是不是该责罚他们？

峒曾明白他的意思，回答道，这些手下执行的是上级指令，上级奉行的是万历皇帝当年颁布的法令。殿下想责罚他们，为何不直接禀告皇上呢，向皇上讲明两名宗生不应罢黜的道理。

益王愕然，语气缓和了些，问，这事儿不能破格吗？何必一概绳之以法？

峒曾回答，法律一旦执行，就是皇帝也不能干涉，何况殿下。

他再次阐述了之前回信中的看法，一番道理讲下来，终究没有松口。[①]

益王身边的侍从开始面面相觑，场面陷入了尴尬。峒曾站起身，称自己奉法令主持考试，并专程拜见益王，应该到此结束，便带着儿子告辞离开了。

益王府外，不少人前来围观。他们感叹平日里官员见到益王先畏惧三分，侯公居然敢据理力争。

之后，峒曾继续处理公务，刊印本地先贤的遗作，梳理各府考生的名单以免遗漏。其间，益王一直暗中派人刺探，企图搜集峒曾的不法把柄。不过，他最终没有发现峒曾有任何出格行为，只能不了了之。

又一次岁试来临时，按照惯例，峒曾还要去建昌拜会益王。自从两年前的不愉快交往后，益王没怎么为难他。这次峒曾前去拜见，益王非常客气，对他以礼相待。等峒曾走后，益王派人给他送信，托他照顾益王府中某位宦官的门生。峒

---

① 《侯忠节公全集》，卷二，年谱中，第11—12页。

曾翻出这名考生的试卷，实在是满纸荒唐，他无法昧心照顾，直接将考卷评为最末六等，意味着免除了这名考生的就学资格。益王知道后，恨得咬牙切齿，却也无可奈何。

随后的武科考试结束，峒曾整理了江西十三府的岁试考卷，上交礼部，同时递上自己写的两份教育改革疏文。疏文共包括十条项目，包括惩罚逃避岁试且不参加补考的考生、严禁"红案"确定后再作改动、约束皇族宗生的权利等条目。正值崇祯皇帝重视学校和人才质量，一个月后，圣旨下达，峒曾的两份上疏得到皇帝的褒奖。皇帝鼓励他秉公执法，不要担心招致怨恨和诽谤。

不过，大部分人并不理解他近乎顽固的处世态度。面对外人的不解，峒曾对儿子玄瀞说了一句耐人寻味的话："仕宦者，交游所归也，惟督学不然。必人人致一绝交书，而后督学可为也。"[1]要担任合格的教育官员，就要有与人"绝交"的精神。

上任以来，他让狡猾的小吏心存畏惧，被纨绔子弟视为眼中钉，也受到好学上进的考生的敬重。他坚持自己的原则，不知不觉失去了一些朋友。有的朋友本来与他志趣相投，但利益关系没有达成时，从此形同陌路。真正的朋友也为他担心。好友马世奇委婉劝他，既要爱惜人才，也要爱惜算不上人才的读书人。徐石麒写信给他，劝他注意收拢人心，使双方都自在一些。他不为所动。[2]

侯峒曾的耿直一度让他陷入了困境。

---

① 《侯忠节公全集》，卷二，年谱中，第15页。
② 《侯忠节公全集》，卷二，年谱中，第13页。

每年正月，是朝廷考评各省官员的时候。与峒曾不和的江西籍官绅，不少人在京城有关系，他们联合中伤侯峒曾。消息一传出，江西省内的读书人也参与进来，想趁机报复他的严苛政策，袖手旁观他的惨相。

当时，朝廷盛行"清议"，在朝官员的行为举止要摆上台面，接受其他官员的评论。当话题的主角变成侯峒曾时，朝堂上掀起一场论争。有人批评他经常破格录用考生，带坏了考生的习气；也有人批评他偏袒写文章独辟蹊径的考生，使优秀文章的文体失去正统格式。

支持峒曾的江西籍官员只有旷鸣鸾一人。旷鸣鸾与峒曾本不相识，只是他的门生也参加了江西省岁试，得知峒曾一视同仁后，他表示赞赏，拉拢了多位江西官员帮峒曾说话，其他人对峒曾的中伤才稍微缓解。

峒曾的朋友也积极为他辩护。徐石麒告诫主事者说，如果这样的人都要定罪，官员怎么保持正直？在朝的其他好友马世奇、徐汧也全力帮他说话。①

在唇枪舌剑的论战中，吏部做出裁决，判定侯峒曾为官期间清廉执政，政绩优异，才平息了纷争。

他侥幸逃过一劫，但他的官场朋友一个个陷入了危难。从上到下，朝廷的风气仿佛颠倒了黑白，他虽在地方为官，心里的疏离感却越来越强烈。他的同僚黄道周、解学龙先后陷入"党争"的旋涡，触怒龙颜，遭到廷杖和充军广西的惩罚。当解学龙去老家江苏兴化告别家人时，峒曾派使者带着

---

① 《侯忠节公全集》，卷二，年谱中，第15页。

自己的信前去看望；当黄道周戴着枷锁路过江西时，峋曾赶去和他见面，一直送他到省界。峋曾知道，他再也见不到他们了。一次次清洗后，朝廷再也没有正直人士了。

他心情抑郁，疟疾又一次发作，头晕目眩，腹泻不止，他形容自己的感受如同"千刀搅腹，粒米断牙，有骨如柴，有气如线"[①]。他卧病在床，每天服药，几乎无力再起来。医官为他诊断，说他积劳成疾，火气太重，必须彻底抛弃公务才能康复。江西官民只看到他一副精力过人的样子，无人知晓他的身体如此羸弱。

他的假期不多，和大部分文武百官一样，按照旬休制度，每十天才能休一天假。在元旦、元宵、冬至三大节日，他才能享受多一些的假期。元旦，他可以从大年初一开始放假五天；元宵节，从正月十一开始放假十天；冬至，从当天开始放假三天。除了回乡祭祖、长辈去世等事假，他很难再请假，想休病假更难。

以他四品官的资历，想请病假，要通过烦琐的手续向上级报告，得到批复后检查病情，递交医院开的证明，等待皇帝批准。在江西为官期间，他至少四次上书给两台（藩台和臬台，即掌管行政的布政使和掌管监察的按察使），称自己积劳成疾，希望告病还乡。[②]他的请求没有被批准，因为他不是家中的独生子，按规定只有独生子才能以奉养父母为由辞官。上级反应冷漠的另一个原因，是当时的官场上，流行一股假

---

① 侯峋曾：《告病文》，收于《侯忠节公全集》，卷五，第13页。

② 侯峋曾：《乞养第一文》《乞养第二文》《乞养第三文》《告病文》，收于《侯忠节公全集》，卷五。

借养病以规避是非的风气，动辄称病成为司空见惯的现象。[1]这种情况下，岵曾的告病疏文难免得不到重视。

官场难为，儿女成人，他更加怀念温暖的家族生活。

4 家 族

侯岵曾在外为官期间，侯家的儿女陆续长大成人。岵曾、岐曾兄弟对所有的孩子视如己出，为适龄的六个儿子和四个女儿准备了婚事。

岵曾的三个儿子中，长子玄演娶了姚希孟的孙女姚妫俞。姚希孟是侯震旸、侯岵曾两代人的好友。姚妫俞是苏州人，出身名门，擅长文辞。

次子玄洁娶了龚老夫人的侄孙女龚宛琼。与龚家联姻的侯家子女有两个，除了玄洁，还有岐曾的女儿侯蓁宜。侯震旸与龚老夫人婚配后，隔了一代人，侯家的子女再次与龚家联姻，这叫"重姻"，显示了两家的几代交情。[2]

年纪最小的三子玄瀞娶的是张恒的曾孙女，是已去世的岐曾正室张夫人的侄女。

岐曾的三个儿子中，长子玄汸娶了杜氏。杜氏是松江人，"几社六子"之一杜麟徵的女儿、江南才子杜登春的妹妹。

次子玄洵娶了夏允彝的长女夏淑吉。夏允彝是侯岵曾的

---

① 参考陈宝良《明代中后期的官场生态与官场病的形成》，收于《社会科学辑刊》，2015 年第 5 期。

② 《嚜城龚氏族谱》（一），第 86 页，《文学仲和公墓志铭》。

同年举人，已经考中进士，和杜麟徵并列“几社六子”。夏淑吉嫁入侯家第二年，就生了个儿子，乳名矞来，学名侯檠。侯檠是龚老夫人的第一个曾孙，岐曾的第一个孙子，成为全家人的珍宝。

三子玄泓的妻子名叫孙俪箫，是孙元化的孙女，上海人。孙元化与其他几位信奉佛教的亲家不同，他是一名天主教徒。不同的宗教信仰并未影响双方的交往。玄泓年幼时，侯家与孙家定亲。后来孙元化在部下的兵变中蒙受冤屈，以谋叛罪被处死。侯家经受了舆论的压力，不过依然按照婚约，与孙家结为秦晋之好。

嫁入侯家的几个儿媳妇，无一不是来自书香门第。她们从小受到精心的培养，在闺阁中跟随女塾师学习，气质贤淑端庄。[①]她们生活在全国最时尚的苏州府，并不喜好浓妆艳抹，除了必备的金钗、云髻、胭脂粉，她们更喜欢精致的淡妆和素雅的衣裙。

她们共同生活在一个屋檐下，但性格各不相同。姚妫俞率真利落，如烈日严霜；龚宛琼温良淳朴，如浑金璞玉；[②]夏淑吉个性隐忍，懂礼仪，擅诗文，连侯峒曾也忍不住对玄洵夸她不愧是夏允彝的女儿。[③]

---

① 可参考高彦颐《闺塾师：明末清初江南的才女文化》、陈宝良《中国妇女通史·明代卷》第三章。

② 侯岐曾：《示姚龚两节妇》，收于《天启崇祯两朝遗诗》，卷六，第607页。

③ 侯峒曾：《祭夏瑗公母顾太孺人文》，收于《夏完淳集笺校》，第514页；侯峒曾：《与夏彝仲进士书》（崇祯丁丑），收于《侯忠节公全集》，卷七，第12页。

和侯家的儿媳妇一样,侯家的女儿也知书达理。她们的婚事也不容马虎。

侯峒曾成年的女儿只有一人,名叫侯怀风,嫁到了昆山徐氏家族。徐家是昆山第一大家族,赫赫有名的民谚"轿从门前进,船自家中过"说的就是昆山徐家。没有证据显示徐家与侯家早有交往,这桩门当户对的联姻似乎只是依靠媒妁之言。

侯岐曾有三个女儿到了出嫁年龄。大女儿嫁到了昆山王氏家族;二女儿嫁给了昆山的青年才俊顾天逵,也就是岐曾的好友顾咸正之子。亲家的亲友随之成为侯家的朋友,比如顾天逵的挚友、归有光的曾孙归庄,就随着顾、侯两家的亲事进入了侯门子弟的朋友圈。

岐曾的三女儿侯蓁宜年纪最小,是三姐妹中最有文才的一个。她从小失去母亲,由祖母龚老夫人和保姆桂姐养大,受到全家人的关爱。她天性聪颖,从小跟着龚老夫人学习诗词歌赋,继承了龚老夫人的简朴气质。长大后,她辅助继母挑起了家务,深得岐曾的心意;她曾经陪着龚老夫人到峒曾的江西官邸小住,悉心照料龚老夫人,使繁忙的峒曾倍感欣慰。[1] 她喜欢家中年轻人的聚会,常与兄弟姐妹一起赏花,品尝甜米酒,笑谈新赋的诗词。[2]

侯蓁宜的亲事是龚老夫人安排的。龚老夫人将小孙女一手带大,视为掌上明珠,她与岐曾约定,不要把小孙女许配

---

[1] 《侯孺人行略》,收于《嘤城龚氏族谱》(一),第89页。

[2] 侯蓁宜:《记原大兄邀看桂》,收于《中国古代女作家集》,第579页。记原即玄泓。

到外姓，要从自己的家族中寻觅佳婿。侯蓁宜二十岁时，龚老夫人为她安排了与龚元侃的婚事。龚元侃是龚老夫人的族侄，是一名县学生员。龚元侃的父亲龚用圆与峒曾、岐曾从小往来甚密，在浙江为官。龚家与"嘉定四先生"程嘉燧、唐时升、娄坚、李流芳都有密切往来。龚元侃是唐时升的外孙，他的从兄则是娄坚的外孙。[1] 一门亲事，再次将侯家与"嘉定四先生"联系起来。

与祖上几代人的婚姻不同，侯家子女的通婚地区突破了嘉定，扩大到周边的昆山、苏州、松江、上海。对方多是与侯家早有往来的朋友，长辈的交际圈与子女的婚姻圈完全融合。因婚姻联系在一起的家族，像一张无限扩张的网，将侯家与更大的世界联系起来。跨地域联姻的不利之处是，侯家放弃了与本县大族强强联合的机会，等于削弱了他们在本地的势力。

侯家迁居县城二十余年，人口添了很多，宅子也扩大了不少。家族的整套宅院，已经由二十年前的三进扩大到前后八进。面阔五间、纵深八进、楼高二层，俨然为世家巨族的规制。

"谈笑有鸿儒，往来无白丁"，这句诗可以概括侯家的交际圈。宾客好友自然会受到盛情接待，如果是闲杂人等，第一道大门就会将他们拒之门外。

第一道大门位于前廊与外厅之间，其实不是一道门，而

---

[1]　嘉庆《嘉定县志》，卷十七，人物考六，隐逸传。

是六扇屏风。屏风上既不是山水画，也不是吉祥诗，而是一句警言："学道自屏扬子宅，论文或柱贡公綦。"①

这句严肃的话用了两个历史典故，其实是给来人送上了一道闭门羹。

什么人这么不受侯家的欢迎？食客。

简单来说，食客是一帮略有文化的无业游民，喜欢去大户人家"帮闲"。食客为人热情，口才颇佳，识一些古董，会几段昆曲，擅长饮酒，能陪人赌博嫖妓。如果是女帮闲，借帮忙打理杂务、兜售金银首饰的机会进入家中，会将浮华之风带给家中的妇女，还可能伺机勾引男主人。在家族长辈的眼里，食客如同一群蛀虫，会带坏家风，侵蚀家产。②在世风日下的年代，想保证家族兴旺，必须严格教导族人，减少与无业游民的往来。

进入侯家的外厅后，可以依序参观整个院落。八进房屋中，有接待宾客的茶厅，有正堂寿宁堂、仍贻堂，有供奉观音菩萨的音来堂，有主人日常起居的闲有堂，有书房辇辇楼、莳莳居，还有廊屋东曝斋、西笑堂，等等。院子东侧是家庙，另一侧是家塾，长廊和露台处处雕着梅兰竹菊、琴棋书画。

令人印象深刻的是正堂的楹联。寿宁堂两侧的木柱上，刻写着彰显家族荣耀的文字，楹联如"湛恩似海思酬国，峻节如山代起家""五朝玉殿传柑宴，奕世瑶池荐藕筋"，绰楔如"甲第传家，经闱冠士""首垣忠节，南国壮猷"，多是书

---

① 侯玄汸：《月蝉笔露》，卷下，第 17 页。
② 有关"帮闲""清客"，可参考陈宝良《风物闲美——明代的江南及其文化生活》，收于《南宗正脉：画坛地理学》，第 233—234 页。

画家董其昌，状元文震孟，文学家程嘉燧、娄坚等名流的题字。"仍贻堂"三个字是文震孟写的，不过，峒曾最喜欢的是张鲁唯先生题的书房门额"小雅斋"，每次出入，他都忍不住在门口驻足片刻，用指头在手掌上临摹一番。[①] 张鲁唯是峒曾的父辈进士，官至福建布政使，为政口碑甚佳，但他本人是个性情淡泊、除了书法别无嗜好的人。[②]

一楼的楹联严肃端庄，二楼的楹联则轻松活泼。二楼的房间多为年轻人的卧室和梳妆室，从燕喜楼、云清阁、宜春阁、百合阁等名称可以看出。卧房门前的楹联常换常新，如同侯家子弟挥洒才学的竞技场，尤其在黄淳耀主掌家塾的几年里，父子、兄弟、师徒经常互赠楹联，其乐融融。[③]

沿着侧面的长廊直走，可以到达宅子后面的花园。园内遍植花木，叠石为峰，还开掘了一汪叶子形的水池，取名叶池。与叶池相通的小河也有不同的名字，比如荷叶浦，又如柳梢泾。河中碧水荡漾，倒映着高高挑起的飞檐。

侯家房间内的具体摆设没有留下记录，我们可以凭借文震亨的《长物志》想象一下。

文震亨是文震孟的弟弟，也是峒曾的朋友。他继承了家族自曾祖父文徵明以来的艺术气息，擅长写诗作画，讲究悠闲而雅致的生活。

文震亨在闲暇时写过一本册子，叫作《长物志》，记录了苏州府书香门第的生活品味。无论是厅堂里的方桌、短榻、

---

① 侯玄泞：《月蝉笔露》，卷下，第 16—17 页。
② 张宗晓即张鲁唯，可参考乾隆《昆山新阳合志》，卷二十一，第 10 页。
③ 侯玄泞：《月蝉笔露》，卷下，第 16—18 页。

扶手椅，还是书房内的画案、台几、陈列柜，皆用名贵的紫檀木、黄花梨木制成，由一流的工匠打造，样式简约大方，散发着温柔的光泽。陈列架上是精巧的古董，书架上有函装书籍，水瓶里插着应季的鲜花，整个房间弥漫着若有若无的焚香味儿。

最能体现侯家气质的，大概要数收藏的字画。

文震亨来侯家做客时，一览当世名流的墨宝，最后被峒曾的一幅画像深深吸引了。这是峒曾为数不多的画像之一。

请画家为自己画像，是上层圈子里的流行事。在江南，最受欢迎的肖像画家是福建人曾鲸。他开创了波臣画派，笔下的人物栩栩如生，深受官绅文人的欢迎。峒曾在南京为官时，在同僚的推荐下，请曾鲸为自己画了一幅。

画面上的峒曾，皮肤白皙，身形清瘦，神气自若。他面带微笑，眼睛遥望远方，双手抱膝，怡然闲散，颇有魏晋名士之风。[1] 细小的动作似乎代表了主人的性格，为人处世尽心尽力，却从不想追名逐利。文震亨了解峒曾的性格，在车水马龙的尘世，他觉得峒曾仿佛"独坐冰壶"，如高大的梧桐树，又如清秀的翠竹，一腔热血，两袖清风。[2]

侯家悬挂的书画不全是名人作品，也有朋友往来的即兴之作。在素净的宣纸上挥毫泼墨，画几笔小景，题一首小诗，不失为一件雅事。

一个冬日，黄淳耀走进仍贻堂，看到陶瓶里插了一枝新

---

[1] 此画现藏于上海博物馆。

[2] 文震亨：《侯峒曾像赞》，收于《嘉定抗清史料集》，第241页。

采的梅花，顿时灵感大发，在近两米长的宣纸上题诗一首：

> 小院初萌蕊，深房已报梅。
>
> 拣枝将画比，留蕊入瓶开。
>
> 林远香仍接，灯摇影忽来。
>
> 已拼双蘂似，催取百花杯。[①]

侯家对黄淳耀的这幅草书赞叹不已，将它装裱成精致的卷轴，挂在仍贻堂的墙上。

二十年来，四世同堂的侯氏族人，一直住在这座大宅院里。其间有个插曲是，当原有的房间变得拥挤不堪时，侯震旸拿出一千两银子交给岐曾，让他去别处为儿子购置房产。岐曾在妻子张氏的建议下，说服父亲将隔壁废弃的旧宅买下，修缮一新，打通内部结构，才使岐曾一支没有与家族分开。[②]

聚族而居，这是长辈的心愿。聚居能使财产集中、家族强大，分家只会削弱家族的力量。在龚老夫人等女眷的维护下，峒曾和岐曾兄弟一直没有分家。

靠着几代人的奋斗和积累，侯家在嘉定建立了可观的产业。除了城内的大宅院，侯家还在繁华的南翔镇购置了别业，在乡下置办了上千亩田地，租给农民耕种，坐收地租。

家族事务多了，仆人也添了不少。他们有的在侯家世代

---

① 黄淳耀《仍贻堂咏瓶梅五言诗轴》，现藏于上海嘉定博物馆。
② 侯玄汸：《月蝉笔露》，卷下，第17页。

为仆，有的卖掉田地主动投靠。在大家族当仆人有几个好处，一来衣食无忧，二来不用再交沉重的田赋，三是摊上事儿时有个靠山。在江南，"卖田为奴"几乎成为风气，成为穷苦百姓的一大出路。

从主人到仆人，从祖辈到幼童，侯家上上下下有几十口人。如何管理大家族是一门学问，最精通这门学问的是龚老夫人。龚老夫人在丈夫侯震旸去世后，独力持家十几年，形成了一套生活准则。

侯家拥有大家族的富足和体面，但生活方式算不上奢侈。这从龚老夫人对孙女侯怀风婚事的态度上可见一斑。

峒曾长女侯怀风嫁的徐家，是昆山巨族。万历朝以来，江南的民间生活由"不奢不俭"走向"多奢少俭"，在富庶的昆山、嘉定等县，大家族尤其崇尚奢华的婚俗，处处显示出攀比、炫富之风。[1] 侯怀风出嫁前几天，昆山的徐家夫人派人来嘉定，当面交给侯怀风的母亲李夫人一些嫁妆资费，希望他们将婚礼置办得风风光光。结婚当天，徐家夫人又悄悄在侯怀风的妆奁箱内藏上元宝，然后对宾客说，按嘉定的风俗，新媳妇进门三天，要请婆婆"翻箱"。在众人期待的眼神下，徐家夫人从新媳妇的妆奁箱内翻出几枚大元宝，喜笑颜开地对众人说，亲家母真是费心了！

这件事传到龚老夫人的耳朵里，她对徐家顿生厌恶，恨恨地说，败坏了侯家几代清名！等侯怀风婚后回娘家，侯家

---

[1] 嘉靖《昆山县志》，卷一，风俗；万历《重修昆山县志》，卷一，风俗；康熙《嘉定县志》，卷四，风俗。

人看到她的嫁衣裙摆比先前短了，露出了脚面，感到不可思议。侯怀风告诉家人，婆婆按照昆山流行的新款式，将她的嫁衣裁短了几寸。面对徐家的放肆行为，龚老夫人感叹金钱让人不守常规，她担忧地说："暴殄天物，必不长矣。"[1]

龚老夫人深深记得，自侯尧封在世时，侯家就形成了严肃的家风。她年轻时喜欢与婆婆玩叶子戏纸牌，有一次，她们去庭院里拔草作为筹码，忽然听到二楼传来侯尧封的一声咳嗽，两人吓得赶紧跑回房间。随后，侯尧封叫来子孙，让他们跪下听训，申明家族规矩，不许玩物丧志。十多天后，侯尧封要出门赴任，全家人出门送行，侯尧封点名不要她和婆婆来送。几十年过去了，龚老夫人回忆起来还觉得"毛骨悚然"。[2]

年轻人不准怠惰、不准失礼，也是侯家祖辈传下的规矩。侯家子孙听过不少侯尧封的故事：侯尧封年轻时家境贫困，在镇上担任塾师时，看到主人家的男孩洗漱时居然招呼童子给自己挽袖子，便毫不客气地把男孩训斥一通；他八十多岁告老还乡后，有一次在家举办宴会，看到年轻的王姓县令在席间表现出失礼的醉态，便起身站在席外说话，使县令和宾客非常尴尬，后来，他又拒绝了县令两次送他的总计八百两银子。[3]

侯家子孙牢记侯尧封的教诲，恪守礼仪。当后生晚辈戏称侯岐曾为"四老侯"时，岐曾感慨社会风气的崩坏，引用嘉定先贤程嘉燧称唐时升为"唐四哥"的例子，教育孩子们

---

① 侯玄汸：《月蝉笔露》，卷下，第14页。

② 《紫隄村志》，卷八，杂识，第218页。

③ 侯玄汸：《月蝉笔露》，卷下，第13页。

在长幼秩序上不要失礼。[①]岐曾的儿子玄沨结婚后，常常懒于起床，龚老夫人便不客气地敲门催他。年轻的玄沨非常尴尬，只能躺在床上装病，引来龚老夫人一阵心疼。从那之后，玄沨改掉了自己懒惰的习气。[②]

如何维护族人的关系也是大问题。钱财分配不均会引起兄弟矛盾，这在大家族中屡见不鲜。龚老夫人巧妙地解决了问题。每逢家仆上交新收的地租时，龚老夫人先留下自己的一份，然后命人拿出一杆天平秤，在左右铜盘里分别投入银两，始终保持天平横梁的平衡，确保峒曾、岐曾分得相同的份额。[③]一视同仁的原则，使峒曾、岐曾两家合居多年却从未闹过矛盾。

侯家的女儿和媳妇也都听说过长辈女眷的品德。侯尧封的第二个妻子去世时，邻居家的妇女说，与侯家大娘一墙之隔十四年，从没听见她大声说话，侯尧封也在墓志中称赞她"贞静简默"。龚老夫人一辈子孝顺婆婆，据说婆婆离世时，握着龚老夫人的手，说下辈子希望你做婆婆，我做儿媳妇，作为报答。代代传承，龚老夫人对年轻的孙媳妇也有要求。她对她们读书写诗没有意见，但看到哪个媳妇弹琴吹箫就变脸色，以至谁也不敢再摆弄乐器。[④]没有材料显示夏淑吉、姚妫俞、孙俪箫等妯娌相处的细节，只知道她们平日里以姐妹相称、以诗文相和，从多年后她们相依为命可以看出，长辈

① 侯玄沨：《月蝉笔露》，卷上，第 34 页。
② 侯玄沨：《月蝉笔露》，卷下，第 15 页。
③ 侯玄沨：《月蝉笔露》，卷下，第 14 页。
④ 侯玄沨：《月蝉笔露》，卷下，第 12、15 页。

的言行给她们树立了榜样。

相比一些蛮横的豪强大族，侯家对奴仆的态度算是仁慈。家仆中有个叫桂姐的婢女，从祖辈起就在侯家为仆，多年侍奉卧病的侯震旸。侯震旸去世时，桂姐才二十七岁。侯家没有对她提出要求，但她以守贞自誓，坚决不离开侯家，于是龚老夫人要求峒曾的妻子李氏等人对她以姐妹相待。几年后，她因病去世，侯家将她安葬在她的家乡，峒曾为她撰写了墓志铭。[①]

家仆中，李宾是峒曾的贴身侍从。他自小在侯家为仆，跟随峒曾二十多年。峒曾为官讲究一个"退"字，升官时难受，降职反倒高兴，他的朋友未必理解他，但李宾懂得主人的心，跟着峒曾或忧或喜，表现出更大的见识。

与其他家仆不一样的是，李宾长期受到峒曾的熏陶，继承了主人的气质，喜欢读史写诗。当峒曾从江西任上放假回家时，李宾拿出一卷素纸，请侯家父子题写诗文。峒曾和三个儿子欣然同意，依次在长卷上题诗、盖印，作为对李宾的勉励。峒曾写的是东晋文学理论家刘勰的两段文论，盖上"豫瞻"（字）和"广成"（号）的红色印章。[②]李宾说他会把侯家父子的书法长卷作为传家宝，传给子孙后代。多年后，这部长卷辗转落入藏书家的手中，成为不轻易示人的珍品。[③]

侯家以仁慈的态度对待家仆，是几代人形成的风气。在几年后无人料及的江南奴仆暴动中，这种仁慈使侯家幸免于

---

① 侯峒曾：《先太常公侍女朱氏圹铭》，收于《侯忠节公全集》，卷十四，第17页。

② 有关李宾，见《侯忠节公父子为僮宾作书》，收于《欧陂渔话》。

③ 《皇清书史》，卷末附录。

难。这是后话。

几年间，侯家最盛大的一次家族聚会，要算 1640 年龚老夫人的七十大寿。

时值春天上巳节，峒曾从江西提学官的任上请假归来，为母亲做寿。南昌的同僚听说后，纷纷写了寿词表示祝贺。家中的儿女孙辈、乡下的家族亲戚、侯氏家塾的师生、远近的姻亲好友欢聚一堂，送上贺词和礼物，热闹非凡。

峒曾带给母亲的礼物是一对白兔。自古以来，稀有的白色动物如同白色的精灵，带有超自然的神秘和吉祥色彩，无论在朝廷还是民间，广受人们的崇拜。一百年前的嘉靖年间，曾有四川官员将白兔献给皇帝，后来又有湖南官员将白鹿献给皇帝，群臣朝贺，将白色动物的出现视为太平盛世的象征。[1]

野兔的毛色与自然环境相搭配，多为灰色。白兔珍稀，峒曾能得到两只，更属难得。他自称是在官邸得到的，他自己不大可能出去打猎，较大的可能是农户献来领赏的。

他在写给母亲的贺诗中说，送白兔有多重含义：一是白兔如白璧般素净，又是月宫里的神物，有祥瑞之气，代表人寿年丰；二是峒曾的生肖属卯兔，他几次辞官都没被批准，希望白兔能代替自己陪伴母亲；三是龚老夫人一向勤俭持家，反对奢侈，他不能送珠宝绸缎，只能别出心裁。[2]

无法以金钱衡量的一对白兔，受到龚老夫人的喜爱，也

---

① 《明史》，卷十七，世宗本纪。

② 侯峒曾：《庚辰春月，豫章官舍得白兔一双，驰归为母夫人七十寿，百拜系以诗》，收于《侯忠节公全集》，卷四，第 2—3 页。

成为众人瞩目的稀罕物。宴席上，多名宾客以白兔为主题，吟诗作赋，表达对龚老夫人的敬意。[①]

岐曾的昆山亲家顾咸正即将远赴陕西为官，无法到场，托归庄替他祝寿。归庄不负所托，一口气代顾咸正送上三首贺寿诗，替自己的兄长送了一首，自己也写了一首。"托根在磐石，长保千年期。""春风习习庭轩下，玉树芳兰次第栽。""堂前一代文章士，梦里先朝骨鲠臣。"[②] 这些贺寿诗文饱含对侯家的赞颂，又没有过于溢美，让侯家人感受到家族的兴盛。

松江的友人陈子龙也送来贺寿文章，特别赞扬了龚老夫人在持家兴业中的重要角色。他说龚老夫人有"内德"，气质温婉端庄，支持丈夫的德行，鞭策子孙成大器，用自己的努力使侯家英才辈出。陈子龙引用古语"女正位乎内，男正位乎外"，认为女性的品德"至柔而刚"，持家应该"以女为本"，在这方面，龚老夫人堪称典范。[③]

从侯尧封以来，侯家经过几代积累，成为一个有口皆碑的大家族。侯尧封为官二十余年，教导子孙可以不做第一等官，但要做第一等人；侯震旸为官耿直，直言极谏，含冤去世，终得昭雪。在侯震旸去世后的十几年里，侯家人凝聚在龚老夫人的周围，如磐石间的大树，努力扎根，向天伸展。从"江南三凤"，到"江左六龙"，再到新一代儿童——玄洵

---

① 夏云蛟：《曤忽生白兔，为侯广成太夫人赋》二首，陈绍馨：《前题》，皆收于康熙《嘉定县续志》，卷四，艺文。

② 归庄：《寿侯母龚太夫人七十》，收于《归庄集》，卷一，第3页。

③ 陈子龙：《寿侯太夫人七十序》，收于《陈子龙全集》第1139页。

的儿子侯檠、玄泓的儿子侯荣，侯家的血脉生生不息，四世同堂的场面让龚老夫人非常欣慰。

宴饮之余，众人玩起了时下流行的"六箸十二棋"，用细长的竹筷和浑圆的棋子组成棋局。庭院里，四岁的侯檠忙着摆弄比自己还高的甘蔗，差点儿绊倒却乐此不疲，引得宾客欢笑。归庄喜欢这个小娃娃，现场吟诗一首送给他：

> 乍抱丰标信可儿，天然谢氏凤毛姿。
> 等闲嬉戏搬竿蔗，层累高于十二棋。①

诗的前两句恭维侯家，后两句戏谑小娃，除了年幼的侯檠感到莫名其妙外，其他人都乐不可支。

侯岐曾望着天真无邪的小孙子，再抬头看看墙上挂的《弄孙图》，感到莫大的快乐。画像是前一年请大画家曾鲸的徒弟舒固卿描绘的，画的正是岐曾和稚嫩的侯檠其乐融融的场景。②

岐曾心里高兴，毫不含糊，按照归庄的韵脚，一口气和了三首诗：

> 感君题赋小同儿，寒壑如回春杏姿。
> 待汝荷薪吾未老，元经开卷胜灵棋。

---

① 归庄：《集侯雍瞻斋，其孙朅来方四岁，亦在座，口占赠之》，收于《归庄集》，卷一，第 5 页。雍瞻即侯岐曾，朅来即侯檠。
② 侯玄汸：《月蝉笔露》，卷下，第 20 页，有关《弄孙图》。

121

应从宅相种佳儿，日者曾推天庙姿。

莫道坡公爱愚鲁，邺侯自小赋围棋。

吁嗟绣绂有麟儿，竞指龙章与凤姿。

便取罗囊急烧却，八千泚水一枰棋。①

　　席间，男宾开怀畅饮，下棋、猜拳、行酒令，女眷则玩起了时下流行的叶子戏。叶子戏是一套树叶大小的纸牌，一共四十张，分为十万贯、万贯、索子、文钱四种花色。最风行的牌面图案是当世画家陈洪绶画的《水浒传》，其中万万贯的图案是梁山头号人物宋江。叶子戏规则简单，打法多样，龚老夫人年轻时就喜欢，上年纪后尤其喜欢在家人的陪同下玩。

　　其乐融融的气氛无法永远定格，欢聚的背后难掩亲人离世的哀伤。生老病死本是自然规律，只是这个时代的病和死格外沉重。

　　家族聚会上开心玩耍的"可儿"侯檠，并不知道他的父亲侯玄洵在他一岁的时候就已经撒手离世。

　　事情发生在玄洵与夏淑吉婚后的第三年，当时，玄洵年仅二十一岁，夏淑吉二十岁。玄洵自幼多病，但坚持读书，还考中了秀才。家人知道他身体孱弱，但他的离世对侯家人仍是个重大打击。

---

① 侯岐曾：《庚辰上巳，归玄恭见过席上，口占一绝赠揭孙，余依韵奉酬三绝》，收于《天启崇祯两朝遗诗》，卷六，第606页。

夏淑吉十八岁嫁到侯家，不到三年就成了寡妇，侯家深感愧疚，夏淑吉也很久没有把丈夫的死讯告诉娘家。她回娘家时，只是强颜欢笑。娘家人看到她面色憔悴，不见了往日的精致妆容，女婿也不再登门，甚是奇怪。她连最疼爱自己的奶奶也隐瞒了实情，直到奶奶去世，也没说出自己的悲剧。①

女子本弱，为母则刚。夏淑吉在痛苦和坚强中抚育孩子，侯家也举全家之力悉心呵护。侯檠，侯岐曾的孙子、夏允彝的外孙，在出生后不久，就被侯家的老友、复社巨擘张溥选为女婿。或许出于对时局的期待，家人给侯檠取的字叫"武功"，而"檠"的本义是矫正弓弩的工具，似乎寄予了对他的武学期望。不过，侯檠依然继承了家人的文学志趣。

玄洵只是几年间陆续消亡的侯氏族人之一。从小到大，峒曾、岐曾不知目睹了多少亲人的意外离世：峒曾的胞弟岷曾、峒曾两岁的长子玄淙、岐曾的妻子张氏、玄瀞的妻子张氏、玄汸的妻子杜氏、侯家的侍女桂姐……

他们大多死于流行病。侯家人持续不断的非正常死亡，是这一时代居高不下的死亡率的缩影。瘟疫四处蔓延，不管身份高低，不看金钱多少，折磨每个不幸的人。名冠一时的"江南三凤""江左六龙"，在它面前变得无比脆弱。

1642年遍及全国的瘟疫，带来大量的人口死亡，是峒曾出生以来最大规模的流行病。北方在霍乱、鼠疫肆虐过后人

---

① 侯峒曾：《祭夏瑗公母顾太孺人文》，收于《侯忠节公全集》，卷十五，第15—16页。

口减半，江南则疟疾横行，最严重时"一巷百余家，无一家仅免者；一门数十口，无一口仅存者。各营兵卒十有五病"。[①]空气中弥漫着一种"异气"，随时会夺去人的性命，能活着已是幸运。

与此同时，在离嘉定不远的苏州府吴县，一位名叫吴有性的医家正撰写一部应对流行病的书，名为《温疫论》。这部书代表了当时最高明的医生对流行病的认识，以及能想到的所有解决办法。吴有性辨明大江南北的流行病症状，认为疟疾等流行病属于"温病"，是体内的邪热之气导致的，与传统的"伤寒"截然不同，需要不同以往的解决办法。他将从前混为一谈的病症细致划分，提出用不同的药草熬制不同的汤药。[②]可是，汤药只能减缓病情，远远不足以根绝流行病。

几十年了，疟疾从没有远离峒曾。除了融洽的家族团聚，没有什么能让他感到快乐。看惯人情世事后，他引用苏轼写给弟弟苏辙的一句诗，对唯一的弟弟岐曾说出了心里话："吾从天下士，不如与子欢。"[③]

他与亲友聚会饮酒时，强颜欢笑，心里却充满了悲哀。他的生活与药为伴，完全失去了对物质生活的兴趣：

---

① 康熙《苏州府志》，卷二，祥异。参考刘星《崇祯年间江南的灾荒与应对》，南京师范大学 2012 年硕士论文。

② 吴有性：《温疫论》。

③ 侯峒曾：《崇祯庚午送雍瞻弟赴试京兆》，收于《侯忠节公全集》，卷四，第 1—2 页；《紫隄小志》续二，第 102 页，《仲弟梁瞻病殁赋示季弟雍瞻》。

一笑相逢绮席前，敢将多病恼群贤。

惟余垒块须浇酒，但买欢娱不论钱。

歌咽管弦俱欲绝，癖因书传可能痊。

与君总是悲秋客，短发黄花又一年。①

当他看到远嫁的女儿回家省亲，心情更是复杂。近处，
女儿已经寡居；远处，国家大难当头。他用一首送给女儿的
诗，将自己的欢喜悲忧诉诸笔端：

自汝辞家事伯鸾，阴阳人道总悲欢。

五年一见浑无语，双泪千行只暗弹。

聊伴药炉当井臼，粗谙书卷谢罗纨。

菀枯解得空花意，苦雨酸风也索安。②

"苦雨酸风"，可以形容他的个人生活，也可以形容这个
大时代，没有比这更恰当的表述了。

————————
① 侯峒曾：《集沈公路春雪堂次韵》，收于《侯忠节公全集》，卷四，
第4页。
② 侯峒曾：《示徐女》，收于《侯忠节公全集》，卷四，第9页。

5 山雨欲来

侯峒曾在江西为官期间，黄淳耀告别了侯氏家塾。

黄淳耀总共在侯家教了六年书。六年里，侯家"六龙"跟从黄淳耀读书，取得了骄人的成绩。六年里，黄淳耀也声名远播，成为闻名江南的优秀塾师。他除了教书，人生经历不算太丰富：为去世的母亲守孝，安慰痛苦的父亲，照顾年幼的弟弟渊耀；和岐曾一起去南京参加乡试，两人屡试不第；应峒曾的邀请去江西旅行，遍览东南的名山大川；和岐曾去南京履行复社义务，与复社一百四十多名成员参加《留都防乱公揭》集体签名，将阉党党羽阮大铖驱逐出南京城。

黄淳耀离开侯家，完全出于偶然。一天，岐曾忽然收到常熟友人钱谦益的信。钱谦益在信中说，他想邀请黄淳耀去钱家担任塾师，希望岐曾同意。

对于钱谦益，侯家人并不陌生。钱谦益与岐曾的父亲侯震旸是同年进士，是岐曾的长辈。钱谦益年轻时，以出色的才华夺得殿试探花（第三名），入职翰林院。他是公认的东林党领袖，在宦海中几度浮沉，最终遭到削职，一直住在常熟老家。

政治上的挫折没有影响钱谦益的文学名声。他是当朝最知名的文学家和评论家，被奉为文坛的泰山北斗。他的诗歌凝聚了唐宋名家的精华，文章兼具学问与思想，大大振作了文坛的风气。除了文学，他的藏书量也让天下读书人艳羡，他在版本学、历史学多个领域皆有研究成果。

钱谦益交友广泛，是侯家的座上客。早在二十年前，侯震旸为母亲举办寿宴时，就请钱谦益做过序文，当时岐曾才二十多岁。七年前，侯家安葬已恢复清名的侯震旸时，钱谦益专门为故友撰写了墓志铭。[①]

这一次，钱谦益怎么会想到邀请黄淳耀呢？原来，他想为年幼的儿子钱孙爱寻找一位优秀塾师，请好友程嘉燧推荐合适的人选。程嘉燧身为嘉定文学元老，不假思索，直接推荐了黄淳耀，又补充道，黄淳耀正在侯家当塾师，与侯家交情深，未必请得来。于是，钱谦益给岐曾写信，请岐曾"割爱"放人。[②]

按照当时文学塾师的收入水平，再加上黄淳耀与侯家的交情，可以估计，黄淳耀在侯家的薪水大约为每年五十两银子。[③]钱谦益以厚礼相请，想必出价更高。黄淳耀知道钱谦益在文坛的大名，但他不感兴趣。岐曾也不舍得他走，但不能驳了钱谦益的面子。在岐曾的竭力劝说下，黄淳耀才答应动身前往常熟。[④]

常熟在苏州北部，距离嘉定一百多里。黄淳耀到常熟后，安置好年迈的父母，开始了在钱家教书的时光。

钱谦益的家中总是高朋满座，他与朋友诗文往来，觥筹交错，忙得不亦乐乎。他赞赏黄淳耀的才学，对黄淳耀以礼相待。黄淳耀在钱谦益家中，却自有一套处世方式，哪怕是

---

① 钱谦益:《吏科给事中赠太常寺少卿侯君墓志铭》，收于《牧斋初学集》中册，第1319—1321页。

② 《陶庵集》卷首，年谱，崇祯十二年。

③ 参考杨茜《明遗民生计图景——以耕读处馆的张履祥为中心》，收于《历史档案》，2015年第3期。

④ 钮琇:《陶庵刚正》，收于《觚剩》，卷一，第18—19页。

钱谦益本人也无法勉强他。

一次，苏州巡抚张国维到钱家做客，听说黄淳耀在钱家为塾师，邀请他出来相见。当时，钱谦益的一名朋友来访，以私事求钱谦益向张国维说情。恰巧钱谦益已有私事向张巡抚请求，不便多说一事，就悄悄劝黄淳耀出面。结果黄淳耀坚决不肯。钱谦益的朋友见黄淳耀无动于衷，以最快的速度让黄淳耀的父亲写了个字条捎给他。黄父的意思是，如果你能替人美言几句，咱家的生活就能好转不少，你也算对父母尽孝了。黄淳耀看完，依然不肯，事情不了了之。后来他解释说，自己在佛前以三条戒律约束自己：不妄取，不二色，不谈人过。他不能因为别人的请求，破坏了"不妄取"的戒律。[1]

这不是黄淳耀第一次拒绝父亲。之前有一次，黄淳耀在松江府教书，一位县令听闻他的才气，想请他做自己的幕僚。县令送给黄淳耀的父亲几百两银子，希望黄父能说动黄淳耀。黄父拿出了很多理由劝儿子，比如家境贫穷需要接济、幕僚比塾师的薪水高很多，结果黄淳耀答道："父生男之身，尤望生男之心。若行一不义，取一非有，男心先死矣，尚何以养父乎？"父亲面对如此顽固的儿子，也没有什么办法了。[2]

钱谦益推崇黄淳耀的八股文水平，认为黄淳耀与唐朝八股文名家韩愈不相上下，这也是他请黄淳耀为塾师的原因。同时，他尊重黄淳耀的品行，碰上风流放纵的场合，不再邀约黄淳耀，主客两相便利。[3]

---

① 陆陇其：《三鱼堂日记》，卷三，第 80—81 页。

② 钮琇：《陶庵刚正》，收于《觚剩》，卷一，第 18—19 页。

③ 参考陈寅恪《柳如是别传》，第 562—563 页。

黄淳耀在钱家教书期间，不时参与钱谦益主导的聚会。他结交了不少优秀的江南文人，还加入了常熟本地的文社——临社。他曾与钱谦益一起泛舟尚湖，曾去古老的兴福禅寺与高僧对谈佛法，也曾在虞山和村民一起吃老虎肉，告诉村民远方还有“猛于虎”的战争。[①]

不过，北方的战乱毕竟遥远，几乎没有影响江南的生活。

1641年春天，玄汸、玄泓兄弟二人收到钱谦益的邀请，来常熟参加文学聚会。出席聚会的还有黄淳耀和他的朋友夏云蛟，以及苏州的尤侗、杭州的陆圻、常熟的钱安修等江南知名诗人。在黄淳耀的引荐下，玄汸、玄泓和夏云蛟也加入了常熟的临社。

他们的聚会地点在钱谦益的别业——拂水山庄。山庄坐落在常熟城外，背靠虞山，面临拂水。暮春时节，山庄外绿柳绕堤，桃花盛放，农民在不远处的田里耕种。山庄内曲水潺潺，草堂前绿竹猗猗，一棵茂盛的红豆树尤其引人注目。伴着清雅的古琴声，文友们缓步观赏，每至一处好景致，便停下来谈笑赋诗。夕阳西下，凉风习习，他们爬上山坡，坐在巨石上眺望远方。远处的尚湖里惊涛翻滚，不见一只船，只有淡绿的芦苇和白色的荻花在岸边摇荡。[②]

他们谈起了更多话题，有眼前的人，也有千里之外的事。

---

① 黄淳耀：《夏日钱牧斋先生携同泛舟尚湖》《九日登虞山遇雨宿兴福禅院》，收于《陶庵集》，卷二十，第4页；《虞山吃虎肉作》，收于《陶庵集》，卷十八，第7页。

② 尤侗：《游虞山记》，收于《清代诗文集汇编·西堂杂组一集》，卷五，第58—59页；方良：《钱谦益年谱》，1641年，第103页。

扬州友人郑元勋的影园里，一株珍稀的姚黄牡丹盛开了，一开就是五朵。郑元勋在长江两岸广发请帖，征集以牡丹为主题的吟咏诗，许诺奖赏优秀者。一时间，四方名士云集扬州，围住一株尊贵的"牡丹之王"，竞相以最美的语言描摹它的美貌。最后，郑元勋收到了上百首诗，刻印成一卷《姚黄集》，派人渡江送到钱谦益的常熟寓所，请钱谦益点评，并为诗卷作序。钱谦益在序言中除了助兴，还告诫读书人，眼前的牡丹未必是宋朝文人吟咏的代表祥瑞的牡丹，勉励读书人多关心国家的战事和眼前的饥荒。[①] 诗卷在众人的期待中渡江传回扬州，广东才子黎遂球以十首吟咏诗力压群英，夺得魁首，号称"牡丹状元"，连续三天在扬州城内骑马巡游，接受人们的欢呼。

他们应该也会谈起柳如是。在刚过去的冬天，二十余岁的秦淮名妓柳如是身穿儒服，乘坐一叶扁舟造访钱谦益。这是他们两人继鸳湖名士聚会后第二次见面。之前，柳如是在江南已有盛名，她能饮酒，能赋诗，擅长琴棋书画，也能纵谈时政，受到江南文人的追捧。她不到二十岁时曾经两次拜访嘉定，与程嘉燧、唐时升、张鸿磐等嘉定名流游宴酬唱，成为嘉定的一段文学盛事。[②] 柳如是虽为风尘女子，却立誓非名士不嫁。她与陈子龙有过一段情缘后，终因二人志趣不同而分道扬镳。她与钱谦益再见面时，两人一见如故，一起游

---

① 钱谦益：《姚黄集序》，收于《牧斋初学集》中册，第 885—886 页。
② 可参考陈寅恪《柳如是别传》第三章附录"河东君嘉定之游"；刘蕾《柳如是嘉定之游补考》，收于《社会科学论坛》，2010 年第 3 期。

历苏杭，一起除夕守岁。① 眼下，钱谦益正在虞山为她建造屋舍，打算夏天正式娶她入门。

与柳如是酬唱赋诗的文人很多，但柳如是当年游嘉定时，黄淳耀似乎并未与她和诗，如果有，也写得非常模糊。② 柳如是与钱谦益成婚前，钱家的宾客纷纷写"催妆诗"以活跃气氛，有人劝黄淳耀也写，黄淳耀说，我不能阻止别人起哄已经亏了朋友之义，怎么能跟着附和呢？③ 另一次，程嘉燧拿着柳如是的海棠诗笺交给黄淳耀，黄淳耀称可以帮助修改。当程嘉燧建议他与柳如是和诗时，黄淳耀不高兴地拒绝了。他说，程嘉燧是钱谦益的老朋友，作为宾客，可以唱和；但他自己是钱家的塾师，进出钱家，要避嫌才是。七十多岁的程嘉燧向黄淳耀道歉，称自己太冒失了，对黄淳耀的矜持表示赞赏。④

此次聚会，他们一定会谈起北方的紧张局势。

几年来，政局的恶化速度远超全国官民的料想。再充耳不闻窗外事的读书人，也会听说朝廷内外的忧患。不关心时政的百姓，也能从不断加派的粮饷感受到国家面临的压力。在西北，李自成的起义军势如破竹，重新进入河南，攻下洛阳、南阳，逼得明朝将领杨嗣昌自杀。四千多里外的东北，清军又一次进入关内，攻陷了北方七十多座城池，俘虏汉人

① 钱谦益：《庚辰仲冬河东君至，止半野堂，有长句之赠，次韵奉答》《庚辰除夜偕河东君守岁我闻室中》《辛巳元日》等，见《牧斋初学集》上册，第616—623页。

② 参考陈寅恪先生的推测。陈寅恪：《柳如是别传》，第525—526页。

③ 严元照：《蕙櫋杂记》，参考陈寅恪《柳如是别传》，第517页。

④ 钮琇：《陶庵刚正》，收于《觚剩》，卷一，第18—19页。

四十多万，掠夺金银几十万两。明朝大将卢象升、前任兵部尚书孙承宗、山东布政使张秉文陆续战死，明朝的锐气大大受挫。

面对"数州皆警急，东国倍堪虞"的形势，有责任心的读书人无不献计献策。孙承宗去世后，东南读书人期盼钱谦益传承孙承宗的衣钵。孙承宗是当年录取钱谦益为进士的主考官，是他尊敬的座师。钱谦益去嘉兴时，与陈子龙有过会面，两人交换了对时局的看法。陈子龙比钱谦益年轻二十六岁，称钱谦益为"雄才峻望"，他表达了对时局的担忧，希望德高望重的钱谦益入阁参政，率领后辈为朝廷出力。[1]

不过，钱谦益有自己的考虑，伴君如伴虎，朝政大权不在东林党一方，局势并非一人之力能扭转。他可以诚恳地为孙承宗撰写长篇祭文，可以回顾孙承宗一家几十口惨死的每一个细节，但他一定感到了毛骨悚然。[2]最后，他选择了明哲保身。

相比钱谦益，陈子龙忙的是更实际的一套。

在过去的几年里，陈子龙和好友夏允彝双双考中了进士，但没进入前两甲，只获得地方上的官职。夏允彝受任福建长乐县令，是个七品小官，但他并不介意，即刻带着儿子夏完淳赴任。陈子龙受任广东惠州推官，也是七品，他在赴任途

---

[1] 陈子龙：《孟夏一日禾城遇钱宗伯夜谈时事》二首，收于《陈子龙全集》，第450页；《上少宗伯牧斋先生》，收于《陈子龙全集》，第1425页。
[2] 钱谦益：《高阳孙氏阖门忠孝记》《特进光禄大夫左柱国少师兼太子太师兵部尚书中极殿大学士孙公行状》，收于《牧斋初学集》中册，卷四十一、卷四十七，第1088—1090、第1160—1238页。

中收到继母去世的消息，只能中止仕途，回乡服丧三年。

陈子龙从北京回松江的路上，目睹了一幅河北、山东的流民图：

> 小车班班黄尘晚，夫为推，妇为挽。
> 出门茫然何所之？
> 青青者榆疗我饥，愿得乐土共哺糜。
> 风吹黄蒿，望见垣堵，中有主人当饲汝。
> 叩门无人室无釜，踯躅空巷泪如雨。
>
> 高颡长鬣清源贾，十钱买一男，百钱买一女。
> 心中有悲不自觉，但美汝得生处乐。
> 却车十余步，跪问客何之。
> 客怒勿复语，回身抱儿啼。
> 死当长别离，生当永不归。[①]

陕西的大旱和蝗灾不是一时一地的事，几年间已经蔓延到整个北方。大旱和蝗灾过后，盗寇丛生，饥饿的百姓卖儿鬻女，寻求一片能吃饱饭的土地。在活不下去的处境里，被山海关外的清人掳走当奴仆，也算一条活路了。

悲戚的流民图让陈子龙再也无法静心。他在家服丧期间，想到"朝无良史、国无世家、士无实学"的现实，感到深深的不满。忙于科举的读书人除了"四书五经"，对现实漠不

---

① 陈子龙：《小车行》《卖儿行》，收于《陈子龙全集》，第186—187页。

关心；做了官的读书人忙着置办房屋田地，在官场上拉关系求仕进，也不关心朝政。这是所有的文人和官员有目共睹的。他希望用行动改变现实，唤起世人"经世致用"的思想。[①]

他唯一能借助的工具是手中的笔。以前，他和几社友人编辑八股文选集，受到大批考生的欢迎，可谓名利双收。现在，他觉得还可以用手中的笔干点儿别的。

陈子龙争取了地方官和乡绅的支持后，与徐孚远、宋徵璧等几社骨干成员一起，编写了一部五百多卷的巨著——《皇明经世文编》。他和徐孚远担任主编，负责具体编辑工作的为二十四名松江社友，负责搜集和校对工作的有一百四十二人，分散在吴越、齐鲁、燕赵等地，他们参考的前人文集达到上千种。《皇明经世文编》精选了明朝开国以来几百位名臣的奏疏、奏议，主题涉及学校、农业、财政、赋役、边防、水利、兵饷、海防、火器、灾荒等三十多个领域。陈子龙在正文之外，还加上了简要的评语，加强全书的实用性。

编完这部书，陈子龙继续搜集经世著作。农业是立国之本，他把农学放在经世之学的首位。他听说文渊阁大学士徐光启去世后，家中遗留了几十卷有关农业的书稿，便奔赴上海，从徐光启的家人手中买来书稿，删去十分之三，增补十分之二，精心抄录编辑，整合成六十卷本的《农政全书》，由复社领袖张溥作序，成为一部操作性强的农业百科全书。他编辑此书时，心中念及西北地区的荒芜景象，他认为书中记

---

① 《明经世文编》，陈子龙、徐孚远、许誉卿等人的序言，中华书局，1962年。

录的古代耕种、灌溉之法在当下依然实用，古代中国的农学技术并不亚于西洋。[①]

陈子龙以"经世致用"为主旨编选的大部头著作，为后人了解明朝的方方面面提供了巨量的史料，不少绝版、流失的文集，也通过他编选的《皇明经世文编》得以保存。[②]

在陈子龙这位"先行者"的带动下，越来越多的有识之士认识到经世的重要性，努力寻找改变现实的良方。在昆山，归庄的朋友顾炎武，从前朝正史、地方志、名臣奏章中编选地理、赋役、垦荒、水利、漕运等实用资料，开始编写《天下郡国利病书》；在绍兴，"东林七君子"的后人黄宗羲，开始反思如何限制君主的权力、如何在科举制度之外发现人才、如何纠正赋税征收中的弊端。正是他们，将陈子龙的"经世致用"精神传承到后世，影响了一个新朝代的学风。这是后话。

与此同时，侯家的亲家公顾咸正，正在西北见证另一幅图景。

1640年，延安府推官的任命一下达，他即刻启程赴任。不料李自成的起义军切断了西北到东南的交通，他到达延安后，却无法回昆山接家人，从此只能和家人天各一方。[③]

延安府位于陕西北部，在西安府的北邻。西安地处渭河

---

① 陈子龙：《〈农政全书〉凡例》，收于《陈子龙全集》，第 910—912 页。

② 吴晗：《影印〈明经世文编〉序》，中华书局，1962 年。

③ 归庄：《和顾端木先生弃庵十咏》，收于《归庄集》，卷一，第 23 页。端木即顾咸正。

冲积而成的关中盆地，上千年来以土地肥沃、物产丰美著称。与之形成鲜明对比的，是矗立在黄土高原上的延安，山多田少，气候严酷，禾稼难生。举目四望，只能看到龟裂的土地，撂荒的农田，还有扶老携幼逃荒的百姓。

眼前民不聊生的景象，让顾咸正明白了骚乱为什么会出现在西北，这是他们在富庶温润的江南难以想象的。

从 1628 年高迎祥、李自成率陕西饥民起义，到现在十二年了。在惯常缴纳的赋税和徭役之外，额外加派的粮饷给百姓带来了沉重负担，压得他们喘不过气。官员、乡绅拥有大片土地，可以坐收地租，同时享受朝廷赐予的优免权，不用交赋税，而农民终日守着贫瘠的几亩地，要缴纳田赋，要承担徭役，只能勉强维持温饱。

农民靠天吃饭，对他们来说，比社会压迫更可怕的是天灾。当连年干旱、漫天蝗灾导致庄稼颗粒无收的时候，当自然灾害带来的瘟疫不断蔓延、身边的亲人随时在消逝的时候，当官府小吏无视天灾带来的困难，依然粗暴地上门催缴的时候，农民的生活只剩两种选择：要么死，要么反。

当地官府在做什么呢？地方官不顾灾情，继续征收朝廷要求的银两和粮食。能否圆满完成朝廷要求的数额，关系到他们的政绩，关系到他们的前途。完不成朝廷的指令，他们的为官能力会受到怀疑，最终乌纱帽难保。

可以举个例子。顾咸正在延安府任推官的第一年，刚考中进士的徐时勉被任命为陕西省澄城县的县令。徐时勉是侯家的好友，是玄沴、玄泓兄弟年少时的塾师。徐时勉上任前，澄城县刚发生了百姓抗粮杀官的事件。原来，澄城县令征缴粮食时，无视百姓的困境，施以极端粗暴的手段，引起官民冲突，最终被忍无可忍的百姓杀死。这是陕西百姓抗粮杀官的第一例。徐时勉了解事由后，感叹道："民力竭矣！吾安能腴百姓以全一官乎！"[1]他下决心以前任县令的悲剧警示自己，以宽容之心对待百姓，绝不能为了保住乌纱帽而不顾百姓死活。可惜他在澄城任官才两年，就去职还乡，原因是他想铲除县衙的一名狡猾小吏，结果被地头蛇小吏反咬一口，遭到诽谤，由此丢了官，只带着当地乡绅送的六斗麦子和抄录的一份澄城县供应簿回了家乡。[2]

徐时勉回到嘉定后，去侯家做客，拿出澄城县供应簿给岐曾看。岐曾被供应簿上密密麻麻的名目震惊了。百姓已经吃不上饭了，官府居然还有这么多的来往应酬和征收名目。徐时勉说，我到任后，细想仓库的粮食，收缴的杂费、罚金、赎银，哪一样不是民脂民膏？哪一样不是从百姓身上来的？当官的人，以此发家的多了去。这是可以借此发家的吗？

岐曾赞同地说道，古人说读书人必须自己有一两项田地，才可以进入官场。能挡住诱惑，不以当官为敛财途径，才是"不负本心"。[3]

徐时勉从此告别了官场，顾咸正却只能继续坚守在陕西。

起义军领袖高迎祥的老家是安塞，李自成的老家是米脂，都属于延安府。他们的暴动仿佛为百姓开辟了唯一的生路，从陕西，到河南，再到湖北，一呼百应。

---

[1]　嘉庆《嘉定县志》，卷十五，人物考四，文苑传；《南翔镇志》，卷六。

[2]　乾隆《嘉定县志》，卷十，人物志，文学。

[3]　侯玄汸：《月蝉笔露》，卷上，第10页。

之前十余年里，李自成起义更像一群暴民的骚乱，现在的情况不同了，他们已经有了更大的目标——建立政权。李自成在麾下读书人的建议下，施行仁政，提出"均田""免粮"的政策，意思是平分土地、免交赋税，完全戳中了百姓的心窝。从大街小巷传唱的歌谣中，百姓听说"闯王"李自成是一位关心民间疾苦的仁义首领，他除暴安良，开仓济民，跟着他，可以不再饿肚子，可以不再受大兵小吏的骚扰。①正如侯峒曾的好友马世奇给皇帝上疏时所言："其实贼何能破各州县，各州县自甘心从贼耳。"李自成率领的起义军是朝廷眼中的"贼"，天下百姓却"视贼如归"。朝廷要平定李自成的骚乱，只能从"收拾人心"开始，命令明朝将领约束部下，以求"兵不虐民，民不苦兵"。②

现在才"收拾人心"，已经很晚了。身为延安府推官的顾咸正，深感责任重大。

推官是一府的司法官员，主要掌管刑狱和律令。面对接二连三的骚乱，顾咸正查清作乱的人员组成，区分对待，或歼灭，或招抚。对付猖狂的盗贼头子，他追讨捕拿，上报处决；对于饥民组成的起义军，他以招降为主，其中包括一支三百余人的回族队伍，一支一千多人的庆阳土匪。在他的努力下，陕西中部略为安宁。

顾咸正明白，招降只是一时之计。不把百姓的生计安排妥当，安宁早晚会被打破。顾咸正开始了他的救荒策略。救

---

① 《明季北略》，卷二十三，《李岩劝自成假行仁义》。
② 马世奇：《廷对》，收于《明季北略》，卷十九。

荒不是推官的主要职责，但是若不救荒，百姓失去生路，骚乱案件只会更多。

在接下来的两年内，他招抚大量流民，发给他们田地，组织他们种地。他收缴无主的荒地，作为官庄，自己出钱招募农民耕种。当年，几场大雨过后，作物获得了大丰收，受惠的农民不计其数。他组织开垦的田地达到两万亩，还倡导农民种树、养家畜，使农民额外获利，恢复正常的生活。

在干旱的黄土高原，山丘重叠，灌溉困难，仅靠降雨显然不够。顾咸正请来通晓水利的工匠，教百姓修建沟渠，从远处的河流引水，教他们凿池储水。恒升车这一灌溉工具，就是他和工匠研制出来的。他还教给百姓几种捕捉蝗虫的办法，改善了民生。

与之配合的措施是，他发布命令，严禁普通百姓持有或藏匿兵器，严禁组建队伍、骑马操练。[1] 他和侯峒曾的观点一样，认为人的手里有了武器，就容易鲁莽，变得目无法纪，社会就不会太平。

独在异乡为异客，顾咸正自知以一人之力难以收拾偌大的烂摊子，在公务之外，他只能游览当地名山来散心。

他最喜欢去的地方，是"奇险天下第一山"——华山。黄河沿着陕西的东部边界一路向南奔流，到潼关后呈直角状突然拐向东方。潼关的南邻便是华山。人站在百里之外，能看到华山直插云霄，再向前走，华山反而消失在低矮的群山中，走到最后二十里，猛一抬头，会看到一座座美如莲花的

---

[1] 《天启崇祯两朝遗诗》，下卷，小传，第 1989—1990 页，顾推官。

华山山峰近在眼前。①

华山的北峰、西峰、南峰、东峰，顾咸正都无一例外地攀登过。每到一处景点，他都以诗句记下自己的观感。

站在华山的最高峰南峰上，他东瞰黄河，南望秦岭，心中无限感慨。"南掌俯众峰，众峰俯天下。天自倾西北，此峰补天罅。"站在海拔两千多米的山顶上，他"俯首红尘三万里"，如同进入神界；透过秀美的自然风光，他仿佛看到了八百里秦川生灵涂炭，担忧"民穷何处觅琼浆"，同时，他有了更广阔的视野，更坚强的意志，"枕戈待旦吾曹事"，他明白了什么叫以天下为己任。②

1641 年年底，短暂的家族聚会后，侯峒曾回到江西南昌，因病请辞未能获得批准，他只能继续工作。他将江西省十三府所有的岁试考卷整理完毕，上交礼部，主持刻行了《十三郡庠音》，成就了一件文化盛事，便结束了四年江西提学官生涯。离开江西前，他除了静静等待新的调令，又忙了几件事。

南昌有一座大节祠，是峒曾的曾祖父侯尧封在南昌为官时奉命修建的，以纪念明初建文朝殉难死节的十五位江西志士。③

峒曾在江西四年间，每年都去大节祠祭拜。离任前，他看到祠内日渐凋敝，决定出钱修缮。他为正堂题字"成仁

---

① 徐霞客：《游太华山日记》，收于《徐霞客游记》。

② 本段诗句皆引自顾咸正《登华山诗（十首）》《华山杂咏绝句（三十首）》，收于《天启崇祯两朝遗诗》，卷九，第 1193—1198 页。

③ 《南昌府志》，卷二十，第 13—15 页。

堂"，又撰写碑文，在侯尧封立的石碑旁边树了一座新碑，记录大节祠的变迁。

除了本朝的忠节之臣，他还整理了前朝的节义事迹。谢枋得是南宋末年的学者，为江西上饶人，南宋灭亡后，他和同乡起兵反元，兵败后拒不屈服，遭到终身囚禁。峒曾带领手下搜集谢枋得的文学作品和抗元故事，印装成册。南昌府的地方志记载了谢枋得的事迹，但一直没有把他列入先贤祠。峒曾奏请朝廷后，将他供奉在南昌先贤祠。

峒曾整理完谢枋得的作品，又整理了本地其他先贤的文集。这些先贤的遗作有几十卷或上百卷，其中一些人的学术成就不亚于理学家朱熹。峒曾联络他们的后人整理和刻印，并慨然为文集作序。

侯峒曾离任后，江西读书人感念他为江西做的贡献，将他崇祀在白鹭洲书院。李邦华撰写碑文，盛赞他在地方教化上做出的贡献。南昌的名宦祠内，也有他的一席之地。江西百姓用"公明"一词来称颂他，说他是几十年来从未有过的提学官。[1] 几十年未有过，也意味着日后难以再出现。在他卸任后，继任江西提学官的是某位湖北籍官员，此人一改侯峒曾的严苛标准，偏重对士绅豪族的迎合，使许多一度被侯峒曾降级的贵族子弟重新站到了平民头上。[2]

1642 年年初，峒曾去南京述职完毕，三月回到嘉定。家人看到他衰老了不少。他去江西时还是满头黑发，归来时两

---

① 雍正《江西通志》，卷五十八，第 42 页。
② 《侯忠节公全集》，卷二，年谱中，第 20 页。

鬓、胡须已经斑白了。

新的调令已经传来，朝廷任命他为广东粮储副使。相比江西，广东离家乡更加遥远。他没有体力长途跋涉，况且岭南的气候湿热潮闷，完全不利于他休养。他给南京吏部和广东主事者写信，表示自己有病在身，心有余而力不足，无法去广东赴任。

他卧病在家，见到了久违的朋友黄淳耀。一别三年，两人很高兴再次相聚。

黄淳耀刚辞别钱谦益，从常熟回到了嘉定。他在钱家教书三年，说不上自在。他离去前，五十九岁的钱谦益迎娶了二十三岁的柳如是，黄淳耀甚至没有作诗祝贺他们，以弟弟渊耀考中秀才为由离开了钱家。出于文人间的表面友好关系，以及对文坛盟主的尊重，黄淳耀离开后依然与钱谦益书信往来，但他们绝不是同道中人，从几年后的生死抉择可以看出。

黄淳耀回到嘉定后，如鱼得水，与侯家子弟保持密切联系，但没有再回侯氏家塾教书，而是独立地做了一件大事——建立直言社。

组建社团是他十几年来的愿望。直言社成员包括他的朋友陈俶、夏云蛟、唐昌全，门生陆元辅、苏渊，弟弟黄渊耀，以及侯家的年轻人玄汸、玄演、玄洁、玄泓、玄瀞，侯家的亲戚张懿实、龚元畅（龚元侃的弟弟）等十余人。有趣的是，成员中还有被黄淳耀尊称"前辈"的嘉定人高颖。高颖年过七十，毕生钻研箭术，他的著作《射学正宗》一书远播日本。高颖名在武学领域，看似与直言社的文学成员迥异，但他强调射箭者的心态，与直言社追求心性的宗旨相合，想必能给其他人带来启发。[1]

在第一天聚会的日记中，黄淳耀充满了雄心壮志。他对自己说，要趁着体力强健，在成为六十岁老翁前，在天地间成就一番事业，做个堂堂正正的男子。[2]

直言社聚会的内容，主要是记录和交流每天的所学所思。他们平时有写日记的习惯，日记里不是生活流水账，更像读书和修行的笔记，大到解读古籍，小到修身养性，既探讨经典学问，也钻研科举文章。

黄淳耀早年醉心于程朱理学，后来他希望克制性格上的急躁，常以静坐、冥思约束自己。他越来越喜欢读佛家论著，注重居士的修行，时常和弟子们去寺庙听讲佛法，去道观观看扶乩表演。[3] 他着意于探究内心，以超乎寻常的毅力记录每天的梦境，然后与弟子们讨论。

与其说他在刻意地组建社团，不如说他在寻找一个现实的出口。他笔下的种种梦境感悟，让人误以为他深陷一个极端的精神世界。其实，他从未忽视当下的内忧外患。现实太沉重，让他感到无力。看不到未来的方向，他才转而寻求另一片精神乐土。

他自称"野人"，也就是不做官的"在野之人"。他笔下的《野人叹》组诗，如一幅幅世间百态图，清晰地勾勒出

---

① 黄淳耀：《陆翼王思诚录序》，收于《陶庵全集》，卷二；《高叔英先生像赞》，收于《陶庵全集》，卷七。
② 侯玄泓：《月蝉笔露》，卷上，第20页。
③ 彭际清：《居士传》，卷五十一，黄淳耀。

1642 年的国计民生：

野人叹息中原乱，战马凭陵岁将半。
燕齐杳杳无信来，但闻官吏多逃窜。
东南财赋如山丘，漕河一带真咽喉。
无计灭之仗天力，春深湿热留不得。

野人叹息王师劳，秦贼楚贼如猬毛。
攻城掠野官吏死，大江以北民嗷嗷。
昨闻死贼劫财货，分与官军作贿赂。
乱斫民头挂高树，黎明视贼贼已去。

野人叹息年岁恶，池中掘井井底涸。
飞蝗引子来蔽天，辛苦将身事田作。
朝廷加派时时有，哭诉官司但摇手。
归逢吏胥狭路边，软裹快马行索钱。

野人叹息朝无人，朝中朋党如鱼鳞。
十官召对九官默，篚中腰下皆黄银。
不知何人理阴阳，频年日食四海荒。
我欲上书诋朝士，又恐人呼妄男子。

野人叹息江南苦，游手奸民勇虓虎。
跳向湖心作群盗，公然持兵劫官府。
四海已有微风摇，鼎鱼幕燕防焚烧。

144

城中富儿不忧恤，村童名倡留上客。[1]

他不是在空谈，不是在想象，他在倾诉每天上演的现实。东北边患、西北流寇、朝廷无能、民不聊生，这是 1642 年大明王朝面临的严峻形势；空前大旱、飞蝗蔽日、瘟疫丛生、赋税如山，这是每一名江南百姓都在经历的苦痛。

6　漕粮永折

没有人知道，几十年间，他们正在经历六百年来的最低气温，也就是后世所说的"小冰川期"。反常的气候带来了频繁的旱灾、蝗灾、瘟疫。

人们已经感受到，十年一小荒，五十年一大荒。上一次江南大旱时，侯峒曾兄弟尚未出生。这一次，江南完全失去了水乡的湿润，大旱持续了四年，比五十年前严重得多。1642 年是旱灾的第四年。之前的一整年，从春天，到夏天，再到入秋，一场雨都没有下，烈日当空，河道干枯，河床干裂，凿井不见水。旱情严重，粮食歉收，除了因为反常的气候外，也有水利设施失修、河道缺乏疏通的原因。

伴随大旱和高温而来的是蝗灾，这次蝗灾空前严重。遮天蔽日的蝗虫从北方飞来，将麦苗、稻谷、棉花和竹子、树木的叶子啃得一干二净，随后在田里产卵。乡间房屋的墙壁

---

① 黄淳耀：《野人叹》，收于《陶庵集》，卷十八。

上爬满了好几层蝗虫，路上的行人用扇子遮着脸，结果扇子和衣帽上沾满了沉甸甸的蝗虫。[①]百姓没有解决的办法，急得流泪。官府贴出布告，发动百姓用网子捕捉蝗虫。农民用米袋装了一袋又一袋蝗虫，拿到城里的官府门前排队换米。

蝗灾直接导致庄稼颗粒无收，入冬后粮食储备不足，粮价飞涨。几天之内，每石大米的价格从本来就昂贵的二两银子暴涨到五两银子，市面上一只鸡的价格比一名妇女的身价还要高。官府能做的仅仅是按户分发少量钱粮。大家小户的百姓都面呈菜色，富裕的人家可以吃陈米、豆麦，贫苦农民只能吃糠秕、榆树皮、草根，有的人直接吞棉花，差点噎死，甚至有人在将死之人的身上割肉吃，或者"易子而食"——官府对吃人肉的现象明令禁止，施以重刑，却无法根绝。[②]

旱灾、蝗灾过后，瘟疫随之而来。侥幸逃过饥饿的人在瘟疫的摧残下，变得人不像人，鬼不像鬼。体质孱弱的老人和儿童尤其难逃一死。河沟里不时可见僵直的尸体，郊外新挖的坟坑数不胜数。黄昏日落，举目四望，处处是人鬼混杂的恐怖景象。[③]外出的人每天都在桥边、路旁、城门外见到死尸，或者在昏暗的光线下从僵硬的尸体上踏过。见的死尸多了，渐渐也都不怕了。[④]

---

① 曾羽王：《乙酉笔记》，收于《清代日记汇抄》，第7页。
② 《紫隄村志》，卷二，灾异，第54页；康熙《嘉定县志》，卷三，祥异；侯峒曾《与朝士论嘉定复漕书》（崇祯壬午），收于《侯忠节公全集》，卷八，第2—4页。
③ 严衍：《巳午叹》，收于康熙《嘉定县志》，卷十八，乐府。
④ 姚廷遴：《历年记》，收于《清代日记汇抄》，第51页。

经历了饥饿和瘟疫还能坚强活下来的人，也如同活鱼入了温水锅，因为还有一件事在等着他们。

由于东北边疆形势不稳，国库支出浩大，朝廷再次向全国百姓加派粮饷。嘉定县得到命令，本县百姓要比平时多缴纳五万余石稻米。

前文已提过，嘉定地理环境特殊，不适宜种稻米，农民大多种植棉花和黄豆。需要缴纳稻米的时候，农民要先将棉花织成棉布，把棉布运到镇上卖掉，换成银子，再拿着银子到产米的镇上买稻米。近几年，由于连年大旱导致河水断流，舟楫不通，十里八乡的农民只能用骡子驮、用肩膀担，辗转上百里地。棉布、银两、稻米几经流转折合后，结果是"籴之则嘉定一石比旁县之二石，兑之则嘉定二石不及旁县之一石"。粮食折银在不同的地方也不尽公平，江北的泗州、桃源等地的稻米每石折银五钱，但嘉定每石稻米折银九钱。[①]沉重的负担、额外的损耗、朝廷的不公正，让嘉定百姓心灰意冷，纷纷背井离乡去逃亡。

朝廷的催缴日益急迫，史可法奉命督办苏州府的漕粮事宜。赶上嘉定的县令期满离任，新任县令还未上任，史可法便安排苏州府推官倪长圩代管嘉定。

面对荒芜的田地、炊烟断绝的村庄、壮丁逃难后剩下的老幼病残，倪长圩知道，官府纵然施行威压，也无济于事。当侯岐曾去拜会他时，他与岐曾对谈，向岐曾请教如何在这

---

① 张鸿磐：《请照旧永折疏》（崇祯十五年），收于康熙《嘉定县志》，卷二十，奏疏。

种惨境中做到"名实两得"。岐曾回答说，想办实事，就要抛弃"利"字，实事办成了，名声随之而来。当倪长圩问岐曾具体怎么做时，岐曾劝他先把县衙库存的两千两银子捐出来为民办事。[①]

在嘉定百姓的哀求下，倪长圩上书户部，请求宽限时日，申请将稻米折银缴纳。户部担心误了收缴漕粮的期限，不答应折银，只允许用一部分黄豆和麦子代替稻米。倪长圩派人去江北购买黄豆和麦子，与稻米搭配，勉强凑足了应缴的数额。

接下来，倪长圩发动本县缙绅捐助，暂停河渠工事，节省开支，全力赈济饥民。他捐出自己的俸禄，俸禄不够用时，他拿出县衙积攒的犯人赎罪资金，开设多处施粥厂；他担心贫弱百姓不来吃粥，定下"给钱法"，以赈济尽可能多的饥民。在他的安排下，全县缙绅都参与到赈灾行动中，其中侯家的姻亲、举人龚用圆每天早出晚归，带人挨家挨户核查，确保惠民政策有条不紊地落实。[②]

此事刚发生时，侯峒曾还在江西为官。他卸任回到嘉定时，事情还没有结束。城内的官绅商议继续向朝廷上疏，向大家族募捐，侯家也捐出一些银两。除了捐款，峒曾开始想其他办法。

他给史可法和户部写了一纸长文，不讲任何客套话，请

① 侯玄汸：《月蝉笔露》，卷上，第 29 页。

② 康熙《嘉定县志》，卷十四，名宦，倪长圩；侯峒曾：《署篆倪公报德祠碑记》，收于《侯忠节公全集》，卷十二，第 18—19 页；《先公孝廉学博智渊府君行略》，收于《嘤城龚氏族谱》（一），第 83 页。

求重新将嘉定的漕粮折成银两。他详细讲述了嘉定折银的曲折历程、天灾蝗灾导致民不聊生的困境，言辞越发激动。

让不产稻米的地方交纳稻米，会导致更多的花费。他给官员们算了一笔账：

一、缴纳粮食，要置办几百艘运粮船，至少花费三万七千四百两银子；

二、缴纳粮食，要养一支运输队，供给他们口粮，要支出一万四千九百两银子；

三、要缴纳粮食，还要建设粮仓。嘉定的粮仓早已荒废，重建粮仓，要花三千一百两银子；

四、要运输粮食，必须保证河道贯通。嘉定水道虽多，但一一疏浚，要花四万三百两银子。

加起来是九万五千余两银子。他问道，这些资金是官府出，还是百姓出？

接着，他给户部官员算了另一笔账。嘉定自万历年间折粮为银后，每年要给朝廷上缴十六万两银子。东北和西北的战事加重后，朝廷的压力空前加剧，向各地加派"三饷"（辽饷、剿饷、练饷），全国的"三饷"总额加起来有两千多万两银子，其中嘉定要承担十余万两银子。常规的赋税与加派的"三饷"合起来，嘉定每年要上缴将近三十万两银子。区区一个县缴纳的数额，堪比其他地方的一个府。

他不客气地说，自己虽然不是高级官员，但也知道东北战事的巨大支出。只是二十年来，朝廷举全国之力支援东北战事，却从没听说哪怕训练出一支精锐善战的部队，哪怕有一座城池能从清人手中夺回。

忠臣之谋国，惟其信而已。信于君而不信于民，虽甚利勿举。信于民而不信于君，虽无利犹将行之。

他质问户部官员，向嘉定征收稻米这种不信于民，也不信于君的事，为什么还要一味坚持？[1]

他收到了回复。户部官员冷冷地回道，此前嘉定的漕粮已经折过银两，不能再折，以麦子代替稻米只是权宜之计，下不为例。

"下不为例"意味着，当下一次缴纳漕粮时，嘉定还会遇到同样的问题。只有朝廷答应漕粮永远折合成银两，才能解决嘉定百姓的困境。

本地官府和侯峒曾都尽力了，可嘉定的漕粮折银一事仍没有解决。

倪推官与本县乡绅商议几次，依然无计可施。侯峒曾分析道，万历和天启年间，他的曾祖父侯尧封、父亲侯震旸都参与过嘉定折漕事务，之所以处理得比较顺利，原因之一是当时朝廷法令相对疏松，国库相对充裕，并且当时在朝为官或寄居京城的江南同乡很多，愿意为家乡排忧解难。现在，内忧外患导致朝廷支出巨大，国库空虚，补充军需已成燃眉之急。江南籍的正直官员几乎全部离开了北京官场，无法为家乡申辩。户部官员虽体谅嘉定的难处，但不愿出手相助，以免惹上麻烦。事关重大，他建议挑选精通漕粮法规的人，

---

[1] 侯峒曾：《与朝士论嘉定复漕书》（崇祯壬午），收于《侯忠节公全集》，卷八，第1—4页。

直接去北京朝廷上疏，请求漕粮永远折银。[1]

除了要赶考的读书人，没有人愿意去此时的北京。

从嘉定到北京，陆路有三千四十里，水路有三千七百二十五里，单程至少花一个月。沿途要经过淮、泗、齐、豫多地，流寇往来，盗贼丛生，一不留神就会遭遇不测。

即便平安抵达北京，也要面对蔓延的流行病。北京的流行病和南方的疟疾不同，主要是鼠疫，也叫黑死病。北京城中，大街小巷随处可见老鼠的尸体，多到可以堆成小山，患上鼠疫的人脖子粗肿，面目膨胀，只能痛苦地呻吟，随时可能丧命。

巨大的风险让绝大多数人望而却步。本着自愿的原则，倪推官和嘉定乡绅一起选出的赴京代表，是五十岁的张鸿磐、二十八岁的侯玄汸和另一名乡绅申荃芳。他们是读书人，品行端正，熟悉钱粮事务，且没当过官，算是平民的代言人。

张鸿磐是侯家的好友，家住南翔镇。从南北二京，到北方的齐、鲁、豫，再到南方的楚、浙、闽，他几乎走遍天下。他重道义，好交游，家中虽非豪富，但宾客往来不绝，自年轻时就与钱谦益、"嘉定四先生"、侯峒曾兄弟为至交。天启末年，嘉定胡县令因得罪魏忠贤被捕，正是张鸿磐筹集了上千两银子，赶赴京城，将县令营救出狱。[2]他虽没有举人或进士的功名，却崇尚经邦济世，热心公共事业，对兵事、农业、钱粮等时务了若指掌。

---

[1] 侯峒曾：《壬午复折奏疏序》（崇祯十五年），收于《侯忠节公全集》，卷十，第11—12页。

[2] 严沆：《槎溪人瑞序》，收于康熙《嘉定县志》，卷二十一，序。

玄汸是侯岐曾的长子，是侯家"六龙"中的老大。他是本县难得的熟悉钱粮、水利等实用学问的年轻人。他关注民间疾苦，曾经在黄淳耀的支持下，主持成立了慧香社，组织信众捐资济贫。[1] 他在妻子杜氏病亡多年后，续娶了苏州的名门闺秀宁若生，但还没有子嗣。家人为他担心，但无法阻拦他。他的参与，更多地代表了侯家几代人对地方事务的责任。

他们的疏文是全县耆老、名流合力斟酌写成的。不像侯峒曾写给户部官员的信那么言辞犀利，这篇疏文是呈送皇帝的，语气以哀求为主。在疏文中，他们讲述了嘉定的艰难处境。纵然他们愿意支援国家，补充军需，无奈有心无力。他们讲了百姓的苦楚，士大夫的努力，苏州府倪推官的义举，只希望"漕兑永永全折"。[2]

嘉定全城出动，官民夹道，送他们上路。黄淳耀用两首送别诗，向他的朋友们致意，称赞他们的功德，也为他们担忧。[3]

面对父老乡亲的重托，张鸿磐也以两首诗拜别众人：

京尘誓绝素衣裳，皂勉兹行为梓桑。

斥卤青黄空极目，灾伤殣皷正相望。

---

① 黄淳耀：《侯记原慧香社册序》，收于《陶庵全集》，卷二。

② 张鸿磐：《请照旧永折疏》（崇祯十五年），收于康熙《嘉定县志》，卷二十，奏疏。

③ 黄淳耀：《送张子石游燕》二首，收于《陶庵全集》卷十四。诗轴现藏于上海翥云艺术博物馆。可参考徐征伟《男儿热血在心肠》一文，收于《翥云》第一辑。

呼庚势亟纶三至，叫阍功深泪万行。
敢谓噬脐成晨怯，男儿热血在心肠。

炎歊五月气如蒸，病骨长驱暗自惊。
父老扶携增涕泗，邦君慰送若生平。
惭云识路休遗老，妄冀回天只恃诚。
廿万刍粮亿民命，已拼度外置吾身。①

他的言辞中充满焦虑和责任感，没有一丝轻松。

他们三人不知道自己能不能达到目的，甚至不知道能不能活着回来，但还是带着嘉定百姓的嘱托上路了。

酷暑夏日，他们带回了胜利的消息。嘉定漕粮终于可以"永折"。

嘉定百姓长舒了一口气。他们感激推官倪长圩的功德，在他接受新的任命调走后，为他树碑立祠，奉若神明。

嘉定漕粮折银一事，从万历年间定下规矩，每年申请，几经周折，到崇祯十五年，终于获准永折，花了嘉定官民整整六十年。六十年里，从侯尧封、侯震旸，到侯峒曾、侯岐曾，再到侯玄㳆，侯家几乎每一代人都付出了自己的努力。

从北京死里逃生回来的侯玄㳆，回到家乡后，深感时局的动荡，和家人透露了买田隐居的打算。当他看到亲戚们丝毫不关心国事，依然沉浸于奢华的宴会时，心情更是复杂。②

---

① 张鸿磐：《壬午初夏，嘉邑有旨复漕，伏阙北上，留别倪伯屏司李、朱封诸父老》，收于康熙《嘉定县志》，卷十九，诗。
② 侯玄㳆：《月蝉笔露》，卷下，第10页。

7 嘉湖兵备道

嘉定漕粮折银事件解决了，可侯峒曾的官职还没有着落。广东官府不停催他赴任，而南京吏部一直不批准他辞官。他焦躁不安，一边在家养病，一边想办法。1642 年的大半年里，他都闲居在家。

其间，本年度的乡试结果公布，嘉定共有四人中举，其中三人是直言社的成员黄淳耀、陈俶和苏渊。^①岐曾和儿子玄泂也参加了乡试，但没有考中正榜，只中了副榜。岐曾成为国子监生，玄泂成为副贡生，都没有资格参加会试了。

岐曾记不清自己参加过几次乡试了，但这次结果对他打击很大。他心情抑郁，委托黄淳耀、陈俶和苏渊帮他去南京查考卷。明朝的科举制度规定，落榜的考生可以在十天之内查卷，以示公正。三人回来后，异口同声地说岐曾的考卷是口碑良好的元成先生批阅的，卷面上优秀文句的圈点颇多，只是可惜没入正榜。岐曾听了，不再怀疑。^②

对年轻的玄泂来说，这是他第三次乡试落榜。六年前，他第一次参加乡试，开考前忽然听说妻子杜氏病亡，急忙赶回家办丧事；三年前，他第二次参加乡试，结果疟疾发作，全身抽搐，无法顺利考试；这一次，他去北京考试，但北京城内瘟疫蔓延，岐曾出于安全考虑，不许他参加，他百般恳求，许诺一定考入前十名，岐曾才答应了。结果是他没有考

---

① 康熙《嘉定县志》，卷十一，选举。

② 侯玄泂：《月蝉笔露》，卷下，第 11 页。

入前十名。

玄汸在昆阳的岳父母看到科考竞争激烈，想瞒着岐曾直接出钱为女婿捐个贡生。玄汸呵呵一笑，说这么做是"粪坑中取科名"，拂衣而去。[1] 当上级官员派人暗示他，只要交纳一定银两，就可以从副贡生变成准贡生时，他又一次拒绝了，并且决定再也不踏入考场。[2]

黄淳耀考中举人后，继续与侯家子弟读书，准备来年的会试。他的儿子黄塱刚刚出生，肩上的担子更重了，可他对朋友们说，自己已经看透了功名利禄，无论成败，来年春天将是他最后一次参加科举考试。[3]

东北和西北的局势不断恶化，国家深陷内忧外患的泥沼，个人的仕途再发达，也无法改变身边的现实。在国家的危难面前，功名利禄变得苍白无力。

在东北，明朝辽东总督洪承畴陷入清军的包围圈，却得不到朝廷的支援，只能投降。明朝朝廷并不知道洪承畴已经投降，误以为他为国殉职，崇祯皇帝亲自为他主持了隆重的葬礼。洪承畴投降后，他的手下祖大寿失去了后援，也只能投降，将锦州城拱手献给清人。这样一来，清兵的前锋直逼山海关。

在西北，奉命镇压李自成的明朝官军屡屡战败。李自成的队伍进入河南，连续三次围攻省城开封。开封城内的官军

---

① 侯玄汸：《月蝉笔露》，卷下，第9页。

② 汪琬：《侯记原墓志铭》，收于《钝翁续稿》，卷二十六。

③ 侯玄泓：《行状》，收于《陶庵集》，卷首。

粮草断绝，只能搜刮城内的粮食，致使百姓陷入吃草根、吃老鼠、吃人肉的惨境。而交战双方采用的"决河灌城"战术，给整个开封城的百姓带来了灭顶之灾。

在南方，张献忠的起义军在湖北、安徽、四川进进出出，行踪不定。每次受到官军的打击，他就顺势接受招抚，然后私下休整部队，对官军发起突袭。这一年，他以最快的速度开进南直隶，攻破安徽三府，抢夺官银，并训练水军，打败了明朝总兵黄得功、刘良佐的队伍，震动了江南。

在这种形势下，峒曾更不想去远方做官。他写信向好友徐石麒求助。

徐石麒时任南京刑部尚书，收到峒曾的信后，主动替他向南京吏部求情。徐石麒向吏部主事者建议，侯峒曾体弱多病，愿意为朝廷效命，但远赴岭南实在有困难，不如成全他，找个近处的职位空缺。徐石麒是嘉兴人，他说希望自己的家乡有贤良官员，侯峒曾是个不错的人选。吏部主事者答应了。

秋天，新调令传来，峒曾改任浙江嘉湖兵备道，主要负责嘉兴和湖州两府的兵事。峒曾想再次推辞，却收到徐石麒的来信，劝他尽快就职，他只能从命。

嘉兴和湖州位于浙江北部，毗邻苏州府，距离嘉定两三百里。峒曾对嘉兴并不陌生，除了好友徐石麒是嘉兴人，侯家的亲家龚用圆也正在嘉兴做官。

1643 年春天，峒曾启程去嘉兴赴命，带着龚老夫人以便奉养。峒曾的弟弟岐曾、表弟杨廷枢和子侄玄演、玄洁、玄泓一路送行。船行至苏州城南时，夜色已深，龚老夫人先睡去，其余的人聚坐船舱，饮酒谈天。

关于国家大事，没有乐观的消息。清朝的大军已经攻破锦州，长驱直入，以明朝投降的将士为先锋，从山东一路南下，向湖北、湖南、江西、四川进发。明朝内阁首辅周延儒在北京东部的通州督师，不敢出击清军。崇祯皇帝受到宦官的挑唆，将周延儒赐死。之后，当崇祯皇帝召问群臣时，群臣总是沉默以对。

局势如同乱麻，连不在官场的朋友都能看清。峒曾的亲家姚宗典对他说："人情思乱，守御全虚，临渴掘井，莫知窾要。仅仅有维斗（杨廷枢）、灌谿（李模）二三同志为大声疾呼，而黠者袖手，愚者瞪目，甚可笑也。"[①]

在或观望或无助的芸芸众生中，"大声疾呼"的杨廷枢有些孤单。他依然身在复社，但复社已经不是原来的复社。早在1638年，复社成员在《留都防乱公揭》上集体签名时，他就与激进的复社骨干产生了分歧。1641年，他们的朋友、复社前辈领袖张溥被毒杀，据说下毒手的正是现任的复社领袖吴昌时。当标榜正直的复社也深陷名利场时，真正为国家着想的人可算少之又少。复社内部分化后，峒曾早已疏远了复社，杨廷枢是少数关心国事甚于私欲的复社成员。

月光下，万籁俱寂，船夫轻轻摇着橹，水面上泛起层层涟漪。

大家谈起刚发生的嘉兴变乱。嘉兴府秀水县的县令为百

---

① 姚宗典给侯峒曾的信。收于《上海图书馆藏明代尺牍》，第八册，第179—184页。

姓争取漕粮折兑事宜，却遭到漕卒的抢劫，差点儿丢了性命。有传言说，漕卒接下来要进城抢劫富户。负责嘉兴兵备的官员心存畏惧，不敢下令追捕，结果漕卒的气焰更加张狂。峒曾要接任的正是兵备一职，想到未来的风险，大家的话题不知不觉转到了人的各种死法。

峒曾开口道，我听说死在水中是好死法。

岐曾接着说，我还没尝过热油灌顶的滋味儿。

轮到杨廷枢，他没有说话，冲着后辈中年龄最大的玄泘使了个眼色，示意他先说。

玄泘想了下，说，要看清为什么死，不要错过死的机缘。不管水火还是刀锯，自己要打算得明明白白，该激烈的激烈，该潇洒的潇洒，该信任时不要怀疑，该攻击时不要后退，这样才算生平完整，即便肉体有损，也不辱双亲。

杨廷枢听了侄子的一番话，拍案大叫道，你能做到吗？玄泘点头称是。他又问玄演、玄洁，你们的哥哥说的有道理吗？二人点头，回答有道理。他又大声问二人，你们能做到吗？玄演、玄洁都回答能。杨廷枢再次拍案而起，一饮而尽，大呼痛快，说，我不孤单了！他又和大家逐一碰杯，信誓旦旦地说，别忘了今夜小船里的一席话。船夫听了，觉得不可思议，这位杨老爷一定疯了，好好地说起不吉利的话。有意思的是，第二天一早，龚老夫人听峒曾说起大家的闲谈，她也赞同峒曾的看法，认为死于水是最洁净的。①

---

① 侯玄泘：《月蝉笔露》，卷下，第8页。

峒曾到达秀水县城时，城内的气氛依然紧张。有人劝他等骚乱平息后再进城，他没有理会，直奔县衙见李县令。李县令被漕卒打伤后，一直闭门不出，养好伤后，更不敢出门。

峒曾考虑到漕卒之乱可能是受人主使，便不再对外声张，也没有采取任何行动。随后，他去杭州面见浙江巡抚，秘密汇报此事，说出自己的想法，得到巡抚的应允。他秘密调查了一个月，突然下达抓捕令，将倡乱的两名漕卒捉拿归案，并斩首示众。

他出手虽快，可幕后的主使者消息也很灵通，事先听到风声逃窜了。峒曾查找线索，打探到幕后主使者的逃窜方向，立刻派人快马加鞭给史可法送信。不久，史可法在平湖一带抓获此人。案件摆平后，峒曾回到秀水县衙，劝诫李县令一番，李县令终于答应出门主政。[1]

另一件麻烦事随之而来。明朝将领左良玉在北方与李自成交锋时，连吃败仗，已经退到武昌。他拥兵二十万，没有兵饷补给，只能沿江东下，一路在江西和安徽劫掠漕船，直逼江南。

江南百姓听说了左良玉在长江中下游的掠夺行径，顿时人心惶惶。左良玉手下的士兵多为乌合之众，在战场上打不过李自成的起义军，劫掠无辜百姓却很在行。李自成和张献忠带来的祸乱似乎还很远，但左良玉的扰民近在眼前。

面对紧张的局势，峒曾说，骚乱多发生在流寇还没来时，

---

① 《侯忠节公全集》，卷三，年谱下，第 2 页。

自己先乱了阵脚，下令先撇清谣言。安抚完百姓后，他搜集情报，暗中派兵守卫湖州泗安镇。泗安镇地处浙江省西北角，是从安徽进入浙江的要冲。他集合壮丁，修筑城墙，捐出官俸置办军火器械，搜索四角城楼和火药库，居然找到几十万两火药——都是平时被侵吞的。他设置了嘉定到镇江的水路、湖州到安徽宁国府的陆路两条线路，沿途布置暗探，创立塘报，随时传递最新的军事情报。

不久，左良玉被遏制在安徽芜湖，没有继续东进，浙江全省也受惠于侯峒曾的防卫，没有陷入混乱。此后，他更加重视兵防，定期巡查辖区内的标兵和乡兵。此前，士兵每月的口粮经常被胥吏或军官私自侵吞，峒曾担忧军心不稳，命令属下依照兵额分发口粮，将有领取资格的士兵姓名上报给他，他审查后，当堂给士兵发口粮，不给胥吏或军官上下其手的机会。

骚乱平息后，他乘船沿江几百里巡查汛情。在嘉兴平湖，他听说了屠象美纵仆杀人案。屠象美是当朝翰林，他的家仆杀人后残忍地焚烧了受害人的尸体。受害人的家属向峒曾上诉，本来峒曾第二天就要离开，他听说案情恶劣，答应在平湖多留一天，以详细了解案情。第二天，峒曾还没到达屠象美的家，屠家的家仆已经奉命等在半路，邀请峒曾下榻屠家。峒曾干脆将家仆绑回官邸，讯问他屠家的杀人事件。家仆没想到峒曾如此行事，防不胜防，只得如实回答。峒曾问清后，派手下押着这名家仆去屠家，说，如果屠家不交出杀人的那名家仆，就将主人绑来。屠象美思量一番，只得交出杀人的家仆。峒曾将案犯带回后，在闹市当众执行鞭笞的刑罚，之后将犯人交给上级官府。至于焚烧尸体的人，依然躲藏不出，杳无音信。屠象美私下联系江浙士绅，寻求解决办法。峒曾加快处理的步伐，平时不少为害乡里、飞扬跋扈的家仆被抓去讯问，直至焚烧尸体的家仆被抓获。

秀水县有个大富豪叫洪光宇，无恶不作，民怨沸腾。峒曾刚到秀水时，就听说了此人。他不动声色，暗中搜集洪光宇的恶行，秘密交给秀水县令查办。秀水李县令果断抓捕，几次审讯后，将洪光宇处决，从洪家收缴了上千两白银。峒曾召来秀水县七个镇的士绅，分散财物，命他们购置粮食和火器，作为兵防。

嘉兴和湖州一带向来盗贼猖獗，来往的商人、旅客不得安宁，季阿元是其中臭名昭著的一个。峒曾命令士兵严加追捕，在所有道路布下暗哨，见机行事。在密集的搜罗下，季阿元最终在平湖被捕，他的党羽作鸟兽散。[1]

峒曾处理了一件又一件案子，他能看出，肆虐的盗寇已经跨越了浙江省界，到了难以遏制的地步。与此同时，官府的腐败也让他震惊。他在嘉兴时，了解到小吏与官员联手作奸犯科，便追查到底，最终处置了八名小吏，并裁汰了一百五十名花钱依附官籍的平民。[2]

他在嘉兴为官期间，有一次去北京接受崇祯皇帝的召见。原来，每年正月是朝廷考察地方官员政绩的时候，但由于东北边患告急，一直拖到了五月。吏部尚书郑三俊从全国选拔

① 《侯忠节公全集》，卷三，年谱下，第 3 页。
② 《侯忠节公全集》，卷三，年谱下，第 3 页。

了五名为官廉洁、政绩卓越的地方官员，受到崇祯皇帝亲自召见。侯峒曾因江西提学官的优秀政绩名列其中，福建长乐知县夏允彝名列五人之首，同列其中的还有浙江绍兴府推官陈子龙、松江知府方岳贡、苏州知府陈洪谧。[①]在群臣普遍追逐利益的习气中，他们五个人在官位上发挥了才干，并保持了廉洁。

不过，当面接受皇帝表彰这样荣耀的事情，并没有在侯峒曾的笔下留下记录。他当时疾病缠身，无心欢喜。方岳贡等人很快得到重用，峒曾却以疾病为借口推辞了朝廷的擢升。[②]

不在官场的读书人，也深深感受到局势的危急。黄淳耀要去北京的礼部贡院参加会试，门人、好友为他送行。归庄对满腹经纶的黄淳耀非常推崇，断言他必定金榜题名。归庄还劝言，时逢乱世，朝廷急需经世致用的人才，能懂钱粮，能兴兵农，希望黄淳耀能在书本之外，培养实际才能，报效朝廷。[③]

由于李自成的起义军扰乱时局，春天的会试推迟到八月才举行。三十九岁的黄淳耀顺利通过会试，并在随后的殿试中荣登二甲第三十一名，成为进士。

一举成名天下知，黄淳耀考中进士后身价倍增，成为万

① 《侯忠节公全集》，卷三，年谱下，第 4 页；《明史》，卷二七七，夏允彝；卷二五一，方岳贡。

② 汪琬：《侯峒曾传》，收于《钝翁续稿》，卷四十九。

③ 归庄：《送黄蕴生会试序》，收于《归庄集》，卷三，第 223 页。

众瞩目的焦点。朋友纷纷发来贺信，上门拜访的陌生人络绎不绝，读书人把习作交给他点评，委托他为文集撰写序言，邀请他为长辈庆寿。他研究《周易》写成的科场应试文章，包括未成形的草稿，都被书商搜罗一空，甚至冒名出版，成为市面上的畅销书。

在旁人的赞许和奉承中，他含笑致意，谦虚一番；在写给弟弟黄渊耀的信中，他表达了心底真实的想法。金殿传胪时，他遍观考生们的狂喜、艳羡、沮丧、癫狂，深感科举考试索然无味。天地间几千年出一个圣人，几百年出一个才人，眼前这些读书人不想去做千年之圣、百年之才，只想争当三年考试的优胜者，为什么？殿试过后，弟弟给他写信询问成绩，他说了句"此直呼卢耳"①，意思是考试名次只是糊弄人的。

在北京城，新科进士们受到盛情款待，并参观了西苑的皇家园林。黄淳耀在西苑看到了一些珍禽奇兽，深感无趣。一只西域白鹦鹉翻飞善舞，却不学人说话，正当大家以为它耳聋时，一旁的饲鸟人说，它只在万岁爷面前说话；百鸟房的猎鹰很久不随皇帝外出打猎，每天只吃肉不活动，变得臃肿而怯懦，黄淳耀不禁感慨"饱鹰锁著无风威，不如纵去天外飞"；他看到破旧的虎园空空如也，联想起山海关外的异族正虎视眈眈，可惜当朝皇帝深居简出，完全无法驾驭猛虎的行踪——放虎归山，必有后患，他只能在内心发出无力的呼喊，"我愿虎归此圈食猪羊，不愿虎衔人肉食"。②

---

① 黄淳耀：《寄伟恭书》，收于《陶庵集》，卷四。伟恭即黄渊耀。
② 黄淳耀：《白鹦鹉歌》《豪鹰歌》《虎圈歌》，收于《陶庵集》，卷十八。

他兴冲冲地去逛庙会，却买不到杜甫的诗集和其他想要的东西；他喜欢北方的大枣，却听说商家用北方的枣做成果脯，谎称南方的枣高价卖给当地人；他看到大户人家买来的良家女子弹唱接客，忍不住可怜她们的身世。[1]

总体上，北京的生活并不吸引他。

黄淳耀在礼部观政了一阵子，没有接受职位，便回到了嘉定，继续过粗茶淡饭的生活，每天静坐参禅，断绝私欲。他继续记录每天的梦境：他梦到自己衣冠楚楚，面向南站立，脚下却有一团污秽粪便，醒来后他勉励自己看淡功名利禄；他梦到自己被一伙贼寇抓住，刀架在脖子上，梦中的他大骂贼寇，毫无畏惧。[2]

当时，社会上兴起团练乡兵的风气。在给友人《乡兵议》撰写的序言中，黄淳耀也谈了自己对于乡兵和保甲的看法。他认为练乡兵辅助官兵，留募兵的费用供养乡兵，将乡兵寓保甲、以守寓战，未尝不是强兵救国的好办法。他从未涉足官场，但也反思历史上的兵事寻找教训。[3] 他还和岐曾一起去县城演武场观看乡兵团练，被现场高昂的士气鼓舞，对家园防卫充满信心。[4]

除了自强外，他认为还可以借兵。他想到了盘踞东南沿海的郑芝龙，这是一支不可小觑的力量。

---

[1] 黄淳耀：《卖枣儿》《燕姬叹》《庙灯二市歌》，收于《陶庵集》，卷十八。

[2] 黄淳耀：《黄忠节公甲申日记》，第 27、39 页。

[3] 黄淳耀：《陆履长乡兵议序》，收于《陶庵集》，卷二。

[4] 黄淳耀：《邑中团练土著，侯雍瞻要予偕诸人往观，因集仍贻堂即事有作》，收于《陶庵集》，卷十八。

当然，他不是第一个这么想的。他与钱谦益会面时探讨时局，才知道钱谦益也早有此意。钱谦益正在写一份《请调用闽帅议》上疏朝廷，建议朝廷向福建的郑芝龙借兵。[1]钱谦益认为，只要郑芝龙的强大水师一出手，远可以从张献忠手中夺回长江要塞，近可以捍卫京城、抵挡清人。钱谦益身为郑芝龙之子郑成功的老师，以自己的影响力，一方面竭力邀请郑芝龙，一方面上疏皇帝。

黄淳耀完全赞同钱谦益的想法，用"英雄所见略同"形容自己的心情。[2]其实对于借兵郑芝龙这一主意，朝官各持己见。郑芝龙力量虽大，但他是海盗，毫无政治忠诚度，既然十几年前能接受明朝的招安，谁能保证他不会投降清朝？事后证明，借兵郑芝龙不算明智之举。几年后，郑芝龙果然投降了清朝，这是后话。

黄淳耀终究是一介书生，力不从心的时候很多。他写得一手好诗文、好书法，空有报国之志、忧国之心，但对于国家需要的经世才能，却所知甚少。他回到嘉定后，和苏渊等人到县衙商议政事，当大家谈及水利、钱粮等实务时，他感到力不从心，惭愧自己在这方面知道得太少。[3]

即便如此，像黄淳耀这样竭力贡献的读书人也是少数。大江南北，无人不谈兵事，但大部分人的情况，更像侯岐曾给友人写信时描述的那样："士大夫缓者嬉游，急者张皇，总无实着。"岐曾引用唐代诗人杜牧的话说："此曰非吾事也，彼

---

①　方良：《钱谦益年谱》，第 112 页，1643 年。

②　黄淳耀：《与柴集勋书》，收于《陶庵集》，卷四。

③　黄淳耀：《黄忠节公甲申日记》，第 30 页。

亦曰非吾事也，即无所往而为吾事矣。"① 事不关己，高高挂起。终有一天出事时，谁都无法逃脱。

此时的侯峒曾，身体再次困于病痛，一度咯血，脚疮也复发，走路不便。他疲惫不堪，又一次向上级请求辞职，又一次没被批准。到了冬天，他卧在病床上再次请求辞官，长长的疏文充满了恳求、哀伤与急迫，这至少是他第四次请求了。这一次，上级终于答应向朝廷汇报。不巧的是，他的疏文还没送到崇祯皇帝手中，皇帝对他的新任命已经传来，擢升他为顺天府丞。

顺天府丞，是掌管北京官府的副职，正四品，在顺天府内的权位仅次于知府。

能升任顺天府丞，一来得益于北京官场的好友郑三俊的举荐，二来表明崇祯皇帝对他的信任。他至少两次赢得崇祯皇帝的当面嘉奖，而复社领袖吴昌时贪污案发生后，他的清白、中立更使他免于指摘，获得了皇帝的信任。②

面对绝佳的升迁机会，峒曾并不感兴趣。朝政混乱，不言自明。崇祯皇帝在位不到十七年，其间撤换了包括侯家好友文震孟在内的五十名内阁大学士、十四名兵部尚书，杀掉了七名总督和十一名巡抚，这绝不是太平盛世的表征。

侯峒曾可以看到，不仅朝廷不太平，身边也骚乱四起。1643 年年底，他即将卸任嘉兴兵备道的时候，浙江东部发生

---

① 侯岐曾给柴集勋的信。收于《上海图书馆藏明代尺牍》，第七册，第 166—170 页。
② 《侯忠节公全集》，卷三，年谱下，第 4 页。

了"许都之乱"。地方豪强许都为母亲大办丧事时，上万人前来吊唁，遭到敌手诽谤。在官府的追剿下，许都公开起义，攻克了义乌和东阳，囚禁了两县的县令。

许都起义的"豪侠"色彩，聚集了更多乱民，引起官绅的担心。峒曾只能安下心来，整饬装备，严阵以待。他向属下征求平乱的方略，属下各抒己见，有的说以德服人，有的说为我所用，语气无不充满沮丧。峒曾听了大笑，摇摇头让他们离开。书生的软弱天真，让他想起"竖儒"这一蔑称。[①]

浙江巡按左光先召集本省官员，商讨平乱方略。峒曾卸任前，给左光先推荐了多位有军事才能的人选，包括绍兴府推官陈子龙。他向左光先提出了一个软硬兼施的解决方案，"宜压以重兵，而密谍其魁，与之为媾，事尚可为也"。[②]陈子龙也认为国家亟需用兵，许都本人又有才干，应以招抚为主。但是，左光先没有听从侯峒曾与陈子龙的建议，最终将许都和他的六十余名手下全部斩首，引起了许都旧部更大规模的反抗。[③]

峒曾在回乡的路上，听说了"许都之乱"的处理结果。他与同僚通信时，表示赞同左光先的做法，认为这不仅挽救了浙江，也让整个江南恢复平静。[④]私下里，他一定更看清了危急的局势。

---

① 《侯忠节公全集》，卷三，年谱下，第5页。

② 侯峒曾：《与左按君书五首》（崇祯癸未），收于《侯忠节公全集》，卷八，第6—8页。

③ 《陈子龙年谱》，崇祯十六年。收于《陈子龙全集》，第956—964页。

④ 侯峒曾：《答倪伯屏司李书》（崇祯甲申），收于《侯忠节公全集》，卷八，第14页。

此前，峒曾为左光先的奏疏撰写序言时，引用过唐朝名臣魏征的一句话。魏征对唐太宗李世民说过，自己宁愿为良臣，不愿为忠臣。因为良臣"身获美名，君受显号，子孙传世，福禄无疆"，而忠臣"身受诛夷，君陷大恶，家国并丧，空有其名"。峒曾说，左光先的哥哥、"东林六君子"之一左光斗属于忠臣，但没有施展出经邦济世的才干，他希望左光先能继承兄长的未竟事业，做一名良臣。[1]

他的话是对左光先说的，也像在对自己说。如果政治清明，他也更愿意做良臣。左光先显然没做成良臣，他自己呢？

浙江的骚乱暂时平息，遥远的西北出现了更大的骚乱。或许侯家的亲家公顾咸正想写信给朋友，但西北到江南的道路已经不通。

1643年，朝廷任命孙传庭为兵部侍郎，总督陕西，剿灭西北的起义军。当时，李自成率领的起义军主力在河南，朝廷屡次催促孙传庭去开封攻打起义军，而孙传庭的队伍据守在西安，正被瘟疫折磨得羸弱不堪，没有充足的粮食，也没有精锐的兵器。敕令不断传来，孙传庭迫不得已，只能从命。顾咸正听说孙传庭将率兵出潼关，急忙上书，竭力劝他不要出关。

自古以来，潼关就是中国西北部的军事要地。它北连黄河，南接华山，形成一条横贯东西的狭窄通道，是陕西通向

---

① 侯峒曾：《左侍御奏疏序》，收于《侯忠节公全集》，卷十，第14页。

中原大地的必经之地。潼关关口以高大的城墙封锁，形成易守难攻的要塞。坚守潼关以内，就能让西安府所属的整个关中易守难攻。守住以关中为主体的西北地区，就为朝廷守住了反击清朝的大后方。

顾咸正无数次站在华山上俯瞰大地，深知潼关的战略地位，明白贸然出关必定带来危险。他给孙传庭写信，劝诫道："出关安危系全秦，全秦安危系天下。"他引用《孙子兵法》里的名言，"兵无选锋，曰北"，没有良兵，以弱击强，正如以卵击石，必败无疑。在他看来，出关后兵败的后果不堪设想，"万一蹉跌，将不止三秦之忧"。①

孙传庭没有采纳顾咸正苦口婆心的劝告，不是他不愿意采纳，而是来自朝廷的巨大压力让他身不由己。身为兵部侍郎，不远处的河南盗匪猖獗，他不能躲在陕西闭门不出。无奈之下，他只能率领孱弱的官军东出潼关，一路向开封进发。

之后，顾咸正听到的消息是，西安失守了。原来，孙传庭进入河南后，李自成亲率一万大军迎战，双方苦战一个多月，孙传庭的队伍粮草断绝，回师陕西，却遭到李自成一路追击，直接攻下了西安。孙传庭本人也在围攻中马革裹尸还。

"全秦安危系天下"，随着西安的失陷，明朝的心脏北京逐渐暴露出来。

新的一年到了。1644 年正月，峒曾与家人共度了一个团圆新年。他们在元旦辞旧迎新、祭拜祖先，在元宵节举办了

_____

① 《明季南略》，卷九，《顾咸正坐吴胜兆事死》。

热热闹闹的家族聚会。

元宵节的傍晚，雪花无声地落下。侯家的大宅子里，房屋的窗棂上挂满了冰珠，庭院里的两棵桂树如银花绽放。峒曾从嘉兴带回了富有当地特色的花灯，兴致勃勃地带领家仆张灯结彩。家门外，大街小巷彩灯高悬，有纸灯、绢灯、琉璃灯、麦秆灯、竹篾灯，上面描画着花鸟鱼虫、历史典故，还有能自动旋转的走马灯、藏有谜题的弹壁灯。远处的田地里，农民举着火把，沿着田地四边走动，称为"照田蚕"，以此祈求新的一年风调雨顺。①

明月、白雪、彩灯、火把映亮了城里乡下的夜空。侯家的厅堂内，家人穿戴一新，喜笑颜开，饭桌上摆满丰盛的饭菜，有鲜美无鳞的江南贡品白鲹鱼、嫩脆肥甘的南翔特产三黄鸡、喷香软糯的慈姑烧肉、口感香甜的蒸香芋、本地特产的油煎堆、糯米粉团，甚至还有刚上市的河豚。

丰盛的晚宴后，大家纷纷作诗吟咏新春。玄演别出心裁，用两首诗虚拟了一场人灯对话。他的第一首诗向灯提问，追问它短暂的生命有何意义，戏谑它为何不去宫廷享受荣华富贵：

> 醉里赋归官倦马，汴梁灯尽海沉鳌。
>
> 已拚燃火同今劫，何意看君复此宵？
>
> 庭院银花双树发，帘栊冰雪颗珠摇。

---

① 《练川图记》，卷上，风俗、物产；《嘉定县志》（万历），卷二，风俗。

若从宸幸思同乐，十七年来惠较饶。

他又站在灯的角度上，写了一首诗代灯回答。灯的回答含蓄而淡定，我行我素，心无旁骛，似乎有明确的生命价值观：

越采南珠受织笼，照人春醉不辞红。

寒花似我谁无喜，短檠看君未有功。

敢惜鳌宫随国殉，辄同萤草为时容。

清光不管人间事，尽在先生火观中。[①]

玄演的"人灯对话"诗一出，引得满座欢呼，一片其乐融融的气氛。

温馨的假期终有结束的时候。侯峒曾怀着依依不舍的心情，再次启程，去北京赴任。他还没渡过长江，就听说了一个天崩地坼的消息——北京沦陷了！

---

① 侯玄演：《甲申元夕，家君禾中悬灯颇盛……》，收于《天启崇祯两朝遗诗》，卷六，第612页。

第三章

亡 国

身世孤危实万端，

依然卒岁夜将残。

豺狼在邑元关数，

鸿鹄承烟别有翰。

华萼自歌门子粲，

涧槃还拟硕人宽。

忽思国步余肠热，

不拨红炉亦不寒。

——侯峒曾 [1]

1 勤 王

平日里，官员依靠邸报了解朝政的最新动向。邸报是北京朝廷的官方手抄报，内容涵盖朝廷的重大命令、臣僚的奏

---

[1] 侯峒曾：《甲申除夕感怀二首》，收于《侯忠节公全集》，卷四，第10页。

章、人事任免、官员奖惩等重要信息，每天通过驿站传递，层层下达，及时送达每一位官员手中。在民间，一些书坊也搜集邸报的信息，编辑成小报，贩卖给乡绅百姓。

从三月下旬开始，南北交通阻断，邮递系统瘫痪，邸报和小报都停止了传递。所有从北京传到江南的消息，都比实际发生的时间至少慢十几天。

北京城陷落、崇祯皇帝自缢发生在三月十九，但直到四月中下旬，江南的消息灵通人士才听说李自成攻克了北京城，但这一消息是否属实，具体发生了什么，崇祯皇帝怎样了，无人说得清。①

侯峒曾听说这一噩耗时，正在前往北京的路上，还没渡过长江。他寝食不安，拖着病体继续前行，打算到京口再观察变局。

京口位于长江下游南岸，属于镇江府，与扬州府的瓜洲一水之隔。京口和瓜洲是京杭大运河与长江交汇的枢纽，是连接长江南北的要冲。沿京杭大运河南下，由长江北岸进入南岸的第一站就是京口。

峒曾到达京口时，京口城内正人心惶惶。他听说清朝发兵南下，驻守江北的明朝官兵连连溃败，一路向南逃亡，沿途劫掠百姓。城内已经加强了防卫，哨兵站在瞭望台上遥望江北，探子四处打探最新消息，全城兵丁集合待命。忽然，一名探子看到对岸的瓜洲驶来七艘船，船上人头攒动，立刻

---

① 祁彪佳：《甲乙日历》，甲申年四月十四日；曾羽王：《乙酉笔记》，崇祯十七年四月二十日；姚廷遴：《历年记》，崇祯十七年四月二十五日。

发出警报。全城兵丁冲向岸边，奋力击沉了两艘船。之后，人们才发现船上全是从北方逃来的难民，并不是敌兵。[①]

峒曾没有打听到更多消息，只能踏上回家的路。他离开京口后，南京都察院御史金声刚刚抵达京口，邀请江南官绅共商勤王大业。苏松巡抚祁彪佳收到夏允彝、陈子龙的信，商讨如何获得北京的确切消息。北京城陷落后，江南大部分官员并不容易看清形势，处于一种"进退莫定"的状态。[②]不容置疑的是，皇帝蒙难，勤王是臣子的首要责任。

南京兵部尚书史可法草拟了一份勤王檄文，分发给江南的官绅士大夫。

身在常熟家中的钱谦益收到后，和南京大部分官员一样，认为当务之急不是夺回北京城，也不是追击李自成，而是"国不可一日无君"。他们必须迎接正逃往江南的明朝皇室，从中选择最有资格入继大统的一个。

夏允彝则立刻启程奔赴南京，与史可法会合，商讨光复大计。他的儿子夏完淳才十四岁，联合江南名士杜麟徵的儿子杜登春等人，一一给南直隶四十多个官绅大家族写信，筹集资金，准备兴兵勤王。

峒曾从京口回到家后，也收到了史可法的信。他把信和勤王檄文贴在嘉定城内，自己写了一份布告。他向嘉定士大夫宣称，如果北京亡国的消息属实，自己一定倾囊捐献，"当效子文之毁家，宁惟卜式之输牛"，以解国家的燃眉之急。他

---

① 侯峒曾：《与黄陶庵进士书》，第七封，收于《侯忠节公全集》，卷九，第6页。

② 祁彪佳：《甲乙日历》，甲申年四月十九、二十日。

希望城内的士大夫能同仇敌忾，尽力捐助。[1]

见到布告的人，无不为之动容。不过捐钱似乎是另一回事。峒曾收到了一些捐款，但是不多，大部分人还在观望。

他筹集了几百两银子——大部分是他自己家的，准备奔赴南京，当面交给史可法。他没有跟母亲龚老夫人告别，只带上家仆李宾悄悄出了门。

夜幕降临，他俩坐船一路向西，丝毫没有察觉跟踪而来的贪财之徒。下半夜，船驶出十多里地后，两人打算投宿葛隆村，船忽然被盗匪拦截。李宾与一名盗匪扭打起来，另一名盗匪趁机抢夺峒曾身上的银两，峒曾不慎摔入水中。李宾见峒曾落水，抛开盗匪，赶忙跳下船抱住他，几番挣扎后，将峒曾救了上来。[2]

他们丢失了银两，保住了性命，辗转回到家。峒曾匆匆给史可法写信说明情况，之后一病不起。[3] 正在苏州城西邓尉山修禅的小儿子玄瀞，听说了惊天变故，也匆忙赶回家。[4]

经历一劫，大难不死，让峒曾看淡了生死。如果自己去北京赴任，估计早已经没命了。如今安居江南，留得一条命。出于责任，出于他相信的"理"，他拿命去挽救局势，结果差点儿落水丧命。落水后居然获救，再次侥幸活命。回顾自己的生生死死，峒曾更加相信"理"和"命"。天理所在，他要

---

① 侯峒曾：《与同邑士大夫书》，收于《侯忠节公全集》，卷八，第 16 页。

② 《侯忠节公父子为僮宾作书》，收于《鸥陂渔话》，侯岐曾语。

③ 侯峒曾：《答史大司马书》（崇祯甲申），收于《侯忠节公全集》，卷八，第 16 页。

④ 侯玄瀞：《长夏》，收于《天启崇祯两朝遗诗》，卷六，第 626—627 页。

尽责，至于结果是祸是福，是命运的安排。命里是祸，无处可逃。[①] 孔子说"五十而知天命"，五十四岁的侯峒曾看透了命运。

外面流言漫天，确定的消息迟迟不来。峒曾卧在床上，不时给友人写信，打探皇权大统的去向。京口、嘉兴等地的邮递系统断绝，通信变得无比艰难，邸报和小报也难以看到。

端午节，也就是北京发生剧变的一个多月后，缓缓流动的大运河终于带来了崇祯皇帝自缢的确切消息。

崇祯皇帝殉国的讣告传至江南各县，张贴在城内最显眼的地方。一些平日里不关心政局的乡绅和百姓，至此才知道京城的噩耗。城内的绅民披麻戴孝，到官府跪地匍匐，痛哭哀号。

精明的商人将搜集到的信息印成小报兜售，有生意头脑的文人将北京的消息写成了小说。[②] 在北京陷落后的两三个月内，人们听说了崇祯皇帝殉国前后的很多传闻：

1644 年正月，李自成在西安建立了大顺国。西北的警报传来，崇祯皇帝下诏全体官员捐助钱财、铜铁、稻米支援官军，但大部分官员借口外出，捐上来的只是些杯具和袍带；

二月，李自成的队伍占据整个黄河流域，逼近京畿，崇祯皇帝眼睁睁看着满朝官员要么争论不休，要么装聋作哑不表态，每次退朝后只能痛哭；

三月，大兵逼近昌平，崇祯皇帝再次号召官民捐助军饷，

---

① 侯峒曾：《答龚智渊博士书》（崇祯甲申），收于《侯忠节公全集》，卷八，第 16 页。

② 姚廷遴：《历年记》，收于《清代日记汇抄》，第 55 页。

回应他的是迁都南下的建议。文武百官对于到底要不要迁都，如果迁都，是皇帝留守、太子南下，还是太子留守、皇帝南下，都要争论几番。① 明朝就在无休止的争论中走向了灭亡。

李自成的炮火攻打紫禁城时，崇祯皇帝陷入绝境，亲手杀死了皇后和公主，随后奔到煤山自缢身亡。

李自成入主北京城后，崇祯朝的少数忠义臣子随皇帝殉节，大部分投降了李自成。

不管怎样，崇祯皇帝是为了免于被乱军活捉受辱而自杀的，这种"宁为玉碎不为瓦全"的精神尤其让官民伤感。为皇帝哭丧之后，流言漫天，人人自危，平民百姓四处避难，世家大族开始训练家丁保卫家园。

友人来信告诉峒曾，南京已经迎立了福王监国，他稍感欣慰，江山社稷终于有归属了。

福王担任监国，是一种偶然，也是各方妥协的结果。

崇祯皇帝殉国后，他的几个儿子下落不明。南京朝廷急于选择新皇帝，几位逃往江南的明朝藩王顺势成为候选人。南京的九卿科道和内外守备连日开会，商议从藩王中寻找血缘关系最近的继承人。筛选之后，有资格继承大统的有两人，福王和潞王。

两人各有优势和劣势。简单来说，福王是崇祯皇帝的堂弟，与崇祯皇帝的血缘关系更近，但他声名狼藉，有公认的"贪、淫、酗酒、不孝、虐下、不读书、干预有司"七大缺

---

① 《明季北略》，卷二十一，马世奇。

点；潞王为人处事相对贤明，与他的父亲老潞王两代人都有"轻财急公"的美誉，他是崇祯皇帝的堂叔，与崇祯皇帝的血缘关系更远。[①]

拥护潞王的是史可法、钱谦益等人，总体属于以社稷为重的正派人士。侯峒曾虽不在朝中，但立场和史可法、钱谦益一致，并不认为福王是入继大统的最佳人选。他的朋友杨廷枢、徐汧和他持有同样的观点。

拥护福王的主要是凤阳总督马士英、阉党党羽阮大铖，他俩与福王本无交集，但看出拥护福王是一件"奇货可居"的事，能给自己带来巨大的利益。[②]

尊血统，还是尊品德，不同的政治立场使南京的新朝廷从开始就带上了党争的色彩，自然而然分成了不同的派别。

在这种分歧下，谁能掌握军权，谁就能夺得决定权。明朝仅存的官军主力是分布在长江北岸的四座军镇，涵盖淮安府、凤阳府、徐州府和庐州府的一部分，分别由刘泽清、刘良佐、高杰、黄得功四名武将占据。四镇在长江以北形成广阔的缓冲地带，向北可以抵御清朝，向南可以拱卫南京。

福王在马士英、阮大铖的建议下，给江北军镇的武将加官晋爵，许诺他们的子孙世袭爵位，获得了四座军镇将领的支持。最终，福王以武力为后盾，战胜了潞王，赢得第一把交椅。

---

① 孟森：《明史讲义》，第 293 页。
② 《鹿樵纪闻》，卷上，福王（上）。

史可法、钱谦益只能妥协，转而拥戴福王。他们现在是福王的臣子，不能对福王不忠，但对无功受禄的江北四镇将领产生了极大的不满。

　　四镇将领的身份本来就很复杂。拿高杰来说，他本是李自成的同乡，起初加入李自成的队伍，在陕西劫富济贫，得了个外号"翻山鹞子"。他攻打明朝官军时失去了李自成的信任，转而投降明朝，顺便拐跑了李自成的妻子。他投降后几次升官，却喜欢纵兵抢掠，早就受到文臣的指摘。现在，这些品行不端的武将没有建立任何功勋，只因支持福王继位，便受封伯爵，将江南百姓供给朝廷的一大半赋税据为己有，自然引起文臣的不满。

　　由于崇祯皇帝的太子下落不明，大部分官员一致提出等待太子继承大统，福王只称监国即可。福王答应了，可仅仅过了十二天，他就违背了承诺，登上皇帝的位子，改次年年号为弘光。

　　弘光皇帝即位后，获得最大权力的是马士英和阮大铖，他俩分任兵部尚书和兵部侍郎，把持了军事重权。

　　所有曾经拥护潞王、反对福王的官员都感到了巨大的压力，受到新皇帝和马、阮二人的排挤。淮扬巡抚路振飞刚布置妥当淮河防守事宜，就被罢官；都御史张慎言批评过福王的缺点，只能告病回乡；史可法一度是福王的主要反对者，他由兵部尚书变成没有实权的礼部尚书，被挤到权力边缘，只能主动放弃官位，离开南京，去江北的扬州督师；钱谦益也曾拥护潞王，他担心自己获罪，及时上疏为马士英歌功颂德，得以保住权力，代替史可法成为礼部尚书。

皇帝与反对派臣子之间有矛盾，文臣与武将之间有矛盾，文臣内部也有矛盾。弘光朝廷的统治一开始就埋下了隐患。

2　弘光朝廷

明朝皇室南渡长江后，暂时远离了北方的威胁。弘光朝廷获得喘息之机，开始回顾刚发生的一切。

李自成攻克北京城后，只派两千名士兵防守山海关，放任其他几十万名兵将在北京城享受胜利成果。他手下有一名武将，霸占了明朝山海关总兵吴三桂的爱妾陈圆圆，并对吴三桂的父亲严刑拷打。吴三桂愤恨不已，放弃了归顺李自成的打算，转而投降清朝，引领清军进入山海关。此时的清国，皇太极已过世，掌握实权的是摄政王多尔衮。多尔衮率八旗军与吴三桂的队伍合兵，打败了李自成驻守在山海关的士兵，乘胜开赴北京。李自成闻讯，匆忙举行登基大典，坐上了皇帝的龙椅。第二天，李自成携家眷一路向西撤退，长长的车马队伍装载着从皇宫、衙门和官员家中抄掠的金银宝贝。李自成逃走后，清军随之攻入北京城。北京城从明朝落到李自成手中，再转移到清朝，只用了一个来月。

清军把李自成赶出北京的消息，让弘光朝廷上上下下拍手称快，仿佛清人为自己报了仇。他们仇视李自成远甚于清朝，因为李自成不仅逼死了崇祯皇帝，还在攻占洛阳时杀死了弘光皇帝的父亲老福王。而清朝呢，不仅替明朝打败了起义军，还以最高礼仪标准厚葬了崇祯皇帝，为他建造陵墓，允许明朝官员服丧三天，让渡江南下的臣子深感欣慰。

弘光朝廷马上想到了一个好办法——"借虏平寇"，借清朝的力量消灭李自成、张献忠的起义军。无论是口碑极好的史可法，还是臭名昭著的马士英，以及更多的臣子，几乎一致认可这个办法。几番讨论后，弘光朝廷的决策大臣主张尽快联系吴三桂，争取清朝的帮助。

不过，他们很快发现，多尔衮从李自成手中夺回北京后，并没有把北京还给明朝的意思，而是在六月直接迁都北京，向西向南进军，在接下来的几个月内将河北、山东、山西收入囊中。李自成继续西撤，只剩下陕西和河南、湖北的一部分，向西南则是占据四川、与他对峙的张献忠。清朝夺取了越来越多的土地，不断收编投降的明朝军队和其他汉族士兵，参照明军的兵制，以绿旗为标志，将汉军编为绿营兵，以区别于本族的八旗兵。

弘光朝廷感到了威胁，开始讨论新的策略，想反过来联合李自成的队伍对付清朝。无奈北方战场狼烟弥漫，李自成的大顺军在清军的猛烈攻击下已经自顾不暇。

朝中一些明智的官员提出自强策略，劝说朝廷放弃倚赖外人的幻想。

有人上疏认为，李自成的起义军被清人打败，看似可喜，其实可怕。南京朝廷应该趁清军主力仍在陕西，以最快的速度发兵北上，直插黄河流域，从清朝手中夺回山东。[1] 决策大臣担心收回山东会激怒清朝，招来更猛烈的进攻，没有采纳。

---

① 　江西总督袁继咸。

也有人提出倚赖江北四镇，壮大自身的军事力量，谋求反击的机会，也未被采纳。[①] 当初，福王能顺利登上皇帝的位子，依靠的正是江北四镇。可是，四镇的武将拥立皇帝、加官晋爵后，实现了自己的利益，面对现实的困难，根本不愿意向北方回击。

多尔衮掌握了弘光朝廷的保守战略后，放心地把军队主力放在北方，一意对付李自成的起义军。

眼前的江南，表面上依然一派繁华景象，看不到北方的战乱，也听不到北方的哭喊。

清朝虽占据了北方，但广阔的南方中东部依然处于明朝皇室的掌握下，尤其是"苏湖熟，天下足"的江南。如果能保住现有的地盘，以长江天险为屏障，加上江北四镇作为缓冲，弘光朝廷依然能独霸一方，甚至北定中原。两百七十六年前，明朝在南京崛起，一统天下，虽然早在永乐皇帝时就迁都北京，但南京一直作为留都，皇宫规模、城市建制、官僚机构都不减天子气象。

退一步讲，即便不夺回北方，只是划江而治，像东晋、南宋那样，守住半壁江山，也可以长治久安。想到南宋，很多人莫名地兴奋。五百多年前，异族入侵，宋室南下，"直把杭州作汴州"，用议和的方式换来了和平，也兴旺了两百多年。眼前的一幕，是不是历史的重演？

其实这是很多人心底的想法，包括弘光皇帝本人、众多朝臣，以及江南的读书人。只要能过太平日子，百姓不会介

---

① 兵科给事中陈子龙。

意国家领土有多大，也不会在意都城在南京还是北京。江南百姓花着"弘光通宝"铜钱，仿佛明朝只是继任了一个新皇帝。

弘光皇帝即位后，马士英、阮大铖等人筹划了几件最重要的大事：一是迎养皇帝的母亲；二是迁移皇帝的祖坟；三是防范其他明朝藩王；四是尽快选淑女、生皇子。[①] 至于江北的局势，他们非常漠然，只是简单地派出使者与清朝议和。

至于弘光皇帝本人的品行，一如大多数臣子早已知晓的，贪婪、好色、酗酒、暴虐，无一不缺。

弘光皇帝把政务交给马士英后，自己沉浸于欣赏梨园新剧目。几个月内，宫中陆续发生了三件疑案，使他更无心关注北方的战事。三件疑案分别是大悲和尚案、童妃案、北来太子案，史称"南渡三案"。

简单来说，三件疑案分别有三个主角，大悲和尚号称自己是潞王的族人，童姓女子称自己是福王在河南封过的妃子，北来的太子自称是从北京逃出来的崇祯皇帝的太子，他们三人相继投奔弘光皇帝。三人的身份真假难以分辨，也并不重要，重要的是弘光皇帝认定他们都是假的，没有人敢说他们是真的。弘光皇帝担心皇位受到威胁，下令将大悲和尚斩首，童妃下狱饿死，崇祯皇帝的太子关入大牢，对外宣称正彻查真相。

弘光皇帝的独断处理，激发了百姓对三人身份真假的强烈好奇心。江南人心骚动，很多人尤其相信从北京逃到南京

---

① 《鹿樵纪闻》，卷上，福王（上）。

的太子是真的，甚至有人开始怀疑弘光皇帝是假冒的。

南京的新朝廷组建后，大量征召官员。一时间，崇祯朝的旧臣、东南的读书人云集南京。有的人确实志在报国，有的人担心拒绝出仕会被视为怀有二心，也有不少人想借此实现寒窗苦读的目标——做官，国家危难成为他们晋升的机会。

陈子龙接受了兵科给事中的任命。自从"许都之乱"后，他一直对许都的死心怀愧疚，拒绝了崇祯皇帝的提拔。此刻大敌当前，他以原官起用。他凭借对兵事的研究，上疏请求训练水师，加强海舟，坚守长江一线。他向朝廷举荐了很多人，包括前任尚书郑三俊、嘉善名士钱栴、钱栴的进士儿子钱默。当弘光皇帝在江南民间选淑女时，其他官员无人吱声，陈子龙率先反对。他在疏文中不客气地批评道，君主要复兴大业，必须身先士卒，现在国家陷于危难，皇宫内却歌舞升平，让他感到寒心。[①]他诚恳地建言献策，希望改善弘光朝廷的政局。

钱栴是浙江嘉善的举人，是陈子龙和夏允彝的好友，也是侯家的朋友。他受任职方郎中，负责江浙城守。他经过实地考察，撰写了《城守筹略》一书。他反对大部分官员"借房平寇"或"借寇平房"的幻想，主张起义军和清军一并打击。他分析了东晋和南宋的生存经验，以巨大的篇幅展现了明朝的军事经验，从政治上和战略上探讨了眼前的"防御战争"，多是实用的细节，辅以详细的插图。他的儿子钱默刚刚

---

① 陈子龙：《论选宫人疏》，收于《陈子龙全集》，第 1541—1542 页。

去嘉定任县令，将他的书付印刊刻，分发给他的同僚和江浙各地官府。[①]

徐石麒担任右都御史，之后升任吏部尚书。吏部为六部之首，徐石麒向朝廷提出了七条整治官场的策略，涉及确定官制、端正士风、严明赏罚、消除党争等方面。他这样做，针对的问题之一是弘光朝廷的官场混乱。皇帝之下，宦官、宠臣、外戚、军镇的关系错综复杂，各为自己谋利益，卖官鬻爵成风。当同僚请徐石麒提拔自己的门生时，徐石麒很惊奇，以前这种事都是私下聊，现在已经堂而皇之地公开谈论了。[②]

杨廷枢也接受了任命，担任翰林检讨，兼兵科给事中。当苏松巡抚祁彪佳邀请多位乡绅商议赋税事宜时，其他人等得不耐烦逐渐散去，只有杨廷枢一直等到祁彪佳出现。[③]他希望为新朝廷贡献一己之力，光复明朝的天下。

不过，还是有人拒绝了征召。

黄淳耀收到钱谦益的信，信中邀请他到南京就职。在他看来，这是束缚人的牢笼。他的父亲命令他写文章祝贺钱谦益升官，他才写了一首五言长诗，并拿出珍藏已久的娄坚先生手书的陶渊明《归去来辞》长卷，一并捎给了钱谦益，表明自己无意仕进的决心。[④]

---

① 黄裳：《跋〈城守筹略〉》，见《书林一枝》。
② 陈子龙：《皇明殉节光禄大夫太子太保吏部尚书虞求徐公行状》，收于《陈子龙全集》，第888页。
③ 祁彪佳：《甲乙日历》，甲申年五月二十六日。
④ 黄淳耀：《陶庵集》，卷首，年谱，第35页；黄淳耀：《弘光改元感事书怀寄钱宗伯五十韵》，收于《陶庵集》，卷二十一。

夏允彝之前去南京与史可法共商恢复大计，听说南京臣子拥立福王后，他回到了家乡松江。他接到吏部考功司主事的任命，却听到女儿夏淑吉悄悄对他说了一句："君相失德，东南必败。大人勿汲汲乱朝，徒取覆没。"[1] 加上他的母亲刚刚去世，丁忧期未满，他决定不去赴任。同时，夏淑吉在侯家的老家龙江村建了几所房子，以备将来不时之需。

从未做官的岐曾也拒绝了邀请。他与苏松巡抚祁彪佳会面时，祁彪佳推荐他入朝为官，他婉言谢绝了。[2] 作为当初签名驱逐阮大铖的复社成员之一，他很清楚，如果去南京，面对重新得势的阮大铖，必定陷入被动。当他的朋友应邀奔赴南京时，他走笔劝诫，一气之下要与之断交。[3]

峒曾也收到谕旨，福王任命他为通政司左通政，正四品，掌管收受奏章文书。他犹豫了很久。自从葛隆村遇劫落水后，他的精力大大损耗，脚疮再次发作，几乎无法下地行走。但这并不是最重要的。

当初，福王登基的消息传来，不少读书人表示质疑。峒曾的态度则很明确，国不可一日无君，只希望朝廷选拔贤良，不要收纳结党营私的臣子。显然，他的这点希望也落空了，他不断听说弘光朝廷昏庸无度，正直的同僚遭受排挤。眼见天气大旱、农业歉收，居然没有一位官员关心这件事。他用

---

① 苏渊：《节妇夏氏传》，收于康熙《嘉定县志》，卷二十一，传；《紫隄村志》，卷七，第 179 页。引文略有不同。

② 祁彪佳：《甲乙日历》，甲申年五月二十二日。

③ 侯岐曾：《友人有白门之行，走笔讽之》，收于《天启崇祯两朝遗诗》，卷六，第 602 页。

"相煎欲死"形容朝政,感到弘光朝廷的政治纠纷比明朝末年更严重。①

他想起《论语》中的一句话,史官周任说过,"陈力就列,不能者止"。在国家大厦摇摇欲坠时,并不是只靠几根柱子就能支撑起来。侯峒曾做不到享受着国家的俸禄却无视国家的危难,换句话说,他宁愿不拿国家的恩惠,也不承担国家的危机。②

七月,他上疏表示自己心有余而力不足,以身患重病为由,委婉拒绝了朝廷的任命。

虽然不接受任命,但他依然关注朝政,向在朝的朋友表达自己的意见。在处理降臣的问题上,他认为崇祯皇帝殉国时没有为国尽忠的臣子都是苟且偷生,投降李自成谋求官职的更是罪不可赦。③

当初被困在北京城的明朝臣子只有两种选择:一是投降李自成,在新朝为官,但要接受李自成的唾骂;二是不投降,不接受官位,但会被降罪,追缴财产。绝大部分臣子选择了第一种。

不愿意做以上两种选择的,只有殉国一条路。他们也是极少数真正为国担忧的官员,曾经积极组织兵力抵抗,或者为皇帝出谋划策。城破之时,共有二十一名崇祯朝的臣子

① 侯峒曾:《与黄陶庵进士书》第二封,见《侯忠节公全集》,卷九,第4页。
② 《侯忠节公全集》,卷三,年谱下,第7页。
③ 侯峒曾:《与徐虞求太宰书》(崇祯甲申),见《侯忠节公全集》,卷九,第1页。

选择了自杀殉国，这个数字在世人看来相当惨淡。殉国的二十一人中，至少五人是峒曾的同僚和朋友，他们是内阁大学士范景文、户部尚书兼翰林院学士倪元璐、都察院左都御史李邦华、兵部郎中成德，以及好友詹事府左庶子兼翰林院侍读马世奇。[①]

峒曾为友人的死而悲伤，但也认同他们的选择。他知道，当初李自成攻陷北京城时，如果他也在北京为官，势必会和朋友们一样选择杀身成仁。

面对北京的陷落和崇祯皇帝的自尽，身在南京的徐石麒说："徒死无益，当图报仇，然后见先帝于地下耳。"[②]报仇、反击，侯峒曾的朋友圈子大多抱有这样的想法。

不久，侯峒曾收到了徐石麒从嘉兴寄来的信。原来，徐石麒的七项条陈妨碍了朝廷权贵的利益，大多数没有采用。有一名太监向他推举自己的门生去吏部任官，他愤怒地拒绝，并上奏皇帝，结果福王采取了与天启皇帝一样的应对策略，不理睬，不回应。另一名官员花了上千两银子贿赂太监，得以留任南京、免于外调，徐石麒知道后质问太监，结果太监说这是皇帝的旨意，并且诽谤徐石麒抗旨不遵。徐石麒又愤恨又无奈，干脆称病辞官，回到老家嘉兴。

徐石麒在弘光朝廷待了三个月，陈子龙比他更短，只待了两个月。两个月里，陈子龙接连上疏三十多份，内容涉及

---

① 《明季北略》，卷二十一，崇祯十七年甲申，殉难文臣。
② 陈子龙：《皇明殉节光禄大夫太子太保吏部尚书虞求徐公行状》，收于《陈子龙全集》，第886页。

两淮和荆襄一带的军事防御、劝谏皇帝勤勉定志、指陈党争的弊端、批评马士英重用阮大铖、反对皇室选淑女扰民，等等。不过，他的建议大部分没有被马士英采纳，反倒引起同僚的嫉恨。当清兵渡过淮河的消息传来时，皇宫里还在忙着选淑女。他感慨了一句"时事必不可为"，直接告假回乡。[1] 陈子龙离开后，他的朋友钱栴也遭人暗算，被调任到远离南京的浙东。

与此同时，阮大铖得志后，果然对六年前在《留都防乱公揭》上签名驱逐他的复社成员展开大规模报复。他对兵部尚书马士英说："孔门弟子三千，而维斗（杨廷枢）等聚徒至万，不反何待?"[2] 在马士英的赞许下，阮大铖首先逮捕了五名复社骨干成员，杨廷枢是其中之一。杨廷枢并不是当年签名行动的倡导者，他甚至反对高调驱逐阮大铖，但阮大铖没有考虑这些细节。单是拥戴潞王而非福王这一项罪名，足以指控杨廷枢怀有二心。杨廷枢报效朝廷的壮志未酬，就被投入了大牢。

更多反对马士英的正直官员离开了朝廷，或罢官，或获罪。也有些没有任官的普通读书人站出来反对奸相马士英，结果都被抄家，或者丢了性命。

眼前的形势，让峒曾更坚定了自己的判断。

峒曾辞官的请求没有收到回复，十月，他再次上疏辞官。他一定记得父亲侯震旸的遗言——明哲保身，但他不愿戴上

---

① 《陈子龙年谱》，崇祯十七年甲申。收于《陈子龙全集》，第 979 页。
② 吴翌凤：《灯窗丛录》卷一。转引自扈耕田《晚明复社〈留都防乱公揭〉事件新议》，收于《史学月刊》，2011 年第 8 期。

明哲保身的帽子，依然与朝臣往来，了解最新动态，只是以病体为由，不多评论，以免生出祸端。

他期待着，有一天朝廷能结束党争，局面改观，到时他再重回官场。

3 江南巨变

翻天覆地的 1644 年转眼过去，看似平稳的皇室继承，背后酝酿着难以揣测的风云。

1645 年新年伊始，所有人的日子都不好过。江南百姓度过了一个最"黑暗"的元宵节，城镇乡村没有花灯，没有鞭炮，只有凄凉如霜的月色。[1] 侯家的亲友无不用诗来表达自己的心情，有思念，有迷茫，间或夹杂着几丝希望。

"紫极问谁扶日月，新亭应共望幽燕。"侯峒曾看不清江山社稷的未来，心中无限惆怅。[2] 他与黄淳耀一起去苏州西山圣恩寺，与老僧谈禅赏梅，约定深居不出。

"戈挥白日真无力，扇隔黄尘也自贤。"黄淳耀和峒曾一样，只能用"泪如泉"缅怀逝去的王朝。他不知道自己能做什么，但知道一定不能做什么。[3]

"忠魂铁石水为魄，那惜满门桃李姿"，相比大多数人的

---

① 陈子龙：《乙酉上元满城无灯》，收于《陈子龙全集》，第591页。

② 侯峒曾：《甲申除夕感怀二首》，收于《侯忠节公全集》，卷四，第10页。

③ 黄淳耀：《甲申除夕感怀次广成先生韵》，收于《陶庵集》，卷二十。

悲观情绪，侯家的亲家龚用圆表达了反抗的决心。他常常夜不能寐，为了朝廷光复，他甚至愿意献出全家的力量。①

"自信荣华无骨相，宁同夸父事驱驰！"侯家的友人中，陈子龙也许是最有决心的一个。他不想为末世唱挽歌，宁肯像夸父逐日一样燃烧最后的生命。②他离开弘光朝廷后，回松江老家待了一段时间，随后去了反清义军聚集的太湖。

新一年的头三个月里，形势已经发生了急剧的变化。

在北方，河北、河南、山东、山西已经顺从了清朝的统治。清朝摄政王多尔衮采取开明的政策，收服了人心。他下令，如果明朝官员主动投降，就可以得到赦免并保留官位，不投降只有死路一条。绝大多数北方官员望风而降。他又下令，百姓无须再缴纳明朝的"三饷"，免除战争重灾区的赋税，还为流移的难民安置住处。于是，北方的普通百姓也开始了新生活。

与北方的清朝相比，江南的弘光朝廷大失人心。"都督多似狗，职方满街走。相公止爱钱，皇帝但吃酒。"③广为流传的民谣反映了南京城内卖官鬻爵、朝廷昏庸无度的景象。

弘光皇帝把政务交给马士英和阮大铖，自己沉迷于看戏。选淑女活动也继续进行，几乎波及每一户江南人家。在苏州府、杭州府，阉党党羽在大街小巷巡查，挨家挨户采集信息，直接带走年轻美貌的女子。

---

① 龚用圆：《双松行》《钟陵王气歌》，收于《嵊城龚氏族谱》（二），第6页。
② 陈子龙：《人日杂感》，收于《陈子龙全集》，第591页。
③ 夏完淳：《续幸存录》，第67页。

马士英面对北方的威胁，把最大的希望寄托在议和上。他派使者带上十万两银子和几万匹布帛去北京，与清朝议和，说了一句"和则和耳"，遭到清朝拒绝后，又说了一句"不和则不和耳"，没有任何筹划。[1]弘光皇帝的另一宠臣阮大铖是戏剧名流，当阮大铖去江北督师时，士兵们看到他身着素蟒服，腰围碧玉带，俨然一副梨园装扮。[2]

盘踞长江中游的明朝将领左良玉出于自身利益，要带兵去南京铲除马士英，马士英急忙调江北军队阻挡。一些大臣提出江北军队应该用于阻挡清军，马士英拒绝道，清军南下还可以议和，左良玉如果得势，我们君臣必死无疑。[3]

据说，当史可法向马士英报告清军已经渡过淮河时，马士英大笑不止，对宾客说史可法谎报军情，是为了年底获得更多的军饷补助。[4]

更危急的消息传来：清军已经击败了西撤的李自成起义军，占领了陕西。之后，清军兵分三路，挥师南下，势如破竹。

弘光朝廷慌了手脚，发出"观望处分"的谕旨，命令江南所有官员出资出力，保障南京的安全。凡是袖手旁观，不表态、不行动的官员，无论在职与否，一律严厉处分。

不过，回应的人似乎不太多，峒曾也没有具体行动。他写信给史可法表示歉意，称自己没有看到官方抄报，想必也

① 夏完淳：《续幸存录》，第62页。
② 《鹿樵纪闻》，卷上，福王（上）。
③ 《明史》，卷三〇八，马士英。
④ 《明史》，卷三〇八，马士英。

在受处分的名单中，有需要的话，他可以捐出自家的钱粮作为军饷。①

无论是史可法，还是南京的弘光朝廷，都没有精力执行处分令。没有人知道，长江对岸的扬州发生了可怕的事。

自从前一年弘光朝廷在南京组建后，扬州就变成了战略要地，开始了不平静的日子。

在江北四镇的武将眼里，扬州是江北宝地，有钱有粮有美女，能提供最丰盛的军需。江北四镇中的三个将领，也就是黄得功、刘泽清、高杰，不顾扬州官民的反对，带兵互相攻击，争相在扬州驻兵。史可法在扬州督师期间，单是协调桀骜不驯的武将就耗费了他巨大的精力，更谈不上防守清军了。

最终，高杰压制住黄得功、刘泽清，获得了驻兵扬州的权力。扬州百姓绷紧了神经，因为他们早已听说高杰的凶暴。

扬州的不平静，从郑元勋的死于非命可以看得更清楚。

郑元勋是前文提过的举办牡丹诗会的扬州文人，他是黄淳耀的朋友。北京陷落的消息，正是他写信告诉黄淳耀的。②北京陷落后，他拿出家财交给史可法，请求史可法练兵守卫江北。他交友广泛，与高杰也有来往，还帮助高杰驻兵扬州。当扬州百姓拒绝高杰进城时，高杰在城外肆意劫掠，扬言攻城。郑元勋听说后，当面以爱民大义劝说高杰。高杰面露尴尬，说扰民之事是一个叫杨成的副将干的，下令将杨成斩首。

---

① 侯峒曾给杨廷枢和史可法的信。收于《上海图书馆藏明代尺牍》，第七册，第 158—161 页。
② 黄淳耀：《黄忠节公甲申日记》，三月二十九日。

好消息几度传播后变成了谣言，扬州城内的每个人都听说了高杰要诛杀"扬城"。一伙暴民认为郑元勋是引高杰入城的罪魁祸首，将他乱刀砍死。[①]

高杰驻兵扬州后，奉命去河南镇压李自成的起义军，不料由于私人恩怨被河南总兵杀死。黄得功听说高杰的死讯，急忙占领扬州，甚至想杀掉高杰留在扬州的家人和士兵。史可法再次费力阻拦，安排黄得功防卫正在南下的清军，而马士英、阮大铖担忧明朝叛军甚于清军，坚持让黄得功去长江中游镇压左良玉的叛军。史可法只好妥协，孤零零地退守扬州。

扬州的战略意义不言自明，长江以北的防守完全系于扬州一座城，扬州一失，长江屏障不复存在，整个江南命运难保。与此同时，江北的兵力不断削弱，江北军镇或被调走，或不战而降，长江北岸对于清军几乎变成不设防的状态。

四月十四日，清军以迅雷不及掩耳之势逼近扬州城下。史可法关闭扬州城门，准备防御。扬州城内兵力薄弱，他火速发出求援檄文，请黄得功、刘良佐等军镇前来支援，但没有一支队伍赶来。黄得功在长江中游击败左良玉的叛军后，正与李自成的队伍僵持，期待以军功获得更高的爵位，左良玉的叛军则直接投了清朝；刘良佐也率兵投降了清朝豫亲王多铎，摇身一变，由明军变成清军，将矛头对准了扬州。

史可法和扬州城陷入孤立无援的境地。

史可法收到了多铎的劝降书，劝降书是投降清朝的江南

① 李清：《郑职方传》，见《陈子龙全集》，第433页。

读书人写的。史可法虽无力抵抗，但誓死不降，事先写好了遗书。城内的一些将领和士兵见他不动摇，偷偷出城投降了清军。

四月二十四日，清军借助威力巨大的火炮，不到一天就攻破了扬州城。扬州总兵、扬州知府等几人战死，史可法被俘，拒不投降，三天后被杀。

清军占领扬州后，多铎下令屠城。最高统帅下达的屠城令，意味着士兵在城内的任何放肆行为都不用承担责任。清兵得令后，开始明目张胆地钻门入户、杀人夺财。他们软硬兼施，快速从当地人口中掌握了更多细节：谁家为官宦，谁家是财主，哪些人家的墙壁里藏了金银，哪些人家的地窖里躲着女子……[1]

二十多天后，扬州兵败的消息才慢慢传出，身在南京的官员只听说清兵"杀伤甚多"，史可法被抓后"求死不得"。[2] 外面人不清楚的故事是，清兵在扬州屠城十日，场面惨不忍睹。几十万扬州居民除了在城破前逃出的和侥幸躲避的少数，几乎全部遭难，城内的尸体堆积如山。

侯峒曾也听说了扬州被攻破的消息，还听说史可法已经率兵退守太湖。他不确定史可法是生是死，对家人说，史可法能保住性命当然好，如果为了求生而投降清朝，还不如像文天祥一样尽早以死报国。[3] 他的病情持续加重，卧床四十多

---

①　有关扬州屠城，参考王秀楚《扬州十日记》。
②　祁彪佳：《甲乙日历》，乙酉年五月十八日。
③　侯峒曾：《与侄泓书》（乙酉五月），收于《侯忠节公全集》，卷九，第 10 页；《侯忠节公全集》，卷三，年谱下，第 9 页。

天。弘光朝廷仍在派人催他就职，他继续推托。

清兵血洗扬州后，多铎给江南官员发布了一道谕旨。他在谕旨中解释道，清朝军队来到扬州，本希望官员主动献城投降，免得大动干戈，结果扬州官民顽固抵抗，他只能下令屠城。他希望后续的城镇能审时度势，接受扬州的教训：

> 昨大兵至维扬，城内官员军民婴城固守。予痛惜民命，不忍加兵，先将祸福谆谆晓谕。迟延数日，官员终于抗命，然后攻城屠戮，妻子为俘。是岂予之本怀，盖不得已而行之。嗣后大兵到处，官员军民抗拒不降，维扬可鉴。[①]

"抗拒不降，维扬可鉴。"哪座城市胆敢反抗，且看扬州的惨状。

扬州一失，清兵迅速渡过长江，逼近南京。

五月初十，弘光皇帝与马士英和几名贴身宦官商议后，悄悄地连夜出城，寻求江北军镇的庇护。

南京百姓听说皇帝和马士英已经逃走，变得六神无主。他们涌向城门，准备逃到城外，出了城才发现城外大兵遍道，只能折返回城。一些暴民冲进狱中，把里面关押的崇祯皇帝的太子请出来执政，顺便进入皇宫抢劫金帛。另一些愤怒的百姓把过错归咎于在朝的官员，马士英、阮大铖以及投降李

---

① 《谕南京等处文武官员人等》，见《江南闻见录》，五月十四日。

自成或清朝的官员家庭全都遭了殃。暴民冲进他们的家打砸一番，抢走值钱的东西，放火烧了他们的宅第。

面对眼前的局面，礼部尚书钱谦益和几位高级官员商议后，决定献城投降。

弘光皇帝逃走五天后，多铎率领五百余名骑兵来到南京洪武门前。弘光朝廷的一百多名文武官员聚集在洪武门两侧，备好地图册籍、金银礼币，跪迎多铎入城。

南京城内，大街小巷很快贴上了清朝的告示：

大清国摄政叔父王令旨，晓谕河南、南京、浙江、江西、湖广等处文武官员、军民人等知道：

尔南方诸臣，当明朝崇祯皇帝遭难，陵阙焚毁，国破家亡，不遗一兵、不发一矢、不见流贼一面，如虎藏穴。其罪一也。

及我兵进剿，流贼西奔，尔南方尚未知京师确信，又无遗诏，擅立福王。其罪二也。

流贼为尔大仇，不思征讨，而诸将各自拥众，扰害良民，自生反侧，以启兵端。其罪三也。

惟此三罪，天下所共愤，王法所不赦。予是以恭承天命，爰整六师，问罪征讨。

凡各处文武官员，率先以城池地方投顺者，论功大小各升一级；梗命不服者，本身受戮，妻子为俘。

倘福王悔悟前非，自投军前，当释其前罪，与明朝诸王一体优待。其福王亲信诸臣，早知改过归诚，亦论功次大小。

檄到之处，民人毋得惊惶奔窜，农商照常安业，城市秋毫无犯，乡村安堵如故。但所用粮料草束，俱须预备运送军前。

兵部作速发牌，出令各处官员、军民人等及早互相传说，毋得迟延，致稽军务。

特兹晓谕，咸使闻知。[①]

告示里说得很清楚，投降者论功行赏，抗拒者全家遭殃。或许是清朝的开明政策让人心存侥幸，或许是扬州屠城的传闻过于恐怖，南京官民顺从地迎接了清军的入驻。豫亲王多铎的案桌上，争相朝贺的官员名帖堆了十几堆；营房的门外，读书人蜂拥前来谋求一官半职；乡村保长排着长队送来农产品，信誓旦旦地保证家家户户的门上已经写了"顺民"二字。

不过，当三天后城门打开时，还是有数以万计的百姓拖家带口出城，一部分人是因为民房被清兵征用，被迫搬迁，另一部分是决意逃亡的妇女老幼。[②]城内的秩序总体良好，多铎下令斩杀了几名骚扰民户的士兵后，住在南京城内的官民略为安心。

接下来，多铎要做的是招抚整个江南。钱谦益向多铎进言，江南民风柔软，无须用兵，一纸文书就能让百姓顺从。

---

① 《谕河南、南京、浙江、江西、湖广等处文武官员军民人等》，见《江南闻见录》，五月十四日。
② 《江南闻见录》，五月十六日至十八日；《明季南略》，卷四，豫王渡江。

不费一兵一卒拿下江南，多铎自然愿意。他麾下的清兵数量不多，只有几千人。江南河道密布，北方清兵不擅长水战，一旦与南方士兵开战，不占任何优势。

杭州的收服也很顺利。占据杭州的潞王经过权衡，率领官员开门投降，条件是不杀城内百姓。多铎允诺后，清军顺利进城，官府和平交接权力，杭州城内并未出现太大混乱。

逃走的弘光皇帝也被抓住了。他逃出南京后，在安徽太平府辗转躲藏，最后在武将黄得功的营帐中被抓。抓住他的不是清兵，而是刚投降清朝、打算将功赎罪的明朝将领刘良佐。刘良佐杀死黄得功后，绑走福王，献给多铎。

越来越多的明朝军队投降了清朝，前后总计二十三名总兵、四十七名副将、将近二十四万马兵和步卒。清军的实力大大增强。

多铎对江南的快速平定非常满意，他留下两名平南大将军和三千名士兵接收苏州和杭州，然后带着弘光皇帝及其家眷、崇祯皇帝的太子、潞王等明朝藩王、明朝的数十名降官一起返回北京，向朝廷报功。

不过，招降当然不会这么顺利，即便绝大部分人望风投降，也总有不投降的少数人。不安分的消息很快传来。

明朝监军杨文骢率五百名手下从镇江逃到苏州后，赶上降清的明朝官员黄家鼐正在苏州代清朝招降官民。面对黄家鼐的劝降，杨文骢怒不可遏，把黄家鼐公开斩首。另一名招抚官侥幸逃出，匆忙向多铎汇报。多铎大怒，拨出八万兵马，决定以武力驯服江南。

扬州屠城几十万人，弘光皇帝下落不明，都城南京不战而降，大批清兵正在逼近，江北军镇南下劫掠……陆续传来的消息使江南百姓陷入了恐慌。

嘉定城里乡下，也是一副兴兵的势头，百姓议论纷纷，惊慌失措。侯峒曾听说的形势是，城内几乎没有兵员可用，主事者正在调兵，调来也不知用于何处。县令召集乡绅到衙门商议对策，发布公告安抚民心。峒曾身体有恙，无法去县衙参与讨论，但着实思考了一番。他参考无锡、昆山的防守策略，提出了自己的见解，“远侦探，备城守，列铳炮，严巡缉”，委托黄淳耀将自己的建议转告县令。[①]

他预感战乱要来，不断与亲友书信往来，彼此知会最新进展，商讨未来的计划。

侯家的亲家夏允彝，正带着儿子夏完淳在泖湖联络抗清义士；苏州的亲家姚宗典夫妇，带着滞留在家的女儿姚妫俞躲在山中。峒曾告诉他们，嘉定的局势还算平静，他暂时不打算逃命，一来他卧病在床，没去祖先的墓地祭拜告别，不应仓皇迁居，二来他要响应县令的号召，大家族带头保持镇定，以免外部的风声引起民众骚乱。除非彻底失去希望，他才会考虑到乡下或山里避难。每一封信送出前，他都让侄子玄泓带给家人传阅，稳定家人的情绪。[②]

他没有忘记嫁到昆山的女儿侯怀风。他听说女儿已经随

---

① 侯峒曾：《与黄陶庵进士书》第三封，收于《侯忠节公全集》，卷九，第 4 页。

② 侯峒曾：《与侄泓书》《与姚文初孝廉书》，收于《侯忠节公全集》，卷九，第 10—11 页。姚文初即姚宗典。

婆婆躲到昆山乡下，感到很欣慰。他的妻子李夫人一开始也想全家避难，但最终听从了他的看法，"动不如静"，继续住在县城，观察事态发展。他在给女儿的信中，传达了一贯的家法，"人行我止，人止我行"，要有自己的判断力，不要随波逐流。[1]

峒曾还写信告诉叔祖、叔父等族人，让他们尽快处理手头的官甲和民田。之前，族人沾了他作为官员的光，在乡间置办了不少田产，过着优裕的生活，有些族人还打着他的名号占村民的便宜。他很清楚，改朝换代时，官员家族面临的风险比平民百姓更大。如果族人大量占田，可能会带来灾祸。他恳切地劝告叔祖、叔父，为了性命安全，尽快分散田产，摒弃官员家族的名分。他告诉族人，自己已经没有官员的身份，只是一介平民，这是幸事。[2]

耳边，消息来得非常慢，没有任何时效性。眼前，人们看得最真切的是暴民作乱。在苏州、南京、常熟等地，投降李自成或清朝的江南籍官员家族无不遭到暴民的抄掠。暴民的人员构成，有无赖游民，有失去兵饷的乡兵，更多的是想摆脱低贱身份的大家族奴仆。在常州金坛，上万名奴仆组成"削鼻班"，在城隍庙召开誓师大会，结盟反抗主人，"怀有二心"的成员格杀勿论；在松江太仓，乡兵、奴仆、佣工、菜贩组成"乌龙会"，在一名读书人的领导下，身上文着鸟兽状文身，置办兵器，仿造秦末陈胜吴广起义"鱼腹藏书"的故

---

① 侯峒曾：《与女书》，收于《侯忠节公全集》，卷九，第10页。
② 侯峒曾：《与宗人书》，收于《侯忠节公全集》，卷九，第11页。

事，按照名单抢掠富户。①

　　嘉定的情况并不好多少，用峒曾的话来说是"外边风鹤，中央狐鼠乘隙而动，人人自危"②。早在前一年北京陷落的消息传出后，本县巨富瞿氏家族就发生过家奴斩杀主人的悲剧。一石激起千层浪，更多奴仆趁机威胁主人。他们手拿棍棒，肆无忌惮地闯入主人家，逼迫主人返还卖身契。经历过现场的人说，得势的家奴坐在太师椅上，命令主人为他端茶倒水，稍有不从，就恶语臭骂，老拳相加。主人跪在大堂，哀求饶命。③还有一些暴徒手拿雨伞作为暗号，雨伞一撑，各色人等立刻集结。乌合之众冲向主人家，索要卖身契，抢夺财物，焚烧房屋，甚至杀死主人一家。④

　　苏松巡抚祁彪佳接到嘉定奴变的消息，只能从吴淞调兵捕杀乱民，但奴变如火势般蔓延，难以根绝。家中蓄养奴仆的大家族紧张起来，慌忙遣散家仆，以免招来祸患。

　　在侯家，峒曾的仆从李宾外出时，也受到不明身份的大兵的拉拢，大略是反抗主人、捞取好处的意思，但他拒绝了。其他家仆也没有对侯家造成威胁，但迫于乱世，他们陆续离开，另谋生计。

　　嘉定的官府也不安宁。每一天，都有成百上千的人拥到

①　谢国桢：《关于"削鼻班"和"乌龙会"》《明末农民大起义在江南的影响——"削鼻班"和"乌龙会"》，收于《谢国桢全集》第七册，第13—18页、第322—337页；《研堂见闻杂录》，第247页。

②　侯峒曾：《答龚智渊博士书》，收于《侯忠节公全集》，卷八，第16—17页。

③　黄淳耀：《送赵少府还松江诗序》，收于《陶庵集》，卷二。

④　《紫隄村志》，卷六，第149页。

嘉定县衙大堂，向县令提出各种要求。人群中，有索要军械战甲的乡兵首领，有要求县令分发粮食的县学生员，有要求发工钱和粮食的差役，有想讨回刚交纳的马价银的贫民。更让人担心的，是一群来自"打行"的无良青年。

不同行业有不同的行会，商行是生意人的组织，工行是手工业者的帮派，而打行，顾名思义，就是专事打人的行业组织。打行可算江南的一大特色，嘉定有，松江、杭州也有，越繁华的城市，不法之徒的帮派越多。

打行的成员主要有两类来源：一些是乡镇上崇尚武力的年轻人，迫于官府执法粗暴，集结起来练拳自卫；[①] 另一些是早年间寄居在农村富户的食客和无赖，听从主人的指令，以打架斗殴为业。[②] 时间一长，他们尝到了武力带来的甜头，组成团伙，小到偷鸡摸狗，大到受雇杀人，向一切能获得金钱的机会伸手。

现在，天下大乱，他们试图逼迫县令下台，趁机捞取好处。

"大乱之始，始于小奸"，峥曾觉得苏轼的话很适合用在打行这帮人身上。[③]

喧哗的人群，看似有理有据的请求，让年轻的嘉定县令钱默不知所措。他迫于压力，派人打开县衙的库房，任凭来者各取所需。库房里的钱粮和武器很快被拿空了，聚集的各色人等还不愿退去。钱默命人悄悄记下为首的十多人的名字，

---

① 《紫隄村志》，卷二，第 49 页。

② ［日］上田信：《海与帝国：明清时代》，第 242 页。

③ 侯峥曾：《与万明府书》，收于《侯忠节公全集》，卷七，第 4 页。

派人带着银两去吴淞，请总兵吴志葵派人维持治安。

吴志葵久久不出现，钱默心生退意，想趁夜色出逃，结果被闻风而来的百姓拦下。全县百姓的安危都在他们的父母官肩上，他们当然不会轻易放走他。

峒曾在家闭门不出已久，听说县衙的骚乱后匆匆赶来，极力劝退闹事者，为钱默解围。众人散去后，他板起面孔，告诫钱默不该临危退却。在峒曾看来，一座城的县令至少应做到"保全尺土，阴修储备，以观天下之变"。[1]他建议钱默在全县征募精壮的男丁，训练一支勇猛的队伍，内可以维护治安，外可以防御乱兵。

面对不怒自威的长辈侯峒曾，钱默答应了。

他才二十一岁。[2]

钱默来自浙江嘉善的名门望族。提到嘉善钱家，整个江南无人不知，无人不晓。钱氏家族源远流长，功名卓著。钱默的祖父钱士晋是万历年间的进士，叔祖钱士升是名声在外的状元，曾经入阁辅政。钱默的父亲钱栴是江南才子，早年与杨廷枢一起创办应社，后来与侯岐曾、黄淳耀成为复社同仁，在弘光朝廷任职。钱默的几位族叔也都是杰出人才。总之，嘉善钱家是一个有钱、有才、有名望的大家族。

钱家与侯家的关系也非同一般。他们两家都与夏允彝是

---

[1] 侯峒曾：《与吴圣阶总戎书》，收于《侯忠节公全集》，卷九，第13页。

[2] 钱默的出生年份有1629年和1624年两种说法，此处取后者。据陈子龙在《题钱仲子神童赋后》的记述，钱默比夏完淳大七岁，较大的可能是钱默出生于1624年。1643年，他考中进士时为十九岁。可参考白坚在《夏完淳集笺校》（第731页）的注释，以及孙慧敏在《明末夏允彝、夏完淳父子殉节故事的形成与流传》一文的注释11。

姻亲，夏家的儿子夏完淳是钱家的女婿，夏家的女儿夏淑吉则是侯家的儿媳妇。钱默自幼闻名江南，有神童之称。许多人一辈子困于科举，而少年得志的钱默十九岁就考中了进士。

钱默是在北京陷落后就任嘉定县令的。弘光朝廷建立后，他受到陈子龙、夏允彝的举荐，由苏松巡抚祁彪佳任命为嘉定县令。有长辈亲戚在，嘉定对他来说不算陌生。他刚上任，正在嘉善为官的龚用圆就给他写信，劝他在嘉定减轻徭役、振作士风，关键要疏通河道，为"土瘠赋重"的嘉定百姓造福。[①]

钱默上任一年来，虽赶上政局动荡，依然做出了一番政绩。他大力整治嘉定的河流，依据古法疏浚河道，惠民无数。峒曾亲笔撰文肯定他，连三十年后的嘉定县令也称赞他。[②] 如果在太平年代，钱默可以在长辈的指引下，一步步学习怎样成为合格的地方官。不过，当天下大乱时，未经历练的他就不知如何是好了。

接下来，按照峒曾的建议，钱默下令按籍抽丁。依据本县户籍，每家都要出一名成年男丁。几千名壮丁集合起来，分发火器和砍刀，白天操练，晚上巡逻。壮丁们由太学生须明征统管。

须明征是须之彦的侄子，而须之彦是侯家的亲家，峒曾的姐夫。虽是亲戚，侯家与须明征并无往来。须明征给吴淞

---

① 《先公孝廉学博智渊府君行略》，收于《鄮城龚氏族谱》（一），第83页。

② 侯峒曾：《嘉定钱侯治河刻石记》，收于《侯忠节公全集》，卷十二，第13—14页；《嘉定碑刻集》上册，第677页。

总兵吴志葵写信，自告奋勇维持县城的秩序，受命担任嘉定监纪推官。他的队伍里要么是平民壮丁，要么是打行青年，名为维持秩序，实则热衷于盗窃库房、抢劫富户。

钱默觉得须明征的兵丁靠不住，派人送急信给吴志葵，请他直接派兵维持治安。吴志葵担任明朝吴淞总兵多年，颇受江南百姓的倚赖。

五月底，钱默听说清朝委任的官员已经派往江南各府后，将自己的官服、官印留在县衙，悄悄地离开，再也没有回来。

钱默逃走后，几十名骑兵从嘉定城外飞奔而来，把城内百姓吓了一跳。原来，骑兵奉吴志葵的命令，来嘉定抓捕乱民。他们按钱默之前交给吴志葵的名单，逮捕了十多名生员和平民，驱赶他们赤着胳膊、光着脚在烈日下行走。吴志葵经过审讯，发现这些人是无辜的，只能借口"误抓"，将他们全部释放。[1]

俗语说，刑不上大夫。峒曾正避居乡下，听说骑兵非常粗暴地对待读书人，很不高兴，对朋友说吴志葵"泾渭不分"。战乱年代，面对全副武装的大兵，站在"士农工商"顶层的读书人完全失去了尊严。不过，峒曾给吴志葵写信时，为了邀请他支援嘉定，只能无奈地称赞他维护了嘉定的秩序，为嘉定百姓做了一件好事。[2]

县令彻底消失后，聚集在县衙附近的百姓陆续散去，县衙暂时由须明征和他的手下把持。

①　《嘉定县乙酉纪事》《东塘日札》，六月初一。

②　侯峒曾：《与吴圣阶总戎书》《与夏瑗公吏部书》，收于《侯忠节公全集》，卷九，第13—16页。

很快，清朝兵部侍郎李延龄、巡抚土国宝入驻苏州府。一些苏州文人露脸示好，希望谋得一官半职，嘉定县也有人赶去苏州拜会。如果不去露面，忤逆之罪随时会落到头上。为清朝担当说客的人越来越多。有人劝说黄淳耀，让他邀请侯峒曾一起去苏州迎降清朝官员，他生气地拒绝了，恨不得打那人一顿。他和峒曾早有约定，一旦清朝官员主政，他们将避而不见。[①]

风霾、雷火等反常天气频繁出现，一北一南两个都城相继陷落，暴民趁机作乱，县令连夜逃跑，清兵马上进城。所有人都能感觉到，大乱要来了。

"小乱避城，大乱避乡"，这是悄然而生的民谚。无论是起义军，或者明朝叛将，还是清朝军队，他们的首要攻击目标都是城市。没有人愿意坐以待毙，到乡下避乱是城里大家族的首要选择，整个江南出现了一股逃难潮。南京百姓在清兵入驻后，扶老携幼，蜂拥出城；苏州百姓在杨文骢激怒清朝后感到大难临头，人心瓦解，十室九空；常州城里的家族受到"削鼻班"的威胁，纷纷遣散家仆，逃往城外；松江府上海县的富族放弃了平日对乡村的歧视，带着丰厚的礼物投奔乡下亲戚。[②]

在嘉定，平民百姓早已四散避难，有守土责任的官绅家

① 《侯忠节公全集》，卷三，年谱下，第9页；侯峒曾：《与夏瑗公吏部》，收于《侯忠节公全集》，卷九，第1页。
② 参考巫仁恕《逃离城市：明清之际江南城居士人的逃难经历》，收于《中央研究院近代史研究所集刊》，第83期，2014年3月。

族也竭力寻找生路。连侯峒曾自己也承认，这种国家大乱、县城小乱的形势下，"谁敢首出一喙，自取屠戮"，首先出头的人必定没有好下场。[1]

面对恐怖的气氛，侯家人终于下决心躲避，躲到城南五十里外的老家龙江村。出城那天，他们只雇了一叶小舟，家中的器物摆放如初，一件也没有带走，对外人也丝毫不透露消息。峒曾安排家仆在大门口贴上告示，称自己久病不治，既无资财，也无精力，无法为朝廷效力，已回乡下老家养病。

旁人看了很奇怪，问侯家人，你们是正派人士，躲起来韬光养晦可以理解，为何还明明白白地告诉别人呢。峒曾听说后，笑而不语。[2]

"避辱也，非避危也。"[3]

不理解他的人，他解释也没用；理解他的人，他不需要解释。

小小的龙江村再闭塞，也一定会传开新县令张维熙到来的消息。

张维熙是苏州人，他投降清朝后，受任嘉定县令。炎热的六月，他到任的第一天就不平静。他和随从刚进城，就听说吴志葵带兵候在城东，扬言要取清朝县令的脑袋。守在城内的是须明征。张维熙到任后，须明征带领本县的衙役、兵丁一道迎接。之前，须明征已经拜见清朝新任命的吴淞总兵

① 侯峒曾：《与吴圣阶总戎书》，收于《侯忠节公全集》，卷九，第13页。
② 《侯忠节公全集》，卷三，年谱下，第9页。
③ 侯峒曾：《答陆翼王书》，收于《侯忠节公全集》，卷九，第12页。陆翼王即陆元辅。

李成栋，受任嘉定营事守备，负责嘉定的治安。

当天傍晚，吴志葵的手下举着火把，呼喊着冲向县城，火光映天。城内，须明征指挥兵勇关闭城门，登上城墙，严阵以待。吴志葵的队伍没能进城，巨大的阵势却吓跑了新县令张维熙。不明就里的城内百姓仓皇奔逃，随处可见哭喊的婴儿、失散的妇女。张维熙逃跑后，须明征褪去了清朝嘉定营事守备的外衣，恢复了明朝监纪推官的身份，好言邀请吴志葵主政。闻讯而来的百姓夹道欢迎，给吴志葵的队伍送来食物。吴志葵谢绝了邀请，安抚了百姓一番，建议嘉定的家族、村镇聚集勇士，守卫一方。他听说县衙的军械库有几十只铜火铳后，派人全部带走，之后没再露面。

峒曾在龙江村乡下的老宅里静心休养，听说了城内的乱象，不置可否，打算静观其变。儿子们也在家中读书，玄洁把历代鼎革之际的忠节故事编辑成册，取名《逸民录》。

峒曾翻了翻《逸民录》，指着其中虽不出仕元朝，却为元朝人教书的家铉翁，感叹道，这也算得上遗民吗？[1]

友人来信，问他打算怎么办。他想起以前担任江西提学官时，李自成的队伍攻陷了襄阳，同僚也问过他同样的问题。当时，他有官职在身，既然享受朝廷的恩赐，就有为朝廷尽忠的责任。他说，为人臣子，当如士兵守卫疆土，城池沦陷后，城头水岸就是殉国之处，不需要挑时间、选地方、等待所谓的时机成熟。[2]

---

① 《侯忠节公全集》，卷三，年谱下，第9页。
② 《侯忠节公全集》，卷三，年谱下，第9页。

现在，面对同样的问题，他答道：

> 仆区区自处久定，虽无民社之责，尝从大夫之后。抗之则无其力，死之又未有会。惟当窜伏先人之丘陇，躬耕养母以毕余年。若有非意之迫，则有龚君宾、谢叠山之故事。[①]

龚君宾和谢叠山是崇尚名节、以死抗敌的古代忠臣，他们的故事早就为广大读书人熟悉。峒曾尤其熟悉谢叠山。谢叠山即谢枋得，是南宋末年起兵反元的江西义士。峒曾在江西为官时，每年都去大节祠祭拜谢枋得。

峒曾想得很明白，龚君宾、谢叠山虽是令人敬仰的忠臣，是天下臣子的榜样，但不到万不得已，他不会走向他们的路。他已经不在官场了，没有责任为国献身，只需要像平民一样保全性命。乡下老家有大片田地、大片房子，隐居是个不错的选择，不出仕清朝就问心无愧。

很多官绅也是这么想的，逃避新朝，隐居乡下，坐收田租，诗酒相伴，只操心家事和本地的公共事务，等待政治承平再出山也可以。

不过，清朝没有给明朝的子民这种机会。他们必须做出选择。

---

① 侯峒曾：《与傅令融孝廉书》，收于《侯忠节公全集》，卷九，第11页。龚君宾即西汉龚胜。

六月，剃发令传来。早在一年前，清朝迁都北京后，就颁布过"剃发令"和"易服令"，要求臣服的汉人换上关外满族人的发型和服饰，遭到汉族官员的普遍反对。多尔衮意识到政局不稳，下令中止。整整一年后，北方和南方都已经服从了清朝的统治，条件似乎成熟了。多尔衮再次颁发"剃发易服"令，这一次他的态度非常强硬，规定十天之内，全国官民一律剃发、改换服装，表示对新朝廷的忠心。

从清朝张贴的剃发告示上，人们能清楚地看到清朝的发型和服饰。风度翩翩的宽袍大袖要换成紧裹身体的小领窄袖，如同妇女的服装，前后衣襟如同异族骑兵服的样式。相比服饰，发型的变化尤其大。头发要基本剃光，只在头顶留铜钱大小的一绺头发，分三股编成辫子，清朝人美其名曰"金钱鼠尾"。

各地官府打出"留发不留头，留袖不留手，留裙不留足""一人不剃全家斩，一家不剃全村斩"的口号，将顽固不剃发的百姓斩首，头颅装了几条船，巡游示众。[1] 在头戴铁盔的大兵和各县衙役的监督下，剃头匠挑着担子穿梭于街头巷尾，口中喊着"留头不留发，留发不留头"，摁住每一个尚未剃发的脑袋强行剃发。在危及生命的严苛法令下，越来越多的人梳起了"金钱鼠尾"。

剃发令，像一条导火索，引燃了江南读书人的心。

《孝经》有言："身体发肤，受之父母，不敢毁伤，孝之始也。"[2] 从小熟读经典的江南人，早已将这句话铭记于心。剃

---

① 参考陈宝良《明代士大夫的精神世界》，第488、494页。

② 《十三经注疏·孝经注疏》，开宗明义章第一。

发如同毁坏父母的遗体，是大不孝，是对"忠孝大义""礼仪之邦"的侮辱。

"发乃父母生，毁伤贻大辱。""华人变为夷，苟活不如死。"侯家的朋友归庄受到家人的逼迫，为保全家人只能剃发。他悲愤难抑，用文字发出了激烈的抗议。[1]

"保天下者，匹夫之贱，与有责焉。""士大夫之无耻，是谓国耻。"归庄的朋友顾炎武如是说。天下兴亡的时刻，每个人都有反抗的义务。[2]

剃发，给每个读书人所在的华夏文化、传统礼仪、生身民族打了个大问号。一群生活体面、文化深厚的国民，为什么要向一个野蛮民族俯首称奴？一个富足强盛的国家，怎能忍受一个凶狠贪婪的异族统治？

面对威压和羞辱，总会有人不从。苏州府开始传来誓死不剃发的消息。

第一个以死反抗的人是苏州人徐汧。徐汧曾经在崇祯朝为太子讲读，是峒曾的朋友，与同乡杨廷枢更是半生好友。他和同时代的很多风流名士一样，住豪宅，享富贵，"溺于声色"[3]，但这不影响他的正直品行。当周顺昌在苏州被抓时，他与杨廷枢出钱疏通关系救人；当黄道周因直言被贬官时，他不客气地进谏皇帝，自请罢黜；当峒曾执法严苛被同僚孤立时，他在朝堂上为峒曾鼎力辩护。

剃发令传来时，徐汧给峒曾写信，称抱定了必死的决

① 归庄：《断发》二首，收于《归庄集》，卷一，第44—45页。
② 顾炎武：《日知录校注》，卷十三。
③ 陆元辅的评价。陆陇其：《三鱼堂日记》，卷三，第81页。

心。①但他不允许儿子随他而死，告诫儿子躲到山中，不要出仕清朝。他交代完后事，披头散发地来到虎丘，在新塘桥下投水自尽，临终前留下"以此不屈膝、不剃发之身，见先帝于地下"的遗言。②苏州百姓大为震骇，几千人聚集起来悼念他。③

峒曾的同僚、苏松巡抚祁彪佳也自杀了。早在北京陷落前后，峒曾就与他有过多封书信往来，交换对时局的看法。④当清朝的招降令摆到他面前时，他留下绝命词："图功为其难，洁身为其易。吾为其易者，聊存洁身志。含笑入九原，浩然留天地。"之后，在自家池中投水自尽。

峒曾的朋友文震亨也死了。他官阶不高，只是一名中书舍人，终生与诗歌、书画为伴。清兵攻占苏州后，他和家人躲到阳澄湖畔。剃发令传来时，他投河以示抗拒，被家人救起后，滴米不进，最终绝食而死。

面对友人接二连三的死讯，峒曾痛哭流涕。过后，他说了一句："惜哉吾友！既能死，何不奋大义？天下事何遂不可为？！"⑤

断头易，断发难。为奴，还是反抗，一切才刚开始。

---

① 侯峒曾：《与弟书》，收于《侯忠节公全集》，卷九，第18—19页。
② 张岱：《石匮书后集》，卷三十二，徐汧。
③ 《明史》，卷二六七，徐汧。
④ 侯峒曾：《与祁世培侍御书》（崇祯癸未）、《与祁世培安抚书》（崇祯甲申），收于《侯忠节公全集》，卷八。
⑤ 《侯忠节公全集》，卷三，年谱下，第10页。

4 抉 择

没有人能超然于时空，看清大势所趋是战还是降，然后做出所谓的明智选择。

虽然投降的人是大多数，但在反抗的人看来，站在反抗立场的人也不少。

异族入侵，人心动荡，剃发令刺激了不甘心当亡国奴的人开始反抗。明朝灭亡后，官军散落多处。有军队，有领袖，有计划，就有反抗的希望。

最先起兵的地方是苏州府吴江县。吴江县令献城投降后，进士吴易和举人孙兆奎两人呼吁反抗，起初支持他们的人有几十个，七天后，他们的队伍已有三百人、七十艘船。两人散尽家财，又招募了三千多名水兵。他们聚集在太湖和附近的泖湖、淀山湖一带，头裹白手帕，号称"白头兵"，在芦苇荡中时隐时现，阻塞道路，伺机伏击清兵。他们散播檄文，联络义士，寻求更广泛的支援。

作为知识阶层的精英，他们很清楚，眼前的局势绝非意气用事就能成功，但他们还是想奋力一搏。义军首领孙兆奎说过这么一段话：

> 我岂不知国家大势不在江南，戎马及斯而强欲御之，何异游步于蹄涔、称戈于井底！但恨有明养士三百年，一旦至此，而南北诸臣死节寥寥、义声寂寂！我故欲一身殉之，藉以鼓义士之气、羞懦夫之颜，庶不负累世之

厚泽、平生之壮志。其成败，听之而已！[①]

当鲁王在浙东监国后，孙兆奎、吴易遥遥受命，有了更合法的身份。南京弘光朝廷灭亡后，东南地区出现了两个明朝皇室政权。一个是鲁王朱以海，他在浙江绍兴监国，由张国维、张煌言拥立；另一个是唐王朱聿键，他受到黄道周、郑芝龙拥护，在福州即皇帝位，改年号为隆武。两个政权是在互不知情的局面下各自建立的。虽然如此，只要有皇室血统在，就能把散布各地的抵抗力量凝聚起来。如果两支政权能齐心合力，复兴大业将指日可待。

吴江倡义和皇室复兴激发了更多仁人志士的决心。一个月内，江南五府的每一块土地几乎都树起了反抗的旗帜。在松江，有乡绅沈犹龙、李待问、章简；在昆山，有顾锡畴、朱天麟、朱集璜；在秀水，有陈谟；在平湖，有推官倪长圩；在常州、镇江，有进士卢象观、孝廉葛璘；在嘉兴，有峒曾的好友徐石麒，以及钱栴和他的儿子钱熙、从嘉定逃回家的钱默；在嘉善，有钱默的叔祖钱士升，钱栴的堂兄钱棅，以及乡绅屠象美；在江阴，有本县生员许用与典史陈明遇；在上海，有金山卫的指挥使侯承祖；在常熟，有总兵何沂；在太湖一带，有生员陆世钥和陈墓镇的大家族，连外号"赤脚张三"的太湖水盗也加入了反清行列。[②]

一时间，江南的反抗形势激动人心。用时人的话来说：

① 《南疆绎史》，卷二十八，第 404 页。
② 《南疆绎史》，卷二十八，第 397—407 页。

"自京口至余杭八百余里，东西飙动，所在蜂起，吟啸四顾，舳舻雨集。"①

除了太湖周边，海上的反清官军也不可小觑。

长江口外的茫茫大海上，岛屿星罗棋布，以崇明岛和舟山群岛为主，散布着六十余座面积一平方千米以上的海岛。江南人亲水、擅水，走投无路的时候，海洋会接纳他们，成为他们的避风港。崇明岛、舟山群岛与陆地阻隔，远离朝廷，早年间就是走私商人、海盗、倭寇往来的据点，适合隐蔽，对外人来说却如同迷宫。

明朝吴淞总兵吴志葵是其中的一支力量。他离开嘉定后，率军进入海上。六月中旬，更多的明朝将领来到海上会合。游击蒋若来从南京逃出，监军荆本澈从京口过来，兵部侍郎沈廷扬、淮安巡抚田仰、淮河镇总兵张士仪各率数千名水陆士兵、数百艘船只，相继到达崇明岛。明朝登莱总兵黄蜚也率领几万水师南下崇明。几支队伍聚集起来，拥立明朝藩王的后裔义阳王为监国。

吴志葵是夏允彝以前的学生。不久，吴志葵收到夏允彝写来的信，此时夏允彝正往来泖湖与松江两地联络义军。

在信中，夏允彝提出自己的计策。清兵多来自北方，水上战斗力薄弱，加上忙于陆地征战，无暇顾及明朝的水上反清力量。在泖湖行动比海上更便利，实力也更强。他邀请吴志葵进驻泖湖，将海上队伍与泖湖合兵，先攻取苏州，再收复杭州，最后进兵南京。这三步策略如果成功，就可以为明

① 《南疆绎史》，卷二十八，第 403 页。

朝保住半壁江山。

夏允彝的儿子夏完淳才十五岁，匆匆与钱栴的女儿完婚后，也加入了父亲的行动计划，负责写信联络江浙的士大夫。

夏允彝的朋友陈子龙也在联合更多同仁，大多是几社的友人，以及松江府的前明官员。他至少曾收到前辈徐石麒的三封信，勉励他建功立业；他的几社朋友徐孚远已经受命于鲁王，前往各地联络义军；嘉兴才俊蒋雯阶，早在十八岁就受到夏允彝、陈子龙的赏识并加入几社，也全力支持陈子龙。

也有人虽不降清，但也没打算参加复明活动。徐枋是不久前殉节的官员徐汧的儿子，年方二十四。他身穿僧服，隐居在苏州山中。当陈子龙拉他起事时，他拒绝了。他遵照父亲的遗嘱，终生不入城市，立誓当一名农夫，以卖画为生。

在夏允彝、陈子龙、徐孚远等人的几次书面邀请下，吴志葵与副将鲁之玙率领三千水师离开崇明岛，进入淀山湖、泖湖一带；登莱总兵黄蜚率领一千艘船、两万名水兵，也从崇明岛来到泖湖。吴志葵抵达泖湖后，以鲁之玙为先锋，与陈墓镇的大家族合力攻打苏州，获得了一次胜利。

官军的加入，使太湖一带的复明力量大大增加。

有责任感的读书人纷纷赶往太湖和泖湖，希望尽一己之力，或出资犒军，或出谋划策，或帮助联络。

黄淳耀从泖湖回来，去龙江村见到侯峒曾，详细告诉他太湖义军攻打苏州的消息。峒曾高兴地引用李白的诗句说："报韩虽不成，天地皆振动。"昔日，张良刺杀秦始皇虽未成功，但名扬天下。这次攻打苏州的捷报是个好兆头，他相信苏州还会取得更多胜利。[1]

侯岐曾也去了泖湖，他写信给峒曾，劝峒曾到吴志葵的军营具体商讨。峒曾回答说，有夏允彝在，足以运筹帷幄。他说他去苏州面见吴志葵，顶多是个名声，实际上没有太大意义。嘉定的形势正危急，自己不能主客颠倒，应该就近助家乡一臂之力。[2]

随后，鲁之玙的队伍受到清军反击，只能回到海上，泖湖的义军力量削弱。夏允彝一度打算离开泖湖，走海路去福建投奔隆武皇帝。他曾经在福建长乐担任县令，留下了好口碑，也有广泛的人脉，但他考虑到一旦在福建起义失败，不得不逃亡求生，反倒无颜面对后世。犹豫过后，他决定留在江南，与好友徐石麒、侯峒曾并肩作战。[3]

昆山姻亲顾家的人给侯家送来一好一坏两个消息：好消息是顾咸正还活着，坏消息是顾咸正的弟弟顾咸建已经殉难。自从顾咸正在西安被李自成的队伍关入大牢后，音讯全无，亲友都以为他已不在人世，没想到清兵攻克陕西后，他侥幸出狱，逃到了山里。顾咸建是顾咸正的弟弟，也是峒曾的朋友。清兵打到浙江时，他正担任钱塘知县。在清兵的逼迫下，他交出官印，保住了全城百姓的生命，但他本人不愿投降，

① 《侯忠节公全集》，卷三，年谱下，第 10 页；侯峒曾：《与雍瞻弟书》，收于《侯忠节公全集》，卷九，第 16 页。
② 侯峒曾：《与侄沄书》第二封，收于《侯忠节公全集》，卷九，第 17—18 页。
③ 侯玄涵：《吏部夏瑗公传》，收于《夏完淳集笺校》，第 516—520 页。

最终被害。在峒曾看来，顾家兄弟的一生一死，"皆可贺，不可吊"，阴阳两隔，却有共同的意义。[1]

峒曾的情绪并不是盲目的。当躲避在家的陆元辅给侯家的年轻人写信，兴奋地表示想参加海上反清行动时，峒曾劝阻了他。峒曾说，古人做事讲究知彼知己，现在我们对海上的人和事并不了解。迫于形势，海上力量应该尽快起事，但我们都是局外人，若想参与，必须深思熟虑，审慎对待。年轻的陆元辅听了峒曾的话，打消了去海上的念头。[2]

他深知，要对抗清朝，只有热情远远不够。眼前的乱象，无论是有谋划无武器的乡绅，还是有武器无组织的乡兵，都无力解决，能依靠的只有明朝官军。

官军是国家的正规军，他们来自世袭的军户（区别于民户、匠户等类别），主要供朝廷调用。与之对应的是乡兵。乡兵也称民兵，或叫团练，是本地的精壮农民，农忙时务农，农闲时集结操练，缉捕盗贼，维护治安，同时获得一些钱粮作为报酬。乡兵系统在明朝早期已经存在，是官军的辅助力量。明朝中后期，军户世袭制度衰落，士兵纷纷逃脱低贱的军籍，导致官军的规模和战斗力大大削弱，地方防御只能依赖乡兵。乡兵人数增多后，成员鱼龙混杂。在太仓等地，乡兵打着反清的旗号，与已经剃发的百姓为敌，剃发者与未剃发者互殴；在嘉定，乡兵中混杂着很多无良的打行青年。十年前，侯峒曾向嘉定县令建议将打行青年训练成乡兵，以节

---

① 侯峒曾：《答钱塘令顾汉石书》《与雍瞻弟书》，收于《侯忠节公全集》，卷九，第 6、16 页。

② 侯峒曾：《答陆翼王书》，收于《侯忠节公全集》，卷九，第 12 页。

省官府开支，辅助官府的兵力。[①] 过去几年里，他已经看到，自己的建议没有取得什么效果。

接下来，峒曾听说吴志葵要召集江南士大夫商议对策，他激动地期待着，忘记了身体的羸弱。他很遗憾嘉定没有几个官绅士大夫愿意一起筹划，除了侯家和亲友龚家、金家，大部分人都逃得不知所踪，或者如寒蝉般不敢出声。他认为如果吴志葵能坐镇指挥，守城御敌的希望还是很大的。[②] 他决定写信邀请吴志葵出兵。

在给吴志葵的信中，峒曾对苏州战役的胜利表示祝贺，盼望吴志葵直接派兵支援嘉定。他直言不讳地告知吴志葵嘉定的现状：县衙的库房没有钱财，没有粮食储备，武器所剩无几，且年久失修；乡兵只顾捞取好处，战斗力有限，但又不能随便下令解散；被暴民抢劫的钱粮，不追讨不行，追又追不回多少，还会把暴民逼到铤而走险的地步；暴民涉及人数众多，头领获取好处后早已逃跑，剩下的只是无辜百姓。他拿战国时期以弱胜强的即墨之战为例，用收复七十多座城的战斗领袖田单激励吴志葵，希望他树立安民绥远的信心。[③]

可惜，吴志葵对一千八百多年前的英雄田单不感兴趣。他身为前明吴淞总兵，心里非常矛盾。他不想归顺清朝，以免留下半生骂名，但他也清楚己方的力量，不想以卵击石。他犹豫不决，打算先观望，等形势明朗后再做选择。清朝察觉了他的犹疑，没有招抚他。他手下的将领把持着

① 侯峒曾：《与万明府书》，收于《侯忠节公全集》，卷七，第 4 页。
② 侯峒曾：《与夏瑗公吏部书》，收于《侯忠节公全集》，卷九，第 14 页。
③ 侯峒曾：《与吴圣阶总戎书》，收于《侯忠节公全集》，卷九。

队伍，各行其是。他时而紧抓吴淞不放手，时而一怒之下离开吴淞，时而又在众人规劝下回到吴淞，归根结底，他的行动都出于利益二字。

最后，峒曾听说的消息是，吴志葵和蒋若来、荆本澈等明朝将领不和，各自率队伍散去。吴志葵彻底放弃了吴淞，回到海上，江南的反清力量随之削弱。

吴志葵一离开，清朝乘虚而入。清朝新任命的吴淞总兵李成栋率兵赶来，不费吹灰之力占据了长江入海口的战略要地吴淞。

李成栋是西北人，早年参加过李自成的起义军，后来跟随高杰接受了明朝的招安，反过来剿杀起义军，以军功一步步升任徐州总兵。清军攻破南京弘光朝廷后，江北军镇随之崩溃，他率领手下投降了清朝，受任吴淞总兵，总督江南的军务。

李成栋带兵的一大特点，是只要手下的士兵能杀敌、能立功，他就无条件满足士兵的欲望，无论是金银、器用，还是美女、豪宅。这些犒赏当然不是他自己出，而是从被征服的地区搜刮。有了物质的诱惑，他的手下非常乐意卖命打仗，在外人看来可谓英勇善战。[1]

闰六月的到来，拉长了炎热湿闷的夏天，却没有延缓清军在江南推进的脚步。

清朝命令明朝降臣洪承畴以原官总督军务，继续招抚江

---

① 夏允彝：《幸存录》，辽事杂志。

南。苏州和吴淞虽已占领，周边的各县还需要一一收服。李成栋进驻吴淞后，吴淞的百户、武举人陆续向他进献武器、火药和远近的城镇地图、攻守方略。[①]

在嘉定，之前被吴志葵赶走的嘉定新县令张维熙也回到县衙。张维熙上任第二天，邀请全县有名望的缙绅前来一见，但没有一个人回应。峒曾在乡下听说，张维熙几次派人去侯家邀请峒曾，都被留守的仆人按事先的吩咐推辞了。

看到张维熙回到嘉定主政，须明征重新变回清朝的顺民，只是对文弱的张维熙态度更加强硬。在他的要挟下，县衙库存的官银任他取用，武器也任他支配。须明征招揽了六十多名家丁，个个腰悬佩刀，招摇过市。嘉定主政者名为张维熙，实为须明征。

不同于文官张维熙，吴淞总兵李成栋直接动用武力。太仓很快被占领，主政官员望风而降。

太仓一失，嘉定失去了北部的屏障，完全暴露在李成栋的军队面前。他们一路南下，经过嘉定城北的新泾镇时，李成栋放任手下士兵抢掠。金银、美女、本地特产都是他们抢夺的目标。逃难的百姓人心惶惶，他们听说新泾镇有七名女子被强暴致死。

李成栋抵达嘉定县城后，县令张维熙和守备须明征殷勤迎接，送来酒肉和歌妓犒劳士兵。在两人的委婉劝说下，李成栋答应管教手下的士兵，严禁他们扰民。看到嘉定顺从的姿态，李成栋放心地返回吴淞，只留下副将梁得胜把守嘉定。

---

① 《东塘日札》（二），第5页。

与官府的妥协态度不同，七名新泾镇女子惨死后，百姓的心中燃起一股怒火。

有人看到，李成栋的队伍进城的人马有三百左右，在城外河中停泊的船只有四十余艘。还有人看到，城外胆子大的百姓居然跟士兵交易物品，大约是北来的士兵用银钱购买棉布等本地特产。

三百人马，四十艘船，数量不算多。峒曾在乡下也听说了，他认为应该趁势消灭这一小股势力，孤立李成栋。

没有人知道，李成栋隐藏了他的精锐队伍，包括至少两千名步兵和骑兵，一百艘战船。峒曾派人快马加鞭给吴志葵送信，请求他火速支援嘉定，同时派出使者，到海上义阳王的军营请求发兵。他一面等着官军的消息，一面安排两个儿子玄演、玄洁悄悄去县城，了解局势变化。

无论是吴志葵，还是义阳王，都没有派兵过来——他们已经自顾不暇。

峒曾没有等到吴志葵的回信，又安排玄演去外面打探苏州的消息，并派人秘密给在城内的玄洁、玄瀞送信。他的仆从李宾由于往返赶路送信太频繁，得了足疾，无法行走，他只能另外派人。在给儿子们的信中，他说形势极其危急，吴志葵没有回信，只能自己想办法。他认为李成栋的手下多是降兵，目无军纪，进城是为了劫掠，达到目的后容易解散，时间不会太长。他想了个初步计划，精选一批机智勇敢的乡兵，以保护城池为名，召集更多壮士，等敌人进攻时，大家群起抗击，便可保全嘉定这座孤城。他无法提前拿出更多的对策，只能走一步看一步，安排儿子在城内密切观望，找机会联系乡绅和乡兵。[①]

他的计划还没有实行，形势就发生了转折。

闰六月十五晚上，明月当空。玄演、玄洁带着峒曾的书信，潜伏在城内，探听士民的打算，准备见机行事。兄弟俩遥遥地看到城东火光漫天，直到第二天才知道出了大事。

原来，头一天，有外面的人带来消息，说吴志葵将军率兵攻克了苏州。消息迅速传开。当初，剃发令传来，百姓不知所措。现在，他们听说吴志葵打了胜仗，又听说昆山的乡兵开始行动了，还听说太仓已经剃发的百姓被包围在家不敢出门，顿时激动起来。

嘉定城内，王氏家族的举人组织起王家庄兵，有七百多人。首领为举人王霖汝、王楫汝兄弟，二人为进士王泰际的儿子——王泰际与黄淳耀是同年进士。城外，各镇也迅速行动起来。石冈镇的乡绅组织起上千名兵丁，南翔镇的大家族招募了两千多名家丁和民壮，娄塘、罗店、外冈也有乡兵集结，配备了弓箭和火铳。城内的王家兄弟与各镇乡兵头目约定，二更潜入城内，诛杀县令，然后内外夹攻，消灭城东梁得胜的队伍，再图大举。

夜幕降临，各镇乡兵按照约定，聚集到嘉定城的南门外。此时，南门守卫已经接到须明征的命令，闭门不开，只传话给门外的乡兵说："杀敌者从东门去。"[②] 在西门，从昆山赶来援助的参将陈宏勋一行人被须明征拦住，邀请到城隍庙设酒

---

① 侯峒曾：《与洁、瀞二子书》，收于《侯忠节公全集》，卷九。

② 《嘉定县乙酉纪事》，第4页。

犒劳。陈宏勋与须明征作揖问候完，回身发现他们的兵器全都不见了。陈宏勋觉察了须明征的意思，和同伴没有吃饭便离开了。后来，陈宏勋在昆山守城时战死。[①]

乡兵无法入城，诛杀县令的计划行不通了，只能涌到东门。东门外，他们与梁得胜的队伍仅仅一水之隔。

趁着夜色，水性良好的乡兵游过河，一部分人突然袭击梁得胜的营帐，另一部分人放火烧了停泊在河里的四十多艘船。船不是空的，里面满载着李成栋从扬州、京口、南京、常州一路南下时抢掠的金银珠宝、名剑宝刀。乡兵拿的拿，抢的抢，然后点起了火。

火光四起后，乡兵才发现船上除了金银宝物，还有一些被掳掠的年轻女子。一女子大声呼救，说自己是扬州某翰林家的女儿。乡兵大叫，快跳水！女子们哭道，脚被铁链锁住了，解不开。烈火熊熊，很快吞没了女子们的哭喊声。[②]

混战中，梁得胜的队伍有八十多人被斩首，他本人和幸存的部下仓皇逃跑。天快亮时，乡兵取得了完全的胜利，他们欢呼雀跃，各自带着战利品回家了。

城内外人心激愤的景象让玄演、玄洁兄弟很兴奋，他们认为是发动人心的时候了。兄弟二人按照父亲先前的意思，拟定了一篇檄文，贴在城门上，并拿出随身携带的数百两银子，买来酒肉，犒劳头天晚上偷袭敌军的乡兵。他俩挥舞着带有吴志葵官军标识的令旗，集合城里的壮丁，命令他们在

---

① 《嘉定县乙酉纪事》，第 4 页。
② 《嘉定县乙酉纪事》，第 4 页。

女墙后严密监视，时刻准备登城守卫。

两天后，峒曾听说了乡兵偷袭梁得胜的事，他用"喜少恨多"形容自己的心情。乡兵的进攻毫无计划性，几千名乡兵居然败给五百名敌兵，给对方留下逃走搬救兵的机会。犒劳乡兵的事也让人担忧，目前的费用都出自侯家，没有其他家族回应。峒曾并不吝啬自家的钱财，甚至以"毁家"为荣幸，但他明白这不是解决问题的办法。[①]

由于吴志葵迟迟没有消息，玄演、玄洁兄弟按峒曾的计划，转而给明朝监军荆本澈写信，请他发兵援助嘉定。从嘉定送信给太湖、泖湖的官军，需要经过太仓。太仓已经投降清朝，道路阻塞，严格盘查来往路人。峒曾不确定荆本澈能收到他的信，他之前写给吴志葵的四五封信都没有回音。他觉得联络夏允彝比吴志葵更可靠，于是不停给夏允彝写信。从夏允彝的回信中，他听说游击蒋若来已经剃发，但只是假装投降清朝，正伺机而动，又听说吴志葵和副将鲁之玙正将苏州与泖湖的队伍合兵。他只能抱着援兵会来的希望，先组织起嘉定的兵力，以呼应官军的行动。

他们一直没等来荆本澈的回信。留守在城内的兵力，只有玄泭团练的二十多名壮丁和王家庄兵、石冈兵等六个家族的家丁。

在吴淞，李成栋看着狼狈逃回的副将梁得胜，想到整船的财宝美色付之一炬，顿时怒不可遏。小小的嘉定竟敢反抗。

---

① 侯峒曾：《与侄泭书》，收于《侯忠节公全集》，卷九。

他要释放怒气，他要报复嘉定。

李成栋派出一千名精锐骑兵，打算从太仓向东南挺进，偷袭嘉定，结果由于不熟悉路线，没能顺利抵达。他招募了熟悉地形的当地人朱氏父子为向导，朱氏父子拿了李成栋的赏银后，带领骑兵一路奔向嘉定。在嘉定城北的罗店镇，李成栋的骑兵遭到乡兵的伏击。大多数骑兵奋力砍杀，冲出了乡兵的包围圈，在争斗中向西逃窜，只剩四名掉队的骑兵。几名乡兵围住其中一名骑兵，猛然从马后抓住骑兵的佩刀，一把拉下。乡兵随即捡起掉落的大刀，上砍人头，下砍马腿，很快人马两相毙命。另两名骑兵也被乡兵乱刀刺死。幸存的一名骑兵仓皇逃窜，赶上了前面的大部队。

骑兵队一路逃到时家坟，看到迎面来了另一伙乡兵，只能掉头向东飞驰。时家坟的乡兵一路追击，靠近罗店时，罗店乡兵火速接应，两面夹击，又是一番砍杀。狼狈的骑兵在朱氏父子的带领下，抄小路绕到罗店后面，落荒而逃。他们路过月浦镇时，再次遭到乡兵截杀，最终只剩若干名残兵逃回吴淞。

明月夜，空中忽然出现了月食，如一道黑幕笼罩了大地。奇异的天象令人惶恐。李成栋手下的大兵到处抢掠，伺机抓捕壮丁，以补充损失的兵力。一时间，西到月浦、罗店，南到江湾、杨家行，北到钱家楼、施家港，无辜百姓闻风而逃。

罗店镇里，乡兵严格盘查奸细，斩杀了替李成栋征兵的吴淞人。有个姓严的太学生割下死者的耳朵，献给了海上义师，被授职游击将军，还获得三十两银子的犒赏。更多的人受到鼓舞，发誓继续斩杀叛徒。

嘉定城内，一度有几十名骑兵在城下挑衅。玄演、玄洁带着战旗、战鼓，登临城墙。玄演负责激发士气，玄洁负责撰写檄文，悬赏能率领乡兵追击敌兵的勇士。

后来，有两个身份不明的人来到嘉定城下，带着吴志葵的一封信，痛哭流涕，自称拨乱反正。守城壮丁相信了这两人，把他俩当作吴志葵麾下的军官，放入城内。

峒曾卧病乡下，每天盼望城里的消息。他听说城内兵丁打退挑衅的骑兵后，喜出望外。几天后，城里又没了消息，他焦急地派小儿子玄瀞去打探情况。

玄瀞进城后，看到两位兄长正在城墙上奔走，大声疾呼以振奋士气，嗓子已经哑了。他俩赤手空拳，没有一名士兵可以倚仗。玄洁左腿的痈疮复发，鲜血渗出，一直流到脚踝。玄瀞见此情景，再也无法忍受，要求加入他们。兄长对他说，现在人心不稳，形势难以持久，要等父亲亲自过来指挥，嘱咐他在乡下守护母亲和祖母。

玄瀞回到龙江村，把情况告诉了峒曾。峒曾满怀感慨，下定了决心。他给黄淳耀写信，邀请黄淳耀带着弟弟渊耀入城，大家当面商议战守。侯家在城里的家宅已经不安全，他嘱咐黄淳耀带上被褥，必要时他们在城里租一两间老屋。[①]

自从嘉定奴变后，黄淳耀和家人一直避居石冈镇。其间，他的丹阳朋友葛璘来嘉定看望他，只见到黄淳耀的老父老母。葛璘一问，才知道黄淳耀躲在乡下。他对黄父说，黄淳耀是个单纯的儒生，不谙世故，时局危急，让人担心。在黄父的

---

① 侯峒曾：《与黄陶庵进士书》，收于《侯忠节公全集》，卷九。

指引下，葛璘找到了黄淳耀。他说服黄淳耀、黄渊耀兄弟，一起去松江拜访吴志葵，咨询吴志葵对时局的看法。他们见面后具体谈了什么不清楚，只知道他们与吴志葵告辞后，葛璘对黄淳耀说，吴志葵是个庸才，只会夸夸其谈，想让别人替他干事，自己坐享其成，这种人必然误国。葛璘告诫黄淳耀说，时局还有转折的余地，但你只是一介儒生，一定不要鲁莽行事。说罢，他拂袖而去。①

当玄演和玄洁兄弟在城内打探时，黄淳耀也一度进城与其他士绅筹备守城。他去南关联络龚用圆，看到城南的防守井井有条，乡兵也俯首听令，茫然中感到些许乐观。也有一些人袖手旁观，嘲笑他们螳臂当车，自寻死路。面对嘲笑，他心里很坦荡，他们从小饱读孔孟之道，孔曰成仁，孟曰取义，岂是"偷生败节之徒"能理解的？②

不过，黄淳耀也明白局面已经难以收场，说了一句，"今事成骑虎，无主必乱"。骑虎难下，箭在弦上，坚守城池已成无奈之举，此外别无选择。当务之急，是寻找一个能主持大局的人。他让玄演给峒曾写信，催峒曾进城。③

当黄淳耀收到峒曾的信后，几乎觉得两人的意思不谋而合。黄淳耀决定不再躲避，带着弟弟渊耀进了城。

---

① 《嘉定屠城纪略》，第 253 页。
② 黄淳耀：《与龚智渊书》（六月十六日）。收于《陶庵集》，卷四，第 10 页。
③ 《嘉定屠城纪略》，第 255 页。

5 失控

闰六月十九一早，侯峒曾乘船离开龙江村，赶往嘉定县城。他还没进城，就赫然看到了城门上悬挂的人头。

须明征死了。

须明征是被城里的百姓杀死的，同时被杀的还有他的几十名家丁。

之前，李成栋在城外烧杀的消息传来，城内人人自危。民众纷纷要求县衙护卫一方，城内大家族尤其注重族人和财产安全，希望免遭大兵的侵害，强烈要求县衙想办法保卫家园。负责城内安全守备的是须明征。在巨大的舆论压力下，须明征通告城内百姓，答应派人去请各镇的乡兵，分门把守嘉定。众人等了几天，始终不见乡兵的人影儿，诘问须明征怎么回事。须明征轻描淡写地说，张维熙县令太吝啬了，不肯发银子犒赏，结果乡兵又散去了。当众人追问他细节时，他变得吞吞吐吐，前言不搭后语，令人怀疑。生死存亡的当口儿，每个人的神经都变得敏感。之前，须明征一面效忠清朝县令，一面在吴志葵面前信誓旦旦，骑墙的做派已经让百姓不满。这一次，约请乡兵这么简单的事，为什么不了了之？

一番调查后，城内传开了须明征暗通李成栋的消息。传言说，须明征在家中窝藏清朝奸细，私下铸造都督府的牌印，还有几十副盔甲，打算向李成栋示好，杀尽不顺从清朝的嘉定百姓。接着，有人在西关抓住了形迹可疑的人，严刑审讯后，才知道此人是须明征与李成栋的联络人。[1]

全城的人震惊了。愤怒的百姓抓住了试图逃跑的须明征，五花大绑，用木棒驱赶着他一路来到县衙门前。每个人都想亲手打死他。最终，须明征被斩首剖腹，截断四肢，分别悬挂在嘉定的东西南北四座城门上。失去理智的百姓又四处抓捕他的家丁，无一例外全部杀死。他的妻儿已经事先逃跑，也正在追捕中。[2]

须明征的惨死让峒曾愕然。他还来不及做什么，城外刚刚又发生了一件事，让他的心更绷紧了。

李成栋终于攻破了嘉定城北的罗店镇。

据说，李成栋起初很客气，向河对岸的罗店乡兵解释说，自己只是奉清朝命令行事，由此借道，希望对方让路。迎接他的是一顿臭骂。[3]

李成栋怒火中烧，不再客气，指挥手下与乡兵战成一团。他接受了上次在罗店的失败教训，表面上率兵与前来阻拦的乡兵混战，私下悄悄派出两支精锐小分队，一支向东渡过练祁河，一支向西渡过荻泾河，绕到罗店乡兵背后会合。乡兵腹背受敌，瞬间溃不成军，李成栋的队伍则一路追赶到罗店镇上。

正值日出时分，镇上的商铺刚要开张，来镇上卖菜、卖布的乡下农民才放下担子，就看到大兵赶来。人们纷纷逃散，动作快的直接爬上屋顶。

---

[1] 《嘉定屠城纪略》，第 254 页。
[2] 《嘉定县乙酉纪事》，第 5、6 页。
[3] 《嘉定县乙酉纪事》，第 5 页；《嘉定屠城纪略》，第 253 页。

大兵一边砍人掠财，一边追捕一个名叫唐景曜的秀才。原来，之前为李成栋带路的朱氏父子，是唐秀才的老邻居。听说朱氏父子帮李成栋攻打罗店，唐秀才当面痛骂朱家认贼作父，被朱氏父子怀恨在心。后来，唐秀才还站在桥上，举着自己手写的牌子，劝说李成栋回心转意，告诫他投降清朝是一种耻辱。在朱氏父子的指点下，李成栋记住了唐景曜的名字。①

唐秀才最终被抓住，当街斩杀。一名率众巷战的县学廪生、两名在屋顶鸣金集合乡兵的生员，也被杀死。

乡兵集结最多的朱家桥，遭到了李成栋的疯狂报复。焚烧掠夺后，朱家桥一片死寂，只剩一千六百多名男女老少的尸体。②

罗店一失，嘉定城少了一个强有力的屏障。

更多的消息在短时间内涌来。城里城外，局面已经失控了。

愤怒的百姓正陷入对"叛徒"的疯狂抓捕中。他们变得敏感、多疑，快速地向每一个可疑的人出手。

在嘉定县衙，几名乡民绑来一名奸细，拷问后才知道是吴志葵的信使。信中说吴志葵在苏州和杭州打了胜仗，清朝官兵全被杀死。县衙的人深信不疑，下令释放了这名信使。过了两天，又有人带着吴志葵的令牌来送信，吴志葵在信中

① 《嘉定屠城纪略》，第 253 页。
② 《嘉定县乙酉纪事》，第 5 页。

说他已经发兵到嘉定，协助嘉定剿灭清兵。不料，几个时辰后，又来了打着吴志葵旗号的第三拨人。四个大汉带着吴志葵的令牌，信的内容却与之前不一致。严刑审讯后，才知道后者是已投降清朝的太仓生员浦氏兄弟伪造的信，想趁嘉定不防备时突然袭击。确定身份后，送信的四名太仓大汉被斩杀。[①]

在石冈镇，支氏家族惨遭横祸。传言说，支家曾效力史可法，领了五千两棉袄银的封赏；扬州城破后，五千两银子没有分发给幸存的士兵，被支家私占。乡兵打仗需要军饷，五千两银子恰可以解燃眉之急。一群打着乡兵旗号的人冲进支家，要他们交出银子，支持嘉定抗清大业，不交银子就是叛徒。在争斗中，支家父子兄弟五人被杀，人头全部挂在了城门上。[②] 城门上还有须明征的人头，以及刚追捕到的须明征妻儿的人头。一排面容模糊的人头，仿佛在对来往城下的人说：看，这就是叛徒的下场。

在南翔镇，李氏家族也遭殃了。李家是已故"嘉定四先生"之一李流芳的家族，是侯家的亲家，峒曾的妻子李氏正是南翔李家的族人。

李家作为南翔镇头号富豪，豢养了一大群奴仆。混乱的局势下，李家的奴仆拉拢镇上的打行青年，冲向了李家的古猗园。他们使用的借口，依然是最好用的"通敌"。

李家有个叫李陟的孙辈（峒曾妻子李氏的族侄），以年少

---

① 《嘉定屠城纪略》，第 255 页。
② 《嘉定屠城纪略》，第 256 页。

隽秀知名一方，曾在镇上团练兵勇，想为明朝效力。嫉恨李陟的打行青年到李家后，说他组建队伍，暗通清兵。李陟和族人面无惧色，反唇相讥。来人看到局面无法收场，担心日后受到报复，便四处翻查，说在李家搜到一名奸细。如同须明征的遭遇重现，奸细，这个敏感词，再次让来人的武器带上了正义的光芒。李流芳的儿子李杭之、李先芳的儿子李宗之和另一名儿子全部被杀，古猗园南厅变成一片血海。

几天后，身在南京的李宜之闻讯赶回家，已是无家可归。兄弟全部被杀，他成了李家仅存的儿子，只能投奔到侯峒曾家。峒曾的夫人李氏听说娘家的惨剧，悲痛欲绝。峒曾强忍悲愤，将李宜之安置在侯氏东园。①

暑气逼人，久旱无雨，河底干涸，不通舟楫。

无论城里乡下，每个人都感到了威胁。人们躲在家里，不敢轻易出门；外出的人随身带刀，有宿怨的人开始上门寻仇；独自赶路的人被拦下盘查，稍有可疑，就被视为叛徒，来不及辩白就掉了脑袋；还有的村子传言，有黑衣人要向水井里投毒，村民不得不日夜轮流守护。②

外面大敌压境，内部百姓失控，混乱的局面急需一个刚直有力的领导者。这位领导者，不能是目不识丁、临阵倒戈的平民，不能是滥用正义之名的乡兵，也不可能是携家避难、

① 康熙《嘉定县志》，卷十六，人物二，李杭之，李陟；《南翔镇志》，卷六；李宜之：《暂居侯氏废园》，收于光绪《嘉定县志》，卷三十，名迹志。
② 《嘉定县乙酉纪事》，第 7 页。

只顾保命的大家族；不能是借机钻营利益的须明征之流，不能是不懂兵事的文弱书生，也不可能是隔岸观火、态度模糊的吴志葵这类武将。

自从县令钱默逃走后，县衙的小吏陆续离开，留守的只剩一名儒学训导、一名巡司。要主持守城，还需要更合适的人选。符合条件的人本来就不多，愿意冒险担当的人更寥寥可数。

侯峒曾的名字在城内各方的推举名单内。众望所归之下，他答应了。或许他也不知道自己是不是最合适的人选，但他别无选择。

除了峒曾，受到推举、积极赶来的其他乡绅还有：进士黄淳耀，客居嘉定的举人张锡眉，曾任云南按察司金事的乡绅唐咨禹，侯家的亲家公龚用圆（龚元侃的父亲）、亲家公龚孙玹（龚宛琼的父亲、龚老夫人的侄子①）以及龚用圆的兄长龚用广。此外，还有马元调、朱元亮、夏云蛟、唐昌全、朱长祚等不到十名县学生员。侯峒曾的妹夫金德开及其儿子金起士闻讯，也赶来帮忙。总共加起来不到二十个人。

峒曾进城后，和主事者一起做的第一件事是安抚百姓的情绪。面对一个又一个被绑来的须明征同党、降清叛徒，他们不得不一一查明，释放冤屈。其中有个叫谢尧文的文弱书生，仅仅因为一人赶路，就被巡逻的乡兵视为须明征的同党，准备处死。峒曾查明后，下令释放。谢尧文千恩万谢，口口

---

① 龚孙玹为龚锡爵的孙子，龚方中唯一的嗣子。《文学仲和公墓志铭》，收于《嫪城龚氏族谱》（一），第 86 页。

声声称将报答侯峒曾。日后，他确实报答了侯峒曾，以一种无人料及的方式。这是后话。

局势已经不允许峒曾每天往返城里和龙江乡下。接下来，他要坚守在城内了。

岐曾的儿子玄沵带着龚老夫人，悄悄躲到龙江村附近的白塔村。白塔村内有一套侯家的宅邸，名为恭寿庄。为安全起见，他们没有住在恭寿庄，而是躲在村里的韩蕲王庙。韩蕲王庙内供奉着南宋抗金名将韩世忠，庙已经破败不堪，只有白塔静静矗立在村头，仿佛在诉说五百年前韩世忠在此驻兵，严阵以待北方异族的故事。

闰六月二十一，天还不亮，玄瀞为峒曾送行。这是他最后一次见到父亲。

6　守　城

嘉定城头上，写着"嘉定恢剿义师"的白色大旗迎风招展。

嘉定城建于南宋嘉定十一年（1218年），从平江府（即后来的苏州府）昆山县东部划出五个乡，以繁华的练祁市为中心，独立设县，按照当时皇帝的年号，定名嘉定，寓意"嘉和安定"。[①]嘉定建城四百多年来，除了受过倭寇的骚扰，一直处于安宁中。没有战事，便是安宁。

---

① 南宋嘉定十年（1217年），平江府申奏朝廷，嘉定十一年（1218年）初获得朝廷批准。

嘉定是一座圆形的城，东西略宽，南北略扁。圆形的城在北方不多见，在江南并不稀奇，邻近的上海城、较远处的凤阳府城，也都是圆形的。个中原因，有人说是中国人自古崇尚圆形，有人说是为了契合弯曲密布的河网，也有人说圆形比方形更有利于缓解潮汐的冲刷。[①]

嘉定城环绕一周为七千米有余，城内从南到北、从东到西的直径约为二千米。城墙高约十米，城墙基部宽十六米，顶部宽十米。城上有两千三百六十九座垛口，十六座瞭望台。垛口使城墙凹凸有致，可以防御，可以进攻。城墙内部以夯土打基础，外层用青砖包砌，青砖纵横罗列。与十八米高的南京城墙相比，嘉定城墙的十米高度不算什么，但若与大部分县城相比，嘉定城墙的高度和结构则超过一般水平。

环绕圆形城墙的是内外两条护城河。其中城墙外侧的护城河宽二十米，深三米有余；城墙内侧的护城河宽十米，深近三米。护城河平时用于交通，敌人来犯时则是天然的屏障，是稳固的缓冲地带。

城墙的四面各有一座城门，裹着厚厚的铁片，城门上方是四座城楼，城门外各有一座吊桥。吊桥放下，横亘在护城河上，城内外的交通畅通无阻；吊桥收起，整座城成为密闭的防御空间。富有江南特色的是，除了四座陆地城门，城墙四面距离城门不远处各有一座水门，也称水关。水关嵌在城墙内，为拱形的券洞。水关定时开闭，来往的船只进进出出，将城内的十字形主河道与辅助水系、环城的护城河、城外的

---

① 杭侃：《娄东寻古》，收于《南宗正脉：画坛地理学》，第 264 页。

河道连成一体。水路与陆路并行不悖，相辅相成，是城内与城外的乡镇、其他的府县往来的两种交通方式。

嘉定城的稳固格局源自九十多年前的两次修缮。嘉靖年间，倭寇屡次从海上登陆，骚扰江南，抢掠财物，闹得人心惶惶。当时嘉定的城墙完全用黄土夯筑，低矮破碎，百姓深感不安。连续两任县令征用民力，对城墙、城门、护城河进行大规模改造，才抵御了倭寇的进犯。经过若干年的维修，整座城可用"固若金汤"来形容。①

此后的九十多年里，倭患消失，岁月承平，城楼和城门经历了不少风雨。继任的知县除了增加十余座瞭望台、加宽加深内外护城河、疏通水关内外的河道外，没再进行大规模修缮。

县衙府库里的武器，经过吴志葵和乡兵两次随意拿走，已经所剩无几。要守城，冷兵器的数量其实不是最重要的。最重要的，一是城池坚固，二是要有威力巨大的火器。拿火器来说，小型的有火铳、火箭、火球，大型的是各种火炮。火器的威力远胜于冷兵器，是克敌制胜的利器。

关于城池的守与攻，早在两千多年前，墨子就提出过一整套详细的方法，比如如何制造攻守武器、守城人员如何分配、如何对付敌人的隧道进攻，等等。墨子提出了守城的几大原则：保证城池坚固、准备守城器具、保证粮食充足、上下人员团结、能获得外部援助。②经过上千年的完善，攻守战

---

① 嘉靖《嘉定县志》，卷二，城池；卷六，兵制。原文计量单位为尺和丈，已换算成米。

② 《墨子》，《备城门》《备高临》等篇章。

的基本原则没有太大变化，攻守的策略和武器的种类越来越丰富。

摆在侯峒曾面前的形势很严峻。他的对手李成栋，是一个身经百战的官军将领，率领着一支善战的正规军。

箭在弦上，蓄势待发。峒曾的手上没有军队，又得不到官军的支援，只能依靠乡兵。须明征没办到的事，峒曾要继续做——请乡兵进城。

从四面聚集起来的乡兵浩浩荡荡地入城，沿路迎接他们的百姓络绎不绝，从南翔镇到县城延伸了二十多里。乡兵入城后，百姓夹道欢迎他们的救世主。峒曾、黄淳耀与几名已经等在城内的士绅接头，一起慰劳乡兵。不少外出避难的百姓扶老携幼，相继回城，对家园的安全充满信心。

士绅们商议，先赶走清朝县令张维熙，另外推选执掌县衙的官员，然后集合众人，商议守城计划。

早在峒曾进城前，张维熙担心乡兵杀死自己，已经向百姓示好，称愿意放弃清朝的官职，为嘉定的抗清大业效力。面对他信誓旦旦的保证，善良的百姓深信不疑，邀请他参与守城事务。

在如何处分张维熙的问题上，众人出现了分歧。

峒曾的意见是，坚决处死张维熙。与清朝官员共处一城，如何恢复明朝？

不过，像他这么坚决的人是少数。一些士绅倾向于让张维熙留下，认为张维熙其实有爱民之心，而且维持了嘉定城内的秩序，他一旦离开，百姓的情绪会波动不安。一些消息灵通的百姓听说张维熙要被处死，集结起来为他请命。

一番商议和妥协后，最终决定是把张维熙驱逐出嘉定。有些百姓惋惜张维熙离去，结队护送他出城。[①]

过后，侯峒曾亲笔撰写了一则告示，张贴在城门上，摆明了自己的立场：

> 王师丧败，国命倾移，吾等身不能坐观，力不能反正，是以遁荒待死，私冀天心悔祸。
>
> 兹幸义旅奋扬，乡兵克捷，敌锋首挫，奸党继除，此皆吾父老子弟忠勇之效，吾等与有愧焉。惟力疾一出，勉竭股肱，共图保障。
>
> 岂意张维熙等尚稽众讨，仍玷官司，其非胁从，当在九伐三移之列。忽焉效顺，本是朝秦暮楚之谋。
>
> 试问吴淞李、梁诸□，谁请之以护身，致有焚掠髡淫之大惨？
>
> 试问城中银、米等物，谁发之以媚敌，而使储胥守备之皆空？
>
> 即此罪已不胜诛，而尔民犹未户晓。徒以维熙庸懦下才，尚无苛政，既而束身尸位，未与奸谋，遂欲澌旧而取新，能无负乘而致寇？始焉藏垢污于山泽百姓之情，今则逐无礼如鹰鹯三纲之法。
>
> 谨因舆议，维熙姑赦典刑，暂驱越境，别推署篆，以镇地方。大义既明，人心始固，无滋异议，无生惶扰，

---

① 《嘉定县乙酉纪事》，第6页。

安危之责，吾等为尔邑人士任之。[1]

在这篇《告谕义师》中，峒曾把自己的意思说得非常清楚。他说他自己本来没有义务，也没有打算要抗清，只想和普通百姓一样避居在乡，等待太平。但官军和乡兵抗敌的精神和胜利鼓舞了百姓，也鼓舞了他。他受到推举，才来主持守城。既然定下来守城，就要破釜沉舟，坚决执行，不能在做选择时摇摆不定，也不能对敌人表现出无谓的仁慈，否则无法成事。

百姓被他说服了。

张维熙离开后，几名士绅推举前任儒学训导万遴代理知县，本县巡司俞尚德充任捕官。

城中的粮草、火器已经所剩无几，峒曾检查完库存后，打算把自己的家底全拿出来用于防御，县城家里的器具、衣食也搬出来犒劳兵丁。峒曾写信给龚老夫人，龚老夫人明白这是大义之举，把自己的银簪、耳珰拿出来，派家仆带给峒曾。其他女眷也拿出首饰，换成银两。家人的支持，让峒曾的决心更加坚定。他在给弟弟岐曾的信中说，此后是安是危，是祸是福，他自己全力担当。[2]

守卫城墙的兵丁之前毫无军纪，现在要依照防御条约，整肃军容。条约内容是这样的：

---

① 侯峒曾：《告谕义师》，收于《侯忠节公全集》，卷五，第15页。
② 侯峒曾：《与弟书》，收于《侯忠节公全集》，卷九，第18页。

第一，乡兵要推举头目，以约束群体、传达命令；

第二，粮食供应要通畅，不能以断粮为借口骚扰百姓；

第三，往来的船只如果没有敌害嫌疑，不能阻拦，以免影响交通；

第四，此后如果抓获奸细，必须押到县衙审问治罪，不准擅自杀戮；

第五，官军一旦到来，乡兵除了原地驻防外，还要挑选精壮队伍前去助战；

第六，乡兵斩获敌人有功，或冲锋在前导致死伤，可上报官府，以备领赏；

第七，吴淞城及附近乡镇被逼剃发的百姓，如果能背叛敌方逃回我方，或者临阵投降我方，并且是本地口音，立即释放；如果能倒戈反攻敌人，甚至擒拿敌人献给我方，将功赎罪。①

条目规定的内容比较细致，其中的奖赏尤其清晰，以增加吸引力。比如，能说服百姓上阵杀敌的乡兵，除了原有的每天二钱饷银，另外奖励两匹白布；能斩获敌兵首级的兵民，提着敌兵的脑袋来换赏银，每颗脑袋换十两银子。②

有了这七条鲜明的条约，守城一事有了规模。

侯峒曾被推举为盟主，掌管攻守和粮草等所有事务，并防守东门——嘉定城的要冲，辅助他的是两个儿子玄演、玄洁、外甥金起士、生员朱元亮、亲家龚孙玹。其他几座城门

①　《侯忠节公全集》，卷三，年谱下，第12页。
②　《东塘日札》（一），第5页。

也安排了分工：西门由黄淳耀、黄渊耀兄弟带兵把守；南门以龚用广和龚用圆兄弟、举人张锡眉为主，生员夏云蛟、唐昌全等人辅佐。由于人手不足，北门也由侯峒曾负责，乡绅唐咨禹、生员朱长祚辅助。

四面城门守卫确定后，各人率众上城巡逻。一些百姓受到鼓舞，踊跃地挽起袖子，带刀跟从。通向东门、北门的道路用大石头堆积隔断，只留西门、南门，定时开闭，用木头、乱石阻塞街道，万一大兵进城，可以作为缓冲。

守城需要大量人力、物力、财力，只靠几个家族捐献的财物显然不够。士绅们几次商议，实行了"按户出丁法"。城内住户按实力分成上中下三等，上等户出若干家丁，自备衣服和粮食，还要出一些银两，供应城内士兵的粮饷和守城头目夜间巡逻的风灯、蜡烛费用；中等户出几名壮丁，自备衣服和粮食；下等户贫民家庭只出一名壮丁。所有壮丁听从安排，分堞守卫。每名壮丁每天领六十文铜钱，衣服、粮食和灯烛自备。城内划分四大片区，分属原有的各图，挑选出图长，图长每天巡逻，防止壮丁偷懒。大事交给侯峒曾、黄淳耀处分。[①]

白天，峒曾身先士卒，在乱箭中穿梭，听取各方汇报，与士绅们商讨；晚上，他换上短衣，四处巡视到天亮，保证士兵齐整，粮草安全。胃病疼痛难忍，他每顿只能喝米粥，瘦得只剩一副骨架。他匆匆给乡下的小儿子玄瀞写信，说他和士兵昼夜守城，睡不安，吃不饱，城中居民的薪米已经见

---

① 《嘉定县乙酉纪事》，第 6 页；《嘉定屠城纪略》，第 255 页。

底，但他们会坚持到底。玄瀞之前送来的二百两银子解了燃眉之急，但现在城内弥漫着犹疑的情绪。[1] 有人担心苏州官军的消息不确定，有人说嘉定已是危如累卵的孤城，这些话传到峒曾的耳朵里，他会责备散布消息的人。前方是不确定的危险，但他还是希望上天悯人，护佑嘉定。

他担心的不只是这些。他心里很清楚，守城主要倚赖乡兵，但乡兵并不可靠。乡兵都是临时拼凑起来的壮丁，力量薄弱，纪律散漫，又没有作战技术，能辅助官军作战，但无法担当主力。很多人应征入伍，只是因为打仗可以获得奖赏。运气好的话，杀一两名敌兵，赚几两银子，足够维持家计了。军饷一旦短缺，他们很容易逃散，根本不听指挥。

守城的领袖们也没有带兵上阵的经验。峒曾任官历程不到十年，多任文官，只担任过一年的嘉兴兵备道，略懂兵事。其他领袖，比如守西门的黄淳耀、黄渊耀兄弟，守南门的张锡眉、龚用圆，都是不谙兵事的读书人。他们手下没有一名武将可用，本县也没有可用的武职人员。

要保护嘉定，还是要靠官军的力量。虽然每次写给吴志葵的信都石沉大海，峒曾还是继续派人给吴志葵送急信，请求他出兵援助。

峒曾在信中告诉吴志葵，根据探子的密报，围攻嘉定的敌兵势头已经消沉，敌方的火器、大炮已经用尽，只剩不到一百名骑兵和不到一千名步兵。这样一来，只需几百名精锐士兵便可以一举歼灭。嘉定城内的乡兵无法胜任，只能求助

① 侯峒曾：《与子瀞书》，收于《侯忠节公全集》，卷九，第19页。

于吴志葵的官军。他焦急地写道，事不宜迟，如果吴志葵再犹豫，城内两万百姓的性命难保。[①]

其实吴志葵收到了峒曾之前送来的信，只是一直没有回复。

他拿着四面八方飞来的一封封求救信，望着一拨拨带着银子上门邀请的使者，觉得自己鞭长莫及。向他求援的，除了嘉定的侯峒曾，还有在泖湖的夏允彝、陈子龙，上海金山卫的侯成祖，和正惨遭清兵屠戮的江阴百姓。身在江阴的徽州商人程璧派人送来了一万多两银子，为他充当军饷，请他火速救援江阴。可是，即便有丰厚的报酬，他也不想羊入虎口。清军所向披靡，而海上的明朝官军力量分散，人心不齐，形势很不乐观。他一直在犹豫作何选择。[②]

这一次，也许是侯峒曾的说辞打动了他，他权衡过后，终于答应向嘉定派援兵。他给峒曾回信，承诺派出勇猛善战的军官蔡乔，率领精锐部队即刻救援。

终于等来了好消息，嘉定城内的主事者在木牌上写上"……游击将军蔡，率领精兵十万，乡兵三十万，刻日会剿"，通告全城百姓。[③]"精兵十万，乡兵三十万"，不一定是确切的数字，但确实能鼓舞士气。城内的百姓欢呼起来。峒曾着手派人去城外迎接蔡乔。

---

① 侯峒曾：《与吴总戎乞师书》，收于《侯忠节公全集》，卷九，第19页。
② 有关江阴与清兵的对抗，可参考魏斐德《清征服江南时期的地方观念和忠君思想——江阴悲剧》，收于《讲述中国历史》（上卷），第329—368页。
③ 《嘉定县乙酉纪事》，第8页；《嘉定屠城纪略》，第258页；《东塘日札》（一），第4页。不同出处数字略有出入。

蔡乔还没到，先派人给城内捎话，请求将船里储备的火药和粮食运到城内，他自己带兵在城外扎营。守城领袖的意见似乎出现了分歧。有人建议答应，如果蔡乔打了胜仗，城内的火药和粮食能稳固人心；万一蔡乔打不胜，火药和粮食押在城内，可牵制蔡乔，以免他弃城逃跑。不过，经过商议和犹疑，最终决定是派人去城外慰问蔡乔，安排他们把船停泊在南水关外。[①]

闰六月二十四，蔡乔带着队伍出现了。不是十万精兵，而是三百名羸弱不堪的士兵。

潜伏在城内的李成栋的奸细，比峒曾等人更快打探到来者的兵力虚实。李成栋第一时间拿到情报，火速召集骑兵，赶往蔡乔的营地。

蔡乔对即将到来的危险毫不知情，他的队伍刚刚抵达嘉定城外，准备安营扎寨。突然，一队骑兵快速逼近，向他们发起袭击。他们仓皇迎战，勉强有所斩获。当敌方的一股援兵赶到时，他们被团团围住，完全陷入了被动。蔡乔本人确实勇猛，两手各拿一把二十斤重的铁锏，左右开弓。只是他手下的队伍实在太弱，多是招募的平民，不习战事，死的死，降的降。

蔡乔本人突围出来，到达城下，顺着守城壮丁放下的绳索爬入城内。百姓原谅了他的失败，肯定了他的勇猛。他也坦然接受了百姓的犒劳，吃饱休息过后，信誓旦旦地保证去苏州搬救兵。守城的兵丁用绳索将他放下城，目送他坐着小

---

① 《嘉定县乙酉纪事》，第 8 页。

船一路西去，再也没等到他回来。[1]

吴志葵没有再派兵过来。城内的人还听说，黄蜚都督的水师也被奸细拦下了。失去了官军的支援，城内百姓大受打击，乡兵趋于解散，城外镇上的乡兵也无法再请进城。[2]

如同夜空中一道闪电划过，接下来又是无尽的黑暗。嘉定百姓明白，要守城，只能靠他们自己了。

对嘉定百姓来说，这不是第一次守城。

眼前的场面，让人想起近一百年前的嘉靖年间。当时，东南沿海的商贩、海盗联合日本的海上商人，以武力对抗朝廷在商业上施行的压力。他们屡次上岸，扰乱范围遍及杭州、松江、上海、嘉定等地。他们击败宝山所、金山卫的守御士兵，进入乡村，抢掠金银、布帛、女子，焚烧房屋。从吴淞、太仓到嘉定县的罗店、娄塘、真如、月浦等镇，无不留下倭寇扫过的痕迹。[3]

在嘉定东瓮城的门楼上，端坐着一名少年的石像，面朝大海，略带笑意。一百年前，一个万籁俱寂的夜晚，城楼上的兵丁昏昏睡去，一伙倭寇悄然而至，竖起云梯，登上女墙。一名守城的少年半夜起身撒尿，挑灯发现敌情，大声呼叫，被倭寇一刀砍掉脑袋。惊醒的兵丁匆忙拿石头砸向云梯，阻止了倭寇的进攻。事后，嘉定县令命人为少年雕刻一座石像，

---

① 侯峒曾：《与子淟书》，收于《侯忠节公全集》，卷九。
② 黄淳耀：《与侯广成书》（六月二十七日），收于《陶庵集》，卷四，第 10 页。
③ 康熙《嘉定县志》，卷二，兵御。

表彰他拯救了全县生灵。①

在峒曾的家乡龙江村，也留下了倭井等遗迹。龙江村东永福禅院的檐角下，还有个一米多高的倭墩，当年几名倭寇冲到村里掳掠，被村人杀死，烧成骨灰埋在了里面。

起先是官兵抵抗，后来官兵抵抗不力，嘉定全民皆兵，全城抵抗。

倭寇侵扰事件已经过去近一百年了，过程不再是最重要的，重要的是，后人能从当时的攻守中获得什么教训。

1605年，几次倭乱过后，时任嘉定知县的山东淄川人韩浚在编修地方志时，总结了几点嘉定城被倭寇攻破的原因：一、本县不产稻米，所有的粮食都要外部供应，城池再坚固，关闭城门后，一旦断粮，不出十天，无人能抵抗饥饿；二、敌兵抓捕平民为他们打探消息，稍有不从，就扣押他们的父母、妻子、儿女当人质，多数人只能违心地进城刺探；三、城乡居民平时或耕种，或从商，无人受过军事训练，难以用兵法约束，愿意守城的多是无牵无挂、冲着金钱而来的无业游民和小商贩；四、大家族只顾保护族人和财产，没有起带头守城的作用……城破的原因，多半不是因为正面的攻击，而是侧面的偷袭。②

显然，一百年前遇到的每一个问题都在重演。而这一次，敌人强大得多。他们面前的敌人不再是以抢劫为目的、抢完就走的海盗，而是要彻底征服这片土地的新兴王朝。

---

① 康熙《嘉定县志》，卷二十四，杂识。石童子像现存于嘉定博物馆。
② 万历《嘉定县志》，卷十五。

每天，李成栋派出几百名骑兵，从南边或从北边逼近嘉定城，试图夺路突围进去。侯峒曾督促乡兵严防死守，坚决阻止李成栋通过嘉定城，敌人一来就兵分几路出击，以步兵胜骑兵。

有从吴淞逃到嘉定的人说，整个江南都知道嘉定正在顽强抵抗。人们纷纷传言，清兵攻破扬州城才用了三天，渡过长江以来，一仗还没打过，到了嘉定，居然打了十多仗，丢了六名副将的性命。这些话与其说是夸赞，不如说暗含着恐惧。

李成栋无法进城，只能在城外的镇子寻找补给。在新泾镇，他的队伍将百姓家的鸡、犬、酒、米抢夺一空，之后放火烧屋；在月浦、杨家行，他的手下奉命抓壮丁，每抓住一人，二话不说，先摁住脑袋剃发，剃完说一句，随我打嘉定，金银财宝任你拿！剃发代表降清，被乡兵抓住必死无疑，被强行剃发的村民失去了退路，只能加入李成栋的队伍。就这样，李成栋的兵力获得了快速补充。[1]

而守城兵民这边，得到的全是坏消息。黄淳耀给龚用圆写信，说他收到了苏州吴江一带的噩耗，举义的仁人志士全部遇难，现场血肉模糊。他还告诉龚用圆，侯峒曾已经摆设了祭台，将与几位守城领袖歃血盟誓，同生同死。黄淳耀预感到，他们不久会在地下世界重逢。[2]

闰六月月底，李成栋安排部下准备云梯、铁锹，准备攻

---

① 《嘉定屠城纪略》，第259页。
② 黄淳耀：《与龚智渊书》（六月二十九日），收于《陶庵集》，卷四，第10页。

城。他手下的探子化装成僧人，早已混入城内，获取了多种情报。粮饷不足、武器不足、兵员不足、人心涣散，城内的每一项劣势都让他多了几分信心。①

李成栋的队伍逼近城下，开始用大炮轰击东北城墙，轰隆隆的巨响震得城楼抖动。城内的兵丁惊慌失措，也打算制造些声响来回应。

峒曾传令四面城楼，守城兵丁不准发出声音，不准放弓箭，不准扔石头。几次轰击后，城内悄无声息，李成栋认为城内兵力虚弱，命令弟弟李成林率兵走北门外的仓桥，打算穿过护城河进城。

北门内，峒曾派人悄悄埋伏了一尊红衣大炮。这是他们凑集资金设法弄到的唯一一尊大炮。当李成林率兵来到仓桥渡河时，峒曾命令炮兵发射炮弹。炮弹呼啸而过，炸断了仓桥。李成林手下的步兵和骑兵猝不及防，纷纷落水，其余的人慌忙后退。手举黄旗、头戴红缨帽的李成林跳水游走，结果被炸死在桥边。他的手下割下他的头颅，挂在马鞍上飞速往回逃。

城头的士兵继续发射炮弹，李成栋的队伍无法靠近。于是，他下令放弃北门，掉头向北去娄塘镇，奔赴太仓求援。娄塘在嘉定城北十二里，是连接嘉定县城和太仓州城的要冲。

峒曾见状，说，我料想他们假装攻击，其实打算向北逃跑，敌人不能放纵，放跑他们，他们还会再来。太仓城已被敌兵占据，娄塘是嘉定城北的重镇，必须去救急。他从城里

---

① 《嘉定屠城纪略》，第 258 页。

选出一百余名勇士，又抽调西南城外的六七百名乡兵，命令他们火速去娄塘。[1]

可是，乡兵都是步兵，速度远远赶不上李成栋的骑兵。等乡兵到达娄塘后，娄塘已经被李成栋的队伍占领。娄塘的乡兵虽有十万人，却都是不懂战事、只会簇拥着向前冲的农民，面对清朝骑兵队的左右翼阵法，一战即溃。李成栋获胜后，坐在乡兵之前搭建的高台上，指挥士兵肆意横行。一部分士兵在镇上展开屠杀，残害了上千名百姓，抛尸河中；一部分士兵掳掠漂亮的女子关押在大户人家，剥去了她们的衣裙防止逃跑；还有一队士兵将镇上搜刮的金银、布帛、家畜、美女装上船，运往太仓。[2]

峒曾听说娄塘已失，捶胸顿足，说大势已去！在前一刻，乡镇和城外还不时有乡兵打了胜仗的传言。娄塘一失，嘉定周边的镇子全部沦陷，嘉定彻底成为孤城。峒曾只能加强城里的守备，全力抵御。几次战斗下来，乡兵和百姓死伤无数，青壮年已经不够用了，只能安排城内老弱守城。城墙内四个方向的僻静处，也搭起了层台，派人把守，防止奸细出入。[3]

一股敌兵从太仓出发，逼近葛隆镇。大敌当前，没有人敢合眼。夜幕中，城内一片愁云惨淡的气氛，一些乡兵悄悄离开。城外空荡荡的，没有一个人来帮忙，只有冷风在呼啸，伴着鬼哭狼嚎般的声音。[4]

---

① 《侯忠节公全集》，卷三，年谱下，第 13 页。
② 《嘉定屠城纪略》，第 260 页。
③ 《东塘日札》（二），第 2 页。
④ 《东塘日札》（二），第 2 页。

东关外传来了李成栋的招降榜文。李成栋身为明朝降将，只有快速拿下城池，才能展现自己的作战能力，获得清朝的信任。他在嘉定丢了亲弟弟和六名副将的性命，对嘉定百姓恨之入骨。不过，他还是耐着性子，在招降榜文中说了一句"开门降，誓不杀人"。[1]

"誓不杀人"的可信度有多大？开门投降一定能免于一死吗？谁都不敢保证。谁能相信不会发生明初的悲剧？明初，朱元璋对支持张士诚的苏州百姓进行了屠城般的疯狂报复。新朝建立伊始，无不从暴力驯服开始。

有人建议守城领袖，说大势已去，应该考虑全城生灵。黄淳耀愤怒地推倒几案，失声痛哭，峒曾、张锡眉等人看着榜文，也悲不自胜。[2]

李成栋很快听说了城内的反应——他的招降榜文被撕碎了，壮丁还在向城头搬运砖石。[3]

7　绝　境

七月初三，天刚蒙蒙亮，还下着雨，李成栋纠集了太仓的骑兵，再次带着火器、云梯来到嘉定城下。

每座城池都有自己的弱点。李成栋从探子口中了解到，嘉定城最薄弱的位置在东北角。于是，他派一支队伍假装攻

---

① 《东塘日札》（二），第2页。
② 《嘉定屠城纪略》，第260页。
③ 《嘉定县乙酉纪事》，第9页。

击东门，暗地里集中主力到北门。他一声令下，几十发火炮密集轰炸，大地震颤。城墙上不时掉落一些砖块，不过依然稳固。北门防守甚严，他试图派兵从水关攻入。城头上的壮丁不停向下扔大石头，双方僵持不下。

城北上空升起一团红色烟尘，渐渐变成黑色的巨人，如同玄武大帝，披发仗剑，在云雾中骑着马。守在城头的百姓纷纷下拜，祈求神人相助。不过，情况并没有好转。城内的住户听到轰隆隆的炮声，开始四散奔逃，夹杂着婴儿的哭号声。再贫穷的妇女，也在胳膊肘系上金银首饰，作为"买命钱"。炮弹炸开的火硝、铅末如密集的雨点，扑簌簌落在屋顶上、路面上、人的脸上。[①]

侯峒曾与两个儿子玄演、玄洁站在东门城楼上。屋檐上的土渣纷纷落下，一旁的人向墙下射箭，或者直接搬着石头向下扔。他们已经没有武器和火药了，只能徒手应对。峒曾知道，这一刻，黄淳耀正坚守在西门，龚用圆坚守在南门。前一天，他和黄淳耀、龚用圆等守城领袖见了最后一面。他们知道这是最后一面，他们握手、拥抱，与毕生的朋友告别。[②]

嘉定城墙依然坚固，这是最后的希望。峒曾命令城上的兵丁全力还击。炮声停止了，应该是敌营中的炮弹用尽了。所有人屏住了呼吸。紧接着，咚咚咚的战鼓声传来，一股敌兵开始架云梯。登城的云梯早已不是简单的直梯，而是架在

---

① 《嘉定屠城纪略》，第 261 页。

② 黄淳耀：《与龚智渊书》（七月初二日），收于《陶庵集》，卷四，第 10 页。

六轮战车上，可以折叠以增加高度，顶端还有能钩住墙头的铁爪，可以强行登城。城上的人赶紧向下扔火把，焚烧云梯。

另一股敌兵身背木板，奔向墙根，开始挖地道。挖地道是一种古老而有效的攻城方法。峒曾带头将大石头投向他们。更多的敌兵背着门板进入地道，守城的壮丁向地道里泼热油、人粪，把长矛投进去，用巨大的圆木头堵住地道。[①] 热油、人粪、灰瓶、大大小小的石块、木头都是正规武器不足时的辅助战具。其中，人粪也称"金汁"，煮得滚烫后，不仅可以烫伤敌人，还能迅速让敌人的伤口溃烂；灰瓶是在瓶子中装满石灰，扔到敌方阵营后炸开，粉尘和气味能刺激得敌兵无法睁眼。

从初三凌晨到初四凌晨，淅淅沥沥的雨一直没停过，双方的击杀声此起彼伏。这场雨已经断断续续下了一个月。城墙上的干粮、饮水已经耗尽，守城的兵丁和峒曾等人已经饿了几顿，三天三夜没有合过眼。到了初四五更，天亮了，他们的焦虑稍稍缓解，仿佛光明就在前方。没想到，雨势忽然变大，小雨变成大雨，大雨变成暴雨，暴雨如注，电闪雷鸣，平地积水一尺多。

最黑暗的黎明来到了。

这场暴雨是所有人没有想到的。从天而降的瓢泼大雨，把守城的兵丁浇得湿透。暴雨如同压倒骆驼的最后一根稻草，使几十名昼夜坚守的兵丁陷入了绝望。渐渐地，有的人放弃了，有的人悄悄离开了。有人看见黄淳耀兄弟手中持剑，站

---

① 《嘉定屠城纪略》，第 261 页。

在雨中，声嘶力竭地挽留百姓，但已无法阻拦他们。[①]

在城东门，侯峒曾明白最后的时刻到了。从闰六月中旬到七月初四，他们苦苦守城二十二天。他与玄演、玄洁坐在城砖上，一起念诵佛家的偈子，希望有从天而降的奇迹。

李成栋见城中的守卫变得松弛，下令士兵杀开一条血路。每一名士兵都受到了鼓舞：攻下城，他们可以立下战功，领到赏银；攻下城，他们可以进城抢掠，变成有钱人。

敌营的战鼓响起，新一轮猛攻开始了。士兵们竞相抬着小船赶到城下，将船翻扣过来，在船底铺上能吸雨水的旧棉絮。他们两人一组，把船扣在头顶上作为盾牌，飞奔到地道中。城上的人向下扔火把，可惜火把刚扔出，就被雨水浇灭。城东一角的地道经过暴雨的击打，忽然下沉了几尺，敌兵争着由此穿过，用长刀砍杀守卫女墙的壮丁，趁势登上城楼。大雨泡透了城墙的夯土基础，城东的一角墙轰然崩塌。

峒曾正奔向城北指挥，忽然听到城墙塌陷的巨响。他大呼一声，臣尽力了！

随从劝他快离开，乡兵一边逃，一边拉他一起走。儿子们急切地问他怎么办，他摇摇头，叹息道："有死而已，复何言！所恨者，枉送一城百姓。"[②]

他的身后，喊杀声一片。越来越多的敌兵挥舞着长刀涌入城内，龚孙玹等守城同仁正与敌兵肉搏，无辜的百姓没有目标地逃散。

[①] 《陶庵集》，卷首，年谱，第 36 页。

[②] 《东塘日札》（二），第 2 页；《嘉定屠城纪略》，第 262 页。

他遣散随从，匆匆奔向家的方向，身后跟着两个儿子玄演、玄洁。路上，他们不断遇到逃难的百姓，告诉百姓西门已经打开，让大家从西门逃跑。

雨继续下，他急急地走在路上，眼睛模糊了，耳边的声音越来越遥远。他的家在县衙西侧二百米左右，从北门走回他的家，沿着主干道，约有一千米远。[①]

对死亡的选择，不是突然而至，不是形势所逼，他好像已经准备了一辈子。

年少时，他听曾祖父讲自己被降职到江西，为明初建文朝的殉难大臣修建节义祠。

两年前，他去嘉兴任官，与亲友在船里畅谈生死，他说死于水是个好死法，连他的母亲也赞同。

一年前，北京沦陷后，他带着银子奔赴京口支援史可法，路上被劫落水，死里逃生，他看透了生死。

两个月前，扬州城被攻克，史可法生死未卜。峒曾对家人说，如果史可法投降清朝，还不如像文天祥一样以身殉国。

一个月前，侯家避难乡下，他在信中对友人说，如果有"非意之迫"，他会沿着龚君宾、谢枋得的尽忠之路走下去。[②]

"非意之迫"近在眼前。

峒曾终于回到县城的大宅子，直奔家庙。两个儿子跟着他，一起向家庙中的列祖列宗叩头。随后，峒曾来到后院的

---

① 侯宅故址在今嘉定老城区嘉定商城一带，感谢徐征伟先生指引。
② 侯峒曾：《与傅令融孝廉书》，收于《侯忠节公全集》，卷九。

叶池边。

儿子竭力拉住他，劝他留住一条命。他怒斥儿子，让他们快点儿离开，替他照顾母亲。他不再多说，直接跳入池中。忠孝难以两全，他希望自己尽忠，也希望儿子们代自己尽孝。

两个儿子没有离开。急迫而痛苦的兄弟俩，眼见父亲跳水，争着让对方快走、自己跟从父亲赴死。

远处一声"贼兵来了"，兄弟两人相拥着，一起跳入了池中。①

叶池的水不算深，峒曾和两个儿子还没完全淹死，敌兵就追到了池边。三人被打捞上来，直接杀掉。这一年，按照虚岁，峒曾五十五岁，玄演二十六岁，玄洁二十五岁。

侯峒曾的人头成为敌兵抢夺邀功的目标。最后，有人将峒曾的头颅割下来，奔向李成栋的营帐。

东门攻破后，敌兵涌入，城内几千人四散奔逃，雨声、喊杀声、呼救声混成一片。正在城内巡查的龚用广，遇到了一名老邻居。老邻居正拖家带口向城外逃，劝龚用广快点儿逃，龚用广说，我的弟弟龚用圆还在南城，我怎么忍心独自逃走？五天前，他的亲友看到敌兵势力强大，劝他乘机逃走，他回答道，"事不可为，知之久矣，今犹未死，则尽今日之心

---

① 有关玄演、玄洁的死，有两种说法，一说他们随侯峒曾一同跳水，见《侯忠节公全集》卷三第 14 页、《明季南略》卷四、《明史》卷二七七；一说他们被侯峒曾赶回家的路上遭到清兵杀害，见《嘉定屠城纪略》第 262 页、《嘉定县乙酉纪事》第 10 页、《东塘日札》（二）第 2 页。此处取前说。

已";①三天前，城内戒严，他的长子元昉从外地赶来，在城下劝他回家，他拒绝出城，也拒绝儿子进城；此刻，他在城内找到小儿子元韶，两人一起骑马奔到南城，找到了龚用圆。

龚用圆已经抱定了必死的决心。在敌兵逼近时，龚用广、龚用圆两兄弟拥抱着，在城内家中后院的池中跳水自尽，元韶也跟着父亲跳水。②龚用广终年五十二岁，龚用圆终年四十七岁。

龚用广没有做过官，他一生久困科场，参加乡试七次却没有考中举人，一辈子以秀才的身份设馆教书；他的弟弟龚用圆年纪轻轻就考中举人，但努力几次没再考中进士，一生唯一的官职是俸禄微薄的嘉善县教谕。他们兄弟并不是龚家最显赫的一支，他们的父亲龚钦仕也只是一名贡生。"父慈子孝、兄良弟悌"大概是他们父子、兄弟最重要的遗风。弘光朝廷垮台后，各地陷入混乱，嘉善县衙的其他人争抢钱粮，而龚用圆只带走了明朝授予的儒学教谕印章。在层层官阶中，儒学教谕只是末流，但龚用圆非常珍视。直到死，他的衣袖中依然揣着这枚印章。③

县城西门，是离敌兵最远的城门。敌兵从东门涌入后，城内的百姓潮水般涌向西门。黄淳耀尚不知道东门发生的悲

① 《先公孝廉学博智渊府君行略》，收于《嘤城龚氏族谱》（一），第83页。
② 《文学俭化公传》《先公孝廉学博智渊府君行略》，收于《嘤城龚氏族谱》（一），第81、83页。
③ 《先公孝廉学博智渊府君行略》，收于《嘤城龚氏族谱》（一），第83页；《孝廉智渊公诗传赞》，收于《嘤城龚氏族谱》（二），第4页。

剧，依然坚守西门。他的同榜进士王泰际让他考虑一下百姓，打开城门让难民出去。

打开城门，相当于献城投降，黄淳耀没有听从。[①]

王泰际和家人从南门放下绳子逃到城外后，黄淳耀听说了东门已破、侯峒曾自杀的消息。

黄淳耀、渊耀兄弟赶紧下城，打开城门。百姓从门口堆的乱石上踩过，争相从西门涌出。清兵已经赶到西门，动作快的百姓逃上屋顶，爬不上屋顶的百姓无路可逃，摆在面前的只剩一条护城河。

随从劝黄淳耀兄弟赶紧逃跑，黄淳耀说，城已破，逃到城外也没法幸免。弟弟渊耀焦急地等着他的决定。他来不及多思考，带着渊耀骑马奔赴城外的西林庵。西林庵是黄氏兄弟幼年读书处，也是长大后修行佛法的地方。

西林庵的无等法师接待了他们，给他俩倒上茶。无等对黄淳耀说，你是进士，但没有封官，不需要殉国。没有官位，自杀算不上尽忠，活下去也不叫变节。黄淳耀回答，当初已经与侯峒曾立下誓言，城亡与亡。

黄淳耀看了看比自己小二十岁的弟弟渊耀。渊耀双目突出，面呈青铁色，青筋隆起。他心生怜悯，不想让弟弟和自己一起死，说："吾了纱帽事耳，子若何？"渊耀回答："吾亦完秀才事，复何言！"[②]

---

① 《嘉定屠城纪略》，第 263 页。

② 《明季南略》，卷四。关于法师的名号，《明季南略》记作"性如"，侯玄泓《月蝉笔露》（卷下，第 11 页）、陆元辅《访无等上人口占赠之》（《陆菊隐先生诗集》，卷二，第 560 页）记作"无等"，此处从后者。

年轻的渊耀想起了家里的小弟弟。当初，南京沦陷、清兵尚未攻打嘉定时，渊耀对几岁大的弟弟说，六郎，国难当头，我们的大哥必定为节义而死，他死，我也不忍独生。可怜你一个小娃娃，现在还在嬉闹，将来不知要流浪何方？[1]

黄淳耀不再多言，托付法师等他和弟弟死后为他们收尸。他要来一支笔，在墙上写下几行字：

> 弘光元年七月初四日，遗臣黄淳耀自裁于西城僧舍。呜呼，进不能宣力王朝，退不能洁身自隐，读书寡益，学道无成，耿耿不没，此心而已！[2]

他向北磕头后，整理了袍服，帮弟弟正了正儒帽，两人一起自缢。

黄淳耀时年四十一岁，黄渊耀二十二岁。

玄瀹在乡下听说了父亲和两个兄长的死讯，顾不上穿鞋，带着家仆踉踉跄跄奔向县城。他们拨开仓皇出城的人群逆流，跑回家中。敌兵已经离去，家仆跪着哭问路人峒曾和玄演、玄洁的尸体去向。峒曾的族叔侯鼎旸也带着童子赶来。他们依据衣服的颜色，在叶池边找到峒曾的尸体，但没有头颅，也没找到玄演、玄洁，只能带着峒曾的尸体回到龙江村。

他们刚刚离开，李成栋就从城外的小武当庙进入城内，

---

① 《嘉定屠城纪略》，第 263 页。
② 《明季南略》，卷四；《嘉定屠城纪略》，第 263 页；《嘉定县乙酉纪事》，第 11 页；《东塘日札》（二），第 3 页。文字略有出入。

下令关闭城门，开始屠城。^①

屠城，一是要惩罚顽固抵抗的人，二是要高效率地搜罗钱财。

敌城久攻不下，一旦攻破，下令屠城，是征服者的普遍心态。元朝的成吉思汗花了六个月攻破赫拉特城后，将城内一百五十多万百姓屠戮殆尽；清朝摄政王多尔衮下令杀尽扬州城内八十万百姓，一解史可法誓死不降之恨；起义军领袖李自成攻占中原时，传令"如关闭城门，上城拒守，攻破之日，尽情屠戮，寸草不留"^②；张献忠更是连投降他的百姓都不放过，在武昌、重庆、成都三地杀人以百万计。

乖乖投降，可能获得宽恕；顽固反抗，只会受到严厉的惩罚。反抗越激烈，城破后受到的惩罚越残酷。

侥幸存活的亲历者这样回忆嘉定城内的屠杀场面：

> ……兵丁肆其杀掠，家至户到，小街僻巷无不穷搜；乱苇丛棘，必用枪乱搅，知无人然后已。每逢一人，辄呼"蛮子献宝！"其人悉取腰缠奉之，满意，方释去。遇他兵，胁取如前。所献不多，辄砍一二刀，物尽则杀之。僵尸满路，皆伤痕遍体，此屡砍使然，非一人所致也。
>
> 予数人匿丛筱中得免，亲见杀人情状。初砍一刀，大呼"都督爷饶命！"第二刀，其声渐微。以后虽乱砍，寂然无闻。刀声骇然，达于远近，乞命之声，嘈杂如市，

---

① 《东塘日札》（二），第3页。
② 《明季北略》，卷二十三。

所杀不可胜计。

其悬梁者、赴井者、断肢者、血面者、被砍未死手足犹动者，骨肉狼藉，弥望皆是。投河死者，亦不下万人。

三日后，自西关至葛隆镇，浮胔满河，舟行无下篙处。白骨浮于水面，垒起数分。

妇女貌陋者，一见辄杀。大家闺妾及民间妇女有美色者，皆掳去，白昼当众奸淫，恬不知耻。有不从者，辄用长钉钉其两手于板，仍逼淫之……[1]

屠城从早晨开始，持续了整整一天。黄昏，城内的大兵听到代表封刀的炮声，停止了杀戮。当晚，一股敌兵拥到侯峒曾的家里，只搜出侯家的族谱、笔墨纸砚和一些衣服。后来，早已降清的太仓浦氏家兵赶来，将侯家劫掠一空，几乎拆毁了整座宅子。[2]

第二天天亮后，侯峒曾的人头出现在嘉定城门外的旗杆上，旁边的旗子上写着几个大字——倡乱逆贼侯峒曾首级示众。[3]

城内的练祁河上，李成栋征发了三百多艘民船，满载着金银布帛、童男童女、马牛羊猪，一路往太仓方向驶去。[4]

---

① 《东塘日札》（二），第 3 页。
② 侯玄泸：《月蝉笔露》，卷下，第 18 页。
③ 《嘉定乙酉纪事》，第 10 页。
④ 《东塘日札》（二），第 4 页。

城里传来抓捕侯峒曾全家的消息。摆在侯家人面前的只有一条路——逃亡。龚老夫人、岐曾、玄汸和其他妇孺离开前，收到了一样东西——侯峒曾的头颅。头颅是峒曾的门生朱某趁夜色偷偷从城门外取来的，装在竹筐里，一路哭着背到龙江村。在族叔侯鼎旸的协助下，侯家人将峒曾的尸首缝合，仓促埋葬在乡下老宅的桂花树下。

之后，侯家人扶老携幼，悄悄离开了龙江村，寻找避难的地方。

"我有子矣，尔亦有子。"龚老夫人擦干眼泪，对峒曾的妻子李夫人说。[①]

七月初四，嘉定屠城；初六，昆山屠城；十二日，常熟屠城。喊杀声中，江南的上空仿佛回荡起一曲两百年前的歌谣："帝出三江口，干戈起练川。姑苏城上望，血泪染昆山。"[②]

从血泊中侥幸逃出的人，诉说着守城的惨剧、兵力的悬殊、抵抗的无意义。接下来，沿海各城镇纷纷投降。迎接清朝官兵的，是恭恭敬敬地手捧本县官印、地图和户籍册的明朝官员，是跪在路旁高呼"大清国皇帝万岁万万岁"的剃发百姓，是漫天飞舞的写着"风调雨顺""国泰民安"的黄表纸……

---

① 《厂头镇志》，卷六，第96页。
② 《侯忠节公全集》，卷三，年谱下，第16页。练川即嘉定。

第四章

遗 民

逊野居夷老逸民,

敢移寸趾向城闉?

愁亭恨水行行泪,

笋庙罗池处处神。

白发呼天常彻夕,

青山埋石定何辰?

余生自写王猷意,

痛哭乾坤莫漫陈。

——侯岐曾 [①]

1　劫后余生

1645 年七月,嘉定城破、侯峒曾父子三人罹难后,侥幸活下来的侯家人来不及悲伤,就被戴上了"倡乱逆贼"的帽

---

① 侯岐曾:《追哭亡兄银台广成公殉节诗》,收于《天启崇祯两朝遗诗》,卷六,第 607 页。

子，受到清兵的追捕。一家老小四处躲藏，先逃往松江，后来躲在湖边，风餐露宿，一有风吹草动，赶紧上船逃到湖泊深处。

嘉定城破后的两个多月里，城里和乡下几乎没有片刻安宁。清兵散去后，乡兵、百姓再次卷入守城与投降、剃发与留发的厮杀中，其间不时冒出明朝官军收复南京、李成栋逃到扬州等谣言。无辜的百姓无论剃发，或者留发，都成为盗贼、无赖、投机者烧杀抢掠的借口，想保命只能随波逐流。七月底，嘉定城破二十多天后，李成栋的队伍进入葛隆镇和外冈镇，展开另一场屠杀，百姓死伤无数，据说现场的鲜血没过了脚踝。①

太仓人浦嶂在李成栋的支持下，担任嘉定临时县令。为了震慑百姓，他鼓动李成栋再次屠戮嘉定。在石冈镇，龚用广的遗孀娄氏（"嘉定四先生"之一娄坚的女儿）为躲避侮辱，投水而死，次子元彬被害；龚用广仅存的弟弟龚用厚，也和他的妻子、两个儿子死于兵难。②大兵挨家挨户搜查，百姓无处可逃，只能用乱草蒙着头躲在河里。浦嶂与兵丁大肆搜刮城内的财宝，用船运回太仓。城内外尸横遍野，没有官员维持秩序，只有寺庙的僧人找来木柴，将尸体堆起来集中焚化。③

---

① 《东塘日札》（二），第 4 页。
② 《俭化公父子兄弟死节事略》《文学恕先公传》，收于《嘤城龚氏族谱》（一），第 82、85 页；龚元昉：《石岗别》，收于《嘤城龚氏族谱》（二），第 7 页。龚元昉为龚用广的长子。
③ 《东塘日札》（二），第 5 页；《嘉定屠城纪略》，第 265 页。

八月初，李成栋派兵东进，直抵松江府。在上海县，明朝吴淞总兵吴志葵、登莱总兵黄蜚率领三千余名水兵以及一百三十余艘战船与清军对峙，不料遭到火攻，全军覆没，吴、黄两人被多铎下令斩杀；在金山卫，清兵再次施展了红衣大炮的威力，密集的炮火一天一夜没停息，城墙烫得守兵无法站稳脚跟；[1]在松江府城，官绅沈犹龙、李待问、章简等人带兵守城，城破后三人自杀，城内上万名百姓惨遭屠戮。

到了九月，暑气消退，江南各地的抵抗全部以失败告终。从六月到八月，清朝共花了三个月驯服江南。清朝委任的地方官陆续到任，道路恢复畅通，在外逃难的百姓陆续回乡。

江南各地，处处是成堆的瓦砾，残留着大火烧过的痕迹。店铺歇业，田野荒芜，华美屋舍沦为废墟，象征名誉的旗杆、牌坊东倒西歪，不计其数的民众流离失所。目睹这一巨大反差的人，无不黯然落泪。一场战乱，让江南昔日的繁华减去了十分之七。[2]

战争带来的破坏，需要很久才能修复。各县县令就任后，为了恢复正常秩序，陆续实行了一系列措施：捉拿作乱的奴仆、乡兵，派兵维持治安；发放通行证，招抚难民返乡；禁止贩卖被掳掠的妇女，命令她们回自己的家，或者张贴告示让家人领走；通告全城乡绅和读书人进衙门谒见，否则以叛逆罪惩处。[3]清朝委任的嘉定新县令也走马上任，之前的临时

---

① 姚廷遴：《历年记》，收于《清代日记汇抄》，第59页。
② 曾羽王：《乙酉笔记》，收于《清代日记汇抄》，第14页；姚廷遴：《历年记》，收于《清代日记汇抄》，第59页。
③ 曾羽王：《乙酉笔记》，收于《清代日记汇抄》，第22页。

县令浦嶂以贪虐罪被拘捕下狱，全家抄斩。[1]

　　恢复生计的前提，是更加严格的剃发令。嘉定县城四周设置了"清发道"，专门监办剃发事宜。城内的告示写得很清楚，不剃发或发型不合格者分五等定罪，"一寸免罪，二寸打罪，三寸戍罪，留鬓不留耳，留发不留头。又顶大者与留发者同罪"。[2]

　　随着形势的缓和，侯家人回到了嘉定城南的家乡诸翟镇龙江村。他们庆幸自己在乡下有个容身之处。为了保证安全，他们放弃了龙江村的旧居，分住在附近不同的村子。玄瀞和母亲李夫人住在惠宁庄，侯岐曾和妻室、玄沵夫妇住在厂头村，龚老夫人和玄泓夫妇住在恭寿庄。这些房子有些是侯家的旧宅，有的是弘光朝灭亡前新置办的，有些是亲戚家的房子，有些需要花钱租住。大家约定少出门，谨防耳目，一人外出时务必告知家人。

　　侯岐曾闭门不出，没有剃发，只是头发、胡子全白了。峒曾仅存的儿子玄瀞也没有剃发，终日躲在家中。岐曾的儿子玄沵和玄泓需要去县衙听候命令，去城里打探消息，为了行事方便，只能剃发留辫。

　　不愿屈从新朝的人，为了保命，大多剃去全部头发，变成佛门弟子。一时间，江南的城里乡下涌出无数和尚、尼姑。侯家的亲友夏完淳、顾天逵、龚元畅都剃光头发，戴上僧帽。

---

① 《东塘日札》（二），第 5 页。
② 《侯岐曾日记》，第 504 页，丙戌年，三月初一。

僧人的形象让他们无须屈从于剃发令，又可以免遭官府的追捕。

侯家遭变故以后，朋友圈子迅速缩小。他们断绝了和普通朋友的往来，只与若干挚友通信。清朝入主后，侯家的友人大多改名换姓，杨廷枢改名庄复，夏允彝改名黄志华，夏完淳改名明照，昆山的朋友归庄换过祚明、归藏、归乎来、普明头陀等几个名号，连侯家的得力家仆侯驯也改名川马。朋友们大多选择了隐居，杨廷枢躲在苏州山中，归庄客居嘉定，张鸿磐南翔的家中只留了一名老仆。

松江陷落后，夏允彝夫妇一度寄居龙江村。和岐曾一样，夏允彝也没有剃发。他深居简出，整理资料，为好友侯峒曾写传记；他写诗怀念黄淳耀，用"大雅"一词称赞黄淳耀的人格；他悲叹侯、黄守城时的英雄孤单，颂扬逝者"宁为玉碎"，惭愧自己苟且偷生。[1] 他和侯岐曾的住所离得不远，却互不见面，只是通信往来。两人用一截截小片竹纸写信，由侯家的家仆来回递送。[2]

侯岐曾改自己的号为半生主人，改姓易。"易"字拆自侯家先祖的杨（楊）姓，他希望《周易》里的名言"穷则变，变则通，通则久"能给侯家的命运带来转机。玄瀞表示赞同，他说，"易"字从日从月，是光复的预兆。[3]

特殊局面下，敢踏入侯家家门的亲友很少，只有侯兑旸、侯鼎旸等几位族人，张鸿磐、许自俊等本地朋友，以及年轻

① 夏允彝：《黄进士淳耀哀诗》，收于《明诗综》，卷七十六。

② 《侯岐曾日记》，第486页，丙戌年，正月十三。

③ 《侯岐曾日记》，第492页，丙戌年，二月初一。

的儿子和儿媳、女儿和女婿、夏完淳、陆元辅、苏渊等人。

年轻人没有再去学校读书。苏渊在黄淳耀死后收养了他四岁的儿子黄望，陆元辅在城内大家族担任塾师，并接受了玄泓的邀请，来侯家教习年幼的侯檠、侯荣。不去官学读书，不参加科举取士，意味着他们放弃了最合适的前途。他们当然明白这个道理，依然做出了选择。

侯岐曾的女儿们嫁的顾家、龚家，无不受到重创，生活陷入贫困。岐曾的女儿侯蓁宜、龚元侃夫妇，收养了朋友的遗孤。侯峒曾的女儿侯怀风嫁到昆山后，已经寡居，与婆婆相依为命。

侯家的亲友中，族人的情绪最复杂。他们沾过侯峒曾的光，享受过富足的生活，也在侯峒曾"倡乱"抗清后受到牵连，遭到官府追查。个别亲戚带着鱼和酒探望落难的侯家人，大部分族人和岐曾一样焦急地等着官府的政策。

和侯家来往的外姓村民不多，他们早习惯了士农工商各以类聚。大多数善良的村民对遭难的侯氏家族表示同情。毕竟，在龙江村，只有侯家由于秉持忠义而遭受了灾祸，其他百姓没有受到太大损失。[1]

危难让侯家人的命运更紧密地联结在一起，他们像受惊的鸟儿一样聚在同一棵树上，时刻关注外面的风声。"烟云四野天如墨，剩得寒檠一穗红。"他们努力适应破壁茅屋、风雨萧瑟的新生活。[2]

---

[1] 《紫隄村志》，卷二，第49页。

[2] 侯汸：《南野杂诗》，收于《清诗纪事》（一），第526—527页；侯涵：《和秬园兄南野诗》，收于《清诗纪事》（二），第648页。

屠城事件虽已过去几个月，局势依然不稳定。

侯家人听说，南京有几十个没剃发的人组成队伍，打起反清旗号，暴露后全遭诛杀；又听说有四五千人团团围住南京城，久攻不下，被消灭殆尽；抗清义士吴易组建了一支白腰党，劫掠了吴江县衙的银库，斩杀了县令和一些新科举人。新上任的苏松提督吴胜兆在吴江肆意掠夺，金银、女子装了满满几船。清兵和抗清义兵轮流进城，遭殃的是百姓，他们不断遭到抢劫，只能四处逃散。[1]

最让侯家人痛心的是亲友的死讯。

在江南城池陆续沦陷的两个月里，侯家失去了多位家人和亲友，包括侯峒曾、玄演、玄洁父子三人，岐曾的妹妹和妹夫金德开夫妇，亲家龚用广、龚用圆、龚孙玹及其家眷，好友黄淳耀、黄渊耀兄弟，以及昆山的顾咸建、嘉善的徐石麒、松江的章简。[2] 他们都在敌人逼近时选择了自尽或拼死抗争。

战乱平息后，死亡的消息并没有停止。一个萧条的秋日，松江传来了夏允彝投水自杀的噩耗。朋友们陆续殉国后，夏允彝抱定了必死的决心。当吴淞总兵李成栋邀他见面时，他拒绝了。他将家人托付给兄长夏之旭和好友陈子龙，将刚刚完成的《幸存录》交给儿子夏完淳，留下了绝命诗："少受父训，长荷国恩。以身殉国，无愧忠贞。南都继没，犹望中兴。中兴望杳，安忍长存！"之后自沉于水塘。家人目睹了他自沉

---

① 《侯岐曾日记》，第491、493页，丙戌年，正月二十六、二月初五。
② 有关侯峒曾与章简的往来，可参考侯峒曾给章简的信，《侯忠节公全集》卷八。

的场面：水浅不足以没过他，但他把头久久埋入水中，断绝了呼吸，衣服后背还没沾湿。[1] 三天后，夏允彝入殓时，夏家收到了隆武皇帝任命夏允彝为官的诏书——但他已经对明朝的光复不抱希望了。

侯家人再次陷入亲友离世的哀痛。

玄泓为夏允彝写了长长的传记。他回忆了夏允彝担任长乐知县时，善于决断诉讼，是崇祯朝"天下廉卓第一"的地方官；明朝灭亡后，夏允彝辗转面见史可法，资助江南、浙东的抗清斗争；弘光朝廷组建，他接受了女儿夏淑吉的劝阻，没有同流合污；受到清朝的压力时，他不惜以死明志。他生平不喜党争，当别人尊他为东林党魁时，他却批评东林党人"坐论节概，喜同恶异，不知救时之策"[2]。

玄瀞为夏允彝写了长长的悼文。他肝肠寸断，追忆了父亲侯峒曾与夏允彝的交情、他自己与夏允彝的忘年之交，也回忆起自己与父亲固守嘉定、夏允彝为松江号呼奔走的悲壮场景。他理解夏允彝，一如他理解自己的父亲，他觉得夏允彝死得其所，虽死犹生。[3]

夏允彝自杀后，最心痛的是他的女儿夏淑吉。婆家和娘家在短短几个月内如大厦倾覆，家破人亡。寒冬时节，兵荒马乱，夏淑吉躲在嘉定乡下，想到父亲为节义自尽，心如刀割。她无法回松江，只能在深夜里落泪怀念：

---

[1] 侯玄涵：《吏部夏瑗公传》，收于《夏完淳集笺校》，第516—520页。
[2] 侯玄涵：《吏部夏瑗公传》，收于《夏完淳集笺校》，第516—520页。
[3] 侯玄瀞：《夏吏部哀辞》，收于《上谷三孝子手迹》。

萧萧鉴玄夜，幽室生微凉。

眷言念君子，沈痛迫中肠。

音徽日以杳，翰墨犹芬芳。

灵帷空萧条，斋奠直荒唐。

举声百忧集，泣涕不成章。①

　　混乱的局势容不下她的太多哀伤。父亲去世后的一天夜里，母亲盛夫人敲开了她的家门。

　　原来，李成栋升任吴淞总兵后，更加放纵自己的队伍。在他赴任途中，他的手下沿路敲打民房，叫嚷"借锅做饭"，门一打开，直接抢劫。夏允彝去世后，儿子夏完淳投奔了太湖的反清义军，遗孀盛氏独自住在松江府南塘村。一夜之间，南塘遭到李成栋的劫掠，村民四散，盛氏只能连夜赶了五十多里路，投奔嘉定乡下的女儿。②

　　"一步紧一步"，岐曾回想起夏允彝生前说过的话，感到一阵心寒。③

2　怀　念

　　1646年，新年到来，这一年是清朝顺治三年，对侯家人

---

①　夏淑吉：《悼亡》，收于《明诗综》，卷九十二；亦收于《国朝闺秀诗柳絮集校补》，第四册，卷四〇，第1875页。

②　《侯岐曾日记》，第484页，丙戌年，正月初一。

③　《侯岐曾日记》，第493页，丙戌年，二月初五。

和亲友来说是明朝隆武二年。

刚经历苦难的人们，面对国破家亡的悲惨景象，无不流露出黍离之悲。

"颇闻城市少人烟，处处哀号焚纸钱。"[1] 归庄的家乡昆山一片荒凉。

"败壁只堪狐兔宿，空枝仅有鹧鸪飞。"[2] 嘉定娄塘镇的萧瑟让杨廷枢感到惨不忍睹。

"白首同归交谊重，国殇两吊日南天。"[3] 夏完淳沉痛地缅怀父亲夏允彝和伯父侯峒曾。

"门前双郁垒，犹是旧威仪。"[4] 在岐曾的女婿顾天逵看来，唯一没变的是家家户户贴的门神。

"有药难医贫到骨，无钱可买命如丝。"[5] 生活一落千丈，岐曾的女儿侯蓁宜只能以绩麻织布为生。当她和丈夫龚元侃听到邻家的欢笑声和爆竹声时，心里更不是滋味儿。[6]

侯家人沉浸在巨大的悲伤中，新年仪式一切从简。家庙里摆上香烛、果品，供奉从城里迁回的祖先牌位，全家参拜，父子小酌。侯岐曾感到了前所未有的责任。他本有六个同母兄弟姐妹、一个庶妹，历经瘟疫后，到去年只剩三人，

---

① 归庄：《乙酉除夕次顾大鸿韵四首》，收于《归庄集》，第 50 页。

② 杨廷枢：《二十六日过娄塘，兵火之后，予目所未睹，感而叹之》，收于《天启崇祯两朝遗诗》，卷九，第 1179 页。

③ 夏完淳：《元旦（丙戌）》，收于《夏完淳集笺校》，卷六，第 323 页。

④ 顾天逵：《丙戌元旦》，收于《天启崇祯两朝遗诗》，卷九，第 1206 页。

⑤ 侯蓁宜：《病中述怀》，收于《国朝闺秀诗柳絮集校补》，第三册，卷三三，第 1516 页。

⑥ 龚元侃：《乙酉除夕哭先子》《同老母诸弟守岁泫然赋此》《绝粮示内》等，收于《嘐城龚氏族谱》（二），第 10、12 页。

嘉定抗清失败后，只剩他一人。长子玄汸三十二岁，其他子侄不到三十岁，尚不足以支撑家族。这是侯家最破碎的一个新年。

元宵节，县城里贴出"金吾不禁"的告示，解除平日的宵禁，人们可以观赏夜景。村民舞起龙灯，还有人绕着侯家的庭院唱戏，讨要小钱。窗外锣鼓喧天，有人考中了秀才。龚老夫人叹息良久。城里已经传出了"白马紫金牛，骑出万人羞"的童谣。[1] 早在改朝换代伊始，1645 年，在清朝统治下考取秀才的嘉定士子就有五十人，1646 年有四十五人，比鼎革前没有少太多。[2] 特殊时期，人们的选择比平时更加多元。

岐曾翻出玄演、玄洁兄弟的遗稿细细浏览，很多习作都是在峒曾、岐曾和黄淳耀的指导下写就的：

玄演喜欢读古人的故事，常有不寻常的心得，比如"诸葛计功输乐毅，渊明言志托荆轲"。[3] 他喜好性理之学，用一首"元宰何微茫，悠悠费追寻。世皆尚雕饰，未敢明此心。微言会将绝，太息空抚襟。"表明自己超脱的一面。[4]

玄洁喜好山水，常在旅途中给兄弟们写诗代信。[5] 在明亡前的几年里，他身体孱弱，却表现出对时局的担忧。当他因肺病寄居山中时，他写道："渐减文章乐，能忘寇盗悲？"当他

---

① 《侯岐曾日记》，第 495 页，丙戌年，二月十一。

② 《嘉定明清诸生录》，收于《嘉定历史文献丛书》第二辑。

③ 侯玄演：《咏史》，收于《天启崇祯两朝遗诗》，卷六，第 609 页。

④ 侯玄演：《杂诗》，收于《明诗综》，卷七十六。

⑤ 侯玄洁：《侯云俱诗》，收于《天启崇祯两朝遗诗》，卷六，第 619—622 页。

看到堂兄玄汸为嘉定折漕事宜奔走时，他感叹："坐愁南郡征输日，行过江黄战伐尘。"[①]

仅仅一年，天翻地覆，父子兄弟阴阳两隔。嘉定城破时，家人匆忙逃难，名贵家具、大件古董都没有带走，家仆用竹筐背到乡下的手稿、书信、画像，是侯峒曾和玄演、玄洁父子仅存的遗物。

清明节将近，在岐曾的安排下，年轻人分工整理逝者的遗稿。玄瀞负责整理峒曾的书信、诗文，为他编撰年谱；玄汸与玄瀞一起整理玄演、玄洁的诗文，龚元侃、顾天逵负责抄录；陆元辅与玄泓搜集黄淳耀的诗，苏渊整理黄淳耀的文章。另外，龚元侃还要整理父亲龚用圆的遗稿。所有的书稿只能传抄，暂时没有刻印的机会。

有的村民听说后，主动归还了侯峒曾的三十多册手稿，换得一些小钱。玄泓无意中在城内店铺买到了祖父侯震旸的几卷遗作，以及侯峒曾用过的一方古董砚台。[②]睹物思人，每一件遗物都弥足珍贵。

岐曾的父亲侯震旸的诞辰，不再像以往那样隆重纪念；岐曾的五十二岁生日，也不再去白塔寺礼佛庆寿。每一个欢乐的节日，在侯家都变成了祭日。

真正到了最大的祭日清明节时，侯家却无法大规模祭祀。

清朝颁布了新历法，清明节是二月十九，不过侯家人还是按照明朝历法，在二月二十一举行仪式。[③]

---

① 侯玄洁：《癸未九日寓昆山》《示智含》，收于《明诗综》，卷七十六。

② 《侯岐曾日记》，第 503 页，丙戌年，二月二十七。

③ 《侯岐曾日记》，第 497 页，丙戌年，二月十九至二十一。

为亡人移柩，是从清明节开始要做的大事。侯家决定将城里和乡下的坟合并，峒曾和岐曾两支也不再分开祭祀。安葬的结果是：岐曾的父亲侯震旸一席，玄洵合葬其中；侯峒曾、侯岷曾合葬一席；岐曾的原配张氏一席，长儿媳杜氏合葬其中；两个侄子玄演、玄洁合葬一席。

岐曾和龚老夫人、嫂子李氏商议，简化祭祀的流程和仪式，一年只分清明、中元、除夕三次大祭祀，祠堂里只祭祀上三代人，即岐曾的曾祖父侯尧封、祖父侯孔诏和父亲侯震旸，其余的节日只祭祀父亲侯震旸和兄长侯峒曾。其他过世的女眷、子侄，不在祠堂中设牌位，只在坟墓上行礼。

简单的仪式无法寄托哀思，更多的情绪只能诉诸笔端。战乱过后，读书人开始自发地搜集死难者的名单。岐曾向友人朱子素、门生陆元辅询问嘉定城破后的死难详情，打算写一篇《嘉定死事备考》，记录抗清的死难者。他笔下记录了一串长长的死者名单：[1]

龚用圆，岐曾的亲家，人称龚博士，城破后与兄长龚用广跳河自尽；龚孙玹，峒曾的亲家，与敌兵展开巷战，身中七刀而死，他的妻子在家中投水自杀。[2] 在嘉定几次屠杀中，龚家遇难的成员有龚用广和妻子娄氏，两个儿子元彬、元韶；龚用圆；龚用厚和妻子沈氏，两个儿子元明、元桂；龚孙玹

---

① 《侯岐曾日记》，第497页，丙戌年，二月二十一。
② 《尔韬公节略》，收于《嘤城龚氏族谱》（一），第90—91页。尔韬即龚孙玹。

和妻子金氏。加起来至少十一口人。①

金德开，岐曾的妹夫，出身书香世家。他们夫妇在嘉定守城时赶到侯家，金德开参与守城。峒曾投水自杀时，他的妹妹听说了丈夫金德开罹难的消息，一同跳水自尽。他们的儿子、儿媳、女儿也没有逃过劫难。金家共有七名族人在兵难中遇害或自杀。②

此外，岐曾还记录了多位参与守城的义士：

张锡眉，侨居嘉定的松江举人，与峒曾守城失败后，他留下绝命诗："我生不辰，侨居兹里。路远宗亲，邈隔同气。与城俱亡，死亦为义。举家殉之，惜非其地。后之君子，不我遐弃！"然后与妾一起跳水自尽。③

唐昌全，峒曾的门生，黄淳耀的朋友。守城失败后，他回到家中，当敌兵破门而入逼他剃发时，他誓死不从，和妻子一起被害。

龚元，顺天府小吏，来嘉定迎接侯峒曾任官。赶上李自成攻陷北京城，他无法回京，只能滞留在嘉定。峒曾投水自尽时，他坐在池边痛哭，被乱刀砍死。

杨恕，侯峒曾的仆从，跟从侯峒曾守城，城破后不肯离去，随峒曾回到侯家，当敌兵向他索要财物时，他默不应声，

---

① 《文学俭化公传》《俭化公父子兄弟死节事略》《先公孝廉学博智渊府君行略》《文学恕先公传》，收于《嘤城龚氏族谱》（一），第81—85页；《明诗综》，卷七十六，龚用圆。俭化即龚用广，智渊即龚用圆，恕先即龚用厚。

② 乾隆《嘉定县志》，卷十，人物志，列女；嘉庆《嘉定县志》，卷十六，人物考五。

③ 《嘉定县乙酉纪事》，第11页。

被杀。

夏云蛟，黄淳耀的好友，直言社成员。他悬梁自杀不成，敌兵进门时，他干脆悠闲地躺在床上，被砍杀。

朱长祚，他协助侯峒曾守卫北城，城破后带着两个妾跳水自尽。

朱衮，城破后，他扣紧铠甲，挥舞兵器，与敌兵厮杀至死。

…………

侯家的朋友朱子素几次登门，带着尚未完成的《嘉定屠城纪略》。朱子素在嘉定城破后侥幸活命，正记录半年前的嘉定悲剧：乡兵怎样成事不足，败事有余，侯峒曾和黄淳耀如何临危受命，李成栋如何几次下令屠城，百姓如何四散逃亡。他记录了嘉定抗清斗争中七十八位死难乡绅和读书人的名字，更多的是没有留下姓名的无辜百姓，他估计城内外死于鼎革兵难的男女老幼有两万余人。[①]

他们也会谈起为什么嘉定的抵抗会失败。

二十二岁的玄瀞整理父亲的书信，回忆父兄和兵民守城的经过，总结了三条原因：第一，明朝覆亡，人心灰暗，只能勉强抵抗，城墙轰然倒塌的一刻，众人的信念再也无法挽回；第二，嘉定只是弹丸之地，北部的太仓屏障一失，敌兵不出两个时辰就能赶到嘉定，嘉定完全没有喘息之机；第三，嘉定城墙年久失修，没有能指挥的武将，没有能作战的士兵，

[①] 朱子素：《嘉定屠城纪略》，第 268 页；《东塘日札》（二），第 5 页；《嘉定县乙酉纪事》，第 14 页。朱子素的书在后世传抄过程中出现多个版本，关于不同版本的分析解读，可参考邓尔麟《嘉定忠臣》附录 2。

粮食、铠甲、马匹不足，火器、兵器迟钝难用，只靠个别家族出资出物，很难坚持到底。①

朱子素则认为，嘉定遭难，吴志葵有无法推卸的责任。打着抗清旗号率众守城的，其实有两类人，一类是侯峒曾、黄淳耀等真正忠于明朝的臣子，但他们除了信念，几乎别无可恃；另一类是吴志葵等明朝将领和各镇乡兵，将领只想以抗清为掩护谋取私利，乡兵力量涣散，终不能成事。嘉定城破后，有人私下议论侯峒曾、黄淳耀等守城领袖"忠有余，智不足"，但朱子素认为，侯、黄等人殉的是一个"义"字。当时的形势，即便不守城，嘉定也难逃一劫。最该受到批判的，是那些起哄倡议抗清，轻易挑起兵事，结果半道退出的家伙。②

当他们看到夏允彝的遗作《幸存录》时，就会明白明朝的灭亡并非偶然。当整个王朝覆亡时，江南的沦陷只是迟早的事。

《幸存录》是夏允彝自杀前写成的，详细记录了明末政事。当他反思党争时，他意识到明朝的灭亡不全是"小人"的错。东林党自视为君子，将阉党视为小人。小人是真小人，君子未必是真君子。小人加害君子，君子反过来攻击小人，一来二去，朝野官绅的精力全用在互相提防、互相倾轧上。当内忧和外患的双重挑战来临时，悲剧的结尾几乎是必

----

① 《侯忠节公全集》，卷三，年谱下，第 15—16 页。
② 《东塘日札》（二），第 5 页。参考巫仁恕《逃离城市：明清之际江南城居士人的逃难经历》，收于《中央研究院近代史研究所集刊》，第 83 期，2014 年 3 月。

然的。[①]

守城、失败、屠城、遭难，侯家人也许会听到外人的只言片语。混乱的时局，敏感的话题，其实没有人公开说什么。让岐曾欣慰的是，挫折并没有影响侯家的声誉，反倒赢得了更多推崇。这从两件事可以看出：

一件是，清明节过后，百姓纷纷传言，本县县尉夜间巡逻时，看到身后有个穿着绯红色官袍的人影。县尉心慌，问随从这是谁。随从说，是侯家大老爷侯峒曾。第二天，雷声轰鸣，暴雨大作，一道闪电击穿了县衙的大门。过后，县城里建起了水陆道场，僧侣云集，超度在县城上空盘旋的亡灵。[②]在百姓的心目中，侯峒曾的灵魂开始有了神性。忠臣死后显灵，在历史上多有先例，无论是否真的显灵，都证明了忠臣在百姓心中的地位。[③]

另一件是，春天到来后，向侯家求亲的人变多了。从附近的上海到江苏北部的彭城（徐州），先后有人带着名帖和礼物来谈婚事，侯家的朋友许自俊也竭力牵线。夏完淳身为嘉兴钱家的女婿，也带来钱家希望与侯家结亲的消息。岐曾在心里默默感激兄长的在天之灵。[④]只是侯家门庭衰落，连足够的彩礼也拿不出。玄泓的幼子侯荣与彭城的家族定亲时，只

---

① 夏允彝：《幸存录》，门户大略；侯玄泾：《月蝉笔露》，卷下，第1—7页。

② 《侯岐曾日记》，第507页，丙戌年，三月十二；第536页，丙戌年，五月二十五。

③ 可参考陈宝良《明代士大夫的精神世界》，第339—340页。

④ 《侯岐曾日记》，第489页，丙戌年，正月二十一。

能答应入赘到对方家中。[①] 入赘，是侯家的祖先家境贫寒时不得已的选择，经历了几代繁荣后，突如其来的时代剧变又把侯家推回低微的境地。

3 寡妇

死者长已矣，生者尤艰难。在追思亡人之外，活人也需要关注。龚老夫人、岐曾、李夫人是三名长辈，为整个家族支撑大局。年轻的玄汸、玄泓皆有妻子相伴，玄瀞尚有母亲相依为命，最孤苦的大概要数侯家的寡妇们了。

清明节过后，岐曾一连给姚妫俞、龚宛琼两个年轻的侄媳妇写了四首诗。“红颜白发元同命，黾勉扶将是大贤。”“忠孝门中留硕媛，虎狼国里计安身。”“夫义妻贞执大纲，君亲两字费商量。”“不信立孤难什倍，看吾玄鬓一朝霜。”[②] 有大义，有小家，有劝诫，有无奈，岐曾的心中五味杂陈，把道理说尽，只是希望她们好好活着。

玄瀞也为两位寡嫂写了一篇《寡妇赋》，由顾天逵撰写序言。玄瀞用典雅的文体，伴着凄哀的感情，力劝两位嫂子节哀顺变，坚强面对现实。他已经失去了父亲和两位兄长，幸存的家人除了母亲，只剩两位寡嫂。他悲痛地哀求她们可怜

---

① 侯开国：《凤阿山房图咏记》，收于《凤阿集》，第一册。
② 侯岐曾：《示姚龚两节妇》，收于《天启崇祯两朝遗诗》，卷六，第 607 页。

他，他不想再失去更多的亲人。①

岐曾和玄瀞这样做是有原因的。

十天前，亲家姚宗典带着女儿姚妠俞从苏州来奔丧，侯家才知道发生在姚妠俞身上的事。前一年盛夏，嘉定全城抗敌时，姚妠俞正在苏州娘家归宁，兵事一起，道路阻隔，她被迫滞留。听说嘉定城破、丈夫玄演死难的消息后，她抱定了从死的打算，几个月里，她吞过针，服过水银，都被家人救下。②

姚妠俞回到侯家治丧后，没有放弃以死明志的决心，她与妯娌龚宛琼同病相怜，两人约定一起殉死，急坏了侯家人。龚老夫人、李夫人以怜爱的话语阻拦她俩，岐曾、玄瀞也以诗文劝慰。

上千年来，三纲五常（"君为臣纲，父为子纲，夫为妻纲""仁、义、礼、智、信"）成为儒家倡导的社会伦理观念，将官民、男女、老幼等世间各色人等纳入道德教化的范畴。三从四德（"未嫁从父、出嫁从夫、夫死从子""妇德、妇言、妇容、妇功"）更是专门指导妇女修养身心、维护家庭的道德规范，贯穿妇女们的一生，刻印在她们的心底。从先秦的孔孟之道，到宋朝的程朱理学，再到明朝东林书院的思想，主流社会一直强调这些观念。历代官府提倡妇女从一而终，旌表守节行为，贞节匾额、贞节牌坊成为传统妇女至高无上的荣耀，官修正史、地方志书无不详细记录节妇贞女

---

① 侯玄瀞：《寡妇赋》，收于《上谷三孝子手迹》。
② 钱海岳：《南明史》，卷三十二，第 1604 页。

的感人事迹。翻开史书中的"列女传",长长的名单一一注明她们是哪些男人的妻子,她们成为当世和后世女子的榜样,也为所在的夫家赢得了地方威望。她们没有留下名字,但留下了名声。

不过,恪守贞节只是道德倡导,并不是法律规定。明朝法律不仅没有规定丈夫死难后妻子必须从死,对守寡妇女的改嫁也很宽容。官宦家族中的命妇不允许改嫁,但在平民家庭,寡妇改嫁是一件很平常的事。也因此,贞节牌坊才显得弥足珍贵。只是,在一个秉承忠孝的清白大家族,改嫁几乎不太可能。改嫁不符合大家闺秀们从小接受的道德观,会被人另眼相看,会影响娘家和婆家两个家族的声誉,况且改嫁后自己拿不到一分家产,生活将难以为继。

在妇女守节的问题上,侯家人的态度似乎开明得多。贞节牌坊更大意义上是一种名声,但不是必需品。活着的人还需要她们,她们不需要用生命去换一座冷冰冰的牌坊。正是出于这种考虑,当侯峒曾殉国的消息传来时,他的妻子李夫人虽悲痛不已,做好了追随丈夫殉节的心理准备,实际上却咬牙活了下来,与全家人一起逃亡。[1] 侯家的亲家夏家也认同这一理念,夏允彝死后,他的妻子盛夫人也没有从死,而是来嘉定投奔女儿夏淑吉。[2]

---

[1] 《闺墨萃珍》中收录了《明侯峒曾夫人赵氏殉难前谕遣婢仆书》《又托幼孙泣谕老仆柳恩书》两文,有一些疑点,如侯峒曾的妻子为李氏,并非赵氏。是否后人伪托,有待考证。

[2] 可参考孙慧敏《天下兴亡,"匹夫"之责? 明清鼎革中的夏家妇女》,收于《台大历史学报》,2002 年 6 月,第 29 期。

姚�妫俞不想改嫁，一心求死，多是因为她和玄演感情深厚，两人才度过了短短几年的幸福时光便阴阳两隔。她刚在清明节写了篇追思玄演的祭文，她案桌边摆放的《玉台清照集》，是她和玄演恩爱的见证。《玉台清照集》之名，大约源自南朝诗集《玉台新咏》。《玉台新咏》收录了《孔雀东南飞》《陌上桑》等脍炙人口的民间诗歌，也保存了一些杰出女诗人的作品。姚妫俞对古代的女诗人心向往之，她戏称拜玄演为师，要他教自己写作。在玄演眼里，妻子如同南朝诗人鲍照的妹妹鲍令晖，蕙质兰心，喜欢卧在屋内看书，又如南朝徐悱的妻子刘令娴，出嫁后除了丈夫别无倚靠，只能发些闺怨之叹。夫妻二人喜欢汉魏六朝的文风，闲暇时以诗唱和，积累了六卷诗歌，取名《玉台清照集》。①

"自从嫁后无多别，才梦君行便梦归。""但使妾身如陌柳，马头先见庾郎尘。"②玄演仿照女子口吻写下的闺怨诗，道不尽姚妫俞对他的思念。

不同于有女儿的龚宛琼和有儿子的夏淑吉，姚妫俞没有子女，没有任何牵挂。美好的婚姻随着丈夫的离世化为泡影，桃李年华的容颜伴着时光老去，她对余生充满迷茫。在出家和死之间，她做了一番挣扎。

姚妫俞从小接受的，不只是宏观上社会道德倡导的"夫死从之"，更有咫尺间家族的节义风气。她的祖父姚希孟是侯家的挚友，一辈子为官正直，不屈从阉党的淫威，为姚家树

---

① 侯玄演：《玉台清照集序》，收于《上谷三孝子手迹》。
② 侯玄演：《春闺怨》四首，收于《天启崇祯两朝遗诗》，卷六，第610页。

立了忠节正气的门风。当姚妫俞拿出姚希孟当年撰写的《归烈妇传》时，侯家人便不难理解她心中的煎熬。《归烈妇传》是姚希孟生前为昆山人归善世（归有光的孙子）的年轻寡妻做的传记，记述了她在丈夫病亡后一心从死获救后继续求死，并将必死之心告知母亲、说服母亲不再阻拦她死的故事。姚希孟写完归家寡妇的故事后，评论道，大敌当前时，望风投降者都是因为贪生怕死，看淡生死，才能成为贞臣孝子，归烈妇的故事堪称百世之师。[①]

个人的选择可以和社会主流的倡导不一致，尤其是殉节这一伦理。和侯家人一样，姚宗典不希望女儿姚妫俞像贞节烈妇一样轻易死掉。他写了二十一首绝句送给女儿，劝慰她从佛。姚宗典以前为国子监生的时候就是佛门居士，曾与杨廷枢、徐汧等好友组建准提社，常年持诵准提咒。明亡后，他隐居山林，与儿子和同道中人组建上善会，吸纳僧俗人士，一意修佛。[②]他希望女儿能和自己一样，在佛门清音中找到心灵的慰藉。

面对父亲的开导，姚妫俞的心情可谓百感交集：

白云天末和愁低，无限离怀怨曙鸡。
烟柳河桥残月少，疏钟古寺晓风凄。
百年幻影花枝老，廿载浮生草路迷。

---

① 姚希孟：《归烈妇传》，收于《棘门集》卷五，《四库禁毁书丛刊》集部，第 179 册。侯岐曾：《侯岐曾日记》，第 496—497 页，丙戌年，二月十四、二月十六。

② 彭际清：《居士传》，卷四十七，姚宗典。

一苇江头如可折，竺乾西去待相携。[1]

遥想当年，佛祖达摩以一苇渡江，修成正果，父亲也一生淡泊，笃志奉佛。娘家和婆家都希望她坚强活下去，她几次求死不成，只剩出家一条路。

侯家的礼佛氛围一直浓厚，尤其是国破家亡、亲人离世后。艰难的日子里，重要礼仪可以简化，但不能缺少，一个是前面说的祭祀，另一项是奉佛。

先前，侯家人在家礼佛。避居乡下后，夏淑吉得到全家的捐助，帮助法师修缮五间废弃的房屋，作为专门的佛堂，取名大悲庵。

大悲庵建好后，夏淑吉削发出家。她的母亲盛夫人年初已经削发为尼，和她一起入住大悲庵。她把八岁的独子侯檠托付给玄汸夫妇，让侯檠称伯父母为父母，约定她只在入学拜师、娶妻生子等重要场合出面。

礼佛时，家人聚在大悲庵，从龚老夫人到孙辈，依序行礼，持斋吃素。岐曾私下觉得艰难的日子里还要出资供佛，可谓迂腐。[2] 唯一拒不参加仪式的是姚妫俞，任凭谁劝说都无法让她到场。她的婆婆李夫人请来龚老夫人，带着姚妫俞和龚宛琼两个寡妇去庙里拜佛，其他女眷也竭力劝说她俩皈依到大悲庵净云法师的门下。

---

① 姚妫俞：《仲春十五夜大人山中言旋即别写怀》，收于《晚晴簃诗汇》，第一九九卷。

② 《侯岐曾日记》，第 506 页，丙戌年，三月初八。

到了四月初八佛诞日，妇女们一起做忏悔礼，姚妫俞似乎想通了，不再抗拒，与龚宛琼一起削发，定于四月十五出家。两人的法号分别为再生、妙指，不再以世俗的姐妹身份相称。[①]

夏淑吉、姚妫俞、龚宛琼的出家更像一种形式，她们没有断绝与家族的联络，家人也没有因为她们出家而忽视她们。每个月的初一和十五，侯家人都去大悲庵礼佛，龚老夫人也带着女眷前去团聚。在大悲庵礼佛的日子，是家庭小聚的时刻。只有在这个场合，家人才更齐全。

安葬逝者，安抚未亡人，种菜种豆，养鸡养猪，避居乡间的日子似乎安顿下来了。

“楚囚深锁恨重重，那得个情郎信息通。从伊一去，歌停笑慵，当初恩爱，落花晓风……”[②]夜色笼罩，姚宗典从别家借来的童子，在侯家清唱起前朝的小曲，让曾经喜欢看戏的人们再也没有睡意，仿佛自己也成了一出戏。[③]

4　籍没令

局势缓和，侯家人不再有生命危险，但官府的目光依然紧盯着他们。县衙为防止侯家有人逃跑，不定期下达“大签”[④]。

① 《侯岐曾日记》，第 518 页，丙戌年，四月初八。
② 浮白主人：《余音嘹亮》，收于《明代歌曲选》，第 141 页。
③ 《侯岐曾日记》，第 497—498 页，丙戌年，二月二十一。
④ 《侯岐曾日记》，第 495 页，丙戌年，二月初十。

“大签”一下，岐曾要派儿子进城报到，不能由家仆代替。他让家仆向官府汇报，说他自己病危，即将“呜呼哀哉”。[1]

侯家人知道，他们是率领嘉定抗清的头号家族，清朝不会轻易放过他们。岐曾托人打听到，官府对侯家的政策很可能是：籍没。

籍没，就是没收当事人的所有家产，包括房屋、田地，严重时甚至将当事人的妻子、儿女一并入官为奴。

和所有大家族一样，侯家的主要资产是房屋和田地。房屋方面，侯家除了城内的八进院落、城东的侯氏东园和乡下龙江村、厂头村的多座宅子，还在南翔镇上拥有一套别业；田地方面，侯家自岐曾的曾祖父侯尧封以来，几代人在乡下购置田地，加起来至少有两千亩。两千亩田地听起来不少，不过在富庶的江南，世家大族坐拥上万亩土地不是稀奇事儿，侯家的田产只可算小巫见大巫。

除了龚老夫人，峒曾一支活下来的有李夫人、长子玄演的寡妻姚妫俞、次子玄洁的寡妻龚宛琼、三子玄瀞、年幼的孙女；岐曾一支在世的有岐曾、岐曾的妻子金氏、妾静姝、长子玄汸和宁若生夫妇、次子玄洵的寡妻夏淑吉、三子玄泓和孙俪箫夫妇、年幼的孙子孙女，加上前来投奔的女儿、女婿，还有十余名家仆，总共将近三十口人。整个家族除了逃难时从城里带回的少量财物，完全倚赖乡下的田产过活。

新朝伊始，籍没令具体如何执行，哪一天执行，尚没有确切消息。这似乎给侯家带来了喘息之机。怎样缓解官府对

① 《侯岐曾日记》，第488页，丙戌年，正月十七。

侯家的政策，开始成为侯岐曾最劳心费神的一件事。

在官府清查家产前，侯家开始零散地卖田，租售南翔镇的别业，全部换成银两，减少家族的损失。

时值乱世，米价翻倍上涨，田价却低得惊人。早年间，一亩地能卖六七十甚至上百两银子，现在，一亩良田只能卖二三两银子，质量差的田地相当于白送，甚至白送也没人要。[①] 岐曾每天检视唐湾、陶林、圆沙各处的田价，听家仆汇报卖地的账目，清点银两。

卖田换回的银子，岐曾每次一分为三，龚老夫人一份，李夫人和玄瀞一份，岐曾一份。岐曾的一份大致有几种去向：分散给子女帮助过活，比如这个月给儿子玄汸七两银子，下个月给女婿龚元侃三两银子；给家塾老师陆元辅支付薪金，每月大约四两银子，有时还要资助他进城买书；定期交给大悲庵的法师一些碎银子，作为供品钱；雇工匠修缮老房子，便于夏天居住。银两分散完，余下的仅够家人每天的吃喝。

日常支出只是一小部分，卖田换回的钱大部分重新流入官府的口袋。总体来说，花在官府身上的钱主要有两项。

一项是缴纳田租。按照官府要求，在清查田地、籍没充公之前，侯家要定期上交全部田租。田租是全家唯一的生计来源，全部上缴后，侯家显然要陷入绝境。经过几次交涉，官府对侯家的政策改为上缴田租总额的十分之七。一纸薄薄的催缴令，也叫抚牌，用清晰的墨笔写着户主姓名、应缴数

---

① 黄冕堂：《中国历代物价问题考述》，第 145—149 页。

额和收牌日期，数额通常是几百两银子，侯家要为此忙上几天，或廉价售田，或东拼西凑。

另一项巨额支出是打点官府。政局动荡，官吏爱财，想让官府手下留情，只能不停送钱。这是岐曾最头疼的事。

要打点官府的方面很多，除了申请延期缴纳田租，还要应对官府临时下达的指令。

一会儿，是官府下达追查令，称有人举报本县一些大家族在前朝私占荡田，请求官府收回田地，彻底清算。侯家也在"占荡"大家族的名单中。[①] 荡田是河边滩涂上的无主荒地，芦苇丛生，大户人家常安排家仆和租户开垦，拔除荒草，灌溉种植，变成自家的田地。在明朝，荡田不需要向官府交税。岐曾觉得可笑，因改朝换代而翻身的无业游民，瞅准机会向前朝的大家族倒打一耙。面对追查，岐曾只能派人带着银子去县衙通融一番。

一会儿，是有消息传来，守城领袖的家属也要捉拿。官府的态度是，守城与死节不同，为前朝死节者可以既往不咎，率众抗清的守城者则罪不可赦。在嘉定，侯峒曾、黄淳耀、龚用圆等五个守城的首要家族，都要严格审查，厉行籍没令。峒曾和玄演、玄洁已经死去，仅存年纪最小的儿子玄瀞。如果玄瀞也遭遇不测，峒曾一支就断绝香火了。侯家把玄瀞藏在隐秘的村子里，叮嘱他不要露面，同时派人去官府打点。

几个月来，侯家打点县衙的事都由管科办理。管科是侯家的远房亲戚，也算侯家的仆人，一向擅长去官府跑腿办事。

---

① 《侯岐曾日记》，第 493 页，丙戌年，二月初三。

他能做的，主要是去县衙听候官府的命令，再向侯家传达，等待岐曾与家人商议，拿上侯家凑出的银两，回到县衙贿赂小吏，央求小吏代侯家向县令通融，如此循环。

和管科联络的县衙小吏姓张。他长期在官府做文书，不受改朝换代的影响，无论是前朝的县令，还是新上任的清朝县令，他都应对自如。外地来的县令通过他，能快速掌握本县的风土民情、大族家事。鼎革之际，县令的位置并不稳固，随时可能换人，善于审时度势的县令都懂得倚赖小吏，尽可能多捞几把。

新上任的嘉定县令姓杨，湖北人，是一名贡生。贡生是受到朝廷加恩的国子监生员。杨县令以贡生的低等身份充当县令，在只有举人和进士才能担任知县的太平年代是不可能的事。而他能当官，得益于他的父亲。他的父亲与岐曾的父亲侯震旸是同僚，也是天启年间反抗阉党的东林党人，是大名鼎鼎的"东林六君子"之首。比侯震旸更惨的是，他的父亲因弹劾魏忠贤受到严刑拷打，最终死于狱中。当然，这也带来了巨大的名声。崇祯皇帝即位后，杨家的儿子们为父亲上疏鸣冤，两个儿子都受到恩荫，得以封官，其中一个便是这位杨县令。明朝末年，杨县令曾担任江西泰和、安徽临淮两县的知县。清朝定鼎后，他能成为嘉定县的第一位县令，侧面说明他是第一时间臣服清朝的。①

生逢乱世，杨县令没有继承父亲的刚直和廉洁，也从未

---

① 杨之赋：参考康熙《嘉定县志》，卷十，职官，第16页。他的父亲是杨涟。

眷顾同为东林党后代的侯家。正是他，每月循环着向侯家发布命令、接受侯家的贿赂、再下指令、再收贿赂的圈子。

他本来可以在嘉定安心任职，直到期满。不过，四月底的一天夜里，嘉定县发生了一起劫狱事件。不明身份的大胆人士劫掠了监狱的仓库，还放火烧了县衙大堂。一夜之间，拥有四百多年历史的嘉定县衙化为一片废墟。火光漫天，城内百姓知道出了大事，纷纷逃亡。劫狱事件传遍了江南。

第二天，吴淞总兵派出上千名马兵和步兵，开赴嘉定维持治安。军需紧张的大兵如同撒了欢儿，从松江到嘉定一路上，他们挨家挨户索要酒肉，拿走财物。在松江，夏完淳居住的曹溪遭到大兵侵扰，村民四散，他逃跑时不幸落水，爬上岸后，只能逃往侯家。不过嘉定也不安宁。从松江来的大兵进驻嘉定后，不时传来富户被掠夺、女子被奸淫的消息。周边的乡镇上，家家户户紧闭房门，悄悄逃命。

杨县令由于任上的重大失误，难辞其咎，被带到苏州府听候发落。他暗中贿赂刑部官员，却受到警告，颜面尽失。他又私下嘱咐身在嘉定的小吏和家人，给全县的士民百姓发放银两，请他们联名上书，称颂他是个廉政爱民的好官，称这次劫狱和火灾纯属意外，请朝廷批准他在嘉定留任。这个办法起作用了，刑部不再追究他的玩忽职守罪，只免去他的县令一职。朝廷已经任命了新县令，在新县令到达嘉定前，依然由杨县令主持嘉定政务。①

----

① 《侯岐曾日记》，丙戌年，四月二十七（第525页）、五月初一（第527页）、五月初五（第528页）、五月十七（第531—532页）。

杨县令知道自己即将离开嘉定，加大了搜刮的力度。他刚回到县衙，就拿出朝廷的朱批公文，下令收取侯家的全部田租。

"侯家事，乘我在此，包它申文干净，但须助我行赀。"杨县令直言不讳地对张姓小吏说。小吏马上将县令的话转告管科，管科匆匆带话到侯家。

岐曾跟龚老夫人商量，后面换了县令还要从头打点，不如顺水推舟，便托管科送去了五十两银子。

"这送你们也不够。"杨县令掂着银子，对张姓小吏说。

他又转身对管科说："你家事大，若付掌印手，最少千金。今吾已荡尽，前日汝家送我的，俱化为乌有了。此时随分金、犀等器物，皆可助我用。难道我要与你家完局，你家反不理会？只索抛去便了。"①

岐曾听着管科带回的话，恨得直骂。他在日记中记下了杨县令的每一句原话。骂完写完，他只能继续满足县令的贪欲，与儿子玄洬拿出各自的钱，又加上夏淑吉给儿子侯檠存的结婚聘礼钱。他还给县令写了一封亲笔信，讲述侯家的困难处境，请求县令手下留情。低声下气的言辞让他觉得自己玷污了纸张。②

银子送去，县令收下，又暂时平静了。夹在县衙和侯家之间的小吏不是每次都收贿赂。遇上他们不收时，事情反倒更难办。钱财能送给县令还算运气好，有时还没到县令手里

---

① 《侯岐曾日记》，第532—533页，丙戌年，五月十九至二十一。
② 《侯岐曾日记》，第533—535页，丙戌年，五月二十一至二十三。

就落入衙门小吏的囊中。

侯家的亲家姚宗典与杨县令有过交往，他给杨县令几次写信，并当面请客、送去贿金，也无法改变杨县令敛财的行径，顶多是延缓对侯家的压迫。[①]

送到县衙的钱一次次打了水漂。侯家人意识到，小吏狡猾贪婪，只会耗尽侯家的财力，县令没有决定权，只会趁机捞钱。要想县衙对侯家松口，就要将银子送到更高一层的衙门——江南省苏州府。

改朝换代后的嘉定县，依然隶属于苏州府。不过苏州府的上一级，不再是南直隶，而是江南省。清朝灭掉南京的弘光朝廷后，坚决打破了江南的优越感，取消江南的"南直隶"身份，改成与其他省平起平坐的江南省。江南省下辖的五府和明朝一样，还是南京、苏州、松江、常州、镇江。其中，明朝的留都南京改名为江宁。江宁，江宁，清朝用警惕的目光紧盯江南，希望扬子江边这块既柔弱又顽固的土地从此安宁。

新上任的江南省高官，也就是奉旨对侯家下达籍没令的人有两个，一个是苏州巡抚土国宝，另一个是吴淞总兵李成栋。

土国宝是北方人，早年是太湖水盗。清军打进山海关后，他投降了洪承畴，受封总兵。清军南下时，他随豫亲王多铎平定江南，立下战功，受职苏州巡抚。

----

① 《侯岐曾日记》，第496—501页，丙戌年，二月十四至二十五。

李成栋是嘉定人更熟悉的名字。自从血洗嘉定城后，李成栋的名字让每一个嘉定百姓不寒而栗。江南平定后，他担任吴淞总兵，把江南视为一块肥肉，多次纵兵抢掠，骚扰百姓，连江南总督洪承畴也看不下去，公开弹劾他。法令一出，李成栋被罚俸六个月。[①]他迁怒于江南百姓，更加肆意搜刮。在这种情况下，侯家人也不指望李成栋手下留情了。

土国宝上任后，会不会有稍微宽容的政策？岐曾心急如焚，不断嘱咐家仆、友人去松江打探消息，看是否有转机。去松江府而不是苏州府，一是因为土国宝待在松江的时间多于苏州，二是龙江村距离松江比苏州更近，且松江有朋友可以帮忙。

岐曾对新巡抚的希望落空了。两个月内，土国宝先是批复了嘉定县令对侯家的呈文，有"免变"二字。"免变"意味着延续之前的"征七免三"政策，带给侯家极大的希望。可是不久，土国宝下发公文，要追索全额地租。过后，李成栋到嘉定巡查。家仆去县衙听讯后回来汇报，说李都督下发飞票，催侯家上交全部田租。岐曾一看李成栋批下的三张飞票，明白这是张姓小吏逼侯家行贿。岐曾只能找出三十两银子给管科，由管科转交张姓小吏。最后，小吏当面"提醒"李成栋，说以前对侯家的抚牌是"征七免三"，此事才暂时作罢。[②]

与官府交涉了几个月，事情没有太大进展，侯家的族人出现了不满的情绪。先前，岐曾的族叔侯兑旸派人捎信说，

① 《南明史料》，二四，《江南各省招抚内院大学士洪承畴残揭帖》。收于《台湾文献丛刊》，第169种，《明清史料》己编第一本，第12—13页。
② 《侯岐曾日记》，第541页，丙戌年，五月三十。

官府的政策不明朗，如果按李成栋都督的批文，只征侯震旸这一支，也就是峒曾、岐曾兄弟；如果按土国宝巡抚的公告，要牵涉整个侯家，五服以内的亲戚全部受牵连。

亲戚们先是嫌岐曾打点官府操之过急，现在又怨岐曾行动迟缓，以致官府还没有明确的政策。岐曾只能安抚族人，他向亲戚们保证，他和儿子、侄子一定会承担自己的费用，不连累族人分文，希望亲戚不要为此事出现嫌隙。打点官府的钱，全部由岐曾和子侄承担。①

籍没令开始一步步实施。一连几天，人们看到官府安排的村民划着小舟，四处勘测侯家的田地。按照上等田每亩二两银子、中等田一两六钱、下等田一两二钱的市面价格，侯家的两千余亩田地的总估价是三千一百两银子。②除非能交上同等数额的银两，否则田地全部充公。

县衙的闵姓典史也带着差役来到龙江村，调查侯家的房屋。岐曾私下交给他一些礼物，请他放缓节奏，并暗中隐匿了一些房产。几天后，县衙批出的侯家房屋总价为三千六百两银子。③

焦虑、愤怒、悲哀、无奈，错综复杂的情绪困扰着岐曾。田产和房屋一旦收走，侯家子孙将陷入饥寒交迫的境地。

要解决眼前的困境，必须向苏州巡抚土国宝通融。而要联络土国宝，只靠县衙小吏显然不行。侯家四处打听，听说土国宝有个幕僚沈茂之，是江南人士，似乎为人正直。侯家

---

① 《侯岐曾日记》，第493页，丙戌年，二月初三。
② 《侯岐曾日记》，第505页，丙戌年，三月初七。
③ 《侯岐曾日记》，第507页，丙戌年，三月十四。

觉得可以托他帮忙，岐曾的族叔侯兑旸、侯鼎旸也过来商议，全族忙上忙下。

"侯产必当籍没"，朋友带回了沈茂之的原话。[①]岐曾的心凉了大半截儿，不再指望他伸出援手，只希望他不要落井下石。他找出几件温酒用的杯铛、龚老夫人的四件金钗和玉镯，托朋友带给沈茂之，作为抵押。

沈茂之收到后，托人带话回来，说要想摆平此事，必须给他一年的地租作为报答。侯家的地租是每亩五钱，一年的地租也就是一千两银子。岐曾和族叔侯兑旸、侯鼎旸三人听了，愁眉不展，只能闷头饮酒，家仆在一旁黯然落泪。几人商议后，向沈茂之允诺五百两银子。几天后，沈茂之捎信来，说至少再加二百两银子。[②]

暑气逐渐浓烈，苏州的亲家公姚宗典来信，说沈茂之要去北京，可以托他向冯铨、钱谦益两人讲情。

清朝建立伊始，在朝的汉族官员大部分来自华北和辽东，江南官员本来就不多，侯家可以倚赖的更少。冯铨和钱谦益都是明朝降臣，想必可以体谅侯家，尤其是钱谦益，他是侯家的朋友，一定能帮忙。岐曾的心中再次燃起了希望。

岐曾一边等待沈茂之的消息，一边继续想办法。他交给友人二十五两银子，去苏州府打听消息；又拿出三十两银子，托张姓小吏去松江府打听。他们还联络到了苏州府的冯姓胥吏，也免不了一番打点。此外，本县的努力不能松懈。在县

---

① 《侯岐曾日记》，第 504 页，丙戌年，二月二十九。
② 《侯岐曾日记》，第 506 页，丙戌年，三月初九。

学读书的侯家朋友和门生，联络了上百人，集体拜见杨县令，为侯家说情。虽然效果不大，岐曾也要给帮忙的人送上礼物致谢。

所有花费都来自卖田所得。有困难，就会有解决困难的办法。岐曾想起年少时的书法老师陈元素的话："人当至穷时，仍必有一条走路，可见天心之主于仁爱也。"[1] 几个月来的经历让他深有体会。他把自己的感悟告诉儿子和侄子，宽慰他们焦灼的心。

不过，沈茂之一直没带来冯铨和钱谦益的消息。友人从苏州府回来，说批文有变化。侯家人正疑惑，县城也传来消息，说对侯家房产、田租两项的处理都变严格了，土国宝完全不顾之前批下的"免变"二字。[2]

清朝定鼎，侯家失去了几条人命，如今困窘不堪，为何官府还是紧咬不放？岐曾气得咯了两口血。他只能向李夫人、玄瀞当面说明情况。两天后，李夫人叫人送来五十两银子。

张姓小吏从松江回来，说李都督严格下令，再拖延就抓捕家属。管科也无计可施了，岐曾只能和玄瀞商议缓兵之计，再筹措钱财。

端午节到了，厂头村传言，骑兵马上到侯家抓人。村民怕受牵连，纷纷收拾家当，准备逃命。从南翔来的人说镇上十室九逃。南翔到厂头村的水路已经封锁，岸边不时可见头戴红色凉帽的骑兵。龚老夫人听惯了风言风语，自顾自地坐

---

① 《侯岐曾日记》，第 542 页，丙戌年，六月初二。
② 《侯岐曾日记》，第 544 页，丙戌年，六月初九。

船去邻村探望两个孙媳妇的病。

苏州府的打点失败了，管科说县里发了新批文，同意给侯家宽限一个月交田租，但还要再花些银子。遭乱后，侯家留存的古董不多，多是一些小物，几件古玉磬，几十个酒铛，要么变卖，要么被衙门勒索，只剩不到一半。官府欲壑难平，岐曾干脆把剩下的古董分给儿子、侄子和孙子，又到恭寿庄翻出值钱的书画。住在惠宁庄的李夫人派人送来一箱古董，这是他们的全部家当。岐曾让他们拿回去，给玄瀞留着用。

转眼到了盛夏，夏允彝的兄长夏之旭来到侯家，告知他打探到的消息。土国宝巡抚说，守城与死节不同，守节可以从轻发落，但率众抗清不可饶恕。昆山那边，顾咸正的家族正被官府追租。夏之旭想了个主意，说可以求助于冯铨。之前，沈茂之也答应联系冯铨，只是拿了钱便音讯全无。夏家与朝廷的联络不少，夏之旭提出找冯铨，岐曾觉得可以考虑。

明朝未亡时，侯家与冯铨并无交情，他们根本不是同道中人。天启年间，岐曾的父亲侯震旸在朝为官时，冯铨为礼部尚书、文渊阁大学士，是炙手可热的阉党人物，以排挤东林党臭名昭著。清朝攻克北京后，冯铨第一时间臣服，应摄政王多尔衮的征召入朝为官，现在已经是内三院大学士。[①]

党争已是陈年旧事，此一时，彼一时，眼下所有的可能都要试一试。玄瀞也赞同，让家仆捎来一些小古董。岐曾与龚老夫人在灯下挑拣很久，托夏之旭带走礼物，去苏州府寻找机会。

---

① 冯铨在顺治二年到顺治八年间，担任内弘文院大学士。

二十天后，夏之旭回来，说冯铨的身份太高，言辞模糊，难以捉摸。看冯铨的态度，侯家送他五百两银子有点儿少。夏之旭恳求良久，冯铨才答应三天内先收一百五十两。

冯铨没有再传来消息，县衙对侯家的籍没令却提上日程，无法避免。几个月的打点尽付东流。之前，岐曾跟家人开玩笑说，这不是在打点脱籍，是在打点没籍，现在玩笑成真。①

清朝朝廷刚发出诏令，命令"将前代乡官、监生名色尽行革去，一应地丁钱粮、杂泛、差役与民一体均当"。②在前朝，岐曾和儿子们有功名，在缴田赋和服徭役方面有优免权。现在，他们变成了平民百姓，必须和农民一样完粮、服役或缴纳银两。

委托冯铨不成，侯家人又想到了李雯和钱谦益。不像冯铨，李雯和钱谦益是侯家的朋友，与侯峒曾、侯岐曾素有往来。③李雯是夏允彝的同乡好友，诗名卓著，是著名的"云间三子"之一（云间是松江的别称）。1644年，清军入关时，李雯滞留北京，无奈接受了清朝的官职。据说，清廷给史可法的劝降书就出自李雯之手。当然，对李雯来说，这不是光彩的事。他出仕清朝后，心里的愧疚长久无法消除，一直生活在"名节一朝尽，何颜对君子"的痛苦中。④

---

① 《侯岐曾日记》，第569页，丙戌年，八月初五。

② 《清世祖实录》（顺治朝），顺治三年夏四月壬寅。此处参考周绚隆《孤臣碧血遗民泪》一文。

③ 李雯：《赠侯文中新婚诗》《春日散愁兼答侯雍瞻出处之问》《侯生哀辞并序》等，收于《蓼斋集》。

④ 李雯：《述悯》第六，收于《蓼斋后集》，卷一。

岐曾委托夏之旭、夏完淳叔侄，代侯家向李雯求助。夏完淳与李雯虽是两代人，但两家相熟已久。李雯滞留在北京时，夏完淳勉励他敦守大节；李雯接受清朝任命后，夏完淳寄诗给他，表示惋惜和伤感，期盼他回心转意。[①]此时的李雯，刚从北京回到松江家中奔丧。

夏完淳深感侯家对自己的重托，给李雯写了一封情感真挚、文采斐然的长信。在这封长达1,441字的信中，夏完淳先承认了清朝入主后的万物维新，接下来描述了侯家遭难后孤儿寡母、废宅芜田的惨境，以及苏州府和嘉定县对侯家政策的严苛与朝三暮四，回忆了父亲夏允彝的亡故和侯家对自己的收留之恩，最后对李雯不得不仕清的矛盾心理表示体谅，晓之以世事人情，动之以历史大义，希望李雯念在与夏家、侯家的交情上，上奏朝廷，为侯家讲情。[②]

为行路方便，岐曾安排大悲庵的净云法师陪夏之旭去松江，随身带着夏完淳和岐曾写给李雯的信。几天后，净云法师从松江回来，说李雯看到岐曾和夏完淳的信后悲伤流涕，答应一定帮助，李雯还安排弟弟和朋友来嘉定探望侯家。

或许是出于李雯的作用，官府暂停了收租。岐曾知道，暂停不代表没有后顾之忧。夏末的雨下个不停，岐曾继续派人给李雯送信。

---

① 夏完淳：《怀李舒章》六首，收于《夏完淳集笺校》，卷三，第158—160页；《人日怀舒章》，收于《夏完淳集笺校》，卷五，第259页。

② 夏完淳：《与李舒章求宽侯氏书》，收于《夏完淳集笺校》，卷九，第407—413页。

5　暗　流

在清朝的威压下，江南从城里到乡下，从官绅到百姓，几乎所有人都换成了清朝的服饰和发型，恢复正常的生活。但是，驯服只是表象，在汪洋大海的深处，暗流从未止息。

侯家陷入籍没令的泥潭中无法自拔时，耳边从未忽略远方传来的消息。每一条消息都牵动着他们的心。

有时是好消息。明朝将领何腾蛟率兵大破泗州，明朝藩王瑞昌王攻破安徽太平府，反清义兵的势力逐月壮大。

有时是坏消息。弘光皇帝与宗室在五月中旬遇害，降清的三十多名明朝臣子被杀。

有时是远处的消息。明朝将领黄斌卿占据崇明岛，听命于隆武皇帝，为明朝保住了海上根据地，正召集江北的水师。

有时是近处的消息。家仆说，嘉定县令行路时被强盗抢劫，城内十室九逃，千真万确。

有时是真假难辨的消息。侯家的家仆兴冲冲地报告，义军已经光复了南京。岐曾高兴地备酒，与儿子、女婿畅饮。隔天，侯鼎旸的童子过来，说南京没有警讯，只看到去考试的举子络绎不绝。又隔天，来侯家收租的小吏说，南京城内有兵乱，去南京应试的举子又都回来了。①

…………

消息如流云般涌来，证明新朝伊始的时局很不平静。正

---

① 《侯岐曾日记》，第 566、568 页，丙戌年，七月二十五、七月二十九，等等。

是这种不平静，让侯家人心里有一种暗暗的期待。

顾咸正意外地出现在世人面前，点燃了侯家的希望。

顾咸正自从六年前远赴陕西延安府后，直到1646年春天，才回到故乡。回乡半年来，他多次出现在侯家，大家渐渐听说了他的遭遇，可谓九死一生。

李自成攻破西安后，顾咸正率众抵抗，失败后被起义军抓住，投入大牢。他在牢里听说了李自成攻破北京的噩耗，也听说了辽东总兵吴三桂将李自成赶出北京城，并一路追击到陕西的喜讯。顾咸正获释后，了解到吴三桂为弘光朝廷效力，积极响应吴三桂。他受到百姓的推举，担任韩城县令，斩杀了李自成委任的县令。当他听说吴三桂降清时，他不愿投降，也不愿剃发，便躲了起来。①

他逃到陕西南部，避居乡村，后来转移到牛心峡，住在山洞里。他吃着糙米饭，喝着当地产的酸酒，听着毫无亲切感的异乡方言，泪滴打湿了蓝布袍。雨季过后，瀑布从高原上飞流直下，在峡谷中奔流穿梭。峡谷风景如画，如同"避秦时乱"的桃花源。每一天，他伴着徐徐清风，抄书写作，心怀对"日月重开"、大明复兴的期待。他明白，陕西不是他的家乡，他不能一直隐居此地。②

在刚过去的冬天，西北形势缓和后，他从韩城托人将几封短信、两卷《孤臣血笔》和上百首诗带给侯岐曾，委托侯

---

① 《天启崇祯两朝遗诗》，下卷，小传，第1989—1990页，顾推官。
② 顾咸正：《村居有感寄怀拙存》《村居杂诗》《余迁牛心峡土穴中……》等多首，收于《天启崇祯两朝遗诗》，卷九，第1199—1200页。

岐曾两兄弟帮助修改，再交给弟弟顾咸建刻印。[①]他亡命西北，尚不知几千里外江南的天崩地坼。几次联络后，他才听说了好友侯峒曾、弟弟顾咸建、顾咸受的死讯。[②]

血泪江南、家仇国恨让他心如刀割，也坚定了他誓死反清的决心。

1646年春天到来时，河流解冻，舟楫畅通。他留着明朝的发式，身着明朝的衣冠，跋涉两千多里，辗转回到了家乡。清朝的耳目遍布江南，他只能秘密与友人通信，私下联络反清力量。他曾冒着生命危险，接受隆武皇帝的召见，建议皇帝将福建与浙江合兵；他也曾暴露行踪，被乱兵关押，幸好家仆及时送去银两，才把他赎了出来。

顾咸正回来后，岐曾和他频繁通信。他告诉岐曾外面的一举一动，岐曾也询问他各地的"反正"机会。信不是缓慢的一来一往，而是伪装成小小的卷轴，顾咸正不断写来，岐曾的信也不断送出。每次收到顾咸正的信，岐曾都写信向玄瀞转述。顾咸正给岐曾的信经常是洋洋洒洒上千字，具体述说哪些明朝官军、义兵仍在与清军僵持，杨廷枢等友人如何暗地里联络鲁王和白腰党。他在信中表示，他对明朝中兴充满希望，劝岐曾不要惧怕危机。

顾咸正和杨廷枢劝玄瀞为父陈情，向鲁王和隆武皇帝报告侯峒曾为国尽忠的事迹。为父陈情可以帮父亲获得名誉，使整个家族重获肯定，还能收到一些物质上的抚恤。岐曾也

---

① 《侯岐曾日记》，第489页，丙戌年，正月二十一。

② 《明季南略》，卷九，《顾咸正坐吴胜兆事死》。

希望兄长获得朝廷的肯定，但他还有些顾虑，认为"忠臣子恤""名士拜官"一类的说法暗藏杀机。侯家是清朝治下的戴罪家族，一旦暴露出暗通前朝等把柄，必然引来杀身之祸。出于这种心理，他对陈情一事冷眼相看。①

岐曾慎重地与顾咸正、杨廷枢几次书信讨论，劝他们小心行事。他与玄瀞权衡安危，说自己建议谨慎，又说让玄瀞自己做决定。经过几个月的思考和商讨，他终于赞同玄瀞代父陈情，委托顾咸正和杨廷枢分别将陈情疏文交给隆武皇帝和鲁王，并写信给身在舟山的朋友陈俶，请陈俶帮侯家向鲁王陈情。②

岁寒，然后知松柏之后凋。岐曾对顾咸正充满了钦佩。遭难后，侯家的朋友大多一蹶不振，叹息日子大不如前，只有顾咸正的品格不一样，让岐曾在颠沛流离中略感欣慰。岐曾细读顾咸正带来的信和文稿，无比感慨。顾咸正的《感愤诗》一百五十韵，一一列举投降清朝的贰臣姓名，字里行间充溢着悲愤；《孤臣血笔》援引古今历史，谋划明室中兴的可能性；《盲贼来》《刘烈士传》《卫中丞志铭》记录了百姓的流离播迁和远近的殉难故事。③

危难之际有这样一个挚友，岐曾觉得人生无憾了。他对儿子们说，落入贼手不可怕，遭遇病痛也不担心，一切安危祸福都要坦然面对。

---

① 《侯岐曾日记》，第 540 页，丙戌年，五月二十九。

② 《侯岐曾日记》，第 540 页，丙戌年，五月二十九；第 551 页，丙戌年，六月十九。

③ 《侯岐曾日记》，第 576—578 页，丙戌年，八月二十五、九月初一。

岐曾与顾咸正对酒高歌，如同回到了三十年前。他觉得自己没有死于流寇和清兵之手，留着身躯一定另有用途。他受到顾咸正的鼓励，对明朝光复有了更大的希望。他不能像以前一样只是旁观，他感到自己也要尽一份力。顾咸正、顾天逵、夏之旭、夏完淳等亲友不时聚在侯家，岐曾与玄瀞也越来越多地参与到他们的筹划中。[1]

除了顾咸正，夏完淳也是侯家的常客。

父亲夏允彝自杀、母亲盛夫人出家后，夏完淳一度流离失所。他先是住在嘉善岳父钱栴的家里，钱栴投奔鲁王后，他又去太湖参加了吴易的反清义军。

刚过去的春天，吴易率领的义军受挫后再度崛起，在苏州汾湖一带斩杀了不少清兵，军威大振。吴易受到鲁王和隆武皇帝的敕封，统领江南的抗清兵事。夏完淳遵从父亲的遗命，变卖家产，带给吴易犒赏士兵。他充当吴易的幕僚，出谋划策，并参与攻打嘉兴府海盐县的战斗。年仅十六岁的他，手中的笔杆换成寒光闪烁的刀剑，听惯了军营外的鼓角声，见识了敌我厮杀的惨烈。风声紧张的时候，他以舟为家，漂泊在湖面上，饥寒交迫，个中滋味，只能用"长剑短衣，未识从军之乐；青磷蔓草，先悲行路之难"来形容。[2]

在吴易的军中，他还见到了亦师亦友的陈子龙。陈子龙

① 《侯岐曾日记》，第 580 页，丙戌年，九月初八。有关岐曾的心理变化，参考周绚隆《孤臣碧血遗民泪》一文。
② 夏完淳：《军宴》二首，收于《夏完淳集笺校》，卷六，第 314 页；《大哀赋》，收于《夏完淳集笺校》，卷一，第 1—27 页。

在挚友夏允彝自杀后内心陷入矛盾，最终在尽忠与尽孝之间选择了尽孝，打算保全生命，寻找报国的机会。他接受了鲁王的任命，为兵部尚书，节制南方七省的军事，同时受到隆武皇帝的敕封，为兵部左侍郎。五月，陈子龙在苏州和嘉善之间往来，视察吴易的部队。吴易本人奋战沙场，视死如归，但是，他麾下的队伍让陈子龙失望：幕僚指手画脚，多是肤浅轻薄之徒；武将骄横轻敌，只想通过打仗捞好处；帐前的士兵军容不整，纪律涣散。[①] 之后，陈子龙不再与吴易联络，夏完淳在吴易的军中也更加孤单。

在清军的猛烈攻击下，吴易的义兵坚持了不到半年，以失败告终。秋天，吴易在嘉善被抓，他的幕僚和士兵大多投降了清朝苏松提督吴胜兆，接受了整编。

夏完淳不愿投降，又居无定所，只能逃到姐姐夏淑吉居住的嘉定乡下。十几天后，他听说了吴易在杭州英勇就义的消息。[②] 他悲伤流涕，为吴易的死，为义军的失败，为明朝的灭亡，也为自己多灾多难的少年时光。无限的悲哀，化为一篇凄美的《大哀赋》。

他在姐姐家住了几个月。反清义师失败后，他想起父亲临终前的嘱托，开始埋头续写《幸存录》，详细追述弘光朝廷建立后，史可法的无奈失权、马士英的刚愎自用、正直臣子的抑郁离开、朝廷的战略失误，以及弘光朝廷覆亡后钱谦益的名节扫地、吴易义师的奋勇抗清。他竭力搜集资料，不时

---

① 《陈子龙年谱》，顺治三年丙戌，收于《陈子龙全集》第988页。
② 夏完淳：《即事》三首、《哭吴都督》六首，收于《夏完淳集笺校》，卷五，第244、248—250页。

反思南京弘光朝廷失败的原因：

"南都之政，幅员愈小，则官愈大；郡县愈少，则官愈多；财赋愈贫，则官愈富。斯之谓三反。三反之政，乌乎不亡?"[1]

"朝堂与外镇不和，朝堂与朝堂不和，外镇与外镇不和，朋党势成，门户大起，虏寇之事，置之蔑闻。"[2]

在他的笔下，弘光王朝的覆灭几乎是注定的。他仿照《史记》中司马迁"太史公曰"的点评方式，以"内史曰"的身份对弘光朝的史实一一评议。之所以自称"内史"，是因为他曾去海上为鲁王效力，鲁王封他为中书舍人，也称内史。[3]

夏完淳寄居在侯家，来往最多的是侯家的年轻人玄汸、玄泓、玄瀞和陆元辅、顾天逵、龚元侃。微弱的灯光下，他们常聚坐小酌，有新的消息传来，他们漫谈时事，或振奋，或疑惑；没有新的消息时，常常是四座无言。[4]

夏完淳最喜欢年仅九岁的外甥侯檠。看到年少聪慧的侯檠，他会想起自己的童年。在侯檠的印象里，这位风华绝代的舅舅，有时埋头写作，有时谈论诗文，还有时晚上在蟠龙江边踱步，筹划复国大计。

他们很清楚，要光复明朝，只靠零散的志士和义兵完全不够，还需要权力更大的人加入。政局不稳，很多明朝的文臣和武将虽投降了清朝，仍对故国心怀留恋。换句话说，时

---

① 夏完淳：《续幸存录》，第 67 页。

② 夏完淳：《续幸存录》，第 64 页。

③ 参考白坚《简评夏完淳的〈续幸存录〉》，收于《江海学刊》，1988 年第 5 期。

④ 夏完淳：《九日风雨同智含夜饮》《秋日避难嶅东柬智含》《寄研德》等多首，收于《夏完淳集笺校》，卷六。

机成熟的话，每一名降清的明朝臣子都有反叛归明的可能。降臣想要的无非是钱和权，如果鲁王和隆武皇帝能满足他们，他们就有回归的可能。只要能收回江南，明朝就能东山再起。何况，包括广西、广东、江西、湖南、四川、云南、贵州在内的南方大片国土，还没有彻底臣服清朝。

年轻的读书人聚在一起，商议出一个可行的办法——离间计。他们认为，可以建议鲁王和隆武皇帝广施恩惠，招抚洪承畴、土国宝等江南降臣。[①]

由谁来建议呢？玄瀞等人位卑言轻，商议一番，觉得可以借用侯峒曾的名义给鲁王上疏，更有说服力。至于怎样把信安全地带给鲁王，还没有物色到合适的人选。

七月的一个清早，一个不速之客闯入了侯家。来人是个一脸书生气的陌生青年，自称王哨长。

王哨长对玄泝解释说，去年嘉定骚乱时，乡兵残害无辜，把他视为须明徵的同党，捆起来投入牢狱。幸亏侯峒曾明察秋毫，下令释放，他才保住了性命。嘉定城沦陷后，他逃到舟山群岛，与海上的反清力量会合。他起初听命于鲁王，往来海上和太湖之间，潜伏在义军中做联络工作，后来他投奔了隆武皇帝，在兵部做幕僚。

岐曾听了，忙将王哨长请进门，听他细说外面的进展。[②]

关于江浙的抗清斗争，王哨长说，清军打到钱塘时，南

---

① 《清世祖实录》（顺治朝），顺治四年，五月己酉。

② 《侯岐曾日记》，第 566—567 页，丙戌年，七月二十六。

京和绍兴的明军粮食耗尽，全员溃散。之后，义兵重新集结，绍兴用火攻，上虞用水攻，两地斩杀清兵上万人。明朝将领方国安死守金华，张国维率兵进入绍兴和南京，隆武皇帝也从福建派来了援兵。杭州的豪族聚集了上万人假装投降，随清兵渡过长江后立刻倒戈。九江的义军杀害了一名清朝贝勒，光复了湖北、湖南和江西。各地乡兵四起，只是没有统一的领导。

王哨长还说，现在海上流传着"上侯下侯"的歌谣。"上侯"指的是嘉定的侯峒曾、金山的侯承祖，两家都是父子守城、兵败殉节；"下侯"指的是江南的王章侯、乔定侯，两人在清兵攻入后率先献城投降，最终一个遭到百姓的驱赶，一个意外死亡。

王哨长的到来，使侯家和外面有了固定的联络。玄潇写给鲁王的信，顾咸正、夏完淳写给鲁王和隆武皇帝的信，都交给他传递。至于王哨长的真名是什么，他自己不说，侯家人只能以一句古诗"旧时王谢堂前燕"猜测他姓谢。

在王哨长、顾咸正的努力下，玄潇为父陈情一事有了结果。隆武皇帝敕封已故的侯峒曾为兵部尚书，谥号襄烈，黄淳耀、夏允彝等殉国忠臣也受到封赠，为复明大业奔走的顾咸正也获得了爵位。侯家感到了一些安慰。[1]

王哨长不停带来外面的消息，侯家人能觉到，坏消息越来越多：

清兵攻破绍兴，鲁王逃到福建投奔隆武皇帝，可惜隆武

---

[1] 《侯岐曾日记》，第 575 页，丙戌年，八月二十二。

皇帝并不欢迎他；

鲁王的幕僚试图联络李自成、张献忠的队伍，但没有收到回音；

最强的复明力量是占据台湾的郑成功，他听命于隆武皇帝，但若即若离；

南明多次向日本求援，终于有了回应。隆武皇帝麾下的崔芝将军率领三万倭兵，在浙江沿海展开攻击。另一名将领也争取到三千倭兵，但与崔芝颇不协调。日本德川幕府刚成立，权衡清朝与南明的实力对比，不愿援助南明。

"愿睹汉官威仪，然后瞑目。"[1] 侯岐曾热切地盼望明朝光复的每一丝消息。

6　流行病

在满目疮痍的江南土地上，不管是安于当下的清朝子民，还是期盼光复的明朝遗民，百姓最期盼的是过上平静的生活，可是上天并没有垂怜这一方百姓。从炎热的夏天开始，侯家的注意力不得不转向真正的"切肤之痛"——流行病。

改朝换代没有带走的民生疾苦至少有两样。一个是居高不下的粮食价格。和崇祯末年一样，入清后，每石大米的价格一直在二两银子以上，高的时候一次次冲到四五两。

---

[1]　侯岐曾给陈俶的信，收于《侯岐曾日记》，第551页，丙戌年，六月十九。

另一个是不期而至的流行病，让生活难上加难。在入秋前的大半年里，侯家人接连病倒，虽没有生命危险，却饱受折磨。他们患的是疟疾。

疟疾的普遍症状是一天发作一两次，身体忽冷忽热，持续少则四五天，多则几个月，孱弱者可能会送命。即便康复，也有复发的可能。更让人沮丧的是，找不到病因，也找不出解决的办法。当玄瀞手脚不灵便时，家人说是因为他终日埋头整理父兄的遗稿；当夏淑吉的疟疾好转时，家人认为是她吃斋念佛获得好报；玄泓的寒热伴着咳嗽，以致咯血，医生说是因为"胃脘为结痰受伤"[1]。

江南的夏天，"扇子不离手，拭汗如出浴"[2]，湿热潮闷，蚊虫肆虐。水道不通畅时，街头巷尾的粪坑、污水沟中蜂拥着成群的蚊子。城里乡下，家家户户的门前挂着竹帘。人们只知道蚊虫肮脏扰人，个别读书人怀疑蚊虫与人体的发炎、发热症状有关[3]，但大部分人不知道，蚊虫才是传播疟疾的罪魁祸首。当然，即便知道，也无法灭绝这种生命力极强的小生物。

生病的家人里面，李夫人的病比其他人持续更久。自从丈夫侯峒曾和两个儿子亡故后，她和仅存的儿子玄瀞住在惠宁庄，距离岐曾住的厂头村几里远。夏末的两个月里，她每

---

① 《侯岐曾日记》，第 578 页，丙戌年，九月初一。

② 当地谚语，描述夏至之后的天气，"一九二九，扇子不离手；三九二十七，饮水甜如蜜；四九三十六，拭汗如出浴；五九四十五，头带黄叶舞；六九五十四，乘凉入佛寺……"万历《嘉定县志》，卷二，风俗。

③ 陈子龙：《蚊赋》，收于《陈子龙全集》第 76 页。

天发热疼痛，茶饭不进。侯家人求医问药，从南翔镇、真如镇请来多位名医为她诊治，却一直不见好转。

立秋的前一天，岐曾正给玄瀞写信商议交租，家仆忽然捎信过来，说李夫人已经撒手西去。岐曾惊慌失措，雇不到小舟，急急地打算步行前往。童子竭力阻止，雇了架肩舆将他抬过去。路上他听说，李夫人弥留之际，叫玄瀞拿出古董箱，几次张口托付岐曾，却只说了半句"叔叔……"①

峒曾和玄演、玄洁刚离世一年，李夫人也病亡，玄瀞成了孤儿。岐曾同辈的家人只剩自己一个，他感到肩上"保孤"的担子更重了。

李夫人去世得很突然，没准备棺材，正巧夏淑吉的母亲盛夫人有一具为自己准备的棺木，她听说后和夏之旭、夏完淳一起送过来。日落时分，侯家进行了李夫人的入棺仪式。她的女儿侯怀风从昆山赶来奔丧，唯一的儿子玄瀞哭过后不再参与葬礼——他一直没剃发，抛头露面会招人耳目。岐曾和族人、朋友、大悲庵的法师商议低调治丧。城里的亲友听说后，相约来乡下吊丧，也被岐曾一一回绝，以免生出是非。②

在捉襟见肘的条件下，侯家为李夫人办了"做七"的丧礼仪式，不可谓不隆重。七月里，从首七开始，每隔七天做一次佛事，设斋祭奠，直至七七四十九天结束。首七、三七、五七非常重要，侯家从南翔镇最古老的白鹤寺请来十二位僧

---

① 《侯岐曾日记》，第555页，丙戌年，六月二十六。
② 《侯岐曾日记》，第556页，丙戌年，七月初一。

人做礼水忏。二七、四七相对简单，由侯家供养的大悲庵法师做礼水忏，每次举行三天。[①]

七七四十九天的丧礼结束后，侯家的生活起了一些变化。

一个是岐曾更加在乎家人的身体。天气闷热，蚊蝇丛生，疟疾的攻势有增无减。全家四代人，男女、老幼、主仆，接二连三地生病。岐曾每天生活在焦虑中。当他看到二女儿孱弱不堪时，以为又多了个病人，听说女儿是怀孕后才转忧为喜。[②]

龚老夫人也几次出现霍乱的症状，她康复后，嘱咐岐曾为她置办寿木。她的寿木做工精良，花了一百两银子，是侯家避难以来最大的一笔日常支出。岐曾没有吝惜钱财，只是心里又欣慰又惊惧。[③]龚老夫人年届七十六岁，岐曾年过半百，在家人陆续病倒时，他不时提醒自己是顶梁柱，绝对不能倒下。

另一件事是在龚老夫人的主持下，在侯峒曾的画像前，峒曾与岐曾两支分家析产。官府已经下令收缴侯家的地租、产业，族人几次上门逼粮逼银，分家是不得已的选择。

正如龚老夫人所言，家族产业是祖先栉风沐雨创立的，几十年来峒曾与岐曾两支感情深厚，一直没有分家。不分家可以聚合财富，保持家族强盛；分家只会使人心涣散、家族单薄。岐曾觉得愧对兄长，愧对祖宗，但也感到无奈。分家

---

① 《侯岐曾日记》，第556—573页，丙戌年，七月初一至八月十五。

② 《侯岐曾日记》，第564页，丙戌年，七月十八。二女儿即顾天逵的妻子。

③ 《侯岐曾日记》，第576页，丙戌年，八月二十五。

除了要应对繁重的官府支出外，还可能要针对外面的流言蜚语——岐曾要对每一位家人表示公平和关心，包括寡妇。[①]

两个大支均分田地，岐曾和玄瀞各分得七百五十亩。之后，岐曾把自己这支的田产一分为三，交给玄汸、玄泓和玄洵的寡妻夏淑吉。玄瀞和两个寡嫂姚妫俞、龚宛琼也三分峒曾的田产。姚妫俞和龚宛琼已入佛门，不再需要家具、器物，各分得二百余亩田地。[②]

还有一件事，玄瀞成为孤儿后，岐曾要代行父母之职，为他操办婚事。玄瀞自从妻子张氏多年前病亡后，一直未娶，不过已经与盛韫贞订下婚约。

盛韫贞是夏淑吉的表妹，是夏淑吉的母亲盛夫人的侄女。她出身书香门第，擅长诗词歌赋，与玄瀞情投意合。峒曾和李夫人生前已经应允这门亲事，本打算挑选良辰吉日上门提亲，但国破家亡让一切戛然而止。

岐曾感到了自己的责任，委托夏淑吉联络。盛家人慨然应允，答应两家商议。夏淑吉则按照习俗，安排媒妁和占卜。

重阳节前，岐曾感到前所未有的虚弱。一连几天，他腹痛剧烈，满头冒汗，昏昏沉沉，体温乍冷乍热——他终于患了疟疾。

他和医生商议，和往常一样，暂不轻易用药。他明白自己的病是憋出来的，悲哀不能痛哭，愤怒不能声张，内火旺

① 《侯岐曾日记》，第 579 页，丙戌年，九月初五。相关推测，参考周绚隆《孤臣碧血遗民泪》一文。
② 《侯岐曾日记》，第 594 页，丙戌年，十一月初七。

盛，积劳成疾。他笑着对家人说，他给自己拟了个"四勿汤"：悲哀时收敛，愤怒时放松，劳碌时顺其自然地承担，至于内火，且让它自然退去。[①]

"四勿汤"没有起作用。他身体发热，头疼恶心，耳鸣口渴，恶心呕吐，腹中一股腐败的味道。每一次疟疾发作时，他的身体仿佛经受冰火两重天的折磨：热气袭来时，他大汗淋漓，每一寸皮肤都在扩张，似乎身体要爆裂，五脏六腑也此起彼伏地爆炸，炸得他身体瘫软；热气变成寒气后，他又冷得牙齿打战，全身不停发抖，盖着五床被子却觉不到一丝温暖。每天冷热至少交替两次，伴随着浑身奇痒，直让他觉得"忍痛易，忍痒难"。[②]

镇上的医生给他诊脉，说他热气太重，要服用补阴的药汤，配上清火舒胃的药剂。每隔几天，医生就给他换一次药方。医治的总体原则与医家吴有性在《温疫论》中提出的"汗、吐、下"办法类似，主要通过发汗、催吐、通便祛除体内的"邪气"。岐曾轮换喝各种汤药，成分涵盖门冬、地黄、半夏、陈皮、何首乌、紫苏、柴胡、藿香、灯芯等数十种药草。他明白自己以身试药，对身体没有益处，只有损害。

听说人参能补气养血，他和家人一起喝了人参炖鸡汤。人参来自山海关外，是清朝朝廷运到江南贩卖的，以增加国库收入。各县县令奉朝廷旨意，纷纷向全县士绅和村民摊派人参。住在嘉定和青浦两县边界的侯家，被两边都摊派了，

---

① 《侯岐曾日记》，第580—581页，丙戌年，九月十一。
② 《侯岐曾日记》，第590页，丙戌年，十月二十四。

先在青浦交了十五两银子，摊到半斤，然后嘉定"领一斤免三斤"，侯家父子一共领了四斤，加上杂费，花了三十二两银子。[①] 一捆人参，除了自家消化，只能分送友人。

腊月里，朋友给侯家送来了河豚。在明朝，每年冬春时节，侯家人常聚坐吃河豚。鼎革后，一条河豚的价格比原来贵了几十倍。河豚有剧毒，北方人唯恐避之不及，江南人却着迷于它的美味，把它作为美食至尊，冒险寻求舌尖的刺激。冬日的雄河豚肉肥味美，腹中的白子尤其多，可以烤，可以煮，入口即化。吃着河豚，岐曾想起他和峒曾最喜欢的文学家苏轼。苏轼六十多岁时被贬官到偏远的岭南，在啖荔枝、吃河豚中找到了乐趣，感慨"人间何者非梦幻"[②]。面对难得的美味，岐曾只怕疟疾发作，不敢大快朵颐。

除了疟疾，岐曾又多了一个困扰——便秘。他时常连续六七天无法大便，也吃不下饭，只能勉强喝粥。他的身体暴瘦，能活下来完全靠精神。龚老夫人告诉他一个偏方，喝一大碗热乎乎的芥菜汤可以通便。于是，他的生活中又多了几种必备品：芥菜汤、润肠丸、蜜箭。

所有的药方都无法消除他的病痛。他夜夜失眠，凌晨常坐起来读莲池法师的著作，希望佛家的智慧帮他驱走痛苦。他年轻的时候，兄长峒曾和父亲侯震旸从杭州五云山归来，给他带回莲池大师的《竹窗随笔》。几十年来，他从《竹窗随

---

① 《侯岐曾日记》，第568页，丙戌年，八月初一、初二。
② 苏轼的诗《四月十一日初食荔枝》。

笔》读到《竹窗二笔》，如今读到《竹窗三笔》，常读常新，只是已没有和他对谈佛法的人。

想到峒曾的生生死死，他夜不能寐，忍着头疼鼻臭，将心中的感慨写成《追哭亡兄》八章诗。“赤手银河非易事，丹心碧血岂求知？”世人以为侯峒曾誓死守城是为了留下忠臣的名声，但岐曾明白别人不了解一生淡泊的兄长。他想起去年七月初五，他正在泖湖打探义军的动向，忽然听说兄侄自杀、嘉定屠城，匆匆赶回家，本想一同殉死，转头看到年迈的母亲、号啕的寡妇、惊恐的子侄，他咬牙坚持了下来。一年多来，他顶住官府、族人的压力，在清人的眼皮下苟且偷生，“不避艰危只避腥”，只有一个愿望——奉母保孤。[①]

天气渐凉，北风呼啸，岐曾只能僵卧在布帐子中，带病操持家事。玄泓的岳母病故，玄泓夫妇收拾行李，启程回上海。不久，姚妫俞的父亲姚宗典病危，姚家派人接姚妫俞回苏州。玄瀞不在家，岐曾代他给姚妫俞五两银子当路费，加上一小袋自家种的花豆。亲友一个接一个逝世，岐曾感到无尽的苍凉。

病痛缠身，俗世烦扰，消息闭塞，加上天气潮湿阴冷，他无法静心做任何事，只能被生活一步步推着走。除了奉母保孤的责任，他对尘世已没有任何留恋。

友人陆续来看他，带给他远方的消息。每隔几天，侯岐曾就会听说一些传闻，有好有坏，有真有假，虽然遥远，却

---

① 侯岐曾：《追哭亡兄银台广成公殉节诗》，收于《天启崇祯两朝遗诗》，卷六，第607页。

不能不关心：

太湖一带，白腰党、青腰党风头正盛；

隆武皇帝被清兵俘虏杀害；

郑芝龙投降清朝，他的儿子郑成功坚持反清；

明将何腾蛟、王应熊合兵，率领精兵三万攻破湖口、泰和；

福建的清兵遭遇重创，退回浙西；

山东义士攻破多座城池，一路挂起大明的旗帜；

北方来的商人亲眼见到起义军拥立了明朝幼主，已经打到山东临清，外面风传"亥子恢京"的谶语。[①]

寒冬腊月，远处传来更大的消息——北京已经光复。

岐曾虽不确定消息的真假，却忽然明白了几百年前杜甫的心情。"剑外忽传收蓟北，初闻涕泪满衣裳。却看妻子愁何在，漫卷诗书喜欲狂……"[②]任何收复失地的消息，都让子民怦然心动。

几天后，朋友们又带来新消息。有人说北京的变化是清朝皇室内部篡权，也有人说北京皇家正以绳划界，驱赶百姓到方圆七百里外。岐曾才确定之前的"北京光复"传言是假消息，全家人只能仰天一叹。

近处也传来激动人心的消息。听说松江有反清的机会，只是不知是什么人。岐曾暗暗期待着。

---

① 《侯岐曾日记》，第591页，丙戌年，十月二十七。
② 杜甫的诗《闻官军收河南河北》。

冬至一到，开始忙年。侯家按照明朝历法，置办过节物品。夏淑吉从松江回来，带回玄瀞与盛韫贞八字相合的消息。等玄瀞的三年服丧期满，两人就可以顺利联姻。岐曾脸上的愁云消散了很多。萧条的冬日，夏淑吉带来的蜡梅、水仙摆在几案上，花香满屋，让人沉醉。

窗外寒风呼啸，书桌上的砚台泛起了一层冰碴儿。岐曾仰卧在床上，看屋檐的水滴滴答答落下。医生给他诊脉，让他继续服用补阴药剂。他嘱咐医生，只需治标，不用治本。玄汸在腊八节摆上供品，祭祀祖父侯震旸和母亲。岐曾明白，儿子是借此为他祛病。

年底将要到来，家家户户忙着洒扫除尘、准备牲肉、制作粉圆。岐曾安排家仆带着茶和酒答谢友人们一年来的帮助，给龚老夫人和儿女送年终红包。家仆在屋檐上插了冬青枝、松柏枝和象征节节高的芝麻秆，儿子们在大门上贴了新的门神，妇女们准备了椒柏酒、蒸糕、炒米豆用来待客。

除夕夜，在修好的新曝斋里，通红的火炉带来融融暖意，岐曾与龚老夫人、儿子儿媳、女儿女婿、孙子孙女，加上远道而来的顾咸正，一起祭拜明太祖画像，吃年夜饭，饮守岁酒，玩叶子戏纸牌。岐曾放纵吃酒，疟疾复发，不过他受到儿女的鼓励，谈起了新一年的读书计划，并写诗助兴。顾咸正也写了几首诗，或纪念亡弟，或祝愿岐曾康复，或表达志向，年轻人也纷纷写诗庆祝新年。

入夜后，岐曾陪龚老夫人出门观看燃火盆。大门外，家仆用松枝蘸着火盆里的灰，在门前的地上画弓箭，希望良弓利箭消灭侵扰侯家的鬼怪，祈求来年顺顺利利。①

　　除夕夜，岐曾睡得很香，他做了一个从没做过的梦。梦里，电闪雷鸣，狂风大作，倾盆大雨淹没了庭院。不一会儿，大水退去，天色渐晴，朗朗白日照在他的身上。早晨起来，他在日记中记下了这个梦。"大事当不远"，他是这么想的。②

7　波澜再起

　　俗语说，宁做太平犬，不做乱世人。对百姓来说，日子过得太平是最重要的。

　　1647 年元宵节过后，热闹归于平静。关注时局的人能感觉出，太平盛世还没有到来，暗流依然涌动。

　　吴淞江上，薄雾笼罩，五六十艘来历不明的海船沿江而上，突然袭击清兵的巡逻船，快速抢劫后消失得无影无踪；

　　侯家家仆从城内打听到，崇明县已被反攻的明军占领，清朝县令被杀，城内百姓唯恐屠城，纷纷躲到庙里。人们传言是郑成功的队伍干的。

　　治下的无序使苏州巡抚土国宝颜面尽失。他怀疑江南官民中有通海的内奸，发誓要铲除乱党。

　　与此同时，侯家人正焦急地等待钱谦益的消息。先前，李雯没能帮侯家解决籍没令，岐曾又辗转求助于钱谦益。钱

---

① 《侯岐曾日记》，第 608 页，丙戌年，十二月三十；《练川图记》，卷上，风俗。

② 《侯岐曾日记》，第 608 页，丙戌年，十二月三十。

谦益答复老友，说他已与江南和嘉定的官员接洽，嘱咐关照侯、黄两家，但他也没有更大的把握。

或许是钱谦益的帮助起了作用，新任嘉定县令唐瑾对侯家委婉而有礼貌，派人送来名帖和优恤告示。[①] 更多的朋友也来帮助侯家，本县士绅、村民联名上书为侯家求情，县令以礼相待，表示会将呈文递交苏州府。[②]

侯家又一次看到了希望，默默感激钱谦益的帮助，赞许唐瑾县令的口碑。不过，侯家忽视了两个情况：一、钱谦益是明朝的降臣，他虽在清朝为官，但态度消极，多次陷入清朝的信任危机；二、唐瑾是清朝开科取士后录用的第一批进士之一，是名正言顺的清朝臣子，自当为清朝效力。

唐县令最终没有批准侯家的申请，苏州府的小吏也送来了催租牌。

侯家继续给钱谦益送信，但再也没收到回复。他们尚不知道，告假归乡的钱谦益卷入了山东淄川的谢升谋反案，已经被清朝紧急抓捕，下狱治罪。[③]

大江南北的一次次骚乱，让清朝越来越警惕，盯紧了羊圈里的羊。

吴地俗语说，春雷百日阴。[④] 刚刚三月，天气异常炎热，

① 《侯岐曾日记》，第 595 页，丙戌年，十一月十一；乾隆《嘉定县志》，卷九，名宦志，知县，唐瑾。
② 《侯岐曾日记》，第 600 页，丙戌年，十一月二十五。
③ 可参考方良《钱谦益丁亥年被捕事丛考》，收于《常熟理工学院》（哲学社会科学），2010 年 5 月，第 5 期。
④ 《侯岐曾日记》，第 624 页，丁亥年，三月二十。

如同黄梅时节，阴雨连绵。

三月二十二这天，岐曾正和龚老夫人、儿子们围坐堂中，料理新收到的催租牌，忽然家仆进来报告，说有远客来了。

来者两人，一个姓钦，苏州人，一个姓吴，徽州人。两名陌生人说出了一个令人战栗的消息：三天前，王哨长在上海县柘林镇被清兵抓住，身上的文书被搜出，是江南四十七名义士联名呈送鲁王的奏表。顾咸正、夏完淳、侯玄瀞、钱栴等人的名字皆在其中，马兵即日就到。

众人愕然，面面相觑，一时间无法辨别真假。

两人继续说，王哨长是个化名，真名叫谢尧文。他一直帮太湖抗清义士传递文书，走海路送给鲁王。这一次，听说他穿的衣服不合清朝形制，也可能由于酒后露出疑点，才被柘林镇的清朝游击兵盯上。游击兵抓住他后，已经押送到苏松提督吴胜兆的官署。

两位来客又说，王哨长身上还搜到两封密信。一份是鲁王发布的秘密敕书，鲁王采纳了侯玄瀞等人的建议，封清朝降臣洪承畴为国公，土国宝为侯爵。另一份是舟山前明将领黄斌卿的信，信中有"内仗承畴杀巴、张二将，外托国宝靖除地方"等字样。[1]

一切都暴露在光天化日之下。

岐曾顿时全身发热，如在梦中，分不清是因为疟疾还是因为慌乱。当晚，暴雨如注，玄瀞、顾咸正得了信儿，陆续赶来。众人绞尽脑汁，开始想办法，商量来商量去，决定火

---

[1] 《清世祖实录》（顺治朝），顺治四年，五月己酉。

速捎信给戴之隽。

戴之隽以前是苏州府生员，和陈子龙、夏允彝素有往来，曾是复社成员。先前，他追随抗清义士吴易在太湖兴兵反清，担任吴易的幕僚。吴易被害后，他的手下大多投降了吴胜兆，戴之隽也在其中，成为吴胜兆的幕僚。据说，他正以爱国大义说服吴胜兆反清复明。现在，侯家能联系到的主事者也只有他了。

天亮后，钦、吴两人坐船离开。马兵即将到来的消息传得很快，村民开始逃亡。玄汸一早赶到南翔镇，与张鸿磐商议。张鸿磐与戴之隽有过交往，他答应去松江面见戴之隽，代侯家问明情况。玄瀞陪着龚老夫人，商议躲到哪里，最终也没确定一个安全的地方。

突如其来的消息打乱了侯家的生活。天黑后，玄瀞去大悲庵剃光了头发，换上黑色的僧袍，定法号为智含。岐曾也剃去前额的头发，梳起长长的辫子。

友人已经证实，钦、吴两人说的是实情。家仆从衙门小吏的口中听说，清朝的马兵已经聚集在南翔镇上的白鹤寺。流言越传越多，岐曾在病痛中一夜未合眼。

坐以待毙显然不行。又一个黎明来到后，岐曾将龚老夫人扶进小艇，一家老小跟着上船。大雨滂沱，小艇如风雨中飘零的落叶，顺流而下。雨越下越大，众人停船，在一户王姓人家避雨。夜幕降临后，玄瀞、玄泓陆续过来碰面。大家吃过晚饭，商议要不要投宿在这陌生之地。想到马兵还没来，他们估计是衙门的小吏谎报消息，决定返回家中，派家仆去城里打听。

又有消息传来，昆山县令派人搜查顾咸正的家，绑走了顾家的一名家仆。

夏淑吉得信后，连夜坐船从松江过来，说松江暂时无事，夏家与吴胜兆有交情，吴胜兆应该不会难为夏、侯两家。众人既心存幻想，又互相提醒不能完全相信幻想。岐曾的疟疾也在紧张的情绪中暂时平复。

已经是得到坏消息的第五天了，危险的风声依然不断。玄瀞的密信送来，说他打算先逃到松江。岐曾与龚老夫人商议，两人年老体弱，以不动为上策。玄汸带着妻子和儿女，暂时去山里躲避。此刻，最镇定的也许是岐曾九岁的孙子侯檠。在陆元辅的教习下，家塾中传来侯檠的朗朗读书声，清脆而平静。

终于，张鸿磐从松江带回了戴之隽的手札。戴之隽在信中说，他听说了侯家的事，本来官差已经向嘉定出发，他竭力营救，阻止了他们。

五天五夜的惶恐，一瞬间结束了。众人长舒一口气，念叨着侯峒曾的在天之灵。

危难暂时过去了，不过顾咸正、夏完淳、玄瀞已经上了黑名单，在劫难逃。岐曾派家仆侯驯去城里打探，顺便看望女儿。他的二女儿，顾天遴的妻子，已经有孕在身。岐曾安排顾咸正躲到侯驯住的丰浜村，嘱咐他找个秘密藏身处，待时机成熟时远走高飞。他们听说夏完淳已经逃往浙江嘉善，投奔岳父钱栴。

夜色笼罩下，侯家人悄悄摆上酒席，为即将逃命的玄瀞送行。大家商议决定，玄泓与玄瀞一起去松江，一是向戴之隽致谢，二是帮玄瀞寻找藏身处。岐曾拖着病体，给戴之隽写信。信中，岐曾先讲了一番客套话致谢，讲述了侯家的困境，希望戴之隽庇护孤儿玄瀞。接着，他恳请戴之隽关照顾咸正。他说，顾咸正是个正直痛快的人，在延安府掌狱七年，九死一生，一心复明，只是心有余而谋略不足，所以卷入祸患。新朝初建，泱泱大国，为何要把正直的人逼上绝路？[①]

第二天日过正午，玄泓和玄瀞带上送给戴之隽的礼物，坐船出发。二人打算先取道南翔，向张鸿磐道谢，然后顺路去丰浜村看望顾咸正，最后去松江拜会戴之隽。

日子忽然平静后，岐曾才发现疟疾还在继续，只能忍着病痛应对官府的催缴。之前钱谦益的允诺没有了下文，他打算委托陆元辅和朋友朱子素拜访钱谦益。

玄泓和玄瀞才走了一天，忽然回来了。原来，他俩只到了南翔，就被张鸿磐劝回，说他们不应该盲目离家，行动应该从缓。张鸿磐一向热心，劝完两个年轻人，自己带着岐曾给戴之隽的信札和礼物出发去松江了。玄沩夫妇也带着孩子从山里回来，家人团聚，杀鸡煮面，庆贺平安无事。

几天后，张鸿磐从松江回来，带回戴之隽的亲笔信。戴之隽在信中说，去昆山捉拿顾咸正的官差已经回来，不再派出去，这事儿就算告一段落了。玄瀞托张鸿磐带给他的礼物，他也全部退回。大家啧啧称赞戴之隽的风骨，派家仆把好消息告诉顾咸正。隔天，顾天逵带着顾咸正的回信过来，商量好好答谢戴之隽。

---

① 《侯岐曾日记》，第627—628页，丁亥年，三月二十七。

转眼已是四月，暴雨不见少。夏淑吉带着儿子侯檠从松江回来，一家聚坐，传看夏完淳的信。信中说，松江将有大规模行动，吴胜兆都督即日反正。

让侯家人不解的是，“反正”这种大事怎么会公开，猜测或许是兵家战术。形势不明朗，岐曾力劝顾咸正慎重行动，顾咸正则说，自己已经百炼成钢，绝不再退缩。[①]

姚妫俞从苏州娘家回来，说苏州全城戒严，百姓逃散，为进城的清兵让道。姚妫俞还捎来了杨廷枢的信。杨廷枢在信中的语气忽喜忽悲，说他已经陷入了危难境地，至于吴胜兆的反清传言，他认为可能是吉，也可能是凶，难以预测。[②]

到了四月初七，“反正”的消息传遍了大街小巷，每个人都听说吴胜兆都督要反清复明。

这个消息确实不是假的。

其实，王哨长被抓后，侯家人虚惊一场，风波很快平息，背后起作用的正是吴胜兆。当时，柘林镇的游击兵抓获王哨长后，押送到吴胜兆那里。吴胜兆看到长长的反清义士名单和密信，心里有些犯难。

吴胜兆是辽东人，曾在明朝军队任职，明亡后他投降清朝，随军南下。为清朝打江山的日子并不好过。他担任苏松提督期间，与苏州巡抚土国宝多有嫌隙；他征服江南后纵兵抢掠，受到江南总督洪承畴的弹劾，被罚俸半年；他在太湖收编了吴易手下的降兵，实力大增，结果遭到清廷的猜疑。

---

① 《侯岐曾日记》，第631页，丁亥年，四月初五。

② 《侯岐曾日记》，第617页，丁亥年，二月二十三。

清朝对投降的明朝官员一向戒备，近来重新审查，连钱谦益这样手无寸铁的文臣都被逮捕了，更别说随时可能谋叛的武将了。

不久前，江南的清朝水师遭到不明船只的偷袭，朝廷已经怀疑到吴胜兆的头上。据说，朝廷派人给他送来一些带有特殊含义的礼物，借此考验他的忠诚度。礼物包括一座明威（水晶狮子）、一串念珠、一执牙笏、一双朝靴。明威和念珠暗指朱明王朝，牙笏和朝靴则代表清朝。吴胜兆看出其中的意思，假装生气地责骂送礼物的使者，暗地里继续与明朝义军保持联络。[1]

他心里对清朝越来越不满。

与其坐等被抓，不如先一步行动。在戴之隽的鼓动下，吴胜兆心中合计，手中有兵马四千，如果另有援兵，取苏松不是难事。

有力量出兵援助吴胜兆的人，只有据守舟山群岛的武将黄斌卿。

于是，戴之隽悄悄会见陈子龙，希望陈子龙出面邀请黄斌卿。陈子龙任绍兴府推官时，与黄斌卿有过交往，况且黄斌卿还是夏允彝的结拜兄弟。如果黄斌卿能发兵到江阴、镇江一带牵制清军，吴胜兆就能固守松江，趁机夺取苏州，之后会合舟山海师和太湖义军，水陆并进，直捣南京。拿下南京城，光复明朝可谓成功了一大半。

面对戴之隽的一再请求，陈子龙很矛盾。他说黄斌卿

---

[1] 《侯岐曾日记》，第611页，丁亥年，正月十四。

"虚声寡信，事必无济"，不想插手，但他理解戴之隽的大义，建议戴之隽另找信使。[①] 陈子龙最终还是给黄斌卿写了一封信，还请夏允彝的兄长夏之旭面见吴胜兆，鼓励他坚定意志。[②]

戴之隽联系上黄斌卿之后，力劝黄斌卿支援吴胜兆。黄斌卿是福建莆田人，世代有军功。自崇祯末年起，他一直率兵盘踞在舟山群岛。隆武皇帝在福建立足后，封黄斌卿为总兵官，加封侯爵。黄斌卿对隆武皇帝感恩戴德，奉隆武皇帝为皇室正统。

黄斌卿接到戴之隽的邀请后，有些犹豫。仅仅半年前，他的莆田同乡黄道周，崇祯朝著名的刚直臣子、隆武朝的武英殿大学士，在江西以微弱的力量与清兵对峙，兵败被杀。有鉴于此，黄斌卿不想以卵击石，只想守住长江以南。而就在上个月，顾咸正和夏完淳、侯玄瀞等人托谢尧文带给鲁王的文书，刚被吴胜兆截获。吴胜兆虽按下不发，但他本人早已引起清朝的怀疑。风声正紧，黄斌卿一旦行动，很容易受到牵连。

黄斌卿犹豫的背后，其实还有隆武皇帝与鲁王两个阵营的矛盾。

此时，聚集在舟山群岛的不止黄斌卿，还有鲁王及其臣下——他们是在崇明岛被清军击溃后投奔舟山的。黄斌卿一

① 陈子龙的门生王沄的记录。《陈子龙年谱》，顺治四年丁亥，收于《陈子龙全集》第 993 页。

② 对于陈子龙是否帮忙联络黄斌卿有两种相反的说法。从《三藩纪事本末》（卷四）、《侯岐曾日记》（第 638 页）等可以推测，陈子龙确实参与了吴胜兆与黄斌卿之间的联络。

直把舟山视为隆武皇帝的地盘，对前来投奔的鲁王一行人并不欢迎。鲁王来到后，接受了隆武皇帝的授命，成为鲁监国，臣服于隆武皇帝，引起鲁王臣下的不满。黄斌卿表面接纳了鲁王的臣下，行动中却多有不合。

这一次，面对戴之隽的邀请，黄斌卿与鲁王的臣下再次出现矛盾。黄斌卿不愿出兵，但沈廷扬、张名振和徐孚远等鲁王部下力主出兵。此时隆武皇帝已经遇害，鲁王成为南明正朔，黄斌卿无法抗命，只能答应派出部分兵力。他们与吴胜兆在密信中约定：四月十五、十六，舟山海师由海路北上，攻打松江，吴胜兆在城内接应，共举复明大业。[①]张名振还以鲁王的名义，发布敕书给吴胜兆，封他为定吴伯，送他一枚平江大将军的银印。

吴胜兆收到黄斌卿的肯定答复后，开始与部下密谋反叛，但也出现了分歧。除了戴之隽等少数幕僚拥护他，其他部下如督标中军副将詹世勋、左营中军都司高永义等人并不赞同，他们劝吴胜兆不要轻举妄动，以免被清朝怀疑，劝他杀掉戴之隽，以正视听。吴胜兆考虑一番，训斥了詹、高二人，毅然打算按照戴之隽的计划行事。

黄斌卿虽答应出兵，但到了约定的当天，迟迟没有行动。沈廷扬等人劝他，他不听。约定的时间迫在眉睫，沈廷扬只能与张名振、张煌言召集手下的守备、游击、家丁共六百多人，集体乘坐战船，从舟山向崇明岛进发。四月十三，他们

---

① 《南明史料》，四三，《江宁巡抚土国宝揭帖》。收于《台湾文献丛刊》，第169种，《明清史料》已编第一本，第25页。

到达常熟境内的福山。天有不测风云，万里晴空忽然飓风大作，他们的船不能前进，有几条船被掀翻，溺死的士兵达到上百人。福山的清朝游击兵趁机率水师攻击，将沈廷扬和五百多名兵丁全部抓获。沈廷扬被押走，五百多名兵丁被赶至跨塘桥全部杀掉，据说尸体摆了几亩地。[①]

与此同时，吴胜兆正在提督衙门等消息，完全不知道海上的变故。天亮后，他在官署中一声令下，杀死了清朝的官员，命令文武官员割断辫子，宣布反正。有不愿割辫子的，吴胜兆命令手下强行割辫子。随后，他让詹世勋、高永义前往海边，迎接舟山海师。詹、高二人本不愿反正，在海边左等右等，等不来舟山的援兵，感觉大事不妙，于是带兵返回松江，直接逮捕了吴胜兆，搜出鲁王给吴胜兆的敕书和银印，将他和手下亲信一起押赴苏州府。

吴胜兆被捕五天后，玄泓、玄瀞冒雨回家，说传言不假，苏州城门已经关闭，捕杀了上百名吴胜兆的党羽。

家仆也报告打听到的消息。吴胜兆反正失败后，由苏州押赴南京。朝廷已经派了新的苏松提督上任。清兵将戴之隽及其家人斩尽杀绝，开始按名单抓捕他的同谋。顾咸正也收到家中来信，有人上门骚扰，他来不及与岐曾告别，匆匆赶回昆山。

岐曾既为大局担忧，又顾虑灾祸上门，急得与家人干瞪眼。

阴雨连绵，大麦、小麦都烂在了地里。兵变的真相不是

---

① 《侯岐曾日记》，第 637 页，丁亥年，四月二十九。

局外人能搞清的。岐曾思忖着，让儿子把正堂的书架搬到另一个房间，以免书函受潮。

8　横　祸

自从吴胜兆反清失败后，侯家人每天都在不安中度过。没有人知道接下来会怎样。

四月二十六日，吴胜兆被捕十二天后，侯家闯入了不速之客，一个行色匆匆的李姓和尚——陈子龙。

原来，吴胜兆谋叛的消息传到南京，江南总督洪承畴、江宁总管巴山等人大惊，匆忙上奏摄政王多尔衮，多尔衮火速发兵苏松。苏州巡抚土国宝与洪承畴互相配合，在苏松一带集结官兵，大规模搜捕吴胜兆的党羽。

吴胜兆谋反案牵出了谢尧文的案子。谢尧文手中泄露的四十七位义士的联名上书，使清朝意识到江南潜藏着一股巨大的反清势力。江宁总管巴山、操江都御史陈锦指示土国宝，趁此机会"尽除三吴知名之士"，将江南的反清分子斩草除根。[①] 他们几次审讯抓获的江南义士，大致明白了向鲁王上奏表的主谋是陈子龙，主笔是夏完淳。陈子龙由此成为"三吴知名之士"黑名单上的第一人，是东南之乱的魁首。夏完淳的伯父夏之旭曾经与吴胜兆联络反清，也在黑名单中。

陈子龙听闻风声，改名换姓，扮成僧人，与夏之旭从松

---

① 《陈子龙年谱》，顺治四年丁亥，收于《陈子龙全集》，第994页。

江逃往嘉定。他们先去了侯家在王庵村的房子，是夏完淳以前住过的地方，离岐曾住的厂头村不远。岐曾得信后，安排儿子和夏淑吉看望他们。

去南翔镇的路已经封锁，镇上的居民搬迁一空，乡下的村民四处逃命。桥边停泊着清朝的船只，大兵借剃发为名，封锁了水路。

阴雨连绵，更多恐怖的消息传来。吴胜兆谋反案发生十四天后，岐曾和家人才听说苏州西山一带遭遇屠戮，杨廷枢和妻子、女儿都被捕了。

岐曾给陈子龙写信说，听说陈子龙过来，他的心情又恐惧又欣慰。恐惧的是惊涛翻滚，没人能高枕无忧；欣慰的是陈子龙如大鹏一般，现在与鹪鸟栖息在同一棵树上。[①]

收留陈子龙，可能会给侯家带来极大的危险。

岐曾知道藏匿朝廷钦犯的风险。他想起了张俭"望门投止"的故事。东汉末年，正直的官员张俭得罪了当权的宦官，被官府通缉。他四处逃命，看到有住家就请求收留。从山东到河北，再到西北塞外，不少人家佩服他的德行，冒着风险收留他。最终，他顺利逃到塞外，保住了性命，但收留他的人家无一例外全被逮捕，遭受了灭门之灾。后来，张俭的朋友骂他道："孽自己作，空污良善。一人逃死，祸及万家，何以生为！"[②]

收留，还是拒绝，是个关乎性命的选择。

---

① 侯岐曾：《与李车公》，《侯岐曾日记》，第638页，丁亥年，五月初二。李车公即陈子龙。

② 《后汉书》，卷六七，夏馥。

岐曾可以拒绝。特殊时期，拒绝合情合理。这大概可以解释为什么陈子龙交友广泛，遭难时却逃来侯家，想必他之前已经被别的朋友拒绝过。

岐曾选择了收留。

他写信叮嘱陈子龙，让他保存实力，不要轻举妄动，一旦暴露行踪，会牵连多人。他安慰这名比他小十三岁的后生，说陈子龙其实没有什么把柄落在吴胜兆案子中，也没有具体的反清行动，只因帮助黄斌卿与吴胜兆联络才牵连其中。他向陈子龙保证，陈子龙既然躲到侯家，与侯家拴在一根绳上，他一定会尽地主之谊。[①]

他安排玄泣给陈子龙送去酒肉。风声正紧，人多眼杂，王庵村已不安全，他让陈子龙转移到家仆侯驯住的丰浜村。

端午节，玄泣的妻子宁若生了一个儿子，是玄泣的长子，取名侯乘。在民间看来，端午节是一年中毒气最重的一天。侯家大门上插着菖蒲、艾叶，屋内飘着苍术、白芷的草药味儿，饭桌上摆着石首鱼、雄黄酒，孩子们的额头上、手心里也涂了雄黄酒。[②]箬叶包的角黍香甜可口，远处传来赛龙舟的欢呼声，亲友陆续送来喜钱，家人摆上汤饼，庆贺新生儿的诞生。[③]

端午节后的两天是天生婆婆诞辰日。村民敲锣打鼓，家家户户摆上供品，侯家的亲友上门聚会饮酒。按祖上传下的风俗，宾客来家中饮酒时要先"打喜"，袖子里揣着一根木

① 《侯岐曾日记》，第638—639页，丁亥年，五月初二。
② 万历《嘉定县志》，卷二，风俗。
③ 相关风俗可参考《紫隄小志》卷上，第29页。

棒，一见主人的面就掏出来打，叫打脚骨。岐曾强颜欢笑，应承亲友们的打喜。①

喜气洋洋的气氛中，无人能感受到岐曾心中的紧张。他对亲友说，宁愿新生儿做个农家娃，也不要出人头地。节日里的欢快鼓点，每一下都让他心惊。

陈子龙住到丰浜村侯驯的家里后，很快引起邻居的怀疑。陈子龙打算贸然冲出去，被侯驯拉去南翔镇侯家的别业。夜里，玄泓去南翔探视陈子龙，计划下一步的去向。

第二天，家仆紧急报告，说有人给大兵泄露了陈子龙住在侯家的消息，千真万确，晚上就要来抓人。

岐曾听了半信半疑，告诫全家镇定以待，与龚老夫人、玄瀞商议临时躲避。儿子们告诫四邻，防备大兵到来。一夜过去，毫无动静，似乎与上次躲避骑兵的事如出一辙。

龚老夫人一夜没合眼，天亮后，欢欣地逗弄玄沥的新生儿。岐曾嘱咐家仆继续打探，全家保持戒备。

嘉定与松江一界之隔，侯家已经暴露了目标，陈子龙再待下去显然不安全。岐曾给陈子龙写了封短札，劝陈子龙尽快选择安全之地。哪里才是安全之地呢，岐曾一夜无眠。

次日一早，恰巧顾天遴从昆山来看望哥哥顾天逵，岐曾想到了办法。他嘱咐顾天逵兄弟，将陈子龙带到昆山，由昆山转道苏州，顺运河南下，逃往浙江。顾氏兄弟与陈子龙虽不熟识，但也久闻其名，形势危急，两人答应了岐曾，带着陈子龙一起回昆山。

---

① 《侯岐曾日记》，第641页，丁亥年，五月初七。

在去往昆山的路上，陈子龙想起了常熟唐市镇的朋友杨彝。杨彝比陈子龙大二十五岁，是应社的创始人，后来加入复社，二十多年前与年轻的陈子龙、杨廷枢等人都是叱咤风云的复社骨干。

当陈子龙敲开杨家的大门，希望杨彝收留他时，白发苍苍的杨彝拒绝了。自从明朝覆亡后，杨彝闭门不出，不问世事，断绝了一切来往。[①]

陈子龙无奈，只能继续和顾氏兄弟赶往昆山。他们到达昆山顾家后，一打听才知道运河已经封锁，不通舟楫。顾天逵兄弟二人将陈子龙安置在顾家祖坟旁边的墓舍，一处很隐蔽的地方。

陈子龙走后，岐曾松了口气。当天，清兵闯了进来。大兵诘问家仆侯驯，侯驯故意将大兵引到其他屋子，给岐曾留下逃跑的机会。岐曾没有逃跑。当大兵找到岐曾时，侯驯挡在岐曾的前面，称他自己藏匿了陈子龙，与主人无关。家仆俞儿、朱山、鲍超、陆二、李爱也冲上前，与清兵厮打。最终，清兵将岐曾和六名家仆一起逮捕。[②]

岐曾临走前，含泪给龚老夫人下跪。

龚老夫人仰起头，忍住眼泪，说了一句："我昔欲为卞壶母，今宁不能为孔褒母乎？"[③]

---

① 《侯岐曾日记》，第642页，丁亥年，五月初十、附记。
② 汪琬：《跋拟明史侯岐曾传后》，收于《尧峰文钞》（八）卷三十八；《紫隄村志》卷五，第140—146页，侯岐曾、刘驯（一说侯驯）。
③ 康熙《嘉定县续志》，卷三，列女，龚氏。

东晋名臣卞壹和两个儿子卞眕、卞盱，在乱军来临时坚守城池，拒不投降，失败后自杀，多像她的儿子侯峒曾和孙子侯玄演、侯玄洁；东汉末年的孔褒和弟弟孔融，藏匿被官府通缉的正直友人张俭，事发后两人争着为对方辩护，最终官府抓走了孔褒，又多像此刻她的另一个儿子侯岐曾。

龚老夫人看着岐曾和六名家仆被抓走的背影，似乎看到了生命的尽头。她走到家门外的水边，从容地跳入水中。岐曾的妾静姝、龚老夫人的婢女徐氏和长春，一同随她而死。[1]

龚老夫人投水的地方，是两年前孙辈为她修筑的河埠头。当初避难乡下时，玄汸听到祖母在蟠龙江畔的一声叹息，于是说服父亲岐曾，凑钱雇人开渠，花了十天，开了一条一百三十多米长的水道，直通家门。困窘日子里大兴土木，朋友们都不理解。玄汸说，祖母在世的日子有限，让她高兴是最重要的。河道修通后，龚老夫人以七十多岁的高龄，欣喜地坐着小船往来各村，看望四散的家人。[2]

据说，侯岐曾被押到松江后，起先受到了苏州巡抚土国宝的招抚。土国宝自称早听过侯岐曾的大名，给他送去酒肉，说海外通敌名单上没有他，等他与家里通信，就可以保命。言外之意是交钱赎命。岐曾说，我已经没有家了，还通什么信？国破家亡的痛苦，籍没催缴的压力，贪官恶吏的无耻，化作岐曾心中的一团怒气。次日，岐曾在狱中听说母亲龚老夫人投水自杀的消息，对土国宝痛骂不绝。土国宝虽听不懂

---

[1] 乾隆《嘉定县志》，卷十，人物志，列女，龚氏。
[2] 侯玄汸：《月蝉笔露》，卷下，第 14 页；《侯岐曾日记》，第 494 页，丙戌年，二月初八。

吴地方言，却知道岐曾在骂他，失去了招抚的耐心。[1]

随后，侯岐曾和五名家仆俞儿、朱山、鲍超、陆二、李爱一同被杀。岐曾终年五十三岁。

陈子龙的童子也被抓住，招出了陈子龙的去处。

两天后，清朝操江都御史陈锦带着兵丁赶到昆山，根据得到的线索，半夜突袭，将陈子龙和顾天逵、顾天遴兄弟一并绑走，押赴松江。

据说，陈子龙与陈锦的对话如下。

陈锦问他是何官员，陈子龙答道："我崇祯朝兵科给事中也。"

"何不剃发？"

"吾惟留此发，以见先帝于地下也。"

陈锦再问他问题，他瞪着眼不再回答了。[2]

五月十三日，陈子龙站在押解船上，想到即将来临的屈辱。当船行至松江境内的吕冈泾时，他趁守卫不防备，投河自尽，时年虚岁四十整。看守的清兵将他的尸体打捞上来，斩首后弃尸水中。

年轻的时候，陈子龙和夏允彝、徐孚远是几社的佼佼者，也是挚友。有一次，三人对坐饮酒，谈到未来的志向，各不相同。徐孚远的志向最慷慨激昂："百折不回，死而后已。"夏允彝是三人中年纪最大的，他说："吾仅安于无用，守其不

---

① 《紫隄村志》，卷五，第140—141页，侯岐曾；康熙《嘉定县志》，卷十六，人物二，侯岐曾；光绪《嘉定县志》，卷十七，人物志二，侯岐曾。
② 《陈子龙年谱》，顺治四年丁亥，收于《陈子龙全集》第995页。

夺。"陈子龙看了下两人，说："我无暗公（徐孚远）之才，而志则过于彝仲（夏允彝），顾成败则不计也。"[1]

现在，各如其言。夏允彝看不到希望后自绝于人世，两年来，陈子龙奋勇向前，不计成败，而今事业失败，他的生命也走到了尽头。昔日三人，只剩徐孚远继续往来于东南海域，从江浙到福建，再到台湾，联络义军，共图复明大业。

陈子龙死后的第二天，他的门生和轿夫找到他的遗体，具棺装殓，将他安葬在家乡松江广富林村。[2]

在昆山，归庄、顾炎武等亲朋好友动用金钱和关系，全力营救顾家父子，但没能救出顾咸正，连他的两个儿子也没能救出。早在顾咸正被抓前，顾炎武预感风声紧张，专门坐船看望顾咸正，劝他躲避，顾咸正回答道："行矣，不再计。"[3]

几天后，顾天逵、顾天遴兄弟和岐曾的家仆侯驯被杀于松江。这一年，顾天逵三十岁，他的弟弟顾天遴二十七岁。

十余天后，顾咸正、夏完淳、夏完淳的岳父钱栴等数十人先后被押赴南京。夏之旭虽未被抓，但迫于清廷的追究，自缢于文庙。

"三年羁旅客，今日又南冠。无限河山泪，谁言天地宽。已知泉路近，欲别故乡难。毅魄归来日，灵旗空际看。"[4]

---

① 李延昰：《南吴旧话录》，第 35 页。
② 《陈子龙年谱》，顺治四年丁亥，收于《陈子龙全集》第 998 页。
③ 顾炎武：《推官二子执后，欲为之经营而未得也，而二子死矣》（两首）、《哭顾推官》，收于《顾亭林诗文集》，第 274—275 页。
④ 夏完淳：《别云间》，收于《夏完淳集笺校》，卷五，第 260 页。

夏完淳在押赴南京的路上，心中充满了哀伤。他才十七岁，却已承受了太多。他行至松江府，听说了陈子龙投水自杀的消息，忍不住为他的师友痛哭；路过苏州府吴江县，他想起曾经追随的吴易义军，如今已灰飞烟灭；行至虎丘，友人杜登春准备了一些盘缠交给官差，告诉他顾天逵兄弟的死讯，他只能含泪入睡。

　　他把报国未成的遗憾，化为对外甥侯檠的勉励，"大仇俱未报，仗尔后生贤"；他惭愧无法继续奉养母亲，觉得愧对身怀六甲的妻子钱秦篆，他叮嘱妻子养育遗孤，不要另立后代。①

　　夏完淳和岳父钱栴同时受到江南总督洪承畴的审讯。据说，洪承畴宽厚以待，试图说服他俩归顺，但夏完淳严词拒绝了。当钱栴犹豫不决时，夏完淳回头看着他，厉声用古代义士慷慨赴死的精神鼓励他。钱栴放弃了屈服的想法，决心与夏完淳一同赴死。②

　　顾咸正则坦然得多。据说，当洪承畴问他："汝知史可法在乎？"顾咸正反问道："汝知洪承畴死乎？不死乎？"一度被追认为英雄的明朝叛将洪承畴默然了。③在狱中，顾咸正和夏完淳、刘曙等狱友知道不免一死，索性放开心情，饮酒谈笑，津津乐道古今的忠义故事，约定死后要化为厉鬼聚在一起。④

---

①　夏完淳：《细林野哭》《吴江野哭》《闻大鸿仲熊讣》《寄荆隐女兄兼武功侯甥》《拜辞家恭人》《寄内》《虎丘遇九高》等多首，收于《夏完淳集笺校》，卷四至卷六。

②　屈大均：《皇明四朝成仁录》，卷七，钱栴。

③　《明季南略》，卷九，《顾咸正坐吴胜兆事死》。

④　《刘公旦先生死义记》，收于《荆驼逸史》第15册。

九月下旬，一道谕旨传遍江南，震慑了所有对清朝怀有二心的人：

> 叛犯顾咸正、夏完淳、谢尧文、钦浩、刘曙等三十三名，通海寇为外援，结湖泖为内应，秘具条陈奏疏，列荐文武官衔……依谋叛律，不分首从皆斩，妻妾子女入官为奴，财产籍没充饷，父母、祖孙、兄弟不限籍之异同，皆流二千里安置。
>
> 未获叛犯侯玄瀞等二十二名，严缉另结……①

圣旨一下，顾咸正、夏完淳、钱栴等三十三人以叛逆罪被杀。

顾咸正时年五十七岁。他死后，顾家的家产遭到籍没，只剩他的母亲张老夫人独守家祠。顾天逵死后，他的妻子侯氏独自抚养两个幼女；顾天遴有一个小儿子，跟着外祖躲入山中侥幸活命。②

夏完淳死后，友人杜登春为他收殓遗体，运回松江故乡，安葬在他的父亲夏允彝的墓旁。他的妻子钱秦篆生了一个女儿，不久夭亡。家人遵照他的意愿，没有另外立嗣，夏家的香火戛然而止。③

---

① 《南明史料》，五三，江南各省招抚内院大学士洪承畴题本。收于《台湾文献丛刊》，第169种，《明清史料》己编第一本，第34页。
② 归庄：《两顾君大鸿、仲熊传》，收于《归庄集》，卷七，第407—409页；顾炎武：《哭顾推官》，收于《顾亭林诗文集》，第275页。
③ 杜登春《童心犯难集》相关内容，见《夏完淳集笺校》，第618—619页。

钱栴死后，他的儿子钱默，即担任过嘉定县令的年轻人，在黄山出家为僧。

杨廷枢也死了。其实他是最早被抓住的，只是消息封锁，侯家知道得比较晚。吴胜兆反清失败后，清朝最先清洗的城市就是苏州。恰恰在陈子龙逃到嘉定侯家的时候，杨廷枢在苏州芦墟的门人家中被抓。他受到牵连，是因为戴之隽是他的门生，他对吴胜兆反清一事或多或少有鼓动。

在押赴南京的船上，杨廷枢在白衣上写下血书，回顾了自己五十三年的一生。他从小熟读圣贤书，崇拜南宋末年的忠义丞相文天祥。他学富五车，为东南士林翘楚，以一杆毛笔指点江山。他在狱中受尽刑罚，遍体鳞伤，十指俱损，却没有屈服。当土国宝劝他剃发以换取性命时，他以一句"砍头事小，剃头事大"拒绝。他视死如归，他的妻子和女儿也陪他共赴黄泉。

"人生自古谁无死，留取丹心照汗青。正气千秋应不散，于今重复有斯人。"灾祸虽突如其来，却早在他的预料之中。他的心中充满浩然之气，仿佛化身慷慨赴死的文天祥。[1]

据说，临刑前，杨廷枢大喊一声"生为大明人"，他的头落地后，"死为大明鬼"的喊声还回荡在刑场上。主事者感慨不已，将他以礼安葬。[2]

"尽除三吴知名之士"，清朝的意愿达成了。

---

[1] 《清诗纪事》（一），第59页。
[2] 《明季南略》，卷九。

第五章

不 息

目断秦庭马角生，
家山云水各吞声。
三年一见无余话，
千里孤筇又独行。
未卜相逢空有约，
莫轻此别遂无情。
江潮海日题诗在，
莫遣红尘识姓名。

——侯玄泓[①]

1 覆 巢

1647 年五月初十，侯岐曾被官兵抓走的消息传来时，玄汸和玄瀞正在县衙处理籍没事宜。听说家中的变故，玄汸顾

---

① 侯涵：《寄智含弟》，收于《明诗纪事》辛签，卷三十四，第 2 页。侯涵即玄泓，智含即侯玄瀞。

不上回家，带着玄瀞仓皇出城，躲到嘉定城东。两人在民家躲避一夜后，听说抓捕玄瀞的大兵已经进城，赶忙搭乘小船，一路向西逃亡。

小船行至西关外，忽然被一名手持铁索的衙役拦下。船夫大惊失色，叩头问过后，才知道这名衙役只是要搭船。玄汸和玄瀞也松了一口气，趁着夜色顺利离开了嘉定。两人一路躲躲藏藏，两天后，他们逃到苏州中峰寺，受到高僧苍雪法师收留，赶忙写信告知家人。过了几天，他们收到家里的来信，才知道龚老夫人投水自尽和侯岐曾被害的噩耗。信中还说，嘉定正全城搜捕侯玄瀞，官兵已经抓走了玄泓和两位叔祖侯鼎旸、侯艮旸。

兄弟二人哽咽着读完家信。玄瀞深感自责，情急之下，他打算回乡赴死。

玄汸拉住他，说，现在形势危急，你是伯父唯一的血脉，不容任何闪失。我父亲这边有子有孙，后继有人。我的儿子刚出生，还没满月，现在不知是死是活，好在父亲和祖母生前已经见过了。生死关头，顾不得那么多了。我代你死，你快走。到时我死在苏州府边界，官府往来查验推论，至少要花十几天。等查明死的人不是你，你已经身在五百里外了。况且玄泓还在嘉定，他虽被关进大牢，一定也能审时度势，不会随便透露我们的消息。[1]

之后，两人在佛前焚香叩头，挥手告别。玄瀞不知道这是不是和堂兄的最后一别，含泪离开。

---

[1] 侯玄汸:《月蝉笔露》，卷下，第8页。

深夜，玄沩躺在禅房的床上，望着月色下孤单耸立的经幢，辗转反侧，难以入眠。他想到弟弟玄泓在大牢里遭受粗暴的刑罚，想到妻子和幼小的孩子生死未卜，想到三年内侯家接连遭遇重创，两眼噙泪，心如刀割。他索性起身，撤去了蚊帐，赤裸躺在地上，任凭夏天的蚊子疯狂叮咬自己的肉体。[1]

第二天一早，他与苍雪法师告别，坐船离开了寺庙。他脑中回响着法师的告诫，切勿向熟悉的地方走。他远远望着龙江村的方向，任由船夫毫无目的地划船。在一处不知名的河边，玄沩掏出剩下的钱犒赏了船夫，在岸边沉思片刻，纵身跳入水中。

就在他逐渐失去知觉的时候，路过的村民把他救上岸。听说他是嘉定忠义侯家的后代时，淳朴的村民纷纷给他帮助。两名读书人给他拿来衣服，帮他出主意，劝他逃到浙江。他感到极度疲惫，不过还是听从众人的建议，把长袍脱下，留在岸边，换上短衫，坐着来时的船离开。船驶出没多远，他再次跳河，在命悬一线的时刻再次被救上来。他全身变成青紫色，眼睛、鼻子不停向外冒水，大脑几乎失去了意识。他不再寻死，完全顺从众人的安排，坐船驶向浙江的方向。[2]

到了浙江，玄沩在杭州吴山的一座寺庙里削发为僧，改号一正。他得到寺中老僧的宽慰，没有在庙里逗留太久，很快告别了杭州。拂晓时分，他乘船回到了苏州中峰寺。寺僧

---

① 侯玄沩：《月蝉笔露》，卷下，第10页；侯玄沩：《寄苍师诗》，收于《厂头镇志》，卷五，第77页。

② 侯玄沩：《月蝉笔露》，卷下，第8—9页。

见他活着回来，以为见到了鬼，苍雪法师则高兴地说，大难不死，珍重前路。法师挽留他留在寺中，为他取了新的法号——死水道人。

玄汸在苏州的中峰寺、法螺寺住了三个月，应邀为僧人讲解"四书"，寻求儒学与佛教的相通之处。他往来于群山之间，终于打听到玄瀜已经渡过长江，在扬州天宁寺皈依了佛门。[1] 他还收到妻子宁若生的信，原来，岐曾被抓、龚老夫人投水时，宁若生因怀中婴儿尚小，免于被抓，之后她带着小婴儿自杀未遂，辗转躲到了昆山。他心中一直悬着的巨石落了地，随后，他与苍雪法师告别，踏上寻找妻儿的路。

玄汸的两位叔祖侯鼎旸、侯艮旸在狱中关了几个月后被释放，这有赖于嫁到南翔镇杨家的表姐。表姐冒着风险，让自己的儿子几次到官府交钱打点，耗费巨资，终于将两人解救出狱。两人专程到南翔感谢杨家亲戚，并划出龙江村的几亩地作为馈赠。

玄泓在狱中关了更长时间，好言相劝和严刑威逼都没让他说出玄瀜的去处。玄泓被抓后，夏淑吉走出大悲庵，带领仆人收了龚老夫人和岐曾的妾静姝的尸体，埋葬在圆沙祖坟。岐曾被杀的消息传来，她又派人去松江，为公公收尸、安葬。她不时派家仆到县衙送钱，以免玄泓受折磨，同时拖延官府对玄瀜的追击。几番折腾后，家中的财产分文不剩。她还要奉养婆婆金氏，也就是岐曾的妻子。金氏守寡后，拒绝了娘

---

① 侯玄汸：《月蝉笔露》，卷上，第30页；卷下，第9页。

家的改嫁意见，从岐曾的堂弟一支过继了一个儿子。[1]

家事安排妥当后，夏淑吉带着年仅十岁的侯檠，跪在塾师陆元辅的面前，恳求他把侯檠带到安全之地。侯檠自小就定为复社巨擘张溥的女婿，现在侯家遭难，能收留他的地方只能是太仓张溥家。

陆元辅冒着受牵连的风险，回拜夏淑吉，接受了她的委托。夜里，他换掉儒服，打扮成商人，带着侯檠乘船离开了嘉定。同时装在船上的，还有几十捆侯家先祖、侯峒曾父子和侯岐曾等人的手稿，这是保留侯家遗稿的最后机会。

他们辗转流离，到达太仓，投奔张溥家。张溥在明朝灭亡前已经去世，张溥的夫人王氏悄悄派人迎接他们，两人暂时安顿下来。在张家的七录斋，陆元辅继续教习侯檠。七录斋是张溥生前的书房，得名于他年轻时读书总要抄录六七遍的习惯。七录斋中，陆元辅和侯檠每每读到前人的忠孝事迹和先祖的遗文，不免潸然泪下。[2]

玄泓在狱中关了半年。其间，他的妻子孙俪箫被押赴南京，途中病亡。[3]他年幼的儿子侯荣由夏淑吉代为抚养。半年后，在夏淑吉等家人的几次打点下，加上玄瀞一直下落不明，官府终于释放了玄泓。

---

[1] 《淞南志》，卷六，列女，第 65 页。

[2] 陆元辅：《书侯生武功挽联卷后》，收于《陆菊隐先生文集》，卷十三，第 498 页；《丁亥侯夏二家再遭大难，余携侯生武功潜迹娄东……》，收于《陆菊隐先生诗集》，卷三，第 564 页；张云章：《菊隐陆先生墓志铭》，收于《朴村文集》，卷十四，第 1—5 页。

[3] 周绚隆先生在《彩云散后空凭吊》一文中，推测孙俪箫可能在押赴南京时被清兵奸污戕害。

玄泓回家后，摆在他面前的是更加艰难的处境。连年大旱、江河淤塞、局势动荡造成粮食歉收，粮价空前高涨。每石大米的价格已经飙升到四两银子，每石小麦的价格也涨至二两银子。[1]

籍没令并没有随着侯家又一拨人的离世而停止。正相反，由于侯岐曾窝藏陈子龙、侯玄瀞暗通鲁王等重大罪行，官府对侯家进行了更加彻底的查抄，房屋、田产一概缴没，再也没有商量的余地。回到家中的玄泓，要安葬逝者，要抚养全家的孤儿寡妇，要应对官府三天两头的骚扰，还要防备无赖之徒在侯家垮下的时候再踏上一脚。要保住侯家仅存的几条血脉，只有逃亡一条路。

寒冬过后，冰雪消融，玄泓带着年幼的子女，悄悄坐上了去浙江的客船。他离开嘉定后，改名侯涵。他们起初躲在异乡的村子里，钱财散尽，衣衫褴褛。头三年里，他们辗转住过太仓、金华、杭州，以及上海多个村庄。他们避居浙江时，陆元辅收到消息，把侯檠护送到浙江，投奔玄泓。三年后，局势稍微缓和，玄泓仍不敢冒险回嘉定，便搬到苏州，开始了新生活。[2]

玄泓依靠自己的写作才华和家族声誉，在苏州有了新的交际圈。当苏州文人推举他主导文社时，他婉言谢绝。苏州慎交社成立后，他和侄子侯檠受邀加入，成为骨干成员。当慎交社与松江同声社发生矛盾时，他往来两地，从中调和，

① 黄冕堂：《中国历代物价问题考述》，第313页；岸本美绪：《清代中国的物价与经济波动》，第106页。
② 侯开国：《凤阿山房图咏记》，收于《凤阿集》，第一册。

促成双方领袖会面，并促成双方成员合盟，共奉文学家吴伟业为宗主，壮大江南文坛的力量。[1] 哪怕漂泊异乡，他也一如既往地沉醉于文学。[2]

玄泓在妻子孙俪箫死后，续娶了松江府华亭县的女子章有渭。章有渭的父亲章简是侯峒曾生前的朋友，曾在明朝任官。章简养育了章有淑、章有湘、章有渭等六个才貌双全的女儿，个个饱读诗书，闻名江南。玄泓娶章有渭为妻，不仅因为她也来自名门望族，更因为她和自己一样也是罹难忠臣的后代。1645 年，清兵南下，当侯峒曾誓死守卫嘉定城的时候，章有渭的父亲章简和乡绅李待问、沈犹龙等人拼命守护松江府城，最终兵败自杀。

"忆昔同在翠微阁，飞文联句夸奇作。那知江海各天涯，青鸟无情双寂寞。"[3] 离开姐妹的章有渭，面对残破的侯家，只能咬牙接受眼前的生活。年复一年，章有渭跟着丈夫玄泓在外漂泊，有了自己的孩子。生活日趋平静，玄泓却止不住惦念家乡，把无法回乡视为最大的遗憾。[4]

与此同时，玄汸离开中峰寺与妻儿会合后，也漂泊过吴县、昆山、常熟多地，最后，他们也去了苏州，与玄泓一家人聚首。

玄汸在外漂泊期间，去过一次南京，祭拜明太祖朱元璋

① 谢国桢：《明清之际党社运动考》，第 161 页；杜登春：《社事始末》。

② 侯涵：《春感》，见《清诗纪事》（二），第 647 页。

③ 章有湘：《寄姊》，收于《国朝闺秀诗柳絮集校补》，第二册，卷十九，第 840 页。

④ 侯涵：《失题》二首，收于《清诗纪事》（二），第 648 页。

的陵墓——明孝陵。战乱刚过，孝陵内大殿损毁，树木遭砍伐，处处是大兵践踏的痕迹。秋风吹过，覆没的王朝如同卷地的落叶，失去了曾经的威严，再也无法承载世人的尊重。他再拜行礼，心中黯然神伤。①

另一次，他寄居浙江萧山，拜会了元成先生，也就是1642年侯岐曾参加乡试时的主考官。元成拉着玄汸的手，说了一段陈年往事：侯岐曾当年参加乡试时，试卷被一名姓来的房考官无意中丢失，不负责任的房考官找来别人的试卷，填上岐曾的名字充数；后来，小吏找到了岐曾等八名考生的试卷，原来丢在了卧床顶上，试卷果然没有批阅。当时，黄淳耀和陈俶、苏渊去南京帮忙查卷时，看到的只是一份冒充的试卷。元成托了复社骨干也没帮上忙，岐曾最后只录了副榜。元成先生说，现在岐曾已经去世，名节与日月争光，说出实情，才能告慰他的在天之灵。玄汸很震惊，后来他找陈俶和苏渊求证，果然，他俩说当年看到岐曾落榜后心情抑郁，只能编出一席谎话劝慰他。②

逃离嘉定的侯氏子孙稍稍恢复了安宁，已经出家的侯家女人们只能留在嘉定。

隐居在龙江村大悲庵的寡妇，除了夏淑吉和姚妫俞、龚宛琼，还多了个没来得及嫁入侯家的盛韫贞。侯岐曾一案突发后，玄瀞逃亡他乡，下落不明，盛韫贞和玄瀞的婚姻还没

---

① 侯玄汸：《月蝉笔露》，卷上，第27页。
② 侯玄汸：《月蝉笔露》，卷下，第11页。

开始就中断了。玄瀞失去音讯后，盛韫贞剪断头发，毁掉嫁妆，写下一篇《怀湘赋》，以神话里忠贞不渝的湘妃勉励自己。当时玄泓刚出狱回家，听说后，将她迎入侯家。她跟着表姐夏淑吉削发出家，拜姚妫俞、龚宛琼两名寡嫂为师，为自己取了个号叫作寄笠道人。

在青山碧水环绕的大悲庵里，四个寡妇相依为命。她们是在巨大的变故中不得已才出家的，身在佛门，心却留在了尘世。她们正值青春年华，终日面对青灯、古佛、木鱼、经卷，却无法斩断心中的悲哀。

深夜里，姚妫俞时常难以入眠。有时，她点上油灯，听窗外风卷落叶的沙沙声，透过门帘看彩云明月，看庭院里疏落的梅影，看轻雾笼罩的翠竹。“支离瘦骨惟供病，牢落愁怀岂为情?”[①] 相比佛经，她也许更喜欢翻看玄演生前写的诗文，以及他们夫妻二人合著的《玉台清照集》。

面对郁郁寡欢的姚妫俞，夏淑吉的心情更复杂。她强颜欢笑，用诗文鼓励同病相怜的妯娌，“闻香小坐忘尘世，步月清言扫旧愁”，但想到出家寡妇们的命运，她最终黯然神伤，“梅影横斜应似画，残英满地有谁收?”[②] 她会想起年轻时花钿贴额、罗裙摇荡的自己，想起亡故多年的丈夫侯玄洵，想起漂泊在外的儿子侯檠。[③] 她也会想起被官兵抓走的嫂子孙俪箫，

① 姚妫俞：《不寐》，收于《国朝闺秀诗柳絮集校补》，第二册，卷十六，第 683 页。

② 夏淑吉：《寄再生》，收于《国朝闺秀诗柳絮集校补》，第四册，卷四〇，第 1876 页。再生即姚妫俞。

③ 夏龙隐：《闺思》，收于《国朝闺秀诗柳絮集校补》，第四册，卷四〇，第 1877 页。夏龙隐即夏淑吉。

她称孙俪箫为六姊，她还记得当年孙俪箫从上海嫁到嘉定侯家时多么风光，而今红颜薄命，阴阳两隔，她只能感叹"彩云散后空凭吊，野哭荒郊恨几重？"[①]

"本是闺中秀，超然远物华"，对年轻的盛韫贞来说，变故尤其突然。她远离松江娘家，名为侯家的聘妻，却从未与玄瀞做过一天的夫妻。玄瀞下落不明后，她的身份很尴尬，或许她有过不甘心，但最终无奈地选择了削发为尼。她在松江的父母已经离世，亲人只剩兄长一家。寄居龙江村七年间，她只回过松江三次，平时只能写信与兄长往来。也只有在至亲兄长面前，她才表露出自己的病痛与哀伤。门前的草木几度萧条，又几度返青，她幽居大门之内，尽量远离门外轻薄的世俗。[②]

好在她们的生活并非完全与世隔绝，亲人朋友不时来看望她们。梅花盛开时，夏惠吉从松江过来，看望姐姐夏淑吉和表姐盛韫贞，感慨她们"雨雪相依倍有情"，只是聚少离多，欢聚之后是更长久的落寞。[③]

在外漂泊期间，玄泓曾经带着侯檠悄悄回乡探望。侯家

---

① 夏龙隐：《六姊孙俪箫没于丁亥家难，为赋一诗》，收于《国朝闺秀诗柳絮集校补》，第四册，卷四〇，第 1876 页。

② 盛韫贞：《寄兄》三首、《赠圣幢师》、《村居杂感》等，收于《国朝闺秀诗柳絮集校补》，第四册，卷四五，第 2130—2133 页；《明诗综》，卷八十五。

③ 夏惠吉：《二月雨雷同静维楼止曹溪并美南姊作》，收于《国朝闺秀诗柳絮集校补》，第四册，卷四〇，第 1866 页。静维即盛韫贞，美南即夏淑吉。

的旧居前，荒草丛生，残菊飘零，一函函古书散落在地上。栏杆、横梁、镂窗、彩绘，他们追忆每一处旧日面貌，感到亲切，也感到心寒——回家之路如此艰难。①

侯檠去大悲庵看望了母亲夏淑吉。他已经跟随玄泓移居苏州，参加了苏州的文社，颇有诗名。站在侯家的旧居前，他有感而发，写下几首诗。其一如下：

> 转眼兴亡叹劫灰，田园松竹一徘徊。
> 纵空冀北求良马，甘向山阴作散材。
> 高士已从驹谷隐，遗民讵为鹤书催！
> 三槐槛外凭谁植，五柳门前且自栽。②

这样的文学积淀，这样的敏锐才气，这样的黍离之悲，这样的不屈不挠，出自一名十二岁的少年，无怪乎他从小就有神童之称。

玄泓打探到嘉定官府对侯家的政策尚未松懈，只能带着侯檠黯然离开。

玄瀞则再也没有回过嘉定。他起初在扬州天宁寺，后来辗转去了杭州灵隐寺。身在苏州的玄汸和玄泓打探到他的去处，悄悄去杭州探望了他。这是他们各自漂泊三年后第一次重逢。

灵隐寺是杭州最古老的寺庙，浸润了深厚的佛教文化，

---

① 侯涵：《旧庄》，收于《清诗纪事》（二），第648页。
② 侯檠：《奉和掌亭叔父旧庄杂感八首》，收于《淞南诗钞合编》，转引自《夏完淳集笺校》，第232页。掌亭即侯玄泓。

留下了明朝诸多名士的足迹。玄瀚在此出家，法号圆鉴。只是，佛光的笼罩没能让他忘记尘世的悲哀。他的身份终究是一名避难者。

禅房的卧榻上，兄弟三人借着点点烛光，谈起昔日旧事。"私愧支硎鸡足老，浪抛二十二年春"，玄瀚一生中的快乐时光，在他人生的第二十二年，在嘉定城破的那一刻，戛然而止。[①]

他也许不会向亲人讲述孤身漂泊的经历，但从他写的诗稿中，玄泓他们可以感到他的苦楚。"死灰残梦凭谁语，付与云堂日暮钟"，天宁寺里，无名氏的孤坟残碑让他心寒；灵隐寺旁的韬光庵里，玄瀚记得十年前看到唐朝诗人骆宾王在墙壁上的题诗清晰可辨，现在已经漫灭不清，他自己也重演了一千多年前骆宾王削发为僧、避难寺庙的一幕；站在灵隐寺的三生石旁，他想起三生石的传说，在诗的末尾感慨"我本石畔无知者"，字里行间又要滑向痛苦的深渊，却似乎迟疑了一下，涂掉了这一句，改用一句"三生风月浑闲事，愧我题诗一损神"的自嘲，及时把自己从悲伤中拔出来了。[②]

玄沨和玄泓纵有万千牵挂，也只能嘱咐堂弟在异乡隐姓埋名，静心生活。相聚匆匆，他们约定事态平息后尽快回乡，期待全家团聚的那一天。[③]

---

① 侯沨：《宿灵隐赠晦公》，收于《增修云林寺志》，卷六，第135页。

② 侯玄瀚：《偶题孤冢四绝》《游韬光登楼感赋》《三生石怀古》等，收于《上谷三孝子手迹》。

③ 侯涵：《寄智含弟》，收于《明诗纪事》辛签，卷三十四，第2页。同本章开头的引诗。有关本诗的赠别地点推论，参考周绚隆《王谢雕梁事已非》一文。

然而，玄瀞再也没能活着回来。1651年，也就是岐曾被害案四年后，玄瀞在灵隐寺病亡，终年二十七岁。灵隐寺的僧人将他的遗体火化，把骨灰放入瓶中。叔祖侯鼎旸得到消息后，去杭州迎回他的骨灰瓶。

　　嘉定屠城后，侯鼎旸亲手安葬了峒曾和他的两个儿子玄演、玄洁，时隔六年，他又亲手埋葬了峒曾仅存的儿子玄瀞。连年悲剧，门庭衰微，个中滋味让年逾古稀的他感到苦涩。侯鼎旸感到惭愧，他不是大义凛然的程婴、杵臼，没能保住峒曾的唯一血脉。可怜的玄瀞也不是幸运的赵氏孤儿，侯家还能重见天日吗？①

　　玄泍和玄泓兄弟在苏州收到玄瀞病亡的消息，匆匆赶回嘉定龙江村，和族人一起，将玄瀞的骨灰瓶埋葬在圆沙的家族墓地，紧挨着他的父亲侯峒曾的坟墓。世间又少了一个亲人。他们为玄瀞的死肝肠寸断，朝着灵隐寺的方向稽首，用文字寄托自己的哀思。②事后，他们慑于风波未平，擦干眼泪，重新踏上了漂泊之路。

　　"秋风满地忠魂在，夜月空堂孝子无。"③满门忠魂，青山埋骨，落得个香火断绝。

————————

①　侯鼎旸：《哭智含侄孙归骨》，收于《淞南志》，卷七，第80页。
②　侯涵：《失题》二首，收于《清诗纪事》（二），第648页。
③　侯艮旸：《哭智含侄孙归骨》同题，收于《淞南志》，卷七，第80页。

2　回　归

随着玄潚的死亡,"倡乱逆反"的人全部离世,官府对侯家的压力慢慢减轻了。

1653年,玄汸、玄泓兄弟和家眷结束了六年的颠沛流离,回到嘉定乡下,寻找一处安身之所。

龙江村里,侯家祖先建立的关帝庙依然香火鼎盛,只是和侯家没有了关联;侯家太初园内,假山几乎坍塌成平地,芙蓉池里只剩几枝残荷。自从侯家被官府严拿后,龙江村的族人陆续搬走,不愿离开的族人艰难地维护侯家的地位。年迈的侯鼎旸坚守在村里,生活拮据,却试图集资修桥,以恢复侯家的威望;[①] 侯兑旸的儿子侯嵝曾充任里正时,因村民受到"牙行"欺压,首倡官府勒碑监管,赢得了村民的敬意。[②]

由于宅院和田地已被官府收缴,玄汸和妻儿无家可归,已经搬到朱家泾村的叔父侯岷曾收留了他们。

玄泓和妻儿起初住在厂头村,村里物是人非,后来他们搬到城内,寄居在友人徐时勉的金氏园里。[③] 徐时勉已经七十多岁了,自从1640年从陕西澄城县罢官回乡后,一直隐居在金氏园,专心研究毛氏注解的《诗经》。金氏园紧靠龚氏园,金氏园本是侯家的姻亲金德开家族的产业,龚氏园本属于侯家的姻亲龚氏家族,几大家族衰落后,龚氏园由徽州商人买下,改名秋霞圃,金氏园暂时为徐时勉居住。

---

① 侯鼎旸:《重建亭桥序》,收于《紫隄村志》,卷二,第33—34页。
② 《紫隄村志》,卷六,第153页,侯嵝曾。
③ 侯泓:《秋怀》,收于《明诗综》,卷七十七。

玄汸、玄泓兄弟俩拖家带口，寄人篱下，期待能重回自己的家。他们打算赎回侯家在县城的宅邸。

自从嘉定城破、幸存的侯家人逃到乡下，到玄汸、玄泓逃难归来，整整过去了八年。八年里，侯家在县城的宅邸一直被官府占用，充当兵营。房子的前堂则被诋毁侯家的人上报官府，改建成神庙。当年籍没时，县城的整套宅邸估价为三千两银子。兄弟俩归来后，花了四年与官府交涉，前后耗资三百两银子打点县衙，最后以五百两银子的价格把整座宅邸赎回来了。①

昔日的美宅破败不堪，原先的八进格局只剩六进。玄汸、玄泓费了巨大工夫，收回一部分散落的木料，将宅子修缮一新。原来的正堂仍贻堂用来接待宾客，寿宁堂改建成家庙。院子的前三进分给玄泓，后三进分给玄汸，侧面的藏书室拆改一番，供贫穷无依的妹妹侯蓁宜和龚元侃夫妇居住。②此外，兄弟俩还接纳了另一个无依无靠的妹妹，即顾天逵的妻子及两个女儿。③

侯蓁宜在明亡后遭受了娘家和婆家两大家族的倾覆，生活今非昔比。她的诗集《宜春阁草》早已毁于兵火，只剩一个孤零零的名字昭示着她在侯家宜春阁的青春岁月。她的丈夫龚元侃不擅长理财，又不能在新朝廷谋官，只能教书维持生计，还要处理家庭诉讼、培养弟弟读书、托举弟弟妹妹与

---

① 侯玄汸：《月蝉笔露》，卷下，第18页。
② 侯玄汸：《月蝉笔露》，卷下，第18页。
③ 归庄《两顾君大鸿仲熊传》、陆元辅《喜记原至再叠东字韵》。参考周绚隆《彩云散后空凭吊》一文。

名门望族结亲。他们的生活一直没能摆脱贫困。即便在最拮据的时候，他们的关系在儿子们看来依然是"相待如宾"。[①]她三十三岁生日时，龚元侃写诗为她庆祝。[②]她逐渐习惯了"麦饭葱汤"的简朴生活，坦然接受了镜中斑白的双鬓。欣慰的是，儿子们逐渐长大，一直用功读书。十年来，由于家贫买不起书，儿子们读的书都是侯蓁宜逐字逐句抄录的。丈夫时常在外教书，她每天晚上在灯下或纺织，或缝纫，身兼慈母与严父的角色，陪伴儿子读书到深夜。她期待儿子们走科举之路，有朝一日改变家境。[③]儿子们也记住了父亲龚元侃的话："吾家世清华五百余年，汝曹虽贫，勿改操也。"[④]

侯家在城内的私家园林，也就是侯震旸开辟的侯氏东园，籍没时由官府卖给了寺院。[⑤]玄汸、玄泓流亡在外时，侯家的亲戚李宜之把侯氏东园赎回——侯氏东园是明亡后李家遭难时侯家收留李宜之的地方。李宜之将东园改名寓园，并终老于此。玄汸归来后，收回东园，改名柘园，并以柘园为自己的号。

修整后的柘园，比四十年前侯震旸刚开辟时破落不少。用玄汸自己的话来说，就是"瓶无粟也，园无丁矣。沼无鱼也，门无宾矣。荷花桂树，自荣自落，凌霄之木，或出下矣，

---

① 《侯孺人行略》，收于《嘤城龚氏族谱》（一），第89页。

② 龚元侃：《内子生日》，收于《嘤城龚氏族谱》（二），第11页。

③ 侯蓁宜：《遣怀》《送缜彩两儿赴试》，收于《国朝闺秀诗柳絮集校补》，第三册，卷三三，第1517页；《文学南溟公行状》，收于《嘤城龚氏族谱》（一），第88页。

④ 光绪《嘉定县志》，卷二十，人物志五，隐逸。

⑤ 康熙《嘉定县续志》，卷三，隐逸。

尚何有于园乎?"① 园子虽已凋敝，园内种植的松、柏、枫、槐、竹、桂、石榴、芭蕉、紫藤、海棠、枇杷、梧桐等花木加上蔬果，尚有五十余种，堪称一座植物园。春暖花开时，风光依旧动人。② 秬园内，用于接待客人的正厅称为明月堂。明月一词，寄托了侯家兄弟太多的追忆。虽然收回了宅子和园子，眼前的家产也只相当于侯家鼎盛时的十分之一。③

玄沨在秬园定居后，很多学子慕名而来，拜师学习，称他秬园先生。他在明月堂授课，定下了八条"明月堂学规"，包括定心志、严课程、慎言语、善始终等，教导学生们读书是为了"做个天地间有用的人"。④ 他回忆起年少时在侯氏家塾读书时，老师黄淳耀旁征博引、举一反三的教育方式，可当他把老师的教学法运用到眼前的学生中，能理解他的人寥寥无几，使他略感遗憾。⑤

玄沨、玄泓归来的日子里，侯檠也回到母亲夏淑吉的身边。

对夏淑吉来说，儿子归来后的日子一定是她最幸福的时光。侯檠离开时才九岁，回来时已经十五岁。夏淑吉看到唯一的儿子初长成，与两位叔父参加文社，在江南颇有诗名，

---

① 见黄裳《明月诗笺》一文；侯玄沨：《园居初复》，收于光绪《嘉定县志》，卷三十，名迹志。
② 释晓青：《秬园草木诗》，收于《高云堂诗集》，卷十三。释晓青曾为苏州中峰寺住持，有恩于玄沨。
③ 汪琬：《贞宪先生墓志铭》，收于《钝翁续稿》，卷二十六。
④ 侯玄沨：《月蝉笔露》，卷上，第8—10页。
⑤ 侯玄沨：《月蝉笔露》，卷上，第6页。

一定倍感欣慰。读书以待时变，侯檠成为侯家的新希望。

不幸的是，侯檠归来后的幸福没有持续太久。长年的颠沛流离、风餐露宿，早已让他年幼的身体孱弱不堪。又一波流行病袭来时，侯檠不幸染病，最终病亡，年仅十六岁。

亲朋好友无不为侯檠的死感到惋惜，最心痛的是失去儿子的母亲。

“吾数年来，将三百六十骨节交付太虚空，更无系恋矣。”[①] 侯檠的死，如同压倒骆驼的最后一根稻草，使夏淑吉对尘世再也没有牵挂。从此，她在龙江村闭门不出。

生活好转后，玄泓重修了侯氏东园里的岁寒亭。夏淑吉和姚妫俞、龚宛琼、盛韫贞搬离龙江村，一起入住岁寒亭。城内的生活条件比乡下好了一些，姚妫俞可以倚着柔软的靠垫，坐在黑色的羊皮几案前，在缭绕的熏香中一页页翻看佛经。翻罢佛经，她登楼眺望家乡苏州的方向，只能看到夕阳下寒鸦齐飞。尘世回不去，故乡回不去，“一段旅怀还磊落，百年心事付苍茫”，她的心情大概永远不会变好了。[②]

侯檠的死，也让玄汸、玄泓把立长子的事再次提上议程。之前，玄瀞死时，玄汸、玄泓兄弟就意识到侯家的大宗——峒曾一支已经断绝了血脉，玄演和玄瀞没有孩子，玄洁只有一个小女儿。按照规矩，族人应该为峒曾一支延续香火。孙辈中年龄最大的侯檠本应过继给峒曾一支，但迟迟没决定下来。

① 苏渊：《节妇夏氏传》，收于康熙《嘉定县志》，卷二十一，传。

② 姚妫俞：《冬日》，收于《国朝闺秀诗柳絮集校补》，第二册，卷十六，第 683 页；亦收于《明诗综》，卷八十五。

这一次，经过商议，过继给大宗长支侯玄演的是玄汸的长子侯乘，也就是岐曾被害前刚出生的婴儿，此时已经七岁了。在一个良辰吉日，玄演的遗孀姚妫俞身披缁衣，走出岁寒亭，在侯家的家庙举行了过继仪式，纳侯乘为嗣子。[①]

姚妫俞患病卧床时，侯乘按照父亲玄汸的教导，为姚妫俞尽孝，连续十四天在她床边守护，查询医书，有求必应。姚妫俞病好后，将婆婆李夫人当年造的一尊大悲佛像送给侯乘供奉，褒扬他的孝道。有了嗣子养老送终，姚妫俞倍感宽慰。更重要的是，这意味着侯峒曾一支有了子孙后代，并没有断绝香火。

夏淑吉的儿子侯檠病亡后，玄泓将儿子侯荣出嗣给她。侯荣幼年丧母，由夏淑吉抱养，与夏淑吉结下深厚的感情。

玄洁的遗孀龚宛琼也有了子嗣，名叫侯来宜，他的生母是玄汸的妻子宁若生。[②]

侯家的孩子们继续拜陆元辅为师，在家塾中读书。

"十年往事不堪论，凭仗清樽减泪痕。独有云和楼上月，天涯还照几人存？"[③]在家族陷入绝境、死亡率居高不下的年代，玄汸和玄泓兄弟艰难地延续着侯家的血脉，夏淑吉、章有渭、宁若生等女眷竭力辅助男人们维持侯家的尊严。

几年里，侯家人或许听说了外面的消息，尽管已经与他

---

① 侯玄汸：《月蝉笔露》，卷下，第 15 页。

② 康熙《嘉定县续志》，卷二，选举，例选。

③ 宁若生：《同荆隐集玉璜闺中次韵》，收于《国朝闺秀诗柳絮集校补》，第四册，卷四五，第 2161 页。荆隐即夏淑吉，玉璜即章有渭。

们的生活关系不大。

吴胜兆之乱，只是江南之乱的一个缩影。江南之乱，也只是全国范围内的乱象之一。吴胜兆反正失败后，各地的反清形势风起云涌。1648 年之后的几年间，从北方的河南、山西、陕西、甘肃，到中部的湖北、湖南、江西，再到南部的广东、广西，几乎每个省都燃起了反清的战火。在鲁王政权和隆武皇帝先后覆灭后，遥远的西南边陲又出现了两个明室小朝廷，分别是广州的绍武帝和广西梧州的永历帝，只是力量弱小，不足以与清朝抗衡。

一波波反清风潮使清廷更加敏感，紧紧盯住已经归顺的汉族官员。在这种情况下，降清官员的日子并不好过。

先说与嘉定直接相关的两名官员——李成栋和土国宝。

对李成栋来说，1645 年的嘉定屠城和之后的吴淞总兵一职只是他的人生插曲。

吴胜兆之乱结束后，李成栋奉清朝命令，出兵攻打尚未归顺的东南沿海，先打到福建，后进攻广东，拿下广州，担任广东提督。其间，他越来越不满现状。清廷的管束、同僚的排挤让他生出私心。1648 年，江西总兵金声桓反清的消息传来，在属下的鼓动下，李成栋也在几个月后宣布反清，归顺偏安广西的永历皇帝。

随着金声桓、李成栋、大同总兵姜瓖的先后叛归，南明形势一度出现了好转。他们叛清多是出于个人原因，不过仍在广阔的南方一呼百应，激发了更多的反清义师。一年后，1649 年，李成栋的队伍在赣南受到清兵的重创，他本人落水溺死。作为一个北方人，他大概没有想到自己有一天会死在南方的水中。

苏州巡抚土国宝在吴胜兆事件发生后，一度大规模搜捕东南文人，每天捕杀上百人，持续了半个多月。1648年，他改任江宁巡抚，在扬州广置豪宅，存储重金。[①]他的外甥在他的掩护下，贩卖私盐和硝磺，获利颇丰，每月送他三百多两银子。土国宝在贪污之外，还以兵饷不足为由给皇帝上疏，请求向江南百姓加派粮饷，被清廷以"加派乃明季陋习，民穷盗起，大乱所由，我朝应运首革此弊"为由拒绝。[②]1651年，土国宝受到江南巡按的弹劾，以纵蠹虐民、贪赃枉法等罪名被革职严讯，在狱中畏罪自杀。

在江浙沿海，隆武皇帝被清兵杀害、鲁王渡海投奔郑成功后，他们的属下也陷入了内部矛盾。鲁王的部下张名振等人联合火并黄斌卿部，最终杀死黄斌卿。黄斌卿的手下逃往陆地，投降了清朝，两年后为清军引路，帮助清朝一举攻下了舟山群岛。

最强大的反清势力是占据福建沿海的郑成功。隆武政权瓦解后，郑成功奉远在广西的永历皇帝为正朔，但并未实际参与永历朝廷。东南沿海贸易为他带来了巨额利润，为反清提供了坚实的经济基础。清朝的海上军事力量薄弱，让他获得更多的反击机会。他一次次攻打漳州，并策动清朝军官叛降，最终攻下漳州；他与张名振合兵北上，一度夺回崇明岛，寻找攻打浙江的机会。

---

① 《崇祯记闻录》，卷八。

② 《清实录》（顺治朝），第46卷，顺治六年十二月。

不过，郑成功虽一意反清，他手下的队伍却出现了离心倾向。他一意孤行，驭兵极严，导致施琅等部将相继离他而去，转而投降了清朝。

3　文　脉

改朝换代带来了生活的巨大变化。兵燹过后，物价飞涨，加上农作物连年歉收，人人忙于维持生计。不过，对读书人来说，有些东西似乎没变，比如读书问学、组织文社。对他们来说，以文会友更像一种习惯已久的生活方式，甚至可以超越政治上的挫折。

江南的有识之士有感于文坛的凋零，呼吁重组文社。从苏州到松江，从太仓到嘉兴，从无锡到杭州，各地的文社很快恢复起来，重现前朝的繁盛。文网暂时宽松，他们开始整理前朝诗文。在玄泓、归庄等人协助下，苏州人陈济生花费六年，编纂了一部《启祯两朝遗诗》。丛书收录了侯峒曾、侯岐曾、杨廷枢、侯玄演、侯玄洁、侯玄瀞和侯家友人顾咸正、夏允彝、陈子龙等三百余名明末忠义贤德之士的诗作，借诗存人，以诗存史，保存了前人的文化遗产。[1]

玄泓在苏州流亡时，参加过当地文社。他回到嘉定后，继续参与文学活动，只是不参加科举考试。黄淳耀去世后，

---

[1]　归庄：《〈天启崇祯两朝遗诗〉序》，收于《归庄集》，卷三，第181—182页。

直言社一度停止了活动，但直言社的弟子一直以自己的方式纪念黄淳耀。陆元辅不停搜集黄淳耀散佚的诗文，加以精心编辑，寻找机会刊刻；苏渊把黄淳耀的遗孤黄璧抚养长大，教他读书作文、书法篆刻，并将女儿许配给他。[①] 玄泓与他们商议后，为黄淳耀私定了一个谥号"贞文"，"贞"即清白守节，"文"即道德博闻。他们还重新启动了直言社，继续切磋诗文，交流思想，希望恢复黄淳耀在世时的社团气象。

玄泓年轻时才情绮丽，注重言辞华美；鼎革后，他漂泊多地，最终回归家乡，研读嘉定先贤的作品，文风"敛春华为秋实"[②]，如一坛老酒，韵味醇厚。

玄泓说自己写作时"无常师"，把"能驱使古人，而不受古人驱使"作为目标。[③] 他的文风有一个特点从没变过，那就是"情真"。他认为，写诗作文最重要的是抒发真性情，让语言自然流淌。[④]

情真意切，直抒胸臆，其实是中国古老的诗歌集《诗经》开创的传统。嘉定的文学脉络没有因改朝断代而断裂，也没有被嘉定的学子遗忘，反而一步步发扬光大。从明朝后期归有光在嘉定讲学开始，嘉定形成"士以读书讲道为荣"的氛围；到程嘉燧、唐时升、娄坚、李流芳"嘉定四先生"，再到黄淳耀、侯峒曾、侯岐曾，嘉定读书人一直崇尚书写真

① 嘉庆《嘉定县志》，卷十七，人物考六，隐逸传。
② 归庄：《侯研德文集序》，收于《归庄集》卷三，第214—215页。可参看李圣华《嘉定文派古文观及其创作述略》，载《求是学刊》，2009年第6期。
③ 《明诗综》，卷七十七，侯泓。
④ 侯玄泓：《与友人论诗书》，收于《尺牍新钞》，第307—308页。

情，摒弃浮艳空虚、刻意雕饰的习气，在江南文坛上自成一派。[1] 而经历了鼎革剧变的侯玄泓，在文学评论家看来，他的文风继承了"嘉定四先生"、黄淳耀以来的文学脉络，并自成一家。[2]

玄泓回乡后，参加过的最大的聚会是 1654 年钱谦益组织的苏州文宴。

钱谦益已七十二岁。在过去整整十年里，钱谦益经历了政治上的大起大落。弘光王朝覆亡后，他率众降清，入清朝礼部为官，奉命纂修《明史》。他做官不到半年就告假回乡，先后被牵连到两起反清案件中。不过，他一直没放弃搜集明朝史料。他曾经花费五年，私自编纂了一部二百五十卷的巨著《明史稿》，寄托对故国的思念。他暗中联络反清力量，辅助广西的永历皇帝规划反清形势，奔赴金华策反当地武将，与妻子柳如是暗中资助郑成功北伐江浙。有讽刺意味的是，三年前，他辛苦编成的《明史稿》在一场大火中化为灰烬。

此时，钱谦益正客居苏州名士张奕的绿水园中。他偶然收到友人编选的明朝遗民诗集，感慨良多，于是在绿水园举办文宴，邀请旧友小聚，包括玄泓、归庄和多位苏州诗人，皆是入清后隐居不仕的文人。

绿水名园中，景致颇多。钱谦益一行十人在园中的假我

① 黄霖：《"嘉定文派"散论》，收于《嘉定文派与明代诗文研究论集》，第 11 页。
② 王士禛。可参考大木康《明王朝忠烈遗孤侯涵生平考述》一文，收于《嘉定文派与明代诗文研究论集》，第 415 页。

堂饮酒畅谈，直到深夜。远处依稀传来鸟鸣声，园中竹影摇荡，灯火阑珊。言谈间，他们时而发问，时而辩难，时而挥动着檀木牙板打拍子唱歌，还有歌女作陪。钱谦益兴致颇高，仿佛回到了前朝文人圈的盛会。[1]

表面的热闹下隐藏着复杂的情绪。众人的心态不再像明朝时一样无拘无束，酒桌上夹杂着沉重的话题，笔下的诗句也带上了无奈。谈到前朝的话题时，归庄追问东林党的细节，打算记录前朝的史事。遭受鼎革剧痛的玄泓，则似乎避重就轻，没有直忆往事，只说希望"垂纶练水"，意思是在练祁河畔的嘉定过隐居生活。[2]

当钱谦益见到一门忠烈的玄泓时，想必尤其感慨。他给玄泓和玄汸赠诗，回顾了当年侯、黄守城的经过，勉励"六龙"中仅存的兄弟二人走出悲伤。玄泓在文宴上写的诗似乎没有留存，他的心情一定不会比钱谦益笔下的"击筑泪从天北至，吹箫声向日南多"更好。[3]

后来，玄泓还参加过著名诗人冒襄在南京举办的聚会，也和陆元辅参加过文学家龚鼎孳的集会。[4]他来往的朋友多是不仕新朝的遗民诗人，但其中也有出仕清朝、心怀愧疚的钱谦益、吴伟业，更有连续投降过李自成和清朝、私生活放荡

---

① 钱谦益：《〈冬夜假我堂文宴诗〉序》，收于《牧斋有学集》，卷五，第213页。

② 朱鹤龄：《假我堂文宴记》，收于《愚庵小集》，卷九，第14页。

③ 钱谦益：《简侯研德并示记原》，收于《牧斋有学集》，卷五，第220页。研德即玄泓，记原即玄汸。

④ 可参考大木康《明王朝忠烈遗孤侯涵生平考述》一文，收于《嘉定文派与明代诗文研究论集》，第401—426页。

的龚鼎孳。对文学的共同追求让他们坐在一起，政治立场没有成为阻隔他们的樊篱。最重要的是，玄泓自己从来没有放弃过侯氏家族的门风，他深知"和而不同"的君子之道。

其实，入清之后，玄泓和朋友们的每一次聚会都很难得，相聚的机会越来越少了。

1653 年，清朝发布敕令，禁止私下创办书院，禁止结社结盟，禁止读书人集会讨论政治或哲学问题。1661 年，康熙皇帝即位后，再次下令严禁社盟，文人结社变得彻底萧条。

文社禁令只是清朝打压江南文人的手段之一。从 1644 年江南拼死抗清开始，清朝对这块土地的压迫从未放缓。

康熙皇帝即位前后，清朝实行了一系列铁腕政策，对不驯服的江南进行了几次大规模清理，让江南士人吃尽了苦头：

1657 年的"丁酉科场案"中，南京乡试继北京之后也发生舞弊案，二十名功名卓著的考官全部下狱处死，家产籍没，家人入官为奴；多位江南知名文人（包括玄泓的朋友）被革除功名，发配东北边疆。

1659 年的"通海案"中，郑成功与南明将领张煌言在长江下游合兵，在金坛遗民的接应下，一路打到瓜洲，震动了清廷。清廷以株连的方式，将牵涉其中的六十五名官吏、士绅一律处死。

1661 年二月的"哭庙案"中，以金圣叹为首的十七名苏州吴县生员，在文庙向孔子像哭诉县衙严刑催科、发动百姓向上级官府申辩，结果被清廷视为叛乱，抓捕后受到拷打，全部判处死罪。

1661年六月的"奏销案"中，清朝针对苏州、松江、常州、镇江四府拖欠钱粮的顽固风气，革除四府两千多名乡绅和一万多名生员的功名，其中包括侯家的朋友许自俊、陈俶、苏渊等人。禁止拖欠令的后果之一是，名下的田地越多，要缴纳的赋税越重，导致百姓的生活入不敷出，纷纷流亡。

　　1661年十月，清朝朝廷在郑成功手下降将的建议下，发布"迁海令"，切断陆地对郑成功的供应和贸易往来。从辽东、山东到江南、福建、广东，沿海居民全部内迁三十里，毁掉沿海的房屋，禁止任何船只出海，禁止任何人在沿海活动，彻底关闭通向海洋的大门。

　　1662年，湖州庄氏家族私修明朝历史时，触犯了敏感的清朝早期历史。朝廷下令将庄氏族人和参与撰序、校对、刻印、买卖的七十多人全部诛杀，几百名涉事者全部流放。"庄氏明史案"打击了对清朝不敬的明朝遗民，从此，知识界进入动辄因言获罪的文字狱风潮中。

　　而1662年发生的另外两件大事，让东南人士彻底放弃了"反清复明"的希望。一件事，是偏居广西一隅的南明永历皇帝在清军攻入云南后，逃入缅甸寻求帮助，缅甸国王却在吴三桂的逼迫下将他拱手献出。之后，他被杀于昆明，明朝最后一线龙脉就此断裂；另一件事，是反清的最强力量郑成功在几次攻打江浙失败后，从荷兰人手中夺回台湾作为根据地，却接连受到部将抗命不遵、儿子与乳母乱伦、父亲在北京被杀、郑家祖坟被清朝开掘、永历皇帝在云南被害等一系列噩耗的打击，急火攻心，不久病故。他死后，他的儿子和部将陷入内斗，再也无心反抗清朝。

这几件事其实跟侯家没有直接关系，侯家人不出仕、不入学，慢慢修复着因时代变革遭受的创伤。跟政治直接相关的，或许是康熙皇帝继位后，颁令天下避开皇帝玄烨的名讳，“玄”字被民间禁用，姓名中有“玄”字的一律改用“元”字。虽然后人把侯家六兄弟的名字写成元演、元洁、元瀞、元汸、元洵、元泓，不过，此时依旧在世的玄汸、玄泓兄弟，直接放弃了中间的字辈，改名侯汸、侯涵，作为一种无声的抗争。

清朝对江南读书人的打压，使江南的文社再也没达到明朝的规模，再也没出现过读书人指点江山、评议朝政的热烈场面。不过，这也促使天下读书人的学风转向务实，形成乾隆年间的朴学。

伴随政治打压而来的还有流行病。康熙初年，又一波流行病袭来，江南家家户户无人能免，棺材铺的顾客络绎不绝，祛病消灾的巫术场面越来越隆重。[①] 短短几年间，侯家又有几个人去世：夏淑吉、姚妫俞、侯玄泓。

1661 年，夏淑吉病亡，终年四十三岁。这一年是顺治十八年，也是康熙皇帝即位的第一年。两年后，姚妫俞去世，嗣子侯乘为她送终，年迈的父母为她做了佛事。盛韫贞为两人撰写生平传记，随后搬离岁寒亭，隐居山中。

1664 年，玄泓一病不起，不久去世，终年四十五岁。玄泓死时，他的继室莫氏才二十七岁，小儿子侯莱还在母亲腹中。玄泓去世后，他的文坛朋友陆续撰文哀悼。吴伟业写了

① 曾羽王：《乙酉笔记》，康熙二年。

一阕《临江仙》怀念他，汪琬为他撰写墓志铭，苏州慎交社的社友为他商定了一个谥号"贞宪"。朋友们认为，玄泓这辈子既做到了继承父辈的遗志，又能修身立言，学有所成，成就"人生三不朽"（立德、立功、立言）之一，无愧于"贞宪先生"之名。

玄泓去世四年后，他的文集刊行于世，挚友归庄撰序。明亡后，归庄辗转多地生活，在玄汸、玄泓归来后，他时常客居嘉定，设馆教书，与玄泓的儿子侯荣也成为忘年之交。[①]

另外，在玄泓过世的同一年，钱谦益也去世了，终年八十二岁。

4 再见明月堂

侯家"江左六龙"一代人，只剩年龄最长的玄汸。

康熙九年（1670年）上巳节过后，玄汸在秬园明月堂举办了一场诗会，吴伟业、王泰际、宋琬、苏渊、许自俊、陆元辅等十几位朋友应邀而来。

清朝定鼎二十五年来，文友们第一次在侯家大规模聚会。当年风华正茂的才子，皆已步入中老年。二十五年来，每个人的生存际遇都有了一番变化。

苏渊没有参加清朝的科举考试，在自家的松树下养了两

---

① 归庄：《〈侯研德文集〉序》，收于《归庄集》卷三，第214—215页；《与侯研德四篇》《与侯大年十三篇》，收于《归庄集》卷五，第325—330页。侯大年即侯荣。

只仙鹤，静心读书。他虽不出仕，却以为民请命为己任，在救荒、漕运等本县事务上建言献策。①

许自俊刚刚与陈俶一同考中进士。据说主考官看到许自俊的考卷后，以为是青年才俊，拆开试卷的糊名页才知道他已经七十岁了。②

吴伟业在清朝任官三年后，告假回乡，隐居不出。出仕清朝在他的人生中抹下一个污点，他一直郁郁寡欢。江南大狱迭起，他身为文坛宗主，时常惊恐难眠。

王泰际当年与黄淳耀生死告别后，归隐乡下，一度去方泰镇祭拜黄淳耀兄弟的坟墓。③他虽隐居不出，却不反对他的儿孙继续在学校读书，参加科举考试。

宋琬是聚会上唯一的北方人，祖籍山东莱阳。他在清朝初年考中进士，先后在户部、吏部任官，刚升任浙江按察使。他受到父辈抗清的牵连，曾经三次入狱。他在侯家安雅堂住了很长时间，参加过夏允彝死后二十年的重新安葬仪式。④他代表了一批降清汉族官员的态度，既尊重恪守节义的前朝忠臣，又尽心辅助新朝廷治理天下，这样才能弥补自己的遗憾。⑤

---

① 苏渊：《与赵邑尊恤灾荒书（庚戌仲冬）》，收于康熙《嘉定县志》，卷二十，书；康熙《嘉定县续志》，卷二，人物；嘉庆《嘉定县志》，卷十五，人物考四，文苑传；苏渊：《嘤城赋》，收于康熙《嘉定县志》，卷二十，赋。

② 乾隆《嘉定县志》，卷十，人物志，文学。

③ 王泰际：《拜松厓伟恭二黄墓》，收于嘉庆《方泰志》，《上海乡镇旧志丛书》第一辑，第 75 页。

④ 宋琬：《夏考功先生廿年浅土，门人盛珍卜地葬之，以其夫人祔焉，余高其义，为诗以赠》，收于《安雅堂全集》，卷五，第 269 页。

⑤ 吴伟业：《安雅堂集原序》，收于《安雅堂全集》，附录三，第 817—819 页。

宾客中，陆元辅与侯家的关系最密切。他亲历了天崩地解的嘉定抗清斗争，痛失侯岐曾、黄淳耀两位良师。明亡后，他一直没有出仕，在大江南北多个家族担任塾师，潜心著述，成为学识渊博的大儒。

　　明月堂的窗外小雨连绵，篱笆外的木槿成排绽放，水塘边的牡丹迎风含露；菜园里种着蚕豆、苋葵，散养的鸡四处刨食；明月堂内，蕙兰开得正盛，淡绿色的花朵散发出阵阵芳香，窗外传来仙鹤的鸣叫。[①] 案桌上，有年糕，有时蔬，有闻名江南的嘉定饺饵，还有玄汸用小古董换来的大桶酒。

　　茶余饭后，玄汸拿出先人的遗稿，请宾客品读。他们读诗、评诗，在素笺上写诗。用于投放诗笺的诗筒，是一件精致的竹雕，是玄汸的堂叔、嘉定竹刻名家侯崝曾寄来的礼物。[②] 小小的诗筒，装不下宾客对往昔的追忆。最悲怆的一首诗，出自陆元辅的笔下：

　　　　城破荒园在，啼枝夜有乌。

　　　　血藏悲二父，玉碎痛诸孤。

　　　　乔木年年冷，桑田日日殊。

①　宋琬：《寓侯记原秬园十二首》，收于《安雅堂全集》，卷四，第218—220页；《三月十五夜，招同王翰臣余淡心王尔调宴集侯秬园明月堂，分赋二首》，前书第280页；《闲步溪边见隔篱牡丹盛开，问之，乃侯氏仆也，为赋一绝并柬记原》，前书第334页；《夜闻鹤唳声，侯秬园曰张氏蓄此有年，一旦求售，予以贫故失之，今为邻园有矣，因题此句》，前书第335页。有关宋琬与明月堂诗会，还可参考周茂源《练川唱和诗序》，收于《鹤静堂集》，卷十七。
②　金元钰：《竹人录》，第11页。

知君家国泪，暗洒向春荒。①

席间，宋琬给朋友们讲了一段前朝故事，故事发生在宋琬的哥哥宋璜身上。明朝末年，宋璜在嘉兴为官时，一天夜里，有只白色的猿猴进入他的房间，穿衣戴帽，随后又钻到隔壁朋友的卧室，玩弄床帷。他只能派衙役连夜守卫，但猿猴还是来去自如。他的童子想了个办法，把猿猴引到庙里，结果猿猴爬到钟楼上吃果子。时任嘉兴兵备道的侯峒曾闻讯赶来，猿猴一见侯峒曾便逃走了，再也没有出现过。宋琬回顾起来，认为这是因为侯峒曾一身正气，"邪不胜正"是有道理的。②

对二十五年前的变故下定论，还有点儿早。在文网严密的氛围中，明月堂聚会的诗作只私下传抄，并未刻印。他们的聚会以谈论文学为主，会追忆前朝，但不会对本朝做出不良评论，因为文字狱的大门随时会向他们打开。

"空余袁粲宅，不返泪罗魂。君问浮生事，苍茫掩泪痕。"③一如宋琬在叶池边的缅怀，除了心痛，往事的细节无人再谈起。没有人一直活在过去。

明月堂聚会，与其说是追思往事，不如说是向往事告别。清朝已经建立二十六年了，又是一代人的时间。他们深知人

---

① 见黄裳《明月诗筒》一文。
② 《明诗综》，卷七十六，侯峒曾条目下。按官职推断，"莱阳宋公"并非宋琬，应为他的兄长宋璜，1642年任杭州府推官，备兵杭州、嘉兴、湖州一带。
③ 宋琬：《寓侯记原柤园》第一首，收于《安雅堂全集》，卷四，第218页。

至暮年，聚会难再得。

接下来的几年，每个人的命运都接近了终点，只是方式各不相同。吴伟业一直没能摆脱降清的抑郁心情，在明月堂诗会的第二年病逝，入殓时身穿僧衣，葬于苏州山中；宋琬在聚会后受命四川按察使，三年后他的妻子和儿女在成都死于吴三桂之乱，正在京城述职的他在悲愤中病亡；许自俊，在七十岁考中进士后，过了十年才受封山西闻喜县县令，任官不满一年便回乡，八十四岁在平静中离世；王泰际在聚会五年后病故，他的曾孙王敬铭在明月堂诗会时年仅三岁，四十多年后，王敬铭考中状元，成为嘉定历史上第一位状元。

还有一人虽没参加聚会，也在诗会结束后的第三年去世，那就是侯家的老朋友归庄，终年六十岁。明亡后，他自称"逐花狂客"，后半辈子一直过着游山玩水、看花赏月的日子，但是，超脱的外表下是抹不去的亡国之痛。直到离世的那一年，他去虎丘游览，道出了自己的真实心情："越今廿八年，山川已易主。祸难不可言，痛定更凄楚。此身未可死，安顿无处所。人羡我遨游，不知我心苦……"①

明月堂聚会的这一年，玄泞的妹妹侯蓁宜也去世了。她一手把两个儿子养大成人，在生命的倒数第六年与丈夫龚元侃回到城里定居，在生命的倒数第五年欣慰地看着两个儿子在同一天娶妻结婚，在生命的倒数第三年以儿媳应尽的最大礼数为婆婆养老送终。② 她的生活最终没有摆脱贫困，但这似

---

① 归庄：《虎丘山三首》，收于《归庄集》，卷一，第 103 页。
② 龚元侃：《乙巳除夕时方移家入城》《丙午腊月二十日穗缜、稷绶两儿同日娶妇，诗以志勖》，收于《嘐城龚氏族谱》（二），第 11—12 页。

乎不重要了。婆婆去世后，她和丈夫将年幼的小儿子过继给龚家的兄嫂，虽未出家，却和出家人一样，在终日念佛、礼供观音中度过了余生，终年五十岁。[①]她死后，丈夫龚元侃长久地陷入悲伤，在孤单中度过了最后几年。[②]

经历过改朝换代、见证过侯氏家族"江南三凤""江左六龙"的辉煌和两度劫难的家人和朋友，逐渐衰老，陆续离世。对活着的人来说，一个时代结束了。

明月堂聚会的时候，玄沨已到花甲之年。他感到了衰老。在生命的最后岁月里，他做了两件事。

一件事，是在自己还能走得动的时候，去南京向明太祖告别。

1671年，他在子侄的搀扶下，去南京明孝陵祭拜。长长的神道上，一对对石人、石兽或立或跪，彰显着前朝帝王的神功圣德。陵内的景象令他欣慰：高大的享殿巍然矗立，正中端端正正地奉祀着明太祖朱元璋和皇后的牌位，两侧悬挂着整洁的帐幕，陈列着完备的礼器。玄沨带着子侄在大殿门槛外行四拜礼——这是明朝百姓对君主最隆重的礼仪。伴随着肃穆的钟声，他登上陵墓前的明楼，看到陵墓四周高墙稳固，新栽的松柏郁郁葱葱。

他想起上次来孝陵，是二十多年前。当时清朝建立伊始，

---

① 《侯孺人行略》，收于《嶧城龚氏族谱》（一），第89页；龚元侃：《得初伯兄抚携䌼儿，情绪怆然，诗以勖之》，收于《嶧城龚氏族谱》（二），第14页。

② 龚元侃：《哭内二首》，收于《嶧城龚氏族谱》（二），第14页。

侯家再次遭难，他和家人飘零在外。当时孝陵内处处断壁残垣，一副萧瑟的景象。① 今昔对比，他感慨万千。清朝皇帝为了稳固统治，精心修复明朝皇帝的陵墓，表达对前朝的尊重和传承，赢得了天下百姓的心。玄汸的心情很复杂，他知道，清朝终于做出了明智的举动。

另一件事，是他最后一次参与了嘉定的公共事业。

1673 年，清朝定鼎三十年，天下大一统，即便南方刚发生的"三藩之乱"也没有削弱外安内治的景象。康熙皇帝诏令全国各县纂修地方志，以昭显太平气象。

在嘉定，知县赵昕响应朝廷的命令，邀约了十几名博学的本地学者编修县志，记录明末清初七十年间的县情。进士王泰际、许自俊、陈俶担任编修顾问，举人苏渊、已改名侯汸的侯玄汸皆在受邀之列。

整部县志共二十四卷，以赋税、水利、人物、艺文四大板块为重。玄汸一人承担了包括折漕和水利在内的水利志。可以说，他是最有资格撰写水利志的人选。从他的高祖父侯尧封撰写嘉定《水利志》开始，到祖父侯震旸在县志中论述水利，到父辈侯峒曾与当时的地方官探讨水利工程，再到他自己年轻时撰写《因论》倡议重修海塘，侯家对嘉定水利的关注已经超过了一百年。②

玄汸搜集资料，寻访耆老，把一百年来侯家对嘉定公共事业的关心，凝聚在水利志的严谨书写中。他从海、河、江

---

① 侯玄汸：《月蝉笔露》，卷上，第 27 页。
② 康熙《嘉定县志》，卷六，水利，《杂论》。

等几个角度，分上下两卷，详细记述了每次疏浚河流的经过、人员、开销、工具、方法，收录了本地官员与工部、户部的往来公文，也收录了民间乡绅对于治河的真知灼见。他还绘制了十一张清晰的地图，一一列明了嘉定城内的河流和县城内外的水道。

同时，这一版县志也透露出官方对侯家的态度。《人物志》称赞了侯峒曾在南京、江西为官的清名，以及他对嘉定科举名额和折漕事件的贡献。《艺文志》收录了侯尧封、侯峒曾、侯岐曾、侯玄汸、侯玄演等几代人的文学作品。对于他们的死亡，记录则非常简单。关于侯峒曾，编撰者写道，"乙酉七月，从容赋诗，死于家之叶池。子演、洁从死，瀞客死"。[①] 关于侯岐曾，编撰者记录了他临死前与土国宝的对话，用"卒被刑"三个字结尾。[②]

与隐晦笔法形成鲜明对比的，是对早期忠义故事的大书特书。比如，编撰者记录天启年间的嘉定乡绅张振德率众抗击盗匪、失败后自杀身亡时，借盗匪之口赞扬他为"忠臣"。[③] 又如，侯家的友人马元调为嘉靖年间抗倭的严家兵写下两千余字的长文《严家兵传》，虽是回顾一百多年前的抗倭斗争，却仿佛带领读者回到了嘉定城破的那一刻。[④]

编撰者虽不便对忠义的男性多加描述，却对恪守贞节的女性给予了极大尊重。《艺文志》收录了苏渊为夏淑吉等侯家

---

① 康熙《嘉定县志》，卷十六，人物二，侯峒曾。

② 康熙《嘉定县志》，卷十六，人物二，张锡眉、龚用圆、夏云蛟。

③ 康熙《嘉定县志》，卷十六，人物二，张振德。

④ 康熙《嘉定县志》，卷二十一，传。

女眷写的长篇传记《节妇夏氏传》，讲述了夏淑吉在侯家两次家难中坚强持家、终生守节的故事，同时赞扬了姚妫俞、龚宛琼、盛韫贞等节妇。

还要注意的是，官府对黄淳耀的宽容和承认比侯家更早。早在顺治十二年（1655年），嘉定知县就奏请朝廷，崇祀黄氏兄弟为乡贤。本版县志对黄淳耀的文章和节义给予高度评价，[①]对侯家却只能谨慎以待。黄淳耀的忠义色彩比侯峒曾更纯粹，原因之一是侯家经历过“二次抗清”，性质发生了改变。

地方志的编撰者代表官方的态度，字里行间流露出矛盾的心理。一方面，他们简约的笔触中带着同情和褒扬，另一方面，由于官方对明末忠臣的抗清行为尚未公开肯定，他们的文字依然隐晦。在政治敏感的背景下，他们尽量不触及官方底线，用委婉的语言表达了对逝者的敬意。

玄汸为家乡尽完最后一份力，病卧明月堂。闲暇时，他将家族的往事记录下来，打算传给子孙后代。对后代来说，传承，是对前人最好的纪念。

玄汸将十年来的十函文章细细整理，里面有自己一生的治学思考，有与长辈、同辈、亲朋、好友的思想交流。他将一辈子的读书心得记下，教诲儿孙们要“身入书中，书为我用，做个天地间有用的人”。[②]

就像高祖父侯尧封教导玄汸的父辈要“做第一等人”，作

① 康熙《嘉定县志》，卷十六，人物二，黄淳耀。
② 侯玄汸：《月蝉笔露》，卷上，第10页。

为侯尧封的第四代后人，玄泓也将"第一等人"的思想传递给门生。当门生问他究竟怎样才算是"第一等人"时，他分享了自己读《孟子》的心得。

《孟子》是玄泓最喜欢的书。书中，孟子把伯夷、柳下惠、伊尹、孔子视为四位圣人，四人在玄泓看来可谓"第一等人"。伯夷爱憎分明，疾恶如仇，君主贤明时他一心辅佐，君主昏庸时他拂袖离去，性情清高，洁身自爱，谓之"清"；伊尹与伯夷不完全相同，君主贤明时他尽心辅佐，政治昏暗时他也为民代言、规劝君主，勇于担当，以天下为己任，谓之"任"；柳下惠的性格介于伯夷、伊尹之间，他愿意做昏君的臣子，也欣然接受低贱的官位，他受重视时竭力发挥才能，受排斥后不惧穷困，兼有伯夷、伊尹之贤，不偏不倚，可谓之"和"。在四位圣人中，孟子最推崇孔子，认为孔子是集大成者，位在前三位圣人之上，是芸芸众生中最出类拔萃的人。孔子同时具备"清""任""和"三种品质，但不拘于任何一种，既坚守原则，又能应时而动，可谓"时"。①孔子一生我行我素，哪怕变成"丧家之犬"仍然勇往直前，在玄泓看来相比前三位"第一等人"更是"加人一等"。

玄泓还记得，伯父侯峒曾说过，忠于家国的徐石麒是圣贤，率兵抗敌的张忻是豪杰；父亲侯岐曾说过，浩然经世的祁彪佳是圣贤，为民请命的倪长圩是豪杰。②能为当世的圣贤

---

① 《孟子·万章章句下》，见朱熹《四书集注》，第298—299页。关于"四圣论"解说，参考庞朴《四圣二谛与三分》。
② 侯玄泓：《月蝉笔露》，卷下，第23页。几人中，张忻为山东莱州人，为峒曾的同年进士，为官不畏权贵，曾守卫莱州、抵抗农民起义军。

或豪杰，已经算是第一等人。

侯峒曾、侯岐曾以及侯家的朋友黄淳耀、夏允彝、顾咸正、陈子龙等算不算第一等人呢？玄泓没有探讨。他认为，"日晶月朗，海阔天空"是天地间的第一等境界，如果人有这样的胸襟气量，便是第一等人。要成为第一等人，最重要的是摒弃名和利。舍弃名利，返璞归真，才算得上第一等人。同时，玄泓也承认，在现实中，这样的人往往会受到俗世的嘲讽、排挤、敬而远之。第一等人是高尚的，也注定是孤单的。①

接着，他搬出伯父侯峒曾和父亲侯岐曾遗留的两箱书信、日记，以此为线索，反思明末朝政，追忆家族往事，写成两册书稿，交给儿子送到治书坊刻印，定名《月蝉笔露》。阴晴圆缺，悲欢离合，怀念的，留恋的，不愿想起的，点点滴滴，尽在其中。他是唯一一个还在世的亲历两次家难的侯家人，只有他清楚当年发生了什么。在他之后，子孙后代将开始新的生活，侯家的一切将只是"听说"。他如同夏末的一只蝉，在月光下静静等待生命的终结，在凄清的秋天到来前，他希望将最后的记忆传递给后人。

透过明月堂的镂空木窗，他能听到儿子们在桂花树旁的读书声。他想起自己年少时和弟弟们在明月堂读书时，曾祖母偶尔会透过门缝看看孩子们是不是在用功；明月堂后面是伯父侯峒曾的房间，当孩子们厌倦读书、嬉戏打闹的时候，峒曾的房间就会传出故意高声诵读的声音，孩子们听了非常

---

① 侯玄泓:《月蝉笔露》，卷上，第 1—2 页。

羞愧，于是拾起书本继续学习。[1]

入清后，官府几次邀请他出来做官，他都拒绝了。江南省提学官派人给他送来牌匾，上书"高士"二字，他也冷冷地拒绝了。[2]明朝灭亡后，侯家没有人再做过官，除了玄汸的叔祖侯兑旸。顺治八年（1651年），侯兑旸以贡生的身份受任桐城县训导，在赴任途中暴病身亡。之后有了各种传言，侯家再也没有人接受清朝的官职。[3]没有族人做官，家族也就不可避免地衰落了。

玄汸感慨万千，信步踱入祠堂，去看望祖先。之前被迫改成神庙的前两进房屋，在他几次请求官府后，已经恢复成侯家的祠堂，定名"上谷宗祠"。嘉定百姓没有建宗祠的传统，上谷宗祠是嘉定城内的第一座宗祠。[4]祠堂门前两侧的木柱上，写着"天恩方浩荡，祖泽自遥深"，只是字迹有些模糊。堂额上写着"寿宁堂"，是娄东派大书画家王时敏补写的，旁边还有其他江南名士的题诗。

相比他年少时，祠堂里的牌位多了不少。祖父侯震旸以上有三世先祖的牌位，伯父侯峒曾、父亲侯岐曾以下的牌位也有三世，一共二十座。每年岁时节日，他都带着子侄祭拜，侯家的门生后学也定期带着蔬果前来祭祀。

祠堂中的木柱上，刻写着皇帝对侯家历代先祖的诰命，

① 侯玄汸：《月蝉笔露》，卷上，第1页。
② 汪琬：《侯记原墓志铭》，收于《钝翁续稿》，卷二十六；康熙《嘉定县续志》，卷三，隐逸，侯汸。
③ 《紫隄村小志》，第68页，侯兑旸。
④ 侯玄汸：《月蝉笔露》，卷下，第18页。

昭示着侯家一百年来的荣耀：

万历八年，侯尧封死后供奉在福建和湖北的名宦祠，受赠"志行端纯，才猷敏炼"。

天启元年，侯孔诏受赠给谏大夫，受赠"孝友明经，清白诒燕"。

崇祯二年，侯震旸死后受封太常寺少卿，受赠"宫披潜奸，期清于忠谠一疏；疆圉大计，克定于直捷片言"。

崇祯十四年，侯峒曾从江西提学官卸任后，受赠"启事无私，手撤南英之篱棘；抡才有法，身司西美之权衡"。

"至德高才，诚心亮节"，是侯岐曾受到的谥告。

"家传理学，世笃忠贞"，则是清朝发给侯家的敕语。[1]

除了牌位，堂内还挂着侯峒曾的画像《抱膝图》，以及岐曾的画像《弄孙图》——图中截去了夭折的侯檠。几年前，玄汸请来江南画家重新绘制了峒曾、岐曾的画像，将兄弟二人合在同一张画卷上。画像上的峒曾身着便服，是尊重他自己的意愿，因为他在北京陷落后不再穿官服；岐曾身着官帽官服，是尊重王者之命，因为鲁王曾经封他为职方郎。[2]峒曾、岐曾两兄弟一生联宅而居，家产共有，先后为明朝而死，死后葬在同一片墓地，似乎没有遗憾了。

每年清明节，玄汸都要带着子孙去家族墓地祭祀。

侯家的家族墓地位于圆沙海滨，在嘉定、宝山和上海三县的接壤处。明朝末年，侯家在海边的墓地足有五百多亩，

---

① 侯玄汸：《月蝉笔露》，卷下，第 18 页。
② 侯玄汸：《月蝉笔露》，卷下，第 20 页。

经历清初的籍没后，只剩一百余亩。墓地已是坟头累累，海风裹挟着潮汐，一点点侵蚀着墓地的石柱、墓门。在玄汸和子侄、门生的定期打理下，墓地勉强可辨。侯家两度遭难后，朋友们建议玄汸堵河、填沟、培沙，撤去犯煞的石柱，改变墓地的风水。玄汸有的听从了，有的拒绝了，他说，忠孝之事是人所为，哪里是风水决定的呢？如果子孙修德，地理环境又能限制什么？[①]

远处，是侯家第一代进士侯尧封及其妻子沈氏的墓。按照左昭右穆的入葬顺序，子孙的墓依次排开。接下来是侯孔诏和正室陈氏、侯震旸和妻子龚氏的墓。再向下一排，侯峒曾和妻子李氏的墓，侯岐曾和妻子张氏、继室金氏、妾静姝的墓，守在侯震旸夫妇的墓穴左右。再接下来，孙辈的墓穴一字排开，聚拢在父母的旁边。侯玄洵和妻子夏淑吉葬在第一穴，不远处是他们的儿子侯檠的墓。侯玄演和妻子姚妫俞葬在第二穴，侯玄洁和妻子龚宛琼葬在第三穴，侯玄瀞和正室张氏、守节三十年的未婚妻盛韫贞葬在第四穴，玄泓和妻子孙俪箫、继室章有渭葬在第五穴。其中，玄演和玄洁葬的是衣冠，玄瀞葬的是火化后的骨灰。[②]经历了那么多年，他们终于在另一个世界团聚。侯家的女儿们，各自守望在或远或近的夫家墓地，有的葬在昆山的王家墓地，有的葬在昆山的顾家墓地，岐曾的三女儿侯蓁宜葬在嘉定安亭镇的龚家墓地。

先辈和亲友一个个逝世，玄汸有些孤单。他想起明亡前，

---

① 侯玄汸：《月蝉笔露》，卷下，第 19—20 页。

② 《紫隄村志》，卷四，第 110 页。

他和父亲岐曾、舅舅杨廷枢以及几位弟弟为即将去嘉兴赴任的伯父峒曾送行，他们在船上谈到死亡的话题。之后的几年内，侯峒曾投水而死，祖母龚老夫人投河自尽，侯岐曾、杨廷枢、玄演、玄洁死于兵难，玄汸投河后侥幸被救，玄瀞客死他乡，玄泓病死在家乡。与其说当年船里的一席夜谈是谶语，不如说各人早对生死有了自己的认识。当死亡突然降临时，他们不觉得可怕，像很久之前已经约好了似的，坦然以对，慷慨赴死。

玄汸还记得，当年侯峒曾带着重金请来的河南风水师，一同去圆沙海滨勘测侯家的墓地。风水师登上高处，举目四望，说，是个出忠臣孝子的福地。然后，他又补充了一句，恐怕灾祸也不是一般的剧烈。峒曾听了，没有反驳，只是感叹道，天下哪有又当忠臣孝子又能享福的？[1]

侯家为"忠臣孝子"一词已经付出了太多。

1677 年，明月堂的主人、"江左六龙"中的最后一人侯玄汸去世，终年六十四岁。

5　身后名

满人推翻了汉人的王朝，汉人将自己的文化带给了满人。早在改朝换代后的第三年，清朝就重新开科取士，越来越多的读书人走上仕途，为国家的良性运转贡献智慧。清朝皇帝

---

[1]　1642 年。侯玄汸：《月蝉笔露》，卷下，第 20 页。

虽来自异族，但在治理国家上展现了出色的才能。他们对汉族制度、文化的推崇，让越来越多的汉人产生了认同感。

侯家的好友陆元辅去北京设馆授业时，玄泓的儿子侯荣已经改名侯开国，随他一同在京城游历。[①]侯开国进入国子监读书，外界对他的评价皆是“读书不求仕进”。[②]他在父亲玄泓去世后，担负起奉养继母莫氏和弟弟的责任。作为忠臣的后代，他谨记侯家的门风，将祖辈的节义精神融于自己的诗作，“称名山水，凭吊古墓，伤悼骨肉”，形成与当时诗坛不一样的风格。[③]

他们在京城交往的朋友中，有汉人，也来自山海关外的满人。无论汉人还是满人，都给予了他们极大的尊重。

朱彝尊是他们的汉人朋友之一，同样来自江南，明亡后参加过抗清活动，失败后隐居不仕。在康熙十七年的“博学宏词科”考试后，受到重用，筹备编修《明史》，并编修文学丛书《明诗综》。在《明诗综》中，他心怀敬意地收录了侯峒曾、侯岐曾、侯玄演、侯玄洁、侯檠、夏淑吉、姚妫俞、盛韫贞、章有渭等多名侯氏族人的诗篇。

纳兰性德是他们的满族友人。他来自权臣之家，爱好汉族文化。“人生若只如初见，何事秋风悲画扇。等闲变却故人心，却道故人心易变……”当饱含汉语文化精华的诗句从异

---

① 侯荣改名为侯开国似乎是个有趣问题，但改名时间、改名动机、为他改名的人皆不详。

② 嘉庆《嘉定县志》，卷十五，人物考四，文苑传，侯开国。

③ 归庄:《〈春帆草〉序》，收于《归庄集》，卷三，第205页。《春帆草》为侯开国的诗集。

族人的口中吟出时，相信没有人再顽固地把"华夷之辨"的民族观放在首位。纳兰性德钦佩陆元辅的学问，两人亦师亦友。在陆元辅等多名汉族大儒的鼎力支持下，纳兰性德主持编辑了一套一千八百卷的儒家著述《通志堂经解》，其中有两部署名纳兰性德的著作都是由陆元辅代笔的。[①]

当侯开国向朋友们声称，他要"述祖德，守先业"[②]，在嘉定县城的侯氏故宅建一座书房"凤阿山房"时，朋友们的热情似乎比他还高。凤阿山房选址在侯家院内的叶池岸边。叶池是侯玄汸、侯玄泓年少读书处，也是侯峒曾和侯玄演、侯玄洁罹难的现场。多位画家朋友依照他的设想，为凤阿山房绘制了景观图。朱彝尊为他题写了门额，嘉定的朋友们纷纷写诗撰文，表达对凤阿山房的兴趣。[③]他们的热情，既来自和侯开国的友情，也是向侯氏家族致敬。

以陆元辅、侯开国为代表的嘉定读书人，将嘉定文学推向新的高度，一时间人才辈出，出现了"嘉定六君子"（陆元辅、赵俞、张云章、张大受、张鹏翀、孙致弥）和"疁城八子"（侯开国、赵俞、孙致弥、王畴、张云章、王度、张僧乙、李圣芝）的新气象。

只是，纸墨书香没有改善他们的物质生活。玄泓的儿子侯开国、侯棠、侯莱，玄汸的儿子侯来宜，侯开国的儿子侯铨、侯永、侯焘，黄淳耀的儿子黄望，陆元辅，苏渊，这些

① 《合订三补大易集义粹言》八十卷，《礼记陈氏集说补正》三十八卷。
② 侯开国：《〈凤阿山房图〉咏记》，收于《凤阿集》，第一册。
③ 张云章：《凤阿山房记》，收于《朴村文集》，卷十一；朱彝尊、王敬铭、孙致弥等人的诗，见光绪《嘉定县志》，卷三十，名迹志。

抗清领袖的家人、门生，生活无不陷入困窘。他们或者在学校读书，领取微薄的官府补助，或者去大家族教书赚取薪水，业余写字卖画。[①] 侯开国的凤阿山房最终没有建成，多半是由于资金不足。

他们成为另一种遗民：读书，但不科考、不做官；与文人、官员有来往，但与政治保持距离。孤独坚守的个中滋味，只有他们自己懂得。从现实来说，他们有权追求富足的生活，而作为忠臣的后代，他们又要在新朝廷洁身自好。

从后世的记述中，我们可以感受到他们坚守的不易：侯开国在康熙初年受封六品州同，但没有赴任，侯来宜成为"吏部候选"后也没了下文；[②] 陆元辅参加康熙朝"博学鸿词科"考试前，梦见黄淳耀在他面前写下"碧血"二字，他大受震撼，在考试中发挥失常，从此不再参加科考；[③] 黄淳耀的儿子黄望参加清朝的院试前，莫名其妙地被病魔击倒，口鼻冒血，从此放弃科考；[④] 龚元侃与侯蓁宜的儿子龚概采参加院试时，提学官念及他是忠臣后代，想给他优待，结果他回答："我岂敢以祖宗碧血为子孙青衿地耶？"终身不再应试。[⑤]

一件件看似偶然的事件，编织成一种必然。后世费心搜集他们"绝意仕进"的种种传闻，报以称赞的口吻，然而谁能理解他们内心的纠结？这几乎是无法摆脱的命运。先人的

---

① 有关侯棠、侯莱，可参考嘉庆《嘉定县志》（卷十五）中的传记。
② 康熙《嘉定县续志》，卷二，选举。
③ 嘉庆《嘉定县志》，卷十五，人物考四，儒林传。
④ 乾隆《嘉定县志》，卷十二，轶事。
⑤ 光绪《嘉定县志》，卷二十，人物志，隐逸，龚元侃。

精神笼罩着他们，让他们别无选择。他们的心底一定经历了挣扎，但最终选择了坚守。

康熙二十三年（1684年），清朝平定了南方的"三藩之乱"和台湾郑氏政权，将台湾纳入帝国的版图。各地汉人的反清情绪逐渐平息，没有人再"不识时务"地公然与朝廷作对。结束了顺治朝十八年和康熙朝初年的艰难生活后，百姓享受到政治稳定带来的安宁与繁荣。

嘉定经过休养生息，成为吴地巨县，百姓的生活也恢复了平静。昔日的诸翟镇龙江村，改名紫隄村。夏天，蟠龙江两岸紫薇盛放，倒映在水中，整个村庄变成一片紫红色。南翔、罗店、大场等市镇店铺林立，贸易发达。"金罗店，银南翔，铜江湾，铁大场，教化嘉定食娄塘，武举出在徐家行。"[①]民间流传的俗语，见证了岁月承平后的繁荣气象。

也是在这一年，三十岁的康熙皇帝第一次离开紫禁城向南巡视。他的儒雅、包容得到江南官民的肯定。百姓听说他常常微服私访，去曲阜孔庙祭拜孔子，悉心考察地方官员，监督黄河水利工程，为江南读书人增加入学名额。不仅如此，他还去南京祭拜明孝陵，抚恤明朝皇室的后裔，表达对明朝的敬意。值得一提的是，康熙皇帝在接下来的一次南巡过后感染了疟疾，但他借助西方传教士带来的金鸡纳霜（奎宁），治好了自己的病。从此，疟疾在中国有了彻底的治愈方法。

在后续几次南巡中，康熙皇帝更加表现出对汉族文化的

---

① 可参考陶继明《嘉定地名谣辩正》一文，载1987年《采风报》。

推崇，对明末忠臣的尊敬，对平民百姓的体恤。"投我以木桃，报之以琼瑶"，江南的绅衿军民也用"张结彩幔、夹道跪迎、感恩叩谢、欢声雷动"的场面欢迎这位年轻有为的皇帝。①

在嘉定，这一年还有另一件大事。继上次修志仅仅十年后，嘉定县又一次续修地方志。时为山西闻喜县令的许自俊和名列"嘉定六君子"的陆元辅、孙致弥（孙元化的孙子）、赵俞，以及侯家人侯开国，参与了地方志的编纂。

续修的县志规模不大，一共五卷，单是《艺文志》就占了两卷。从《艺文志》可以看出，官方对明末忠臣的态度更加宽容了。在嘉定守城抗清过去整整四十年后，县志收入了第一首公开悼念黄淳耀兄弟的诗。②虽然没有直接悼念侯家的诗文，但《艺文志》收录了侯家友人、诗人计东写的一篇《上谷宗祠记》。文中以侯家重修宗祠为切入点，记述了侯家从侯尧封、侯震旸，到侯峒曾、侯岐曾，再到侯玄汸等几代人的功德传承，以及侯家几代妇女"为天下妇女师法则"的节烈事迹，赞扬侯家的节义与文章并举，认为侯家的文学风气带动了整个嘉定，使"东南人士稍知读书"。③相比十年前修志时的隐晦笔法，编撰者对侯家的忠正门风表示极大赞扬，找到了政治立场的平衡。

在日渐松动的政治环境下，嘉定知县奏请朝廷为侯峒曾、黄淳耀立祠建庙也就顺理成章，陆续获得朝廷的批准。继

---

① 《清圣祖实录》（康熙），第一三九、二一九卷。

② 俞慈成：《吊黄陶庵进士、黄伟恭秀才》，收于康熙《嘉定县续志》，卷四，艺文。

③ 康熙《嘉定县续志》，卷五，艺文。

"二黄先生祠"建立后，雍正三年（1725 年），朝廷应允嘉定官府的申请，批准侯家的宗祠改为"三忠祠"，专门祭祀侯震旸、侯峒曾、侯岐曾父子三人，每年春秋举行宗族祭祀和官民公祭。①

"八十年来公论定，绰楔再峙修烝尝。"② 侯氏三忠祠的建立，证明侯家在守城抗清八十年后，终于受到官方的认同。

将明末忠臣的地位推上高峰的是乾隆皇帝。乾隆皇帝在位期间，清朝建国已经上百年，政治安定，社会繁荣，出现了史家笔下"康乾盛世"的局面。乾隆皇帝将自己视为儒家圣贤的后裔和华夏共主，将道德教化提上日程，大力表彰忠贞的明朝臣子，为天下树立"忠"的榜样。

乾隆初年，耗时四十年的《明史》纂修完毕。《明史》记录的明末嘉定抗清人物中，只有侯峒曾和黄淳耀两人专门列传，这是莫大的荣耀。值得注意的是，《明史》中有关侯峒曾家族的传记，是侯家的友人汪琬所撰，他在《拟明史列传》中，为侯震旸、侯峒曾、侯岐曾父子三人分别立传，称为"侯氏三传"。但由于篇幅限制和主题忌讳，如他自己预料的，侯岐曾的传记最终没有收入《明史》。③ 侯峒曾的传记附录了随父死节的侯玄演、侯玄洁兄弟，名垂青史。

同时，黄淳耀的文学成就也受到巨大肯定。在乾隆皇帝

① "三忠祠"申请建立在康熙六十一年（1722 年），见乾隆《嘉定县志》，卷二，坛庙祠，三忠祠。

② 周龙藻的诗，收于乾隆《嘉定县志》，卷二，坛庙祠，三忠祠。

③ 汪琬：《侯震旸（子峒曾、岐曾）》，收于《钝翁续稿》卷四十九；汪琬：《跋拟明史侯岐曾传后》，收于《尧峰文钞》（八）卷三十八。可参考李圣华《汪琬与〈明史〉纂修》，收于《史学史研究》，2011 年第 2 期。

钦定的明朝八股文八大家中，黄淳耀名列其中。乾隆皇帝认为，黄淳耀对四书经义的研究和阐释，"清真雅正，词达理醇"，堪称"有明三百年一人"。①

与此呼应的是，嘉定县在乾隆初年又一次编修县志。参与编纂的十六名读书人名单中，有两位侯家的后人，即侯开国的儿子侯焘和孙子侯肇基。这一次，不仅侯峒曾、黄淳耀受到世人的敬仰，参加守城的其他乡绅也受到赞誉，包括侯家的亲家龚用广、龚用圆、龚用厚、龚孙玹都以殉国之名供奉在忠孝祠，随夫殉节的女眷也进入烈女祠。②

嘉定城东的二黄先生祠前，城西侯氏故宅的三忠祠前，城外的西林庵内，侯家的叶池岸边，一个个读书人来此怀古，回味上百年前的激荡风云，纪念他们从没见过的前人。

"德修于己，而道根于心，故穷达一观而险夷一致。""嘉定六君子"之一赵俞翻阅黄淳耀的《自监录》《知过录》，明白黄淳耀的死是出于"本分"，并不是刻意追求青史留名。③

"一自丹心焚劫火，百年磷焰照寒漪。"嘉定的读书人站在荒草丛生、太湖石倾翻的叶池边，缅怀侯氏父子的殉国义举。④

"为国能拼应共许，此生徒掷亦堪嗟。"国家与个人，生

---

① 《四库全书总目》一九〇，《钦定四书文》，参考陈寅恪《柳如是别传》，第 521—522 页。
② 《嘐城龚氏族谱》（二），末页。
③ 赵俞：《二黄先生祠记》，收于乾隆《嘉定县志》，卷二，坛庙祠，邑祀。
④ 时彦英：《叶池》，收于光绪《嘉定县志》，卷三十，名迹志。

存与死亡，侯家的抉择也让一些人感到纠结。①

　　"公之文章，青天白日。公之心地，寒冰颢月。壁立万仞，发引千钧。渊乎有得，蔼乎可亲。成仁取义，行所无事。儒者之勇，可师百世。"②嘉定学者钱大昕站在黄淳耀的画像前，看到了儒生的品质。他以两千多字的篇幅，详细记录了侯、黄率众抗清的斗争，上百年前的往事历历在目。③

　　乾隆四十一年（1776年），乾隆皇帝下令厘清明清之际的史实，编撰明朝殉节忠臣的名单，定名《钦定胜朝殉节诸臣录》，囊括了明初建文朝、明末崇祯朝以及弘光、鲁王、隆武、永历等几个南明朝廷中忠君殉节的臣子，共一千六百余人。侯峒曾和他的朋友黄淳耀、夏允彝、夏完淳、夏之旭、陈子龙、杨廷枢、顾咸正、顾咸建、徐沂、徐石麒、史可法、张锡眉、章简，以及其他明朝忠臣孙承宗、张国维、吴易、张煌言、沈廷扬、黄斌卿、刘曙等人的名字皆在其中。他们有的是官绅，有的是青衿，有的曾是朝廷眼中的贼寇，因为"忠义"这一关键词，他们拥有了共同的人格，列入地方祠庙供奉。

　　没有得到官方敕封的，也受到民间的尊重。比如，侯岐曾的后人私谥他为文节先生，侯玄演私谥孝烈，侯玄洁私谥孝毅，侯玄瀞私谥孝隐。④

———————

①　王贞：《秋日吊侯氏故宅》，收于光绪《嘉定县志》，卷三十，名迹志。

②　钱大昕：《黄陶庵像赞》，收于《潜研堂文集》，卷十七，第267页。

③　钱大昕：《记侯黄两忠节公事》，收于嘉庆《嘉定县志》，卷十六，人物考五，忠节传。

④　《上谷三孝子手迹》，传略。

乾隆皇帝在褒扬忠臣的同时，翻检建国初期道德上"大节有亏"的臣子，编纂了一部《钦定国史贰臣表传》，简称《贰臣传》。

《贰臣传》收录了在明清两朝为官的一百五十多人。他们为清朝统一天下做出了贡献，也就意味着他们没有忠于明朝君主，所以称为"贰臣"。

这些降臣全部已不在人世，有些人的子孙继续在朝为官。他们的情况各不相同，分别被编入甲、乙两编。列入甲编的人，大多在降清后竭力效忠、立下汗马功劳，比如洪承畴、祖大寿。正是由于他们归顺后南征西伐，驰骋沙场，才保证了清朝能在短时间内一统华夏；乙编的名单中，有归顺后举棋不定的，比如钱谦益、吴伟业，有徇私枉法的，如土国宝，有道德败坏的，如冯铨、龚鼎孳。

从前抗清的，开始受到推崇，得到敕封；从前降清的，全部成为政治上无法翻身的"贰臣"。

乾隆年间，侯开国的儿子侯泰、孙子侯肇基是侯家最后两代参与编修县志的族人，也是最后两个在尘封的史料中留下痕迹的侯家后人。侯家后人大多离开了嘉定，侯泰、侯肇基搬到宝山，侯铨随妻室迁到无锡，还有的改名换姓无迹可寻。值得注意的是，侯肇基的母亲是张锡眉的孙女。[①]这侧面证明，时隔三代之后，侯家依然与守城殉国的家族有来往。

---

① 嘉庆《嘉定县志》，卷十五，人物考四，文苑传；卷十九，人物考八，列女传。

只是，没有功名，没有权势，也就失去了振兴家业的可能。

当侯焘从朋友陈智周的书房看到几封泛黄的署名黄淳耀的信时，两百多年前的往事变得鲜活起来。陈智周的书房，是黄淳耀的故居。信是陈智周的门人私下收藏的，是黄淳耀在世时与侯峒曾、侯玄演等人日常往来的手札。玄演、玄洁是侯焘的伯祖父，侯峒曾、侯岐曾则是他素未谋面的曾祖父。侯焘面对先辈的手迹，虽然隔了两代人，他几乎立刻就能判定信的真实性。[①]

乾隆朝之后，在嘉庆、光绪、民国时期，嘉定又三次编修县志，编者名单中再也没出现过侯家人的身影。在历史的舞台上，侯家人谢幕了，侯家的抗争、劫难与衰微却如一出出戏剧，刚刚拉开帷幕。他们告别了历史，但是，历史没有忘记他们。从此，侯家的故事流传在官方的记录和民间的述说中。

从清朝中后期，到清末民国时期，再到中华人民共和国成立后，在地方志和各种史书、文学作品中，侯家殉国抗清的故事不断得到演绎，侯峒曾、黄淳耀成为忠义爱国的民族英雄，相关的历史遗迹得到官府的大力修缮。尤其在明朝灭亡两百多年后的清朝末年，当又一股猛烈的"反清"潮流兴起时，在革命党人的宣传下，侯峒曾、黄淳耀、夏完淳等人的抗清斗争幻化成一面革命旗帜，覆盖了一层层"民族主义"外壳。历史想象与真实之间的界限越来越模糊，"嘉定三

---

① 侯焘为黄淳耀、侯峒曾等人的信作的跋，收于《明清名人尺牍墨宝》第一集，卷五。

屠"成为一个无人亲身经历，却无人不知无人不晓的主题。热闹的演绎与寂寥的真实形成鲜明的对比。而这一切，已经与真实的侯家无关。"忠义爱国"的背后，是世人难以承受的分量。

江南的河水流动了上千年，江南的人、房屋、田地继续漂浮在巨大的水面上，看似不变的景观每一刻都在呼吸。

主要参考文献

一、原始文献

正德《练川图记》，载《上海府县旧志丛书·嘉定县卷》第 1 册，上海：上海古籍出版社，2012 年。

嘉靖《嘉定县志》，载《上海府县旧志丛书·嘉定县卷》第 1 册。

万历《嘉定县志》，上海博物馆藏明万历刻本。

康熙《嘉定县志》，载《中国地方志集成·上海府县志辑》第 7 册。

康熙《嘉定县续志》，载《中国地方志集成·上海府县志辑》第 7 册。

乾隆《嘉定县志》，载《上海府县旧志丛书·嘉定县卷》第 2 册。

嘉庆《嘉定县志》，载《上海府县旧志丛书·嘉定县卷》第 2 册。

光绪《嘉定县志》，载《中国地方志集成·上海府县志辑》第 8 册。

民国《嘉定县续志》，载《中国地方志集成·上海府县志辑》第 8 册。

雍正《江西通志》，雍正十年刻本。

乾隆《南昌府志》，乾隆五十三年刻本。

同治《苏州府志》，载《中国地方志集成·江苏府县志辑》第 7 册。

康熙《江南通志》，载《中国地方志集成·省志辑·江南》第 1—2 册。

乾隆《江南通志》，载《中国地方志集成·省志辑·江南》第 3—

4 册。

光绪《青浦县志》，载《中国地方志集成·上海府县志辑》第 6 册。

嘉靖《昆山县志》，载《天一阁藏明代方志选刊》。

万历《重修昆山县志》，载《中国方志丛书·华中地方》第 433 号，台北：成文出版社，1983 年。

乾隆《昆山新阳合志》，乾隆十六年刻本。

道光《昆新两县志》，载《中国地方志集成·江苏府县志辑》第 15 册。

光绪《昆新两县续修合志》，载《中国地方志集成·江苏府县志辑》第 16 册。

崇祯《太仓州志》，康熙十七年补刻本。

《紫隄村志》《紫隄小志》《紫隄村小志》《厂头镇志》《方泰志》《淞南志》等，载《上海乡镇旧志丛书》，上海：上海社会科学院出版社，2004—2006 年。

《明史》（百衲本）

《清史稿》

《清世祖实录》（顺治）

《清圣祖实录》（康熙）

侯峒曾：《侯忠节公全集》，铅印本，1933 年。

侯峒曾：《仍贻堂集》，载《乾坤正气集》，1892 年。

侯岐曾：《侯岐曾日记》，载《明清上海稀见文献五种》，北京：人民文学出版社，2006 年。

侯玄泂：《月蝉笔露》，铅印本，1932 年。

侯震旸 等：《嘉定侯氏三先生集》，清抄本。

侯玄演 等：《上谷三孝子手迹》，影印本，1933 年。

侯开国：《凤阿集》，刻本。

侯承恩：《松筠小草》，刻本。

黄淳耀：《陶庵集》，《知服斋丛书》。

黄淳耀：《陶庵全集》，《影印文渊阁四库全书》，集部六，别集类五。

黄淳耀：《黄忠节公甲申日记》，吴兴：留余草堂，1925 年刻本。

《疁城龚氏族谱》，手抄本。

张建华、陶继明主编：《嘉定碑刻集》，上海：上海古籍出版社，2012年。

上海博物馆图书资料室编：《上海碑刻资料选辑》，上海：上海人民出版社，1980年。

柴志光、潘明权主编：《上海佛教碑刻文献集》，上海：上海古籍出版社，2004年。

潘明权、柴志光主编：《上海道教碑刻资料集》，上海：复旦大学出版社，2014年。

厉鹗：《增修云林寺志》，载《杭州佛教文献丛刊》，杭州：杭州出版社，2004年。

上海市嘉定区政协文史资料编辑委员会编：《嘉定抗清史料集》，上海：上海古籍出版社，2010年。

上海市嘉定区地方志办公室编：《嘉定历史文献丛书》，北京：中华书局，2006—2014年。

上海市嘉定区档案馆编：《馆藏嘉定地图汇编》，2017年。

朱保炯、谢沛霖：《明清进士题名碑录索引》，上海：上海古籍出版社，1979年。

《明诗综》，载《四库全书》集部。

《明诗纪事》，载《续修四库全书》集部，诗文评类。

钱仲联：《清诗纪事》，南京：江苏古籍出版社，1987年。

杨钟羲：《雪桥诗话余集》，北京：北京古籍出版社，1992年。

张其淦：《明代千遗民诗咏》，载《清代传记丛刊》，台北：明文书局，1985年。

卓尔堪：《遗民诗》，上海：华东师范大学出版社，2013年。

计六奇：《明季北略》，北京：中华书局，1984年。

计六奇：《明季南略》，北京：中华书局，1984年。

《崇祯记闻录》，载《台湾文献丛刊》，第272种。

《南明史料》，载《台湾文献丛刊》，第169种。

温睿临：《南疆绎史》，载《台湾文献丛刊》，第132种。

归有光：《震川先生集》，上海：上海古籍出版社，1981年。

归庄：《归庄集》，北京：中华书局，1962年。

赵经达：《归玄恭先生年谱》，载《丛书集成续编》，上海：上海书店，1994年，第37册，史部。

姚希孟：《公槐集》《沆瀣集》《文远集》等，载《四库禁毁书丛刊》，集部，第178—179册。

李雯：《蓼斋集》《蓼斋后集》，载《四库禁毁书丛刊》，集部，第111册。

张云章：《朴村文集》，载《四库禁毁书丛刊》，集部，第167—168册。

李流芳：《檀园集》，载《四库全书》，集部六，别集类五。

《嘉定李流芳全集》，陶继明、王光乾校注，上海：上海古籍出版社，2013年。

唐时升：《三易集》，载《四库禁毁书丛刊》，集部，第178册。

程嘉燧：《松圆浪淘集》，载《四库禁毁书丛刊》，集部，第163册。

娄坚：《吴歈小草》，载《四库禁毁书丛刊》，集部，第49册。

陈子龙：《陈子龙诗集》，上海：上海古籍出版社，1983年。

陈子龙：《陈子龙全集》，北京：人民文学出版社，2011年。

陈子龙：《明经世文编》，北京：中华书局，1962年。

吴伟业：《吴梅村全集》，上海：上海古籍出版社，1990年。

吴伟业：《梅村诗话》，《续修四库全书》，集部，诗文评类。

宋琬：《安雅堂全集》，上海：上海古籍出版社，2007年。

夏完淳：《夏完淳集》，北京：中华书局，1959年。

夏完淳：《夏内史集》，收于《艺海珠尘》戊集。

夏完淳、白坚：《夏完淳集笺校》，上海：上海古籍出版社，1991年。

杜登春：《社事始末》，收于《艺海珠尘》庚集。

陆元辅：《陆菊隐先生文集》《陆菊隐先生诗集》，载《清代诗文集汇编》卷61。

汪琬：《钝翁续稿》，载《清代诗文集汇编》卷94、95。

汪琬：《尧峰文钞》，载《四部丛刊初编·集部》卷276、277。

钱谦益：《牧斋有学集》，上海：上海古籍出版社，1996 年。

钱谦益：《牧斋初学集》，上海：上海古籍出版社，1985 年。

钱谦益：《杜工部诗集》，上海：世界书局，1935 年。

陈济生：《天启崇祯两朝遗诗》，北京：中华书局，1958 年。

夏允彝：《幸存录》，载《中国内乱外祸历史丛书》，上海：神州国光社，1946 年。

夏完淳：《续幸存录》，载《中国内乱外祸历史丛书》，上海：神州国光社，1946 年。

吴伟业：《鹿樵纪闻》，载《中国内乱外祸历史丛书》，上海：神州国光社，1946 年。

王秀楚：《扬州十日记》，载《中国内乱外祸历史丛书》，上海：神州国光社，1946 年。

文秉：《烈皇小识》，载《中国历史研究资料丛书》，上海：上海书店，1982 年。

佚名：《研堂见闻杂录》，载《中国历史研究资料丛书》，上海：上海书店，1982 年。

钱𪩘：《甲申传信录》，载《中国历史研究资料丛书》，上海：上海书店，1982 年。

黄宗羲：《弘光实录钞》，载《中国历史研究资料丛书》，上海：上海书店，1982 年。

朱子素：《嘉定屠城纪略》，载《中国内乱外祸历史丛书》，上海：神州国光社，1946 年。

朱子素：《东塘日札》，载《荆驼逸史》第 11 册，石印本，1911 年。

朱子素：《嘉定县乙酉纪事》，载《痛史》第 11 种，上海：商务印书馆，1922 年。

金元钰：《竹人录》，杭州：浙江人民美术出版社，2016 年。

周亮工：《尺牍新钞》，载《中国文学珍本丛书》第一辑，第六种，上海：上海杂志公司，1935 年。

文震亨：《长物志》，北京：中华书局，2017 年。

陆世仪：《复社纪略》，《续修四库全书》，史部，杂史类。

屈大均：《皇明四朝成仁录》，载《四库禁毁书丛刊》，史部，第50册。

朱熹：《四书集注》，南京：凤凰出版社，2016年。

《尚书》，慕平译注，北京：中华书局，2009年。

《周易》，郭彧译注，北京：中华书局，2012年。

《〈礼记〉译注》，杨天宇撰，上海：上海古籍出版社，2004年。

吴有性：《温疫论》，《四库全书》，子部五。

徐光启：《〈农政全书〉校注》，上海：上海古籍出版社，1979年。

余怀：《板桥杂记》，上海：上海古籍出版社，2000年。

尤侗：《西堂文集》《西堂诗集》，载《清代诗文集汇编》第65册。

计东：《改亭文集》，《续修四库全书》，集部，第1408册。

吴兆骞：《秋笳集》，《续修四库全书》，集部，第1412册。

朱鹤龄：《愚庵小集》，《四库全书》，集部，别集类。

李延昰：《南吴旧话录》，载《瓜蒂庵藏明清掌故丛刊》，上海：上海古籍出版社，1985年。

钮琇：《觚剩》，载《明清笔记丛书》，上海：上海古籍出版社，1986年。

谢肇淛：《五杂组》，上海：上海书店出版社，2001年。

陆陇其：《三鱼堂日记》，载《清代史料笔记丛刊》，北京：中华书局，2016年。

袁宏道、钱伯城：《袁宏道集笺校》，上海：上海古籍出版社，1979年。

张岱：《陶庵梦忆·西湖梦寻》，载《元明史料笔记》，北京：中华书局，2007年。

张岱：《石匮书后集》，载《台湾文献史料丛刊》第五辑，台北：大通书局，2009年。

谈迁：《枣林杂俎》，载《元明史料笔记》，北京：中华书局，2006年。

曾羽王：《乙酉笔记》，载《清代日记汇抄》，上海：上海人民出版社，1982年。

姚廷遴：《历年记》，载《清代日记汇抄》，上海：上海人民出版社，1982 年。

叶梦珠：《阅世编》，载《清代史料笔记丛刊》，北京：中华书局，2007 年。

昭梿：《啸亭杂录》，载《清代史料笔记丛刊》，北京：中华书局，1980 年。

顾炎武、陈垣：《日知录校注》，合肥：安徽大学出版社，2007 年。

顾炎武：《顾亭林诗文集》，北京：中华书局，1983 年。

钱大昕：《潜研堂文集》，《嘉定钱大昕全集》（玖），南京：江苏古籍出版社，1997 年。

魏禧：《魏叔子文集》，北京：中华书局，2003 年。

杨凤苞：《秋室集》，载《续修四库全书》，集部，别集类。

周茂源：《鹤静堂集》，载《清代诗文集汇编》第 49 册。

释晓青：《高云堂诗集》，载《四库未收书辑刊》第八辑，第 20 册。

张潮：《虞初新志》，北京：文学古籍刊行社，1954 年。

佚名：《江南闻见录》，载《明季稗史初编》，卷十九，上海：上海书店，1988 年。

祁彪佳：《甲乙日历》，载《台湾文献史料丛刊》第六辑，台北：大通书局，2009 年。

叶廷琯：《鸥陂渔话》，沈阳：辽宁教育出版社，1998 年。

李放：《皇清书史》，载《清代传记丛刊》第 83—84 册，台北：明文书局，1985 年。

袾宏：《竹窗随笔》，上海：华东师范大学出版社，2013 年。

高颖：《武经射学正宗》，载《中华民国射箭学会丛书之三》，1985 年。

刘崇德：《明·名贤书信手迹》，天津人民美术出版社，2002 年。

《明清名人尺牍墨宝》三集，载《近代中国史料丛刊续编》第十六辑，台北：文海出版社，1974—1982 年。

上海图书馆：《上海图书馆藏明代尺牍》，上海：上海科技文献出版社，2002 年。

黄秩模：《国朝闺秀诗柳絮集校补》，北京：人民文学出版社，

2011 年。

《闺墨萃珍》，收于《香艳丛书》，民国铅印本。

徐世昌：《晚晴簃诗汇》，北京：中华书局，1990 年。

胡文楷：《历代妇女著作考》，上海：上海古籍出版社，2008 年。

王延梯：《中国古代女作家集》，济南：山东大学出版社，1999 年。

沈善宝：《名媛诗话》，载《中国诗话珍本丛书》。

二、近人论著

图书类

［加］卜正民：《挣扎的帝国：元与明》，《哈佛中国史》第 5 卷，北京：中信出版社，2016 年。

［美］司徒琳：《南明史：1644—1662》，上海：上海书店出版社，2007 年。

［美］罗威廉：《最后的中华帝国：大清》，《哈佛中国史》第 6 卷，北京：中信出版社，2016 年。

［美］牟复礼、崔瑞德：《剑桥中国明代史》，北京：中国社会科学出版社，上卷 1992 年，下卷 2006 年。

［美］孙康宜：《剑桥中国文学史》下卷，北京：三联书店，2013 年。

［美］黄仁宇：《明代的漕运》，厦门：鹭江出版社，2015 年。

［美］黄仁宇：《十六世纪明代中国之财政与税收》，北京：三联书店，2001 年。

［美］恒慕义：《清代名人传略》，西宁：青海人民出版社，1990 年。

［美］高彦颐：《闺塾师：明末清初江南的才女文化》，南京：江苏人民出版社，2005 年。

［美］卢苇菁：《矢志不渝：明清时期的贞女现象》，南京：江苏人民出版社，2016 年。

［美］魏斐德：《讲述中国历史》上册，北京：人民出版社，2013 年。

［美］魏斐德：《洪业：清朝开国史》，南京：江苏人民出版社，1992 年。

［美］邓尔麟：《嘉定忠臣：十七世纪中国士大夫之统治与社会变迁》，北京：中央编译出版社，2012 年。

［日］岸本美绪：《清代中国的物价与经济波动》，北京：社会科学文献出版社，2010 年。

［日］上田信：《海与帝国：明清时代》，《讲谈社·中国的历史》第 9 卷，南宁：广西师范大学出版社，2014 年。

［日］小野和子：《明季党社考》，上海：上海古籍出版社，2013 年。

［日］大木康：《明末江南的出版文化》，上海：上海古籍出版社，2014 年。

［日］大木康：《风月秦淮：中国游里空间》，台北：联经出版事业公司，2007 年。

［英］白亚仁：《江南一劫：清人笔下的庄氏史案》，杭州：浙江古籍出版社，2016 年。

曹树基、李玉尚：《鼠疫：战争与和平》，济南：山东画报出版社，2006 年。

陈宝良：《中国的社与会》，杭州：浙江人民出版社，1996 年。

陈宝良：《明代社会生活史》，北京：中国社会科学出版社，2004 年。

陈宝良：《明代儒学生员与地方社会》，北京：中国社会科学出版社，2005 年。

陈宝良：《飘摇的传统：明代城市生活长卷》，长沙：湖南人民出版社，2006 年。

陈宝良：《中国妇女通史·明代卷》，杭州：杭州出版社，2010 年。

陈宝良：《明代士大夫的精神世界》，北京：北京师范大学出版社，2017 年。

陈寅恪：《柳如是别传》，北京：三联书店，2001 年。

樊树志：《晚明大变局》，北京：中华书局，2015 年。

樊树志：《晚明史：1573—1644 年》，上海：复旦大学出版社，2003 年。

方良：《钱谦益年谱》，北京：中国书籍出版社，2013 年。

冯贤亮：《明清江南的州县行政与地方社会研究》，上海：上海古籍出版社，2015 年。

冯贤亮：《明清江南地区的环境变动与社会控制》，上海：上海人民出版社，2002 年。

冯贤亮：《太湖平原的环境刻画与城乡变迁（1368—1912）》，上海：上海人民出版社，2008 年。

顾诚：《南明史》，北京：光明日报出版社，2011 年。

郭沫若：《南冠草》，收于《郭沫若全集》文学编第 7 卷，北京：人民文学出版社，1987 年。

何冠彪：《生与死：明季士大夫的抉择》，台北：联经出版事业公司，1997 年。

黄霖、郑利华：《嘉定文派与明代诗文研究论集》，上海：上海古籍出版社，2015 年。

黄霖：《归有光与嘉定四先生研究》，上海：上海古籍出版社，2007 年。

黄冕堂：《中国历代物价问题考述》，济南：齐鲁书社，2008 年。

黄裳：《书林一枝》，太原：三晋出版社，2010 年。

嘉定报社：《嘭城故事》，上海：上海文化出版社，2017 年。

嘉定博物馆：《〈嘭城文博〉创刊三十周年成果汇编》，2015 年。

科大卫：《明清社会和礼仪》，北京：北京师范大学出版社，2016 年。

李文治：《晚明民变》，上海：商务印书馆，1948 年。

刘蕾：《归有光与嘉定文坛关系研究》，上海：上海大学出版社，2013 年。

陆敬严：《图说中国古代战争战具》，上海：同济大学出版社，2001 年。

路工：《明代歌曲选》，上海：古典文学出版社，1956年。

孟森：《明史讲义》，北京：中华书局，2009年。

孟森：《清史讲义》，北京：中华书局，2010年。

钱海岳：《南明史》，北京：中华书局，2006年。

上海博物馆：《南宗正脉：画坛地理学》，北京：北京大学出版社，2012年。

上海市嘉定区政协文史资料编辑委员会：《嘉定抗清作品集》，上海：上海古籍出版社，2010年。

上海市嘉定区人民政府新闻办公室、嘉定报社：《嘉定800》，北京：五洲传播出版社，2018年。

陶侃：《行走在古典与现代之间》，上海：上海百家出版社，2010年。

孙之梅：《钱谦益与明末清初文学》，济南：山东大学出版社，2010年。

汪超宏：《宋琬年谱》，北京：人民文学出版社，2010年。

王成勉：《气节与变节：明末清初士人的处境与抉择》，台北：黎明文化事业公司，2012年。

王光乾：《诗礼传家——嘉定望族》，上海：上海文化出版社，2014年。

王家范：《漂泊航程：历史长河中的明清之旅》，北京：北京师范大学出版社，2011年。

吴滔、佐藤仁史：《嘉定县事——14至20世纪初江南地域社会史研究》，广州：广东人民出版社，2014年。

吴伟凡：《明清制艺今说》，北京：学苑出版社，2009年。

谢国桢：《明清之际党社运动考》，北京：北京出版社，2014年。

谢国桢：《南明史略》，长春：吉林出版集团，2009年。

谢国桢：《谢国桢全集》，北京：北京出版社，2013年。

谢国桢：《增订晚明史籍考》，上海：上海古籍出版社，1981年。

杨念群：《何处是"江南"？清朝正统观的确立与士林精神世界的变异》，北京：三联书店，2010年。

叶嘉莹：《叶嘉莹说陶渊明饮酒及拟古诗》，北京：中华书局，

2015 年。

俞慧、陶继明：《空中的足音：可以听到的嘉定历史》，上海：上海远东出版社，2013 年。

余新忠 等：《瘟疫下的社会拯救》，北京：中国书店，2004 年。

余新忠：《清代江南的瘟疫与社会》，北京：北京师范大学出版社，2014 年。

余新忠：《中国家庭史·明清时期》，北京：人民出版社，2013 年。

张德信：《明代职官年表》，合肥：黄山书社，2009 年。

张晖：《帝国的流亡：南明诗歌与战乱》，北京：中国社会科学出版社，2014 年。

张乃清：《上海乡绅侯峒曾家族》，上海：学林出版社，2015 年。

张乃清：《上海乡绅李待问》，上海：学林出版社，2016 年。

张永刚：《东林党议与晚明文学活动》，北京：中国社会科学出版社，2009 年。

赵世瑜：《狂欢与日常——明清以来的庙会与民间社会》，北京：三联书店，2002 年。

赵世瑜：《小历史与大历史：区域社会史的理念、方法与实践》，北京：三联书店，2006 年。

赵世瑜：《在空间中理解时间：从区域社会史到历史人类学》，北京：北京大学出版社，2017 年。

赵园：《家人父子》，北京：北京大学出版社，2015 年。

赵园：《明清之际士大夫研究》，北京：北京大学出版社，2014 年。

赵园：《想象与叙述》，北京：北京师范大学出版社，2015 年。

朱东润：《陈子龙及其时代》，载《朱东润传记作品全集》第 3 卷，上海：东方出版中心，1999 年。

朱墨钧：《闲话〈紫隄村志〉》，上海：上海社会科学院出版社，2009 年。

论文类

［美］司徒琳：《梦忆与明末精英无奈：以黄淳耀为例》，载《转变中的文化记忆——中国与周边》，香港：香港教育图书公司，2008 年。

［美］高彦颐：《"空间"与"家"——论明末清初妇女的生活空间》，载《近代中国妇女史研究》，1995 年第 3 期。

［日］井上进：《复社姓氏校录附复社纪略》，载《东方学报》京都第 65 册，1993 年。

白坚：《夏完淳、陈子龙研究的珍贵史料——读侯岐曾〈丙戌丁亥日记〉札记》，载《文献》，1989 年第 4 期。

陈宝良：《明代中后期的官场生态与官场病的形成》，载《社会科学辑刊》，2015 年第 5 期。

陈文华：《当持金石心，千秋同皎皎——明末嘉定侯氏女诗人群》，载《练川古今谈》2015 年第十辑。

杜洪涛：《明代的国号出典与正统意涵》，载《史林》，2014 年第 2 期。

段宁：《归庄文学思想之演变》，载《明代文学研究的新进展》，北京：三联书店，2014 年。

冯贤亮：《清初嘉定侯氏的"抗清"生活与江南社会》，载《学术月刊》，2011 年 8 月号。

郭沫若：《甲申三百年祭》，载《郭沫若全集》，历史编，第 4 卷。

郭沫若：《夏完淳之家庭师友及其殉国前后的状况（附表）》，载《中原月刊》1 卷 2 期（1943 年），重庆：群益出版社。

郭英德：《明代文人结社说略》，载《北京师范大学学报》，1992 年第 4 期。

何龄修：《史可法扬州督师间的幕府人物》，载《燕京学报》新 3—4 期，1997 年。

黄裳：《明月诗简》，载《读书》二十周年合集，1985 年第 4 期。

黄一农：《欧洲沉船与明末传华的西洋大炮》，载《中央研究院历史语言研究所集刊》第七十五本，第三分，2004 年 9 月。

黄一农：《天主教徒孙元化与明末传华的西洋火炮》，载《中央研究院历史语言研究所集刊》第六十七本，第四分，1996 年 12 月。

李圣华：《嘉定文派古文观及其创作述略》，载《求是学刊》，2009 年第 6 期。

李圣华：《汪琬与〈明史〉纂修》，载《史学史研究》，2011 年第 2 期。

林介宇：《明清嘉定县的科举民俗——以地方志史料为中心的考察》，载《第九届科举制与科举学学术研讨会论文集》，2012 年。

林介宇：《痛苦的断裂：明清鼎革之际的嘉定县科举事业》，载《第八届科举制与科举学国际学术研讨会论文集》，2011 年。

刘秉铮：《明末江南抗清义士夏之旭事迹考辨》，载《贵州大学学报》，1992 年第 3 期。

刘蕾：《黄淳耀〈科举论〉探析》，载《明代文学与科举文化国际学术研讨会论文集》，武汉：武汉大学出版社，2010 年。

刘蕾：《柳如是嘉定之游补考》，载《社会科学论坛》，2010 年第 3 期。

刘霞：《从徐学谟至娄坚再至钱谦益——明代嘉定文脉传承之考论》（上下），载《宁夏师范学院学报（社会科学）》，2015 年第 1—2 期。

刘星：《崇祯年间江南的灾荒与应对》，南京师范大学硕士论文，2012 年。

马承源："侯氏世系"等一通 8 页，手稿。

牟润孙：《明末西洋大炮由明入后金考略》，载《注史斋丛稿》，北京：中华书局，1987 年，第 415—444 页。

邱荣裕：《明末复社发布"留都防乱公揭"始末及其影响》，载《台湾师范大学历史学报》，1987 年，第 15 期。

邱仲麟：《医生与病人——明代的医病关系与医疗风习》，收于《从医疗看中国史》，台北：联经出版事业公司，2008 年，第 253—296 页。

孙慧敏：《书写忠烈：明末夏允彝、夏完淳父子殉节故事的形成与流传》，载《台大历史学报》，2000 年 12 月，第 26 期。

孙慧敏：《天下兴亡，"匹夫"之责？——明清鼎革中的夏家妇女》，载《台大历史学报》，2002 年 6 月，第 29 期。

孙之梅:《嘉定学派与明清学风文风转变》,载《汉语言文学研究》,2011 年第 1 期。

陶继明:《金氏家族的三通碑刻》,载《疁城故事》(上),第 107—112 页。

王家范:《晚明江南士大夫的历史命运》,载《史林》,1987 年第 2 期。

王云云:《陈济生与〈启祯两朝遗诗〉研究》,南京师范大学硕士论文,2015 年。

吴恩荣:《明代科举士子备考研究》,东北师范大学硕士论文,2011 年。

徐茂明:《江南无"宗族"与江南有"宗族"》,载《史学月刊》,2013 年第 2 期。

杨茜:《聚落与家族:明代紫隄村的权势演替与地域形塑》,载《史林》,2016 年第 2 期。

杨茜:《明遗民生计图景——以耕读处馆的张履祥为中心》,载《历史档案》,2015 年第 3 期。

赵世瑜:《冰山解冻的第一滴水:明清时期家庭与社会中的男女两性》,载《清史研究》,1995 年第 4 期。

赵世瑜:《一个追求,多种声音——关于近年来的通俗写史或讲史现象》,载《社会科学战线》,2007 年第 2 期。

赵世瑜:《"不清不明"与"无明不清"——明清易代的区域社会史解释》,载《学术月刊》,2010 年 7 月。

赵世瑜:《在中国研究:全球史、江南区域史与历史人类学》,载《探索与争鸣》,2016 年第 4 期。

周绚隆:《彩云散后空凭吊》,载《随笔》,2017 年第 1 期。

周绚隆:《孤臣碧血遗民泪》,载《书屋》,2017 年第 3 期。

周绚隆:《谁不誓捐躯,杀身良不易》,载《读书》,2017 年第 2 期。

周绚隆:《王谢雕梁事已非》,2017 年 7 月 14 日"史客儿"公众号。

周绚隆:《避秦无计矢报仇》,2017 年 11 月 9 日"史客儿"公众号。

侯氏家族世系简表

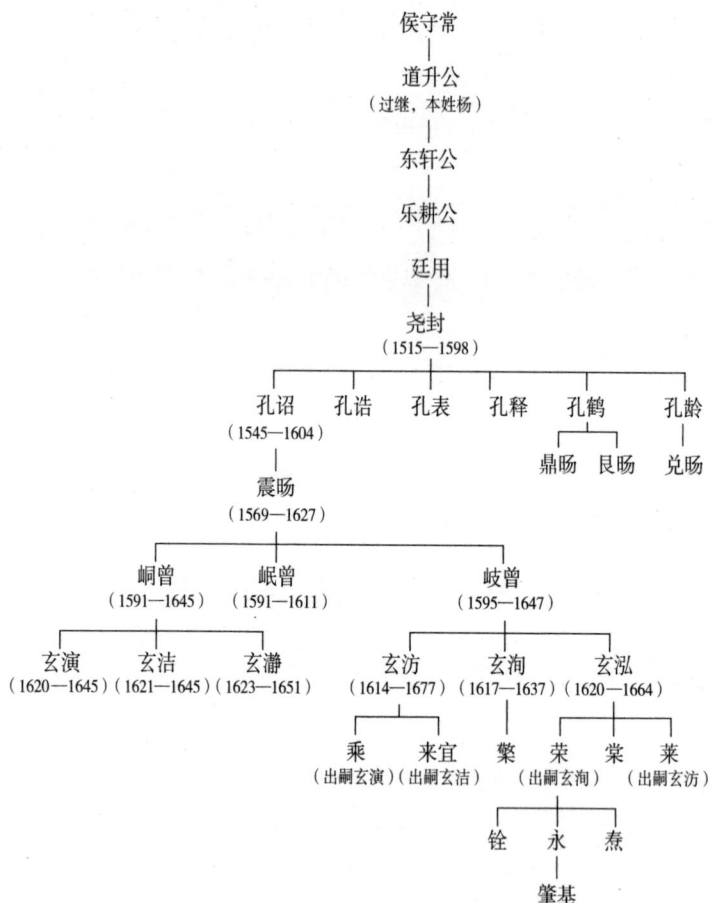

侯守常
|
道升公
（过继，本姓杨）
|
东轩公
|
乐耕公
|
廷用
|
尧封
（1515—1598）

孔诏　　孔浩　　孔表　　孔释　　孔鹤　　孔龄
（1545—1604）
|
震旸
（1569—1627）

鼎旸　艮旸　　兑旸

峒曾　　岷曾　　　　　　岐曾
（1591—1645）（1591—1611）　　（1595—1647）

玄演　　玄洁　　玄瀞　　　　玄汸　　玄洵　　玄泓
（1620—1645）（1621—1645）（1623—1651）　（1614—1677）（1617—1637）（1620—1664）

乘　　来宜　　　　　繁　荣　棠　莱
（出嗣玄演）（出嗣玄洁）　　　（出嗣玄洵）　　（出嗣玄汸）

铨　　永　　焘

肇基

后 记

算起来，我与嘉定的结缘已有十年。前五年，我翻译了《嘉定忠臣》一书，被明末清初的嘉定风云深深打动，对作者邓尔麟教授的功力赞叹之余，感到原书尚有不足。2012年，《嘉定忠臣》出版后，我偶然读到复旦大学冯贤亮教授《清初嘉定侯氏的"抗清"生活与江南社会》一文，才知道《侯岐曾日记》的存世，心情可谓震撼。从此，我开始多方搜集史料，打算完整地写出侯家和一个时代、一座城市、一群人的故事。至今五年多，终于完稿，即将结束虽耗时却愉悦的一段精神旅程。

我读硕士研究生期间，跟从导师赵世瑜教授学到了"区域社会史""历史人类学""长时段""小历史与大历史""眼光向下"等先进史学理念，对我影响之深已经超越了学生时代。我希望通过些理念呈现不同以往的嘉定故事叙述方式。在此感谢赵老师在学业和人格上的教导。

本书写作过程中，嘉定文史研究者给予了大力支持，其中包括：嘉定文史研究前辈陶继明先生、闵行文史研究前辈张乃清先生、原《嘉定报》总编黄友斌先生、嘉定博物馆徐征伟、王光乾、林介宇、江汉洪等几位老师，在此深表感谢。

感谢赵氏同门的学长王成兰、汪润、罗丹妮、沈萌、张兴华等人答疑解惑、慷慨帮助，感谢复旦大学杨茜博士通读全稿，感谢人民文学出版社周绚隆先生不吝赐教。

还要谢谢北京师范大学文学院岳永逸教授，如果没有他当初引荐我翻译《嘉定忠臣》一书，就没有后来的一切。

感谢后浪出版公司吴兴元老师的赏识，感谢主编朱岳老师和编辑刘苗苗老师的付出，他们的尽心使书稿更加精彩。

最后，感谢我的家人，他们为我提供了温馨的环境。丈夫孙鸿祥是书稿的忠实读者，提出了无数详细修改建议；小儿嘉禾在本书的写作过程中出生、成长，给我带来莫大欢乐。

由于本书涉及的主题颇多，几乎每个主题背后都是一个深厚的研究领域，我自知以一名硕士生的浅薄功底，远不足以做出完美的呈现。感谢赵世瑜老师和陶继明老师在序言中的勉励。书中难免疏漏和不足，欢迎方家交流指正。

宋华丽记于 2018 年秋天的青岛